笔耕拾零

——从珞珈山到北京城

人的本质就是劳动
试论唯物辩证法的世界观职能
错误难免与防患未然
浅谈新时期对农村基层干部的要求
从交叉点到交叉面
我们也能演奏第一小提琴
赞徐运生的『长工』精神
新时期干部应该具备的观点
谈谈『接受时间』
培养造就干部的重要途径

史正江　编著

党建读物出版社

目　录

笔耕拾零

附录二：柯缇祖文集

附录三：钟怡祖文集

笔耕拾零

20世纪40年代，著名哲学家冯友兰先生在《论命运》中讲，人生所能有的成就有三：学问、事功、道德。即古人所谓立言、立功、立德。而所以成功的要素亦有三：才、命、力。即天资、命运、努力。学问的成就需要才的成分大，事功的成就需要命运的成分大，道德的成就需要努力的成分大。冯先生还以“酒有别肠，诗有别才”为例，说明要成大学问家，必须要有天资，即才。他说，一个人在身体机构上有了能喝酒的底子，再加上练习，就能成为一个会喝酒的人。如果身体机构上没有喝酒的底子，一喝就吐，怎样练习得会呢？作诗也是一样，有的人未学过作诗，但是他作起诗来，形式上虽然不好，却有几个字很好，或有几句很好，那种人是可以学作诗的，因为他有作诗的才。有的人写起诗来，形式整整齐齐，平仄合韵，可是一读之后，毫无诗味，这种人就不必作诗。联系自己的人生阅历，对冯先生的观点，我是深以为然的。且不说立功、立德，单说立言吧。如果把人分为生而知之、学而知之、困而学之、困而不学四大类，我高估自己，大概属于学而知之一类。学而知之也是建立在一定天资之上的，但远不如生而知之。因此，我在做学问、写文章方面，虽有追求，虽也努力，但终究未能达到顶尖级水平、成为超一流高手，天资不够啊！我愿把自己的追求和努力呈现给大家，以印证冯先生的高论，以期给大家点滴启示。

一　文化之乡·写作启蒙

还是从文化之乡说起吧！

我在《书法之缘》(《竟陵风》2016年第2期、第3期）一文里，讲到我的家乡湖北省天门市是著名的文化之乡，并从天门的文化传统和文化现象切入，讲述了我与书法文化和书法艺术的缘分，与书法老师和书法同学、同事、朋友的缘分，与书法爱好者和书法家的缘分，也涉及天门的另一文化现象，也就是文章。书法和文章交相辉映，是天门文化的一个突出特点。

我出生的干镇驿，在文化之乡天门，又是以文章闻名的，有“一巷两尚书，五里三状元，前面一天官，座后一祭酒，挂角有将军，镇中出巡抚”之说。“一巷两尚书”，说的是明朝干镇驿陶家巷走出了户部尚书陈所学和礼部尚书魏士前；“前面一天官”，指的是明代吏部尚书周嘉谟；“座后一祭酒”，指的是明代两京国子监祭酒鲁铎；“镇中出巡抚”，指的是晚清的黑龙江巡抚周树模，他们皆以文章见长。比如周树模，为殿试一甲第五名进士，曾任黑龙江巡抚，北洋政府期间，曾两度担任平政院院长，因反对袁世凯称帝和军阀割据而两度辞职，其气节和文章为世人所称道。

我们干镇驿的东边，是汉川市的田二河，两地一河之隔。有句民谚流传至今，就是“干镇驿，田二河，文章大似幄”。幄，帐幕也。古时候有的文章是写在布帛绸缎上的，几尺见方就不小了，而写在帐幕上的文章，那该是多大呀！可见我们的前辈是写大文章的，水平之高可见一斑。也有一说，就是“干镇驿、田二河，蚊子大似蛾”。说的是我们那个地方，蚊子特别大，像蛾子一样。这虽然很夸张，但也有些事实依据。我的家乡地处湖区，夏天的蚊子既多且大，也是名声在外的。我想，这可能是人们借助谐音的一种调侃吧！

对于文章的重要性，曹丕在《典论·文论》中提出：“盖文章，经国之大业，不朽之盛事。”“不朽”的概念取自《左传》中的“太上立德，其次立功，其次立言，虽久不废，此之谓不朽”。我国自古以来，在学问中，一直都是重人文而轻科学的；在人文中，又是把文章放在首位的；在文章中，政论文则占据重中之重的位置。诗词歌赋可以是“不朽之盛事”，但很难与“经国之大业”联系在一起。我们说谁有文化、有水平，很大程度上指的是人文水平、文章水平、政论水平。这也是古代科举考试要考策论、现代公务员考试要考申论的道理所在，说明选拔人才、治国理政，是要看文章的。

在我们的传统教育中，也一直都是重文轻理的。近代以来，特别是新中国成立后，这一状况有了很大改变，但依然带有旧时代的烙印。加之天门市、干镇驿的文化特色，在我所受的基础教育中，还是比较偏重文科的。以我为例。我的中小学学习，相对数理化而言，语文、政治的学习还是要多一些、重一些。同样是没有课本，老师就把毛泽东选集、鲁迅著作、“两报一刊”社论等作为教材，让我们从中学习语文、学习政治，而数理化就没有这个“待遇”了，被学工、学农替代。因此，我的同学一般文科成绩要好一些，而在同班同学中，我的文科成绩最好，尤其是论说文的写作。

从小学到初中、高中，老师对论说文讲得最多，我练得最多。我的领悟力和摹仿力比较强，基本上老师一讲，我就基本能懂。有一个例子，就是 1977 年 2 月“两报一刊”的一篇社论发表后，语文老师立即将这篇社论印发给我们，作为范文，对论说文的写作方法作了详细讲解，使我深受启发：原来论说文也可以写成美文。于是，我注意摹仿这种写法，写作能力得到了提高。可以说，整个中小学时期，对于我的论说文，老师表扬比较多，学校交流比较多，墙报橱窗刊登也比较多。老师的激励，同学的赞扬，使我产生了浓厚的写作兴趣，特别是对论说文的偏爱，进而影响到我的大学专业选择，甚至影响到我的职业生涯。2016 年 4 月，我和妻子余友枝同几位朋友到洛阳观赏牡丹，她总结了我这大半生的两个“多”：一是字写得多，从小写到老，几乎没有停过，又是自己撰写文章，又是起草领导文稿和单位公文，数量上以千为计，算得上笔耕不辍；二是酒喝得多，喝酒的频率比较高，估计喝了几吨。我觉得，她概括得很准确，知夫莫如妻啊！

二　学习哲学·立场　观点　方法

1980 年高考，在填报志愿时，我的第一选择是哲学专业。当时，在我的心目中，哲学就是政治，哲学就是理论，要写好文章，需要懂政治、懂理论，需要学好哲学；而在家父的心目中，学哲学与从政是联系在一起的，选择哲学专业、走从政道路，是家父的期望。两者的出发点不同，但结果是一致的，所以我毫不犹豫地选择了哲学专业，既遂了己愿，又遂了父愿，对当时“行情看涨”的经济、法律等专业，我没有太多关注。上大学、学哲学后，我才知道，原来哲学与政治根本就不是一回事，高考的政治科目包含哲学知识完全是一种误导；学哲学与当干部也没有必然联系，哲学专业培养的主要是理论工作者，而不是行政干部、领导干部。

选择武汉大学哲学系，不是因为了解，而是因为向往。我隔壁村的一个大哥，作为工农兵学员，上的正是武汉大学哲学系。大学期间，他在《湖北日报》发表过文章，对我的影响很大，我把上武汉大学哲学系与写文章很自然地联系到了一起。此外，我不知在什么报刊上见过一组照片，展示的是武汉大学学生的学习和生活，给我留下深刻印象。从小我就有一个心愿，要上就上武汉大学，要学就学哲学。当时，我有了上武汉大学、学哲学的机会，是不会轻易放过的。事实证明，我的选择是正确的。武汉大学的综合实力，无论哪个机构采取哪种方式进行排名，在全国都是前八之内；哲学专业就更厉害了，本科教育曾排名全国第一，综合实力则始终保持在前三的位置。

在大学毕业30周年的同学聚会上，大家谈起当初选择专业的情形，无论是自愿，还是调剂，我与大多数同学一样，感到能上武汉大学哲学系非常荣幸，也认为学习哲学终身受用。2016年5月，我无意中找到了一张武汉大学哲学系80级录取新生名册，在表内15位同学中，第一志愿填报哲学系的有13人，第二志愿2人，无一是调剂的。

武汉大学哲学系之所以是名系，从根子上讲，是因为有一大批名师。武汉大学哲学系创建于1922年，1952年并入北京大学哲学系，1956年恢复。前30年在哲学系任教的学者有：余家菊、陈剑脩、屠孝寔、方东美、范寿康、熊十力、高翰、朱光潜、张颐、万卓恒、程乃颐、洪谦、金克木、黄子通、王凤岗、汪奠基、周辅成、石峻、江天骥、陈修斋、张世英等，都是著名学者。20世纪80年代初，直接为我们授课的老师，在哲学界都很有影响，都是名师，甚至是大师，比如：在哲学原理方面，有陶德麟、谭臻、雍涛、黄德华、陈祖华、李南勋、李鸿烈等老师；在哲学原著方面，有孟宪鸿、司马志纯、李砚田、王荫庭等老师；在中国哲学方面，有肖萐夫、唐明邦、李德永等老师；在西方哲学方面，有江天骥、陈修斋、杨祖陶等老师；在逻辑学方面，有张巨青、田龙九、林先发等老师；在美学方面，有刘纲纪等老师；在心理学方面，有朱洪英等老师；在伦理学方面，有陈楚佳等老师；在社会学方面，有周运清等老师；在宗教学方面，有段德智等老师；在脑科学方面，有肖静宁等老师。还有其他学科、专业的名师，这样的阵容，在全国首屈一指。几十年过去了，这些老师教书育人的情景还历历在目。

在名校名系，在名师指导下，我们追求真理，比较系统地学习了理论知识，为日后我的写作打下了比较扎实的理论基础。当然，首先是比较系统地学习了哲学，这是我们的专业。因为哲学是理论化、系统化的世界观和方法论，所以我们重点学习了世界观和方法论，从哲学原著到哲学原理，从古代哲学到现代哲学，从中国哲学到外国哲学，从马克思主义哲学到非马克思主义哲学，从唯物主义到唯心主义，从辩证法到形而上学，等等，我们都进行了系统学习。因为哲学又是自然科学、社会科学和思维科学的总结和概括，所以我们又广泛涉猎了这三大科学，探寻哲学的源头。在自然科学方面，学习了高等数学、物理学、生物学、脑科学、自然辩证法等；在社会科学方面，学习了经济学、政治学、伦理学、社会学、心理学、法学、史学、美学、文学等；在思维科学方面，学习了形式逻辑、辩证逻辑、数理逻辑等，这就形成了一个比较合理的理论和知识体系。

武汉大学的学术空气和学习氛围也是全国闻名的，其哲学系作为理论家、思想家的摇篮，学风更加活跃。从课堂到食堂，从教室到寝室，我们常常围绕一些理论问题进行讨论和辩论，这在很大程度上促进了我们的学习、思考和写作。记得在大一下学期的一个晚上，我们寝室的 8 位同学围绕“道德是否有阶级性”的问题，展开了激烈的讨论。结果是观点针锋相对，各不相让。于是，我们请高年级学长评判，也没能解决问题。第二天，我们又是找老师请教，又是到图书馆、阅览室查资料，并把自己的观点形成文字，晚上接着辩论。几个来回，虽然谁也没能说服谁，但在这个过程中，深化了对这个问题的认识。久而久之，大家就掌握了比较好的学习方法，形成了比较好的思考习惯，这是非常受用的。

三　辩证唯物主义　历史唯物主义 · 理论问题　现实问题

1982 年秋，进入大三后，我就尝试写点东西。于是，就从世界观写到方法论，从辩证唯物主义写到历史唯物主义，从专业领域写到其他领域，从理论问题写到现实问题，落脚到试图用马克思主义的立场、观点和方法，分析社会现象，解释社会问题，回答社会关切。

我的第一篇论文，是关于辩证唯物主义的：《试论唯物辩证法的世界观职能——兼谈伊里因科夫对辩证法与世界观关系问题的回答》。写作这篇论文的起因，是我读了苏联哲学界围绕“唯物辩证法的世界观内容和方法论职能问题”展开争论的文章，主要是“肯定派”代表伊利切夫和“否定派”代表伊里因科夫的文章。从总体上说，我不能同意伊里因科夫的观点，认为其忽视了辩证法的本质，也就是客观世界规律和认识规律的统一，世界观与方法论的统一。成文后，我求教于著名哲学家陶德麟老师，陶老师给予了肯定，并推荐给《大学生作品选刊》（1984 年第 5 期）发表，这对我来说是一个极大的鼓励。

接着，我撰写了关于历史唯物主义的一篇论文：《人的本质就是劳动——浅析马克思早期对人的本质的提法》，开始从“物”转向了“人”。当时，理论界围绕人道主义和异化问题的争论异常激烈，作为哲学系的学生，大家纷纷撰写论文，参与了这场争论。我的这篇论文，力图论证马克思早期关于人的本质是“自由自觉的活动”、是“自身的需要”这两种提法，是统一于劳动的。也就是说，只有在劳动中人的本质才得以实现，从这个意义上讲，人的本质就是劳动，劳动异化就是人的本质的异化。

进入大四后，我参与了两次社会调查，撰写了两篇调查报告，开始从“抽象的”社会问题转向“具体的”社会问题。一次是校学生会组织的大学毕业生能力需求调查，就是通过对大学毕业生工作状况的调查，了解社会对大学生能力的需求，提出改进大学教育的意见和建议。我所负责的哲学系调查小组在问卷调查的同时，重点访谈了22名学长，取得了第一手材料。在此基础上，我执笔撰写了《哲学系本科生能力及培养途径调查》。学校对这次调查高度重视，调查结束后，举办了成果交流会，我在会上作了重点发言。

另一次社会调查，是哲学系根据社会学的教学而安排的。我们调查小组深入武汉国棉四厂，对女职工的学习情况进行了深入调研。在一个月时间里，我们与她们打成一片，真心与她们交朋友，详细了解她们的工作、学习和生活，得到了最真实的材料。我执笔起草了《女工需要学习时间——武汉国棉四厂女职工学习情况调查》。这篇调查报告入选武汉市社会学年会论文。

此外，我还撰写了一些评论，如《谈大学生的自我管理》《错误难免与防患未然》等，分别在《武汉大学报》和《武大团讯》上发表。这样，在我的写作中，既有了大块的论文和调查报告，也有小块的言论评论，开始积累各种文体的写作经验。

四　毕业论文·系统学习写作方法　摸索学习规律

还有一篇文章很值得一提。记得是1984年初，78级毕业留校的丁端学长，找到我和彭维民，说《湖北青年》杂志社童编辑约稿，是关于如何学习马克思主义哲学方面的，他希望我们共同完成。

我与彭维民立即动手，商量了一个提纲，然后分工各写一块，最后由我统稿，标题是《如何学习马克思主义哲学》。彭维民的文字比较活泼，语言比较优美，而我的文字比较干净，逻辑比较严谨，各有优长。文章几经修改，我们感到基本满意后，就交给了丁端学长，请他审改。大约一个月后，文章公开发表，用的是我们三人的笔名；又过了一个星期，我们收到了汇款单，好像是 12 元的稿费。

我们当时都兴奋，决定用稿费庆贺一下，不够部分由丁端学长掏腰包，因为他是有工资的人。在一个星期天，我们骑着借来的自行车，带着各自的女朋友（都是哲学系的同学，我们三对恋人号称“三驾马车”），游览了东湖和磨山，最后在磨山脚下的一家酒楼吃饭，喝了一瓶白葡萄酒，总共花了 20 多元钱。这一天，我特别高兴，所以记忆特别深刻。

当然，最值得一提的，就是我的毕业论文。毕业论文的分量是很重的，因为它直接反映我们的兴趣爱好和能力水平，直接影响我们的职业选择和事业发展。大学期间，我曾写过几篇论文，都是自己摸索、摹仿的结果，没有经过论文写作的专门训练，对于如何选题、如何查找资料、如何形成观点、如何搭建框架、如何拟定提纲、如何起草初稿、如何修改完善等，只有零零星星的认识和体会。因此，我很希望通过撰写毕业论文，系统学习写作方法，摸索写作规律。

经过深入思考，我选好了毕业论文题目，就是《试论体制改革的理论依据》，试图对当时如火如荼的体制改革，包括经济体制改革和政治体制改革，进行一些理论阐释。这个题目很大，以一个大学生的学识，是很难做好的。但是，既然作出了选择，就要迎难而上。我的论文指导老师是历史唯物主义专家黄德华（他还同时指导吴尚之的论文），当我向黄德华老师详细汇报自己的想法后，得到了老师的肯定和支持。老师为我具体讲解了论文写作的流程和要领，讲解了支撑这篇论文应当掌握的理论、知识和材料，并为我列出了一大串必读书目和论文篇目。

当时正处于改革开放之初，思想界、理论界论述体制改革依据的著作和文章还比较少，加之搜索起来也没有像今天这么便利，因而只有整天泡在图书馆和阅览室，一本一本翻，一篇一篇看，仅卡片就做了几百张，真的吃了不少苦、受了不少累。我深知，干任何事情，只有下笨功夫、硬功夫、苦功夫，才能做好，何况是做学问写论文呢？按照老师的要求，我对材料进行认真梳理，形成主要观点和写作提纲，然后起草初稿，修改定稿，前后用了三个月时间。期间，我到黄德华老师家当面请教上十次，有时是与吴尚之一起去的，有时是单独去的。功夫不负有心人，我的毕业论文被评为优秀论文；更为重要的是，在这个过程中我学到了做学问写论文的科学方法，也悟出了做人做事的一些道理。

大学期间，有一篇文章，就是《延安·延河断想》，这是我至今为止写的唯一一篇散文。至于今后，可能也不会再写散文。因此，这也可能是我一生中的唯一一篇散文。

事情是这样的。1983 年暑假，武汉大学团委组织“三好学生”夏令营，由校团委孙志军、马黎老师带队，各系“三好学生”“优秀学生干部”共 30 多名学生参加。我作为校“三好学生标兵”，很荣幸成为夏令营的一员。夏令营的目的地是西安、延安，都是我非常向往的地方。特别是革命圣地延安的宝塔山、延河水，更令我魂牵梦萦。

夏令营结束后，我把自己的感受写成了一篇散文，自我感觉不错，就交给了一同参加夏令营的物理系 81 级程琳同学，希望在她担任主编的《武大团讯》上发表。过了一段时间，我看到了《武大团讯》第 1 期发表的这篇散文，标题没有变，署名“振江”“晶晶”，但内容被改得很厉害。平心而论，改得确实好，比原稿上了一个层次。要知道，程琳可是武汉大学写作比赛的冠军，作为一个理科学生，文学水平能超越众多文科才子，是很不容易的。当然，这对我的自信心，特别是在文学写作方面的自信心，也是一个沉重的打击，作为文学青年的一闪念，顷刻之间就被扑灭了。我很快意识到，以我的文学天资、文学修养，是不可能从事文学写作的，还是回到自己喜欢的理论评论上来，这条路或许还走得通。于是我决定，对于文学作品，阅读归阅读，欣赏归欣赏，就不再去搞创作了。这就是我这几十年来没有写作和发表一篇文学作品的原因。

五　干部素质·干部下派

1984 年 7 月，我被分配到基层工作，一年半后，先是借调，后正式调入中共湖北省委组织部工作；15 年后，同样是先借调、后正式调入中共中央办公厅工作；10 年后，又调入中央企业工作。在 30 多年的职业生涯中，我以个人和集体名义的写作，有三个活跃期。一是 1984 年至 1989 年，6 年左右时间，我称之为“江之韵时期”；二是 2001 年至 2006 年，又是 6 年左右时间，我称之为“钟怡祖时期”；三是 2014 年之后，应该也有 6 年左右时间，我称之为“钟岩文时期”，包括后来的南方电网时期。

在这三个时期中，“江之韵时期”是我思想最活跃、激情最高、也最少顾忌的时期。这个时期的写作，大体上沿着两个方向发展，一是对组织工作、党的建设、党的领导等问题的关注和思考，这与我的工作性质有关；二是对一些社会问题的关注和思考，力图用自己学习的理论和知识，来分析、研究和解决问题。

“江之韵时期”是以我和余友枝的笔名来命名的。这个时期，我沿着第一个方向，也就是组织工作、党的建设、党的领导等写作并发表的文章，第一篇就是《浅谈新时期对农村基层干部的要求》（湖北《新农民》1985 年第 3 期）。我是农家子弟，21 岁才走出农村。我起先认为，农村基层干部就是与群众打成一片，头戴草帽、脚穿草鞋，晴天一身汗、雨天一身泥的“革命老黄牛”。当我大学毕业成为农村基层干部后，很快就意识到，在当时我国农村发生极为深刻的变化，生产力的发展需要生产关系和上层建筑与之相适应，这就对农村基层干部提出了新的更高的要求。新型农村基层干部在发扬艰苦奋斗优良传统的同时，还要思想敏锐、知识丰富、拥有信息、大胆创新、善于总结、不断提高。我就把这些认识和体会写成了文章。

我继续思考干部的素质问题，从农村基层干部拓展开来，撰写了《新时期干部应该具备的观点》(《长江日报》1985 年 12 月 13 日)。社会主义现代化建设进入了一个新的时期，形势发展要求广大干部必须具备服务观点、群众观点、政策观点、法制观点、效率观点、创新观点、人才观点、战略观点。我对这八个观点，分别作了阐述。特别是关于法制观点、创新观点、人才观点、战略观点的提出和阐发，很具创新性和前瞻性，几十年过去了，仍然不觉得陈旧和落后。

到基层工作后，有个别党员讲，“各人自种责任田，管他党员非党员”，“党员非党员，就差五分钱”。在这极少数人眼里，农村实行联产承包责任制后，党员的先进性、先锋模范作用就不再需要了。1985 年 12 月初，我看到《长江日报》报道的黄陂县枣林村党支部副书记徐运生的先进事迹，心头为之一振。徐运生是公认的生产能手，但他的六亩责任田每年打的粮总比别人少三成，主要原因是他在自己的田里投工少，而把主要精力用在他人田里，乡亲们因此称赞他是几百户农民的“长工”。我立即写了一篇短评《赞徐运生的“长工”精神》(《长江日报》1985 年 12 月 5 日)，指出农民喜欢这样的“长工”，事业需要这样的“长工”，我们党的光辉形象正是通过这样的“长工”表现出来的。这样的“长工”，正是我们党的希望，我们事业的希望。

1986 年 2 月，我被借调到湖北省委组织部后，参与的第一项工作，就是干部下派工作。当时省委决定从县以上机关选派 5000

名干部到基层工作，其中，省直机关选派400名左右干部。我除参与日常工作外，还负责有关文件、领导讲话稿和新闻稿的起草。1986年5月21日，省委召开欢送大会。会后，我起草了新闻稿，对下派干部工作和欢送大会作了全面报道。

按理说，我的工作任务已经完成，但刚从基层来到省直机关工作的我，感到意犹未尽。于是，大胆向领导建言，在发消息的同时，配发一篇评论，这样力度更大。领导采纳了我的建议，并让我起草这篇评论。由于我自始至终参与了这项工作，又对基层情况比较了解，很快就写好了“本报评论员”文章《培养造就干部的重要途径》(《湖北日报》1986年5月22日)。文章说，从领导机关选派优秀干部到基层工作，这是一项具有战略意义的重要决策，是培养和造就干部的一条重要途径，也是转变机关作风、加强基层工作的有力措施。各级领导机关有志气、有理想的年轻干部，应积极响应省委号召，踊跃报名到基层工作，并珍惜这个锻炼的好机会，在改革中建功立业。这是我个人的真切感受和体会。

两年后，在新一轮下派干部工作开始的时候，我又写了一篇评论《要不断深化对干部下派工作的认识》(湖北《机关党的生活》1988年第6期)，针对一些干部存在的模糊认识，提出实行干部下派，是近年来探索的已为实践证明的培养造就中青年干部的新路子，是为实现省委提出的“中部崛起”战略目标进行干部准备的重要工作，也是一项长期任务；提出领导人才的发现、选拔是基础，培养、管理是关键，要按照省委的要求，坚持和加强干部下派工作，使之经常化、制度化，培养造就一批又一批德才兼备的领导人才。

六　第三梯队·党建课题研究

1986 年 6 月，我接触到党的建设和组织工作方方面面的业务，这为我的写作提供了大量素材。此后，我关于第一个方向的写作，主要从三个方面展开：一是组织人事工作，主要是后备干部工作；二是政治体制改革，主要是干部人事制度改革；三是党的建设、党的领导的重大问题。

党的十一届三中全会之后，在邓小平、陈云等老一辈革命家的大力倡导下，党中央明确提出建设“第三梯队”，推进后备干部工作经常化、制度化。根据中央精神，从 1983 年开始，各地大规模建立后备干部名单。我在深入调查研究的基础上，撰写了《后备干部队伍建设的回顾与展望》，全面回顾了后备干部队伍建设取得的重大进展，总结了积累的经验，指出了存在的不足，提出了加强和改进的意见建议，阐述了后备干部队伍建设的重要性、必要性、基本原则、努力方向和工作措施等问题。

我还撰写了一系列评论文章，如《人才竞争原则的丰富和发展》（湖北《学习与实践》1987 年第 3 期），主要针对的是有些人所谓的“第三梯队”建设不符合社会主义商品经济条件下人才竞争原则、不利于人才在竞争中成长的观点。文章说，我们进行的“第三梯队”建设，无论是在方式上、还是在目的上，都是与人才竞争原则一致的。一个干部能否进入“第三梯队”，标准是统一的，机会是均等的，能不能进名单，主要看是否符合条件。同时，“第三梯队”实行“滚动式”管理，不断进行调整补充，进入“第三梯队”并没有进入提拔的“保险箱”。不仅如此，“第三梯队”建设还赋予了领导人才竞争新的含义，通过选拔进入“第三梯队”和进入领导班子两次挑选，可以避免临时动议和直接进入领导班子而出现的选不准的现象，从而保证了各级领导班子的质量。

那时，我参加了很多课题研究，开始主要是干部人事制度改革方面的，如地方政务类公务员选拔与监督方法研究、党的十一届三中全会以来干部工作改革研究、中青年干部成长环境和条件研究等，我是研究报告的主要执笔人。后来，研究的领域不限于干部人事制度改革，拓展到了组织部门的其他业务工作，我又参加了县市党政领导班子及其成员工作实绩考核指标体系和评价标准问题研究、党政领导干部能上能下机制、政策及相关问题研究、切实加强干部选拔任用工作监督问题研究、吸引留住用好专业技术人才的政策及相关问题研究等重点课题的研究。在这个过程中，我的理论水平、政策水平、文字水平得到了提高，且收集的材料、形成的观点，被大量运用于我的写作之中。

七　干部人事制度

党的十三大后，我的写作主要是干部人事制度改革方面。比如：

关于建立公务员制度。党的十三大报告指出：“当前干部人事制度改革的重点，是建立国家公务员制度，即制定法律和规章，对政府中行使国家行政权力、执行国家公务的人员，依法进行科学管理。”“在建立国家公务员制度的同时，还要按照党政分开、政企分开和管人与管事既紧密结合又合理制约的原则，对各类人员实行分类管理。”围绕建立公务员制度和实行干部分类管理，我撰写了大量文章。比如：《荐举制、考举制及公务员制度》，论证建立公务员制度的科学性、合理性。文章全面考察了我国封建社会以来选拔人才的方式和制度，提出选拔人才的历史，就其形式而言，是一部荐举制与考举制互相否定、互相渗透、互相融合的历史；建立国家公务员制度，符合历史发展规律，符合社会主义现代化建设的需要，符合人民群众的意愿，有利于加强和改善党的领导，有利于造就德才兼备的政务活动家和行政管理家，有利于提高政府的工作效率和国家管理的科学化、制度化、法制化水平。又比如：《公开　平等　竞争　择优——谈谈录用公务员的原则》（湖北《机关党的生活》1988 年第 2 期），比较系统地阐述了录用公务员的原则及相互关系。

关于坚持党管干部原则。我对传统的干部人事制度和干部管理体制进行了全面考察，对党管干部原则进行深刻思考，认识到我们党作为执政党，必须坚持党管干部，加强对干部的管理和监督，否则将会动摇领导和执政地位；同时，要不断改进对干部的管理和监督，也就是要改善管理制度、管理方式和管理作风。具体说，党对干部的管理，一要坚持对干部工作的统一领导和对干部的统一管理；二要制定干部工作的路线、方针、政策，以及领导制定管理各类干部的法律、条例和章程；三要直接管理和监督党组织的领导人员和机关工作人员，管理和监督其他组织的领导人员，通过法律、条例和章程间接管理其他组织的工作人员。我将自己的认识进行整理，形成了《对党管干部原则的思考》一文。

关于干部考核评价。十三大后，理论界围绕生产力标准问题展开了一场大讨论。联系干部工作实际，我认为，应当把生产力标准作为评价干部的根本标准。为此，我写了一组学习笔记和体会文章，如：《生产力标准是评价干部的根本标准》（《湖北日报》1988 年 5 月 12 日）。文章说，社会主义社会的根本任务是发展生产力，是否有利于发展生产力，是我们考虑一切问题的出发点和检验一切工作的根本标准；评价一个干部的功过是非，从根本上讲，要看他的工作是否有利于发展生产力；以生产力标准作为评价干部的根本标准，具体说就是以政绩作为评价干部的标准，这样就可以形成一种崭新的价值导向，引导广大干部为社会主义现代化建设努力工作、创造实绩。

如何考察一个干部的实绩，尽量避免失察失误呢？我又写了《考察政绩应注意的问题》，针对实绩考察中常见的问题，谈了自己的看法。文章说，提拔重用什么样的干部，关系到树立什么形象的问题，它不仅反映我们党的组织路线，而且反映我们党的政治路线、思想路线。任用干部从重出身、重资历、重文凭到重德才、重实绩，是社会主义现代化建设的客观需要，也是干部工作的一大进步。考察干部的实绩，不能简单以数据论英雄，数字大小不能与政绩大小直接挂等号，且有些政绩是难以用数据表达的；也不能简单以成败论英雄，要考虑到工作的难易程度和客观因素。

文章还说，改革是一场深刻的革命，要改革就会有风险。如果我们简单以成败论英雄，就会使干部谨小慎微，不求有功，但求无过，就会阻碍我们事业的发展。

八　党的领导 · 党的建设 · 党员作用

这一时期，我还结合学习党的十三大报告关于党的建设和党的领导的论述，写了一组这方面的文章。

比如，《初级阶段党员更要发挥先锋模范作用》（湖北《机关党的生活》1987 年第 8 期）。文章针对当时有的党员对社会主义初级阶段和党员先锋模范作用的错误认识说，如果把这个阶段理解为一种倒退，甚至是“补资本主义的课”，从而否定党的领导、否定党员的先锋模范作用，那就忽视了这个阶段的根本性质，也就要犯右的错误，产生悲观论调；如果把这个阶段理解为可以不通过任何努力就可以超越的阶段，从而认为不需要党的领导，不需要党员的先锋模范作用，就是低估了这个阶段的根本任务，也就要犯“左”的错误，产生急进情绪。广大党员要成为自觉地为实现党的初级阶段的总任务而斗争的先锋战士。

比如，《廉洁才能高效》（湖北《机关党的生活》1988 年第 3 期）。针对有人认为廉洁与高效就跟鱼和熊掌一样两者不可兼而得之的观点说，廉洁与高效向来是我们党和国家机关追求的崇高目标，也成为我们党和国家机关的优良传统和作风。作为伦理范畴的廉洁与作为经济范畴的高效，是互相联系、互相作用、互相影响的。廉洁是高效的前提，只有廉洁才能高效。得民心者得天下，失民心者失天下，古今中外，概莫能外。政府清廉，民心所向，政权才能巩固，才能做到高效；否则，政府腐败，人民必定反对，政权迟早垮台，根本谈不上高效。我还在《清正廉洁话是仪》（湖北《机关党的生活》1989年第2期）中，以三国时期的是仪为例，阐述是仪是一个不大又不小的人物，但被称为孙吴政权的“榱椽之佐”，也就是像一座大厦的椽子，虽然不引人注目，甚至很微小，但默默地承受万钧压力，发挥的作用是巨大的。这种力量的来源固然与其雄才大略有关，但更重要的则是自身清正廉洁，说明廉洁自律的极端重要性。

比如，《发挥党员的模范作用是实行政治领导的关键》（湖北《党建研究》1988年第3期）。党的十三大的报告指出，党对国家事务实行政治领导的主要方式是：使党的主张经过法定的程序变成国家意志，通过党组织的活动和党员的模范作用带动广大人民群众，实现党的路线、方针、政策。围绕党的政治领导的实现方式，我从发挥党员模范作用进行了论述：党员模范作用的发挥是使党的主张变为国家意志的重要保证，是党组织向国家政权机关推荐的重要干部得以当选或被任命的重要条件，是党的路线、方针、政策得以贯彻执行的坚实基础。

在此基础上，我撰写了《试论新时期党的领导形式》（《湖北社会科学》1989年第10期）。文章开宗明义：四项基本原则是我们的立国之本，坚持、加强和改善党的领导是四项基本原则的重要内容。要坚持、加强和改善党的领导，首当其冲的是要弄清楚什么是党的领导和党如何实行领导。党的政治领导，就是坚持政治原则，把握政治方向，制定重大决策并通过法定程序使党的正确主张变为国家意志。党的思想领导，就是坚持马列主义、毛泽东思想的主导地位，坚持党对意识形态领域工作的领导，加强思想政治工作。新时期党的思想领导的特点，是宣传马克思主义与发展马克思主义并重，与捍卫马克思主义并存。思想领导主要是通过强有力的思想政治工作实现的。党的组织领导，就是坚持党管干部原则，选拔、培养、监督党员干部，不断向政权机关输送，充分发挥党组织的战斗堡垒作用和党员的先锋模范作用，形成改革开放和社会主义现代化建设的强大力量。文章说，政治领导、思想领导和组织领导是组成党的领导的密不可分的统一体，离开了任何一方面，都不能完整地实现党的领导。党的政治领导主要解决方向、道路问题，通过党的正确路线的领导实现，是党的领导的最主要、最根本的形式。思想领导是政治领导和组织领导的基础，没有党在思想上的统一，就无法保证党在政治上、组织上的统一。组织领导是实现党的政治领导和思想领导的保证，离开了党的组织领导，党的理论和路线方针政策要付诸实践是根本办不到的。这篇文章，全面反映了我的政治水平、思想水平、理论水平和文字水平，是那个时期我的代表作。

九　社会问题·社会管理·社会心理

“江之韵时期”，我们沿着另一个方向，围绕一些社会问题、写作并发表了一系列文章。

1985 年 10 月 4 日，《长江日报》发表了我的文章《从交叉点到交叉面——谈两代人看问题方式的统一》，论述的是代际鸿沟问题。文章说，新老两代人由于生活环境和经历不同，在思想意识、思维方式和生活方式等方面存在着差别，这种差别在社会学上称之为代际鸿沟。代际鸿沟表现在看待问题的方式上，往往会出现这样的情况：老年人比较习惯于纵向看问题，着重强调“过去如何，现在如何”；而青年人则比较习惯于横向看问题，着重强调“自己如何，别人如何”。这两种方式是能够统一的，因为横向看问题与纵向看问题客观上存在着一个交叉点，以此为基点，横向看问题朝纵向延伸，纵向看问题朝横向扩展，就可以形成一个交叉面，达到两代人思维的统一。我还以“如何振兴中华”为例，具体说明了我的观点。这是我在党报上发表的第一篇文章，而且是在余友枝担任编辑的《长江日报》理论版发表的第一篇文章。

这之后一发不可收拾，10天后，《长江日报》又发表了我的文章《我们也能演奏第一小提琴》，论述的是精神文明问题。文章从马克思主义关于物质与意识、物质生活与精神生活的原理出发，论述了物质文明建设与精神文明建设的关系，提出物质生活决定精神生活，只有从归根结底的意义上来理解才有意义。物质生活发生了变化，精神生活或迟或早要发生变化，如果企求两者绝对的同步同向变化那是不现实的。我还列举了18世纪末19世纪初德国演奏思想领域的第一小提琴、我国三四十年代的革命圣地延安创造举世闻名的延安精神的例子，力图说明在物质生活还不太优越的情况下，是能够建设较高精神文明的。得出的结论是：我国的物质生活暂时还不怎么优越，但已经具备了建设精神文明的良好条件，随着经济建设的不断发展，这个条件将越来越好。在此基础上一定能够建设高度的精神文明，演奏精神生活上的第一小提琴。

1986年2月14日，《长江日报》发表了我的《谈谈“接受时间”》，论述的是管理方法问题。文章说，一切工作都应以时间、地点和条件为转移，这里所说的“时间”，当然包括“接受时间”。现实生活中，为什么一些改革方案难以实施，或者事倍功半甚至事与愿违呢？除了方案本身的问题外，一个重要的原因是，我们往往忽视了“接受时间”，只重视某种方案本身的合理性，而忽视了方案实现的可行性。人们对事物的认识是有差别的，我们在制定和实施方案时，应该从实际出发，允许有一个“接受时间”。在“接受时间”里，要创造良好的主观条件和客观条件，同时不断修正完善方案。一旦时机成熟，就要迅速将方案变为行动，达到预期目的。

1986年7月18日，《长江日报》发表了我的《努力改变影响改革的社会心理》，论述的是社会心理问题。社会心理是社会意识的一种形式，它是人们在情感、性格、习惯、道德风尚等方面特征的综合。文章说，在改革的过程中，顺乎历史潮流的社会心理始终占据主要地位，但也存在着影响改革的各种不好的社会心理，如社会逆反心理、社会折中心理等。我在分析这两种社会心理的表现形式及危害后提出，改革是一场广泛、深刻而又持久的大变革，它对固有模式、传统观念和习惯势力的冲击是前所未有的，人们在思想上必然有一个适应的过程。因此，我们既要考虑传统观念的影响，又不要被传统观念所束缚；既要保护人们的改革热情，又要考虑到人们的心理承受力，予以正确的引导。

1987 年 2 月 2 日，《长江日报》又发表了我的《马洛实验对我们的启迪》，论述的是管理问题。文章首先讲述了马洛实验，并联系自己在担任基层领导期间，推进教育、工业、农业等方面改革的经历，指出有的改革收到了良好的效果，有的效果不明显，有的甚至事与愿违。马洛实验在一定意义上让我明白了其中的原因：改革是一场深刻的革命，不是几个人闭门造车、冥思苦想能够完成的。要想取得成功，就必须充分尊重广大群众的主人翁地位，充分发挥他们的积极性和创造性。制定方案应该坚持从群众中来、到群众中去，坚持科学决策、民主决策原则，取得群众的理解与信任，提高其心理承受力，为实施方案打下坚实的群众基础。

1988 年 1 月 8 日，我在《长江日报》发表了《从黑格尔的著名命题谈起》，论述的是社会现象问题。我谈了对黑格尔“凡是现实的都是合理的，凡是合理的都是现实的”的理解，指出站在哲学的高度，区分现实与现存两种属性，对于正确认识社会主义初级阶段的社会现象具有重要意义。社会上现存的种种现象，都有现实与非现实、合理与不合理之分。我们衡量某一社会现象是否具有现实性，是否合理，主要应看其是否有利于生产力的发展，符合社会主义的发展方向。同时，现实性并非固定不变的属性。现在现实的、合理的东西随着历史的发展将会变成不现实、不合理的东西。社会主义初级阶段的社会现象也同样遵循这个规律。

我们党承认我们现在处于社会主义初级阶段，是希望通过全民奋起、艰苦创业，改革不合理、不现实的现象，用新的现实的、合理的东西代替现在现实的、合理的东西，实现中华民族的伟大复兴，使初级阶段进入更高级的阶段。这篇文章的哲学和思辨味道比较浓。

十　工作性质使然·少见公开发表文章

1990 年以后，我先后在湖北省委组织部办公室、组织处、研究室工作，直到 2001 年初。这 11 年，我公开发表的署名文章就很少了，直接原因是我的工作性质发生了变化，以文稿工作为主，起草了大量的调研报告、领导讲话、经验材料、指导文件等，我几乎将自己的全部智慧投入到文稿工作之中。这 11 年，有两篇文章可以提一下。

一是《全面贯彻党的基本路线　努力为经济建设服务》。这篇文章以“鄂祖文”的笔名发表于《领导工作研究》1992 年第 5 期。文章以邓小平南巡讲话为背景，全面总结了那些年湖北组织工作的做法和经验。

二是《略论中国国有企业的股份制改造》，这是我目前为止唯一一篇国有企业改革的专业文章。这篇文章是我最近在清理文稿时发现的。文章分析了国有企业股份制改造的环境和条件、目标和优势、途径和方式，以及国有企业股份制改造中的几个难点问题。想不到的是，15 年后，我调到了国有企业工作，具体参与了国有企业股份制改造，这真是命运的安排啊！

十一 “三个代表”重要思想·党的作风建设

2001 年 3 月，我调入中共中央办公厅调研室一组，专门从事文稿服务工作，一直到 2011 年。这 10 年，我参与起草、独立起草和主持起草的文稿（主要是领导讲话稿、中央文件稿及相关新闻稿），应该有两三千件。在这里我想特别说明的是，在我们文稿服务之余，写作和发表了一些署名文章。为什么要在“我”之后，加一个“们”呢？是因为这个时期的写作，主要是集体写作，多数文章使用的是“钟怡祖”的笔名，也有直接使用单位名称的。写作集中在 2001 年至 2006 年，这是我写作的第二个活跃期，我称之为“钟怡祖时期”。

这个时期，我执笔起草的第一篇文章是《勇于理论创新的马克思主义光辉文献》（《党建研究》2001 年第 8 期）。这一年的 7 月 1 日，江泽民在庆祝中国共产党成立 80 周年大会上，对关系党和国家前途命运的一系列重大问题作了系统、科学、精辟的阐述。按照要求，我写了这篇学习体会文章。

文章从三个方面阐述了对“七一”讲话的理解，也就是“三个通篇”：通篇贯穿着“三个代表”重要思想这条主线，通篇体现了马克思主义与时俱进、勇于创新的精神，通篇着眼于实现党的基本路线和历史任务的重要使命。这篇文章，是我在中央级的刊物上发表的第一篇文章。

同年 9 月下旬，中央召开了党的十五届六中全会，审议通过了《中共中央关于加强和改进党的作风建设的决定》。在全会召开之前，我们就写作并发表了关于党的作风建设的一系列文章，如：《高度重视党风建设》(《时事报告》2001年第2期)、《党员领导干部的生活作风是一个严肃的政治问题》(《党建研究》2001年第9期、《组织人事报》2001年9月13日)、《用好的制度和作风选人》(《党建研究》2001年第10期)等。会后，为配合《决定》精神的学习宣传，我们写了6篇评论文章，分别是：《把党的作风建设放在更加突出的位置》(新华社北京10月2日电)、《思想作风建设是第一位的》(新华社北京10月8日电)、《核心问题是保持党同人民群众的血肉联系》(新华社北京10月9日电)、《选贤任能是作风建设的关键》(新华社北京10月11日电)、《保持清正廉洁是作风建设的紧迫问题》(新华社北京10月14日电)、《作风建设的根本问题是加强制度建设》(新华社北京10月16日电)。第六篇是我写的。我在文章里讲，突出制度建设在党的作风建设中的重要作用，是党的十五届六中全会《决定》的一个显著特点。制度问题更带有根本性、全局性、稳定性和长期性，制度问题不解决，思想作风问题也解决不了。我们要通过制度，约之以典章，规之以法纪，以更规范、更严肃、更有效的制度，推动作风建设进一步加强和改进。

2002年10月，党的十六大后，我在深入学习十六大报告的基础上，抓住自己体会最深的问题，执笔起草了《坚持理论创新和实践创新的光辉文献》(《组织人事报》2003年1月2日)。文章说，创新是十六大报告最鲜明的特色，也是出现频率最高的词汇之一。我们要紧紧抓住创新这个治党治国之道，去深刻理解和把握十六大确立的党的指导思想的新飞跃、思想路线的新拓展、实践经验的新概括、发展战略的新谋划和党的建设的新举措，把思想统一到十六大的精神上来。文章还说，十六大报告通篇体现了“两个伟大”：中国特色社会主义伟大事业和党的建设新的伟大工程。并由此引发了我对“两个伟大”关系的理解：伟大事业需要伟大工程来支撑，伟大工程必须紧紧围绕伟大事业来进行。

十二 “学教”活动·服务中心

我是因为参与全国农村“三个代表”重要思想学习教育活动（以下简称“学教”活动）动员大会领导讲话稿的起草，被中央办公厅调研室看中而借调的，因此，对“学教”活动特别有感情，也特别关注。活动期间，我参与了一系列重要调研和重要文稿的起草，贡献了自己的汗水和心血。其中，印象最深的是浙江调研。

2002年4月20日前后，我们前往浙江调研。到达浙江的当天，省委主要领导接见了我们，介绍了有关情况。接下来，我们深入到杭州、宁波、台州、温州等地调研，接触到不少干部群众，取得了大量素材。

调研期间，基本上是白天参观、走访、座谈，晚上谈感受、碰观点、议提纲，时间抓得很紧。实地调研之后就是“五一”长假，我们利用假期起草初稿，上班后就交稿。6月19日，近万字的长篇调研报告《强化“核心” 推动“中心”——浙江省加强改善党的领导推动经济社会发展的调查》发表在《人民日报》的头版。调研报告全面总结了浙江加强党的建设“四个一”的基本做法，即：

一个基本共识：坚持和加强党的领导，必须改善党的领导。一条重要经验：围绕中心抓党建，抓好党建促发展。一个根本动力：与时俱进，开拓创新。一个有效方法：整体推进，重点突破。从整体思路上拓展，从重点领域突破，从重要环节切入，从点到面全面推进。

在“学教”活动期间，我还发表了一些文章。比如《“让干部受教育　使农民得实惠”的由来》《一则新闻标题的价值——采写〈让干部受到教育，使农民得到实惠〉的体会》等，记述了这个基本要求提出的过程，阐述这个基本要求来自“学教”活动的实践，来自基层干部群众的创造，来自中央领导的总结和概括。我们还撰写并发表了一些文章，如《让干部经常受教育　使农民长期得实惠》（《人民日报》2002 年 6 月 25 日社论）、《加强和改进党对农村工作领导的成功实践》（《理论前沿》2002 年第 15 期）、《用制度巩固学习教育活动成果》（《党建研究》2002 年第 8 期）等。

十三　党的先进性建设·学习贯彻公务员法

2005 年以来，我们推出了许多系列评论党的十六大决定，在全党开展保持共产党员先进性教育活动。在教育活动中，我们密切关注中央的新要求、活动的新进展、党内党外的反映和动态，完成了关于加强党的先进性建设“七论”，分别是《先进性教育和先进性建设是永葆党的先进性的根本途径》《用党的与时俱进的指导思想武装全党》《在实现又快又好的发展中体现党的先进性》《和谐的党群关系是构建和谐社会的基础》《把执政能力建设同先进性建设结合起来》《把先进性教育活动办成“群众满意工程”》《形成永葆共产党员先进性的长效机制》，在《党建研究》《党建》《组织人事报》等报刊发表。其最大亮点，就是从理论和实际的结合上，对若干重大关系作了全面而深入的阐述，比如：伟大事业同伟大工程的关系、党的先进性建设同先进性教育的关系、党的先进性建设同执政能力建设的关系、党的理论建设同理论武装的关系、党群关系和谐同整个社会和谐的关系、思想教育同制度建设的关系、集中教育同常抓不懈的关系、工作目标同检验标准的关系，等等。

2005 年 4 月，全国人大通过了公务员法，决定自 2006 年 1 月 1 日起施行。公务员法是我国第一部属于干部人事管理总章程性质的重要法律，它的颁布实施，是我国社会主义民主法制建设史上的一件大事，在我国干部人事史上具有里程碑意义。9 月，中央召开全国实施公务员法工作会议。会后，我们感到无论是公务员法的学习宣传，还是会议精神的贯彻落实，都还有大量工作要做。于是，我们决定撰写一组关于贯彻实施公务员法的评论文章。

评论文章共五篇，分别是《深刻认识贯彻实施公务员法的重大意义》《全面把握现行公务员制度的中国特色》《切实加强公务员队伍的能力建设》《大力培育和弘扬公务员精神》《关键是要把公务员法落到实处》，发表在《中国人事报》和《组织人事报》上。文章说，公务员队伍的能力建设，始终是一项根本性建设，要不断提高广大公务员推动改革、促进发展、维护稳定的本领，公共行政、公共管理、公共服务的本领，组织群众、宣传群众、服务群众的本领，依法执政、依法行政、依法办事的本领和善于学习、善于调研、善于创新的本领。认真贯彻实施好公务员法，对于提高我国公务员队伍管理的法制化、科学化水平，建设一支善于治国理政的高素质公务员队伍，对于推进中国特色社会主义伟大事业，都具有十分重要的意义。抓好落实，就要在学好法律、吃透精神上狠下功夫，在加强领导、形成合力上狠下功夫，在掌握政策、解决问题上狠下功夫，在突出重点、统筹兼顾上狠下功夫。

十四　学习《江泽民文选》

2006 年 8 月，《江泽民文选》出版发行。我们商定，写一篇"总论"，五篇"分论"，并拟定了标题，分别是《按照"三个代表"重要思想扎实推进党的建设新的伟大工程——学习〈江泽民文选〉关于加强党的建设重要论述的体会》和《联系实际学习和把握江泽民同志的改革观——学习〈江泽民文选〉的体会》《人才强国战略与江泽民同志的人才观》《建设学习型政党和江泽民同志的学习观》《以人民群众为本与江泽民同志的群众观》《治党治国之道与江泽民同志的创新观》。

"总论"也有"总"和"分"。"总"的初稿是我起草的，阐述了《江泽民文选》的五个鲜明特点，也就是全力稳住局面同奋力开创新局面的统一、把握国际大局同把握国内大局的统一、潜心把握规律性同矢志追求创造性的统一、坚定的理想信念同强烈的忧患意识的统一、推进伟大事业同推进伟大工程的统一。"分"是其他同志起草的，分别谈了学习江泽民同志关于"三个代表"重要思想、党的建设新的伟大工程、党的思想理论建设、领导班子和干部队伍建设、干部教育培训和党校工作、党管人才和人才队伍建设、基层组织和党员队伍建设、党的作风建设、党风廉政建设和反腐败斗争、群众工作和群团工作、港澳工作等11个方面重要论述的体会。“总论”发表在《求是》杂志上。

“分论”分别阐述了江泽民同志的改革观、人才观、学习观、群众观和创新观。比如，在解读改革观时指出，毫不动摇地坚持改革，就是要毫不动摇地坚持社会主义市场经济的改革方向，关键是要把社会主义市场经济体制同社会主义基本制度紧密结合起来；坚持社会主义市场经济取向的改革同惠及十几亿人口的全面小康社会建设，都是要让人民共享改革发展成果；我国社会主义市场经济取向的改革是全面改革，党和国家必须加强对改革的总体指导和统筹协调。

比如，在解读人才观时指出，人才资源是第一资源的重要思想，是江泽民同志人才观所强调的核心理念；实现各方面人才的全面发展和人的全面发展，是江泽民同志人才观所强调的鲜明价值取向；尊重劳动、尊重知识、尊重人才、尊重创造，是江泽民同志人才观所强调的重大方针；着力培养造就大批高素质的领导人才，是江泽民同志人才观所强调的关键环节；形成充满生机与活力的用人机制，是江泽民同志人才观所强调的根本要求；坚持党对人才工作的统一领导，是江泽民同志人才观所强调的重要原则。

比如，在解读学习观时指出，学习问题是一个关系到国家、民族的兴衰和社会主义现代化事业成败的大问题；认真学习党的基本理论，用先进理论武装全党，才能不断保持和发展我们党的先进性；要把加强干部学习作为一个系统工程来抓，进一步引导广大干部全面学习、系统学习；学风问题也是党风问题，要把全党的学习提高到一个新水平，努力端正学风至关重要。

比如，在解读群众观时指出，坚持以人民群众为本，就是要始终坚持把人民群众作为创造历史的动力之本，作为推进中国特色社会主义伟大事业的胜利之本，作为巩固和加强我们党的领导地位的力量之本；始终代表最广大人民的根本利益，是我们全部工作的根本出发点和落脚点，我们党只有充分考虑和满足最大多数人的利益而又体现和兼顾不同方面群众的利益，才能真正成为中国最广大人民根本利益的忠实代表；切实做好新形势下的群众工作，是坚持以人民群众为本和始终代表最广大人民根本利益的实现途径，各级党组织、政府和各群团组织都要着眼于代表和实现人民群众的利益，提高做好新形势下群众工作的水平。

在解读创新观时指出，坚持创新才能实现与时代同步伐、与人民共命运意义上的与时俱进；要坚持把理论创新放在首位，实践基础上的理论创新是社会发展和变革的先导；坚持自力更生、自主创新是我们真正在世界高科技领域占有一席之地的重要基石；加强学习实践是推动理论创新和各方面创新的基本前提和根本途径；各级党委和政府要努力营造有利于鼓励和保护创新的环境和氛围。

十五　和谐社会·点题与破题

这个时期的代表作，是发表于 2006 年 10 月 31 日《光明日报》

的《构建社会主义和谐社会：从点题到破题》，这也是“钟怡祖”的扛鼎之作、收官之作。这篇文章从酝酿准备到写作发表，有20个月的时间。

2006年10月8日至11日，党的十六届六中全会审议并通过了《中共中央关于构建社会主义和谐社会若干重大问题的决定》。我们结合学习全会精神，系统梳理了我们的认识和体会，借鉴“任仲平”文章的体例和风格，写成了《构建社会主义和谐社会：从点题到破题》。

文章开篇说：党的十六届六中全会是我们党的历史上第一个以研究社会主义社会建设为主题的中央全会；这次全会作出的《中共中央关于构建社会主义和谐社会若干重大问题的决定》，是我们党执政以来第一个关于全面加强社会主义社会建设的纲领性文件。这次全会和这个《决定》，标志着我们党提出的构建社会主义和谐社会这一关系党和国家事业发展全局的重大战略任务，在亿万人民的伟大实践中，开始实现了由点题到进一步破题、由舆论和价值导向到比较系统完备的政策和制度导向的重大转变。这在中国特色社会主义建设史上是具有划时代意义的。

文章全面回顾了我们党为促进社会和谐进行的艰辛探索，特别是党的十六届四中全会第一次明确提出构建社会主义和谐社会的重大战略任务（点题）后，实现从点题到破题转变的几个重大关节点，概括出了在破题过程中的“十个第一次”。在此基础上，指出党的十六届六中全会在更高层次、更广领域全面研究构建社会主义和谐社会的若干重大问题，实现了进一步破题。这个过程，实质上就是我们党对于构建社会主义和谐社会在思想理论、目标任务、政策制度上不断深化认识的过程，主要表现是，不断深化了对社会主义本质的认识、对社会主义社会建设理论的认识、对构建社会主义和谐社会同十六大以来党中央提出的一系列重大战略思想内在联系的认识、对构建社会主义和谐社会目标任务的认识，逐步实现了和谐社会建设从舆论价值导向到比较系统的政策导向和比较完备的制度导向的转变。

文章说，构建社会主义和谐社会，既是一项前无古人的伟大建设任务，又是一项涉及十几亿中国人的国民素质、中国社会治理方式以及人与自然关系的伟大而深刻的改造任务。这是摆在全党面前的一个新的时代课题，对我们党的领导水平和执政水平是一场新考验。文章还说，构建社会主义和谐社会的重心在基层；必须坚持以党内和谐带动社会和谐；急需一大批社会工作各类专门人才；是人民群众自己的事业；等等。

《构建社会主义和谐社会：从点题到破题》成稿后，在《光明日报》发表。2007 年 8 月，这篇文章荣获全国优秀新闻作品年度最高奖——第十七届中国新闻奖一等奖。

这篇文章的发表，实现了“钟怡祖”的重头文章在《人民日报》《光明日报》《求是》杂志的全覆盖，我的“钟怡祖时期”也到此结束。2011 年，我调到中国盐业总公司工作。从 2006 年 10 月到 2014 年 10 月，整整 8 年时间，我没有独立、主持和参与起草并公开发表过一篇文章，而是将更多的精力投入到文稿服务之中，投入到中盐党建工作实践之中。当然，偶尔也写过一些东西，比如，

《关于新形势下党的建设若干问题的思考》《关于精简会议的几点思考》等。

《关于新形势下党的建设若干问题的思考》，主要谈了我对党的理论武装、党的组织制度改革、干部人事制度改革、年轻干部成长路径、党的基层组织作用定位、党员队伍自我纯洁机制、从源头上防治腐败等7个问题的看法。《关于精简会议的几点思考》分析了“文山会海”的原因，提出了精简会议的原则等方面的建议。

“知我者谓我心忧，不知我者谓我何求”。既然中央要求我们居安思危，增强忧患意识，常怀忧党之心，恪尽兴党之责，作为党员干部，就应该尽心竭力，为把我们党建设成为立党为公、执政为民，求真务实、改革创新，艰苦奋斗、清正廉洁，富有活力、团结和谐的马克思主义政党作出积极贡献。我过去是这么做的，今后还应该这么做；我在中央机关是这样做的，在中央企业还应该这么做。这也许是一种执着，也许是一种境界吧！

十六　党建十论·党的与时俱进

2014 年下半年，具体说就是党的十八届四中全会之后，“沉寂”了长达 8 年之久的我，又有了强烈的写作冲动。这种冲动，可以说源于自己对“四个全面”战略布局的密切关注，也可以说源于自己理论思维的高度自觉。

2014 年 11 月下旬，我动笔撰写《现代化进程中的执政党建设》，也开始了我的第三个写作活跃期。

《现代化进程中的执政党建设》同样借鉴了“任仲平”文章的

体例和风格，论述了执政党现代化的重大意义：既是我国社会主义现代化的题中应有之义，又是我国社会主义现代化的坚强政治保证；既是顺应当今世界发展大势的必然选择，又是战胜各种风险和挑战的必然要求。总的目标：围绕保持党的先进性和纯洁性、巩固党的执政基础和执政地位，建设学习型、服务型、创新型的马克思主义执政党，不断提高党的建设质量，把党建设成为始终走在时代前列、人民衷心拥护、勇于自我革命、经得起各种风浪考验、朝气蓬勃的马克思主义执政党。这是习近平总书记提出的新时代党的建设的目标。主要任务：党的理论体系和执政思维与时俱进、领导体系和执政方式与时俱进、能力体系和执政水平与时俱进、组织体系和党员队伍与时俱进、法规体系和治党思路与时俱进一体推进。

这篇文章的结束语是：天下兴亡，匹夫有责。习近平总书记殷切希望全党同志在党言党、在党忧党、在党为党，强化党的意识，牢记自己的第一身份是共产党员，第一职责是为党工作，时刻不忘自己应尽的义务和责任，把爱党、忧党、兴党、护党落实到工作各个环节。这是对我们在党之人的基本要求。所有在党之人都要为实现党的历史使命而奋斗！

写完这篇文章后，我就酝酿写作党建理论和实践方面的系列文章，暂定名为《党建十论》。

十七　党建十论·“三严三实”·国企党建

紧接着，我将 2013 年至 2014 年关于党的群众路线教育实践活动的讲话和发言进行了整理，形成了《论党的群众路线教育实践活动》。

在 2015 年“三严三实”专题教育中，我对领导干部讲党课和专题研讨等关键动作高度重视、认真准备。讲完党课和专题发言后，又进行了认真整理，形成了《从党的执政思维看“三严三实”专题教育》和《严以修身与加强党性修养》《严以律己与严格遵守党章》《严以用权与相关几对范畴》，后来将这 4 篇文章整合成了《论“三严三实”专题教育》。

第三论提出党的中央领导集体的执政思维有两个基本点：一是巩固党的执政地位，一是推进国家发展进步。形象地说，就是要使红色江山永不变色，确保长期执政；使党和国家充满生机活力，实现国强民富。而要使红色江山永不变色，就必须坚持党的领导、加强党的建设，进而增强党的阶级基础、扩大党的群众基础、巩固党的执政地位；要使红色江山充满生机活力，就必须坚持改革开放，不断增强综合国力、提高人民生活水平。这也就是党的基本路线的两个基本点：一是坚持四项基本原则，关键是坚持中国共产党的领导；一是坚持改革开放，关键是解放和发展社会生产力。提出“三严三实”专题教育体现了思想建党与制度建党的统一、突出重点和整体推进的统一、集中教育和经常教育的统一。加强党性修养是共产党人严以修身的核心，必须坚持学习、思考和实践的统一，而党内政治生活是加强党性修养的重要阵地。党员干部严以律己，核心是要严格遵守党章，要牢固树立党章意识，维护党章权威，自觉用党章规范自己的一言一行。党员干部严格遵守党章，重点是要明确该做什么、不该做什么，能做什么、不能做什么，并体现在思想上政治上行动上。党员干部严格遵守党章，关键是要严守党的政治纪律和组织纪律，做政治上的明白人，这是作为共产党人的政治底线。领导干部严以用权，必须明白授权与用权、法权与特权、弃权与越权、集权与分权的关系。

2015 年 7 月，中盐总公司党委举办了所属企业党组织书记培训班，我自始至终参加了培训。在结业式上，我交流了学习体会，认为国有企业党委是企业法人治理结构的有机组成部分，要在《中华人民共和国公司法》和企业章程中明确党委的政治核心地位和党建工作要求；党委既是联系其他治理主体的桥梁纽带，更是企业治理结构的政治核心；党委参与企业重大问题决策，不是工会、共青团等群众组织的参与，不是职代会、职工代表的参与，不是党委成员个人身份的参与，而是执政党的一级组织的参与，也可以说是代表执政党的参与；坚持党管干部、党管人才原则，党委既要管方向、管政策，又要管人头，既要管考察任用，又要管教育培养、管理监督，既要发挥在选人用人中的领导和把关作用，又要尊重和支持董事会依法选择经营管理者和经营管理者依法行使用人权；坚持全面从严治党，重点是要严肃党内政治生活、从严管理干部、严明党的纪律；国有企业坚持党的领导、加强党的建设，既靠重视程度，更靠制度，要建立健全责任体系、工作机制和考核机制，提高党建工作科学化、制度化水平；等等。培训班结束后，我进行了整理，形成了《全面从严治党下的国有企业党的建设》，在中国盐业报刊和网站登载，并发表于《国企》杂志2015年第9期。

文章发表后，我更加关注国有企业党的建设，深感还有一些模糊认识需要进一步澄清，特别是一些同志在坚持党的领导这个重大问题上，还没有完全搞清楚、弄明白，甚至把加强党对国有企业的领导，弄成了国有企业加强党的领导。为此，2016年4月，我又撰写了《毫不动摇地坚持党对国有企业的领导》，提出坚持党对国有企业的领导，是一个重大政治原则，必须毫不动摇；坚持党对国有企业的领导，对党的各级组织来说，就是要毫不动摇地加强和改善对国有企业的领导，而对国有企业自身来说，就是要毫不动摇地体现和贯彻党的领导；国有企业为了更好地体现和贯彻党的领导，就要毫不动摇地加强党的建设，充分发挥党委的政治核心作用、党支部的战斗堡垒作用和党员的先锋模范作用；等等。这篇文章作为新一期党组织书记和党务干部培训班讲话稿和党委中心组学习发言稿，发表在2016年7月5日《人民网·中国共产党新闻》，其中，第四部分以《在改革中加强在创新中发展　加强国有企业党组织自身建设》为题，发表于《国资报告》2016年第10期。

十八　党建十论·“两学一做”·七一讲话

2016年初，党中央决定，在全体党员中开展“学党章党规、学系列讲话，做合格党员”学习教育。4月27日，中国盐业总公司召开动员部署大会，对“两学一做”学习教育进行安排。为了加强对全公司学习教育的指导，及时传达中央、国务院国资委党委和总公司党委对搞好学习教育的指示和要求，推广基层的好经验好做法，解疑释惑，纠偏改错，我同公司“两学一做”办公室的同事们商定，利用总公司报刊和网站，推出“两学一做”周评，也就是每周发一篇评论，一直到年底，由我主笔撰写，署名“钟岩文”。钟者，中也；岩者，盐也。“钟岩文”，就是中盐的文章。我也设想，到时将几十篇评论汇集在一起，应是洋洋数万言，可以作为《党建十论》的一论，即《论“两学一做”学习教育》。

5月2日，“两学一做”周评正式推出第一篇。起初，基层的同志还没有觉得有什么特别的地方，后来一篇接着一篇，连篇累牍，大家就觉得很新鲜，仔细读过后，感到还有所收获，有所启发。到11月中旬，共撰写20多篇评论，基本涵盖了“两学一做”学习教育的全部内容和全部要求。“两学一做”周评，作为工作方式的创新，取得了事半功倍的成效。

2016年7月1日，在中国共产党成立95周年大会上，习近平总书记发表了重要讲话。讲话全面回顾了我们党成立95年来，在革命、建设和改革三个历史时期，团结带领全国人民不懈奋斗走过的光辉历程和作出的伟大贡献，深刻阐明了我们党的执政理念、执政方略和对国际国内重大问题的原则立场，是全党在新的历史条件下进行具有许多新的历史特点的伟大斗争的政治宣言；讲话以不忘初心、继续前进为主题，明确提出了面向未来、面对挑战，做好改革发展稳定各项工作、加强党的领导、加强党的建设的要求，是指引我们党奋力推进中国特色社会主义伟大事业和全面推进党的建设新的伟大工程的行动纲领。

通读“七一”讲话，许多寓意深刻的新概括让人眼睛为之一亮、精神为之一振。比如，“三个深刻改变”“三大历史贡献”“三个极大”“三个显著”“三个伟大飞跃”“三个新的蓬勃生机”“三大宝贵经验”“三个正确”“三个必须长期坚持”“四个意识”“四个自信”“八个推向前进”，等等。“七一”讲话既高屋建瓴、博大精深，通篇闪耀着马克思主义真理的光辉；又言简意赅、通俗易懂，通篇讲的都是老百姓爱听愿学可信能用的实话。作为一名共产党员，作为一名党建工作者，我从讲话中，读到了坚持党的领导、加强党的建设的极端重要性，读到了习近平总书记对全面推进党的建设新的伟大工程的殷切希望，也读到了我们党建工作者的追求、责任与担当。这个追求、责任与担当，归结起来就是习近平总书记多次强调的在党爱党、在党言党、在党忧党、在党为党。为此，我撰写了《党建工作者的追求、责任与担当》，作为《党建十论》的第七论，也作为给自己所在党支部讲党课的讲稿。

《学习笔记》分四大板块全面阐述了在党爱党、在党言党、在党忧党、在党为党。在“在党爱党”中，提出“爱党”是“在党”的根本前提，我们对党的爱是真挚的爱、具体的爱；我们爱党，就是爱党的理论、党的领袖、党的事业、党的历史、党的组织、党的同志，这种爱源于党的真理力量、事业力量、组织力量、人格力量。

在“在党言党”中，提出不忘初心，对于共产党人来说，就是不忘入党誓词，强化角色意识、身份意识，也就是强化党员意识，增强对党的认同感、从属感、责任感、使命感，时刻牢记党的理想、宗旨、纪律，时刻牢记党员的义务、责任，不断增强政治敏锐性、政治鉴别力和原则性、战斗性。

在“在党忧党”中，提出忧患意识是我们共产党人自觉的危机感、紧迫感、责任感和使命感。始终保持这种强烈的忧患意识，是我们党不懈奋斗、开拓前进的精神动力，也是我们共产党人不忘初心、继续前进的精神动力。我们必须时刻准备应对重大挑战、抵御重大风险、克服重大阻力、解决重大矛盾，为使我们的党、我们的国家、我们的人民永远立于不败之地而不懈努力。特别指出，党的领导、党的建设、党的组织在一些地方和部门还存在弱化、淡化、虚化和边缘化的现象，是我们党建工作者最根本的担忧，全面从严治党永远在路上。

在“在党为党”中，指出在党爱党、在党言党、在党忧党，最终要落实到行动上，就是要在党为党，为党分忧、为党担责、为党尽责；作为党建工作者，就是要聚精会神做好党建工作，把我们党建设得更加坚强有力、勤政高效、清正廉洁，确保我们党始终走在时代前列，肩负起历史使命。认为党的建设必须按照党的政治路线来进行，围绕党的中心任务来展开，朝着党的建设总目标来加强，必须贯彻党要管党、从严治党原则，坚持全面建设、整体推进要求，体现解放思想、改革创新精神。

在起草这篇文章时，我突然有了一个想法，就是将我这几年的述职报告附在后面，冠之以《一名中央企业党建工作者的足迹》，以此来印证文章中的一些观点。我认为，述职报告作为我和我所在公司的工作记录，其中的工作举措和成效从一个侧面体现了这些年来以习近平同志为核心的党中央全面从严治党的决策部署和国有企业坚持党的领导、加强党的建设的丰富实践的落地，也反映了一名国有企业党建工作者的不懈探索，再现了作为一名共产党员的追求、责任和担当，也就是无论在任何时候任何情况下，都在党爱党、在党言党、在党忧党、在党为党。这篇文章摘要发表于《党建研究》2016年第10期。

十九　党建十论·“三优”工程

到2016年底，中盐总公司党委实施“三优”工程就有5年了。5年是一个节点，作为这项工程的提出者和具体组织实施者，我感到很有必要进行一次全面总结，为持续推进这项工程、全面加强企业党的建设提供有益借鉴。我在很短的时间内拟定了标题《奋力推进第一号工程》，列出了提纲，开始了写作。由于自己是“三优”工程的设计者、建设者，因此，写起来很顺利，从构思到最后完稿，只用了5天时间，整个文章有14000字。

这篇文章首先回顾了“三优”工程的提出，指出“三优”工程经历了从概念到思路、再到活动、最后到工程的演变，是党的建设理论与实践相结合的产物。2011年7月，我从中央办公厅调到中盐总公司后，对总公司领导班子、人才队伍、基层组织和企业文化建设进行了调研。调研中，我一直思考一个问题，就是如何建立一个有特色、有实效的党建工作载体，打造一个在中央企业叫得响、有影响的党建工作品牌？最后，我找到了做强做优、创先争优、厚德培优这“三优”，提出了开展以“三优”为主题的

“优胜杯”竞赛活动的建议，写入了调研报告。年底，在总公司年度务虚会上，我就“三优”作了交流，引起了大家的强烈共鸣，后被写入了2012年度工作要点。

在起草中盐总公司党委第二次党代会报告时，我以“三优”活动为主线统揽全篇，感到主题突出、观点鲜明、逻辑严谨。但随着起草工作的推进，我越来越感到，原来概括的“三优”活动，还没有完全表达我的意愿。因为“活动”具有阶段性特点，有始有终，搞不好可能成为“一阵风”；而“三优”是一个活动不能容纳的。于是，我就想，如果表述为“三优”工程可能更好一些。

2012年2月，总公司第二次党代会审议并通过的工作报告指出，做强做优，就是要做到自主创新能力强、资源配置能力强、风险管控能力强、人才队伍强，经营业绩优、公司治理优、布局结构优、社会形象优；创先争优，就是要争创政治引领力强、推动发展力强、改革创新力强、凝聚保障力强的党组织，争做政治素质优、岗位技能优、工作业绩优、群众评价优的共产党员；厚德培优，就是要大力加强社会公德、职业道德、家庭美德、个人品德建设，培育优秀核心价值、优秀文化品牌、优秀人文环境、优秀员工队伍。报告强调，要把实施“三优”工程作为总公司第一号工程，贯穿党建工作全过程，制定切实可行的工作方案，协调各方力量抓好落实，努力打造具有中盐特色的党建工作品牌。报告还提出了推进“三优”工程要扎实做好8个方面的工作，描绘了实施“三优”工程的蓝图。

这篇文章接着回顾了“三优”工程的推进，指出“三优”工程不是口号，而是实实在在的行动。总公司第二次党代会闭幕后，党委一班人就聚精会神抓好会议精神的贯彻落实，特别是把“三优”工程真正作为第一号工程，贯穿企业改革发展、生产经营全过程，全力以赴加以推进。一是坚持顶层设计，制定实施意见。经过两个月的紧张工作，2012年4月，我们出台了《关于大力实施“三优”工程的指导意见》，提出了今后5年推进“三优”工程的具体目标、具体措施和工作要求。二是坚持对标看齐，不断丰富内涵。主要是与党的十八大精神对标，与习近平总书记关于国有企业改革发展和党的建设的一系列重要指示精神对标，与中央下发的《关于中央企业党委在现代企业制度下充分发挥政治核心作用的意见》和《关于在深化国有企业改革中坚持党的领导、加强党的建设的若干意见》对标，不断丰富内涵、调整目标、突出重点、强化措施，做到与时俱进、与党俱进。三是坚持统筹兼顾，做好结合文章。主要是结合开展创先争优活动、党的群众路线教育实践活动、“三严三实”专题教育和“两学一做”学习教育，把扎实推进这些活动和教育作为“三优”工程的阶段性重点，通过抓重点带全面，统筹推进“三优”工程。四是坚持突出主题，做到持之以恒。主要是抓培训，强素质；抓活动，强效果；抓规范，强管理；抓考评，强激励，保证了“三优”工程质量和水平。

这篇文章总结了“三优”工程的成效。如果从组织和队伍建设层面看，主要体现为“四加强、四发挥”，即党委建设得到加强，政治核心作用得到较好发挥；领导人员队伍建设得到加强，骨干中坚作用得到较好发挥；基层组织建设得到加强，战斗堡垒作用得到较好发挥；党员队伍建设得到加强，先锋模范作用得到较好发挥。如果从党建工作的层面看，主要体现为“四个一”，即：树立了一个理念，就是“大党建”理念；建立了一个体系，就是党建工作体系；形成了一个机制，就是党建工作的推进机制；强化了一个责任，就是管党治党责任。“三优”工程的实施，极大地促进了总公司的改革发展、生产经营、管理提升和扭亏脱困，极大地提升了总公司的影响力、竞争力和美誉度。

这篇文章阐述了“三优”工程的启示，即：国有企业党的建设必须坚持原则性，体现时代性，把握规律性，富于创造性；必须按照中央的要求来进行，围绕企业的中心任务来展开，朝着全面从严治党的目标来加强；必须强化围绕中心、服务大局意识，坚持党要管党、从严治党原则，贯彻全面建设、整体推进要求，体现与时俱进、改革创新精神。

这篇文章最后指出，5年只是一个起点。2016年10月，中央召开国有企业党的建设工作会议，习近平总书记出席会议并发表重要讲话，深刻回答了国有企业改革发展和党的建设的一系列重大问题，具有划时代、里程碑的意义，标志着国有企业党建春天的到来。我们要深入学习领会习近平总书记重要讲话精神，切实提高对国有企业重要地位作用的认识，切实提高对加强国有企业党的建设重要性紧迫性的认识，切实提高对加强党的领导和完善公司治理结构相统一的认识，切实提高对加强国有企业领导人员队伍建设和党的基层组织建设基本要求的认识，把思想和行动统一到习近平总书记重要讲话精神上来。要以习近平总书记重要讲话为根本遵循，重新审视、谋划、推进“三优”工程，更好地坚持党的领导，更好地加强党的建设，为把中盐做强做优做大而不懈努力！

这篇文章既是5年来中盐党建工作的回顾和总结，也是我在企业党建工作上的探索和体会，是《党建十论》的第八论。最后，这篇文章发表在2016年11月25日的《新华网》上。

二十　党建十论·党建思想·落实落地

《奋力推进第一号工程》发表一星期后，我就南下广州，担任中国南方电网公司党组副书记、副总经理，在专职专责抓好党建工作的同时，也继续写作《党建十论》。

我到南方电网工作时，正值年末岁尾，是总结即将过去一年的工作、谋划新一年工作的时期。按照公司党组的部署，有关部门正在起草关于加强公司党的建设的意见，拟作为2017年党组一号文件。起草组在征求我的意见时，我提出要处理好与2016年一号文件的关系，2016年一号文件是与“十三五”紧密衔接的，2017年一号文件主要管当年，也要兼顾长远。往后，每年都要出台一个一号文件，也都是关于加强党建工作的，从而形成一个品牌，就像中央每年的一号文件都专门强调农业问题一样。我还提出，2017年的一号文件，要把着眼点放在抓好落实落地上，中央关于国有企业党建工作的目标任务已经明确，关键是要抓好落实。大道理要讲，但更重要的是要讲清楚抓什么、怎么抓。起草组采纳了我的意见。经过充分讨论，党组研究决定，最后形成了《公司党组关于推动党的建设重点任务落实落地的意见》，以党组一号文件下发。

按照公司的惯例，在每年年度工作会议之后，都要召开一个专门会议，部署党建工作。我建议 2017 年就不再单独开会了，把培训和会议结合起来，以训代会，以会代训。于是，就把分子公司的党组织书记集中起来，办了一期培训班，我自告奋勇地解读了党组一号文件。我的解读主要涉及 3 个问题：

一是 2017 年公司党组一号文件出台的背景。从党的十八大以来全面从严治党向纵深推进、国有企业党建工作的目标任务已经明确、公司党的建设面临新形势新任务这三个方面作了深入阐述。

二是 2017 年公司党建工作的总体要求。讲解了 2017 年党建工作的主题主线，即：迎接党的十九大胜利召开和学习宣传贯彻党的十九大精神。党建工作的基本要求，即：坚持原则性、体现时代性、把握规律性、富于创造性。党建工作的基本原则，即：融入中心、把握大局，党要管党、从严治党，全面建设、整体推进，稳中求进、改革创新。党建工作的指导思想，即：坚持党对国有企业的领导这一重大政治原则，使党组织发挥作用组织化、制度化、具体化；坚持党要管党、从严治党，以严肃党内政治生活和强化党内监督为重点，突出从严从实、抓常抓长；坚持全心全意依靠工人阶级的方针，充分调动职工群众的积极性主动性创造性，进一步夯实党的阶级基础和群众基础；坚持问题导向，坚持继承创新，实施精益管理，应用对标方法，不断提升公司党建工作质量；坚持“两手抓、两促进”。

三是2017年公司党建工作的主要任务。我把2017年党组一号文件提出的24项任务，归纳为“一、二、三、四、五”：“一”，就是要抓一个关键，发挥党组织的领导核心作用和政治核心作用；“二”，就是要抓两个重点，坚持党管干部、党管人才；“三”，就是抓好三个基本，基本组织、基本队伍和基本制度；“四”，就是持之以恒反对“四风”，运用好监督执纪“四种形态”；“五”，就是抓好五个法规，即《中国共产党廉洁自律准则》《中国共产党纪律处分条例》《中国共产党问责条例》《关于新形势下党内政治生活的若干准则》《中国共产党党内监督条例》的贯彻执行。

解读之后，公司党建部的同志很快进行了整理，形成了《全面推动党的建设重点任务落实落地》。我想，可以作为《党建十论》的第九论。

进入2017年下半年，全党全国人民喜迎党的十九大胜利召开进入高潮，我有一个很强烈的想法，就是在深入学习党的十八大以来习近平总书记关于党的建设一系列重要论述的基础上，对习近平总书记关于全面从严治党的新理念新思想新战略进行系统梳理，形成一篇有分量的文章，在梳理、学习和消化中深化自己的认识。同时，也可以作为党员领导干部讲党课的讲稿，与党员同事们分享。当然，还有一个目的，就是作为《党建十论》的收官之作，也就是第十论。

于是，我请公司组织部的同志广泛收集资料，然后按照我的思路和框架进行分门别类的初步整理。8月份，我利用休假的时间，在北京的住所，足不出户奋战一星期，完成了《全面从严治党新理念新思想新战略》的写作。

文章指出，党的十八大以来，习近平总书记站在全局和长远的战略高度，在继承马克思主义党建理论的基础上，就加强和改进新形势下党的建设、推进全面从严治党，提出了一系列新理念新思想新战略，进一步回答了新的历史阶段“建设一个什么样的党、怎样建设党”的问题，形成了思想深邃、立意高远、观点鲜明、内涵丰富、系统完整、逻辑严密的思想体系，进一步深化了对马克思主义执政党建设规律的认识，为进行伟大斗争、建设伟大工程、推进伟大事业、实现伟大梦想提供了科学理论指导和根本遵循。

文章提出，习近平总书记关于全面从严治党新理念新思想新战略，是在科学分析世情国情党情深刻变化的基础上提出来的，是在全面推进党的建设新的伟大工程中提出来的，是在着力解决党内突出矛盾和问题的伟大斗争中提出来的，是在带领全党勇于自我革命的伟大进程中提出来的，回答了习近平总书记关于全面从严治党新理念新思想新战略提出的时代背景和实践基础。

文章从 12 个方面归纳了习近平总书记关于全面从严治党新理念新思想新战略的主要内容，即：党的建设总体谋划、全面从严治党基本原则、全面从严治党方法论、坚持把思想政治建设摆在第一位、建设一支宏大的高素质干部队伍、聚天下英才而用之、把抓基层打基础作为长远之计和固本之举、作风建设永远在路上、坚决把纪律和规矩挺在前面、坚持“老虎”“苍蝇”一起打、扎紧制度的笼子、全面提高党的建设科学化水平。

文章认为，习近平总书记关于全面从严治党新理念新思想新战略，是马克思主义党建理论发展的最新成果，开辟了当代中国马克思主义党建理论发展新境界，体现了科学性、创新性、实践性的有机统一，具有重大政治意义、理论意义、实践意义。我们要把学习贯彻习近平总书记关于党的建设重要论述作为重大政治任务，坚持系统学、深入学、跟进学，学以致用、知行合一，以更大的决心、更大的勇气、更大的气力抓好全面从严治党各项任务的落实落地，以优异成绩迎接党的十九大胜利召开！

国庆节前夕，我以这篇文章为讲稿，给总部党建部门全体党员上了一次党课。9月30日党建网、10月9日国务院国资委门户网、10月11日人民网先后登载了这篇文章。

二十一　党建十论·新时代新征程

在酝酿和写作第十论的时候，我也在考虑《党建十论》的出版问题。开始，准备随便找一家出版社自费出版，除送同学同行同事外，也为后代留点精神产品。后来，想到了党建读物出版社，这是一家在党建领域最具权威的出版社。抱着试一试的心理，我与党建读物出版社有关同志联系，介绍了这本书的主要内容，并希望在党的十九大前出版。出版社的同志看完后认为这本书出版没有问题，建议我再写一篇学习十九大报告的体会文章，对报告中的一系列新思想新观点新目标新任务新举措进行解读，让《党建十论》充分集纳十八大以来全面从严治党的理论和实践创新成果，充分体现十九大以后全面从严治党向纵深推进的新要求，并放在十九大之后出版。我觉得这个建议很好，决定再写一篇，放在十论之首，并将“全面从严治党下国有企业党的建设”的两论合而为一，并对二至十论的顺序作了重新编排，分别是论党建理论创新发展、论忠诚与担当、论党的与时俱进、论群众路线教育实践活动、论“三严三实”专题教育、论“两学一做”学习教育、论国有企业党的建设、论“三优”工程、论党建任务落实。

党的十九大召开前，我认真学习习近平总书记“7·26”重要讲话，学习关于总结全面从严治党成效的文章，收集了大量资料，并按照实践成果、制度成果、理论成果进行了分类和提炼；党的十九大开幕时，我收看现场直播，聆听习近平总书记的报告，记下了满满6张纸的笔记，主要记录了报告中的新思想、新观点、新提法；开幕大会后，我又认真研读了报纸刊发的报告内容，并用两天时间完成了体会文章初稿的写作，题目是:《开启新时代全面从严治党新征程》，分三个部分阐述了全面从严治党的新起点、新思路、新举措；党的十九大胜利闭幕及报告公开发表后，我又对初稿进行了修改、校正。2017年10月30日，在送党建读物出版社的同时，还投到了《学习与研究》杂志社。至此,《党建十论》的写作全部完成。

文章指出，科学判断我国发展的历史方位，是制定正确的方针政策和战略部署的前提。党的十九大报告对5年来全面从严治党生动实践作出全面总结，对新时代全面从严治党思路和举措作出系统谋划，开启了新时代全面从严治党新征程。党的十九大报告指出:“经过长期努力，中国特色社会主义进入新时代，这是我国发展新的历史方位。”这个重大论断，表明党和国家事业站在新的历史起点上，也意味着全面从严治党站在新的历史起点上。这个新起点是以全面从严治党生动实践为基础的。党的十八大以来，以习近平同志为核心的党中央迎难而上、开拓进取，革故鼎新、励精图治，以巨大的政治勇气和强烈的责任担当，着眼进行伟大斗争、推进伟大事业、实现伟大梦想，建设伟大工程，推动党的建设取得全方位、开创性的成就，取得重大实践成果、制度成果和理论成果，党的面貌发生深层次、根本性的变革，这就是全面从严治党的新起点。文章用较大篇幅分别阐述了这三大成果，指出以这三大成果为标志，全面从严治党跨上新起点、进入新时代。5 年来全面从严治党的生动实践、创新成果和成功经验，为新时代推动全面从严治党向纵深发展奠定了坚实基础、提供了全面指导和根本依据。

文章指出，思路决定出路，方略支撑战略。新时代、新特点、新目标，对党的建设提出新要求。党的十九大报告在总结过去的基础上，分析了国内外形势变化和时代特征，深刻阐述了新时代党的建设的重大意义、指导思想、基本方略和总要求，科学谋划了新时代全面从严治党的新思路。文章对这四个方面分别进行了解读，指出其新意所在。比如，关于“以党的政治建设为统领”，文章指出，党的十九大报告关于新时代党的建设的论述中，最重要的创新和亮点之一，就是将政治建设纳入党的建设总体布局之中，突出政治建设在党的建设中的重要地位，明确提出以党的政治建设为统领，这是对马克思主义党建理论的重大发展。旗帜鲜明讲政治是我们党作为马克思主义政党的根本要求。党的政治建设是党的根本性建设，决定党的建设方向和效果。因此，必须放在首位，必须作为统领。

文章指出，报告对坚定不移、纵深推进全面从严治党，从八个方面作出了新的部署，涵盖党的建设各个方面，贯穿党的组织各个层级。其中，提出了一系列新思想、新观点、新目标、新任务、新举措，体现了在新的起点上党的建设的理论创新、制度创新、工作创新、方法创新。文章列举了把党的政治建设摆在首位、用党的创新理论武装头脑、建设高素质专业化干部队伍、党的基层组织的职责定位、坚持以人民为中心、夺取反腐败斗争压倒性胜利、深化国家监察体制改革、全面增强执政本领等八个方面的创新点，指出党的十九大报告高屋建瓴、总揽全局，内涵丰富、思想深邃，是具有马克思主义中国化里程碑意义的光辉文献，是我们党迈向新时代、开启新征程、续写新篇章的政治宣言和行动纲领，是新时代全面从严治党的总指引、总部署、总动员。我们一定要认真学习领会、坚决贯彻落实，锐意进取、开拓创新，持之以恒、善作善成，推动全面从严治党向纵深发展，把我们党建设得更加坚强有力。

二十二　全面从严治党·知行合一

《开启新时代全面从严治党新征程》作为《党建十论》首论的同时，《学习与研究》2017 年第 11 期和中国共产党新闻网、人民网 11 月 3 日也全文登载。

2018 年 4 月，经过细心打磨，《党建十论》正式出版。这是我的第一部文集，从酝酿、写作、整理到编辑、出版，整整 3 年时间，正好处在党的十八大到十九大之间，因而，这本集子的副标题是“从十八大到十九大”。我在中央办公厅调研室六组工作时的老领导、原中共中央党史研究室副主任高永中同志以《全面从严治党——知行合一》为题，欣然为这本集子作序。这是对我的极大鼓励。序言的全文如下：

金秋时节，是收获的季节。正江同志拟出版《党建十论》，邀我写个序言。作为一名老组织工作、老党建工作者，我欣然接受。

正江也是一名老组织工作、老党建工作者。他大学毕业后，先在基层工作了两年；后来，在省委组织部工作了 15 年；再后来，在中央办公厅调研室工作了 10 年，2011 年秋天起，先后担任两家中央企业党委（党组）专职副书记，至今又过去了 6 年多。30 多年的职业生涯，他从未离开过党建领域，都在专心致志地学习党建、研究党建、从事党建，体现了一名共产党员爱党、忧党、为党、护党的可贵品质。

我和正江相识于组织战线，共事于中办六组。他还比较年轻的时候，就以善于学习、勤于思考、勇于创新而成为省委组织部的笔杆子，在起草大量文稿的同时，每年还参与中组部重点课题的研究，发表了大量党建方面的文章，在组织系统产生了一定的影响。我当时在中组部研究室工作，正是在一次课题研究协调会上与他相识。党的十六大后，中办调研室组建六组，组织上安排我任组长，他任副组长，我们成了搭档。在两年时间里，我们肝胆相照、情同手足，同全组同志一道，出色完成了文稿服务任务。在工作中我加深了对他的了解，感到他既是高手，又是快手。高手，就是具有较深的理论功底、较高的专业素养和较强的创新能力，文稿质量高；快手，就是对中央精神理解快，对领导意图领会快，材料组织快，文稿出手快。对此，领导和同事们都很认同。

2017年2月，正江谈到，党的十八大以来，他坚持理论联系实际，对党的建设若干问题作了一些思考，撰写了大大小小40多篇文章，大部分已公开发表，准备再写若干篇，并编辑整理成《党建十论》，党的十九大后公开出版。我认为，这是一件很有意义的事情，表示积极支持并充满期待。经过8个多月的努力，现在正江的这本书稿已经成型，摆到了我的案头，让我眼睛为之一亮，精神为之一振。

《党建十论》最突出的特点，就是坚持认识与实践的统一，也就是知行合一。习近平总书记指出："知是基础、是前提，行是重点、是关键，必须以知促行、以行促知，做到知行合一。"这本书大体上可以分为三个板块，第一板块主要是学习习近平新时代中国特色社会主义思想的体会，既有学习单篇著作的体会，如学习"七一"讲话、学习党的十九大报告的体会；又有总体学习的体会，重点是学习习近平总书记关于坚持党的领导、加强党的建设、推进全面从严治党重要论述的体会。从内容的广度和认识的深度看，正江在学习上是下了真功夫、苦功夫的，做到了深入学、反复学、跟进学，对全面从严治党，可以说是达到了"知"的境界。

第二板块主要记录了在全党开展的集中性教育和经常性教育的情况。作为专职副书记，正江具体负责本企业党的群众路线教育实践活动、“三严三实”专题教育和“两学一做”学习教育的日常工作。从书稿可以读出，作者注重中央精神和企业实际的有机结合，深思熟虑，提出了一系列观点、意见和要求，精心指导本单位的教育。

第三板块聚焦国有企业党的建设，针对国有企业党的领导、党的建设弱化、淡化、虚化、边缘化的问题，提出了对策和意见，既有理论阐述、正本清源，也有实践探索、推动党的建设重点任务落实落地。第二、第三两个板块，集中再现了在全面从严治党上的“行”。

习近平总书记指出，党的十八大以来的五年，我们坚定不移推进全面从严治党，着力解决人民群众反映最强烈、对党的执政基础威胁最大的突出问题，形成了反腐败斗争压倒性态势，党内政治生活气象更新，全党理想信念更加坚定、党性更加坚强，党自我净化、自我完善、自我革新、自我提高能力显著提高，党的执政基础和群众基础更加巩固，为党和国家各项事业发展提供了坚强政治保证。习近平总书记的这一重要论述，是对全面从严治党成效的精辟概括。五年来，以习近平同志为核心的党中央治国理政最鲜明的特点，就是围绕全面建成小康社会、加快推进社会主义现代化、实现中华民族伟大复兴的中国梦，在坚持全面深化改革的同时，坚持全面从严治党，作出了一系列重大决策，采取了一系列重大举措，取得了一系列重大成果。在这个过程中，广大党建工作者付出了艰苦的努力，正江就是其中的一员。推进全面从严治党，他真学、真懂、真信、真用，在知行合一上达到应有的高度，体现了一名党建工作者的追求、责任与担当。

《党建十论》的又一个特点，就是坚持继承与创新的统一。习近平总书记指出，我们党在长期实践中形成的党的建设的光荣传统，不论过去、现在还是将来，都是党的宝贵财富。光荣传统不能丢，丢了就丢了魂；红色基因不能变，变了就变了质。同时，我们要立足新的实际，不断从内容、形式、载体、方法、手段等方面进行改进和创新，善于以新的经验指导新的实践，更好发挥党的建设作用。这就要求我们始终坚持继承和创新的统一，纵深推进全面从严治党。正江以一个党建工作者的视角，力图对马克思主义党建理论和习近平总书记的党建思想进行阐释，强调这是推进全面从严治党的行动指南；力图对我们党在加强自身建设方面的经验进行总结，强调我们党在长期实践中形成的优良传统不能丢；力图对全面从严治党生动实践取得的创新成果进行集纳，强调要用以指导党的建设新的实践。为此，正江提出了一些新的观点、新的结论、新的思路、新的举措，着力推进党建工作的改进和创新。

比如，在理论创新方面，提出了在现代化进程中加强执政党建设的命题，强调党的与时俱进，应该是党的理论体系和执政思维与时俱进、领导体系和执政方式与时俱进、能力体系和执政水平与时俱进、组织体系和党员队伍与时俱进、法规体系和治党思路现代化一体推进；提出了民主集中制是民主基础上的集中和集中指导下的民主相结合，它既是党的根本组织原则、组织制度和领导制度，又是党的组织路线，是群众路线在党的生活中的运用；提出国有企业党组织发挥领导核心和政治核心作用，需要以法定位，等等。

又比如，在实践创新方面，提出并实施“三优”工程（大力推动科学发展、做强做优，切实加强党建工作、创先争优，高度重视文化建设、厚德培优），将其作为企业第一号工程，打造特色鲜明的党建工作载体和品牌；引入全面质量管理理念，建立党建工作的流程和标准，以党建工作的流程化推动党建工作的规范化，以党建工作的标准化推动党建工作的科学化，并实施党建工作信息化工程，深化党建管理提升；提出实施“三个计划”（理论学习中心组学习计划、领导干部自学计划、党支部党日活动计划），用好“三个平台”（党性锻炼平台、创先争优平台、品德修炼平台），推进“两学一做”学习教育的常态化制度化，等等。

《党建十论》还有一个特点，就是坚持逻辑与历史的统一。也就是说，这本书从一个党建工作者、一个基层单位的角度，真实再现了党的十八大以来全面从严治党的理论探索和生动实践，体现了党建理论的逻辑进程与党的建设的历史发展进程相一致，与关于党的建设的认识发展进程相一致。通过这本书，我们可以大体了解这五年坚持党的领导、加强党的建设、推进全面从严治党的理论和实践，也可以对未来的发展有一个基本的判断。

总而言之，这本书在一定程度上体现了党的建设认识与实践的统一、继承与创新的统一、逻辑与历史的统一，很值得一读。

二十三　党建实导·从认识论到方法论

随着中国特色社会主义进入新时代，社会主要矛盾转化为人民日益增长的美好生活需要和不平衡不充分的发展之间的矛盾，我国经济已由高速增长阶段转向高质量发展阶段。党的十九大强调，必须坚持质量第一、效益优先，以供给侧结构性改革为主线，推动经济发展质量变革、效率变革、动力变革，不断增强我国经济创新力和竞争力。经济基础的变革，需要上层建筑与之相适应。党的十九大提出了新时代党的建设总要求，强调要不断提高党的建设质量，把党建设成为始终走在时代前列、人民衷心拥护、勇于自我革命、经得起各种风浪考验、朝气蓬勃的马克思主义执政党。这就第一次把不断提高党的建设质量这个重大课题提到了全党面前。

党的十八大以后，围绕提高党的建设质量，有的专家学者还提出质量建党、质量兴党、质量强党的命题，不少地方和单位在实践上也进行了不懈探索，对于推动全面从严治党发挥了积极作用。近年来，我在实践中也进行了多方面的探索。如果把我和我的同事们在南方电网的党建实践，用一根红线串起来，最恰当的就是“不断提高党的建设质量”。

我到南方电网工作后，第一时间了解公司发展战略，也就是“两精两优、国际一流”的发展战略，“两精”，就是管理精益、服务精细；“两优”，就是业绩优秀、品牌优异。我努力思考如何加强党的建设、推进全面从严治党，为实现公司战略目标提供坚强的政治保证这个课题。2016 年 12 月 9 日，我到南方电网之后的第一次基层调研，就是到超高压公司调研，强调要认真落实全国国有企业党的建设工作会议精神、加强国有企业党建工作、要引入精益管理理念、提高党建工作质量等。这是从公司发展战略得到的启发。紧接着，我在组织起草公司党组 2017 年 1 号文件，也就是《关于推动党的建设重点任务落实落地的意见》稿时，将“引入精益管理理念、提高党建工作质量”写入总体要求，作为全年党建工作的指导原则，并作为全年 3 大重点研究课题之一。此后一年多时间，我在不同场合都强调质量问题，我和我的同事们在实践中也把质量摆到重要位置，形成了南方电网党建工作特色，其成果以《全面从严治党 · 南网实践》由党建读物出版社出版。

到 2018 年 4 月，在推进党建实践和党建质量提升过程中，我有近 100 次的讲话、发言、对话交流，除了少量综合性的外，大多是围绕一个问题，发表自己的见解，提出意见建议；除了少量正式讲话外，大多是即席讲话和与基层同志面对面交谈。每次调研前，我都做好功课，学习中央最新精神，了解基层实际情况，确定调研的重点，这样，讲话才能有的放矢。每次讲话后，我的同事们都作了记录，形成了记录稿，一共 80 多篇、40 多万字。2018 年 3 月至 4 月，我到中共中央党校（国家行政学院）学习，利用课余时间，对这些稿子进行了整理，形成了一个集子，中共中央党校出版社愿意出版。我也希望以这本集子为基础，与同事和同行们作进一步的交流，深化对不断提高党的建设质量的认识，深化对国有企业党建工作规律的认识。因此，我们形成了高度共识，在请示公司党组同意后，我决定尽快推出这本集子。

在为这本集子取名时也颇费脑筋，开始叫《党建述评——从认识论到方法论》，感到不太理想，因为多数是意见建议，也可以说是工作要求，少数是论述和点评。后来，改为《不断提高党的建设质量——从认识论到方法论》，感到倒是贴切，但长了一点，不太像个书名，也与我已经出版的《党建十论——从十八大到十九大》不对称。于是，同为国企党建工作者的余友枝提出，就叫《党建实导——从认识论到方法论》，我采纳了这个建议，并让她题写书名。“党建实导”，就是对党的建设实际工作的具体指导，这是作为中央企业专职副书记的职责所在，7 年来特别是到南方电网工作以来，我也是这样做的，主线就是要不断提高党的建设质量。

2018 年 8 月，《党建实导——从认识论到方法论》出版发行，不少领导和同事、同行认为这件事很有意义，建议我继续做下去。于是，我按照同样的体例和标准，将 2018 年 5 月以来的文稿及时进行整理，到 2019 年 9 月，又有近 100 篇、40 多万字。我想，等我退休之后，作进一步整理，以《党建实导——从认识论到方法论（续）》推出。

二十四　新时代国有企业党的建设十六讲

2016 年 10 月，全国国有企业党的建设工作会议召开，习近平总书记发表重要讲话，对国有企业坚持党的领导、加强党的建设提出了新的更高要求。会后不久，我调到中国南方电网公司，担任党组专职副书记，协助党组书记抓党建工作。为增强公司党建工作者的素质和能力，使他们更好适应国有企业改革发展和党的建设的新形势，符合中央全面从严治党、全面加强国有企业党的建设的新要求，我们产生了对公司党建工作者，包括党委书记、专职副书记、党支部书记和党建部门干部等进行轮训的想法。轮训是需要教材的，但很难找到合适的版本。

2018 年 5 月 21 日，我到中共中央党校出版社与有关同志商谈《党建实导——从认识论到方法论》的出版事宜，谈到了即将出版的《全面从严治党 · 南网实践》。中共中央党校出版社有关同志提出，能否在这两本书的基础上，提炼加工，形成一本“关于国有企业党的建设的讲座稿”，由中共中央党校出版社出版发行，既可作为南方电网公司党建理论和业务知识培训教材，也可供其他国有企业同行参考。这与我之前的想法不谋而合。回到广州后的第二天，我就召集党建部门负责同志会议，提出了撰写出版这本书的目的意义、思路框架、任务分解、时间节点，书名拟定为《新时代国有企业党的建设十五讲》（全国组织工作会议后，又增加了贯彻执行新时代党的组织路线一讲，成为十六讲），由公司新成立的新时代国有企业党的建设研究中心负责组织协调工作。会后，就进入了材料收集阶段。2018 年 6 月 14 日，我利用到中共中央党校（国家行政学院）培训的间隙，向中共中央党校出版社有关同志报告了我们的写作思路，得到了她们的认可。这样，大家就开始了书稿的写作和修改。

我的想法是，全书应该体现习近平新时代中国特色社会主义思想，特别是习近平总书记关于国有企业改革发展和党的建设一系列重要论述，体现党的路线方针政策和中央的决策部署，体现党的十八大以来国有企业党的建设理论和实践创新的丰硕成果，为国有企业党员干部提供比较集中、比较系统的参考资料。作为总撰稿人，我独立承担了导论和其中 4 讲的起草任务。分别是：新时代国有企业党的建设新使命新要求新课题、加快建设中国特色现代国有企业制度、全力推进新时代党的组织路线在国有企业的贯彻执行、充分发挥国有企业党委（党组）领导作用、不断提高国有企业党的建设质量。为了保证各讲的观点、体例、风格、语言表达方式的一致性和应有的质量，我和参加起草的同志一起，逐讲讨论，确定写作提纲、主要观点和基本素材。各讲初稿形成后，我又逐讲进行了审改，提出了修改意见和建议。

2018 年 10 月，该书正式出版。中共中央党校（国家行政学院）分管日常工作的副校（院）长何毅亭为该书作序，题目是《积极探索新时代国有企业党的建设》。何毅亭同志是著名的党建专家，他的序言，对我们是极大的鼓舞，激励我们在国有企业党的建设领域不懈探索。序言的全文如下：

国有企业是坚持和发展中国特色社会主义的重要物质基础和政治基础，是中国共产党执政兴国的重要支柱和依靠力量。新中国成立以来特别是改革开放以来，国有企业发展取得巨大成就。截至 2017 年底，我国进入世界 500 强的企业有 100 多家，居世界第二，其中 80 多家是国有企业。国有企业在载人航天、探月工程、深海探测、高速铁路、特高压输变电等多个领域取得一大批具有世界先进水平的重大科技创新成果，许多投资大、收益薄、周期长的基础设施、公共服务、国防科技、脱贫攻坚、民生改善等领域的建设和项目都是国有企业打拼和发展起来的。国有企业为我国经济社会发展、科技进步、国防建设、民生改善作出了历史性贡献，有目共睹，功不可没。

国有企业党的建设工作是整个党的建设伟大工程一个重要领域。习近平总书记对加强国有企业党的建设高度重视，多次作出重要指示。他在2016年10月召开的全国国有企业党的建设工作会议上的讲话中特别指出，要通过加强和完善党对国有企业的领导、加强和改进国有企业党的建设，使国有企业成为党和国家最可信赖的依靠力量，成为坚决贯彻执行党中央决策部署的重要力量，成为贯彻新发展理念、全面深化改革的重要力量，成为实施“走出去”战略、“一带一路”建设等重大战略的重要力量，成为壮大综合国力、促进经济社会发展、保障和改善民生的重要力量，成为我们党赢得具有许多新的历史特点的伟大斗争胜利的重要力量。习近平总书记的重要论述，从坚持和发展中国特色社会主义、巩固党的执政基础和执政地位的高度，着眼于做强做优做大国有企业，为新形势下加强国有企业党的建设，把党的政治优势、组织优势厚植为国有企业竞争优势、发展优势指明了前进方向、提供了重要遵循。

回顾历史，坚持党的领导、加强党的建设始终是我国国有企业的光荣传统。可以说，一部国有企业发展史，就是一部坚持党的领导、加强党的建设的历史。特别是党的十八大以来，国有企业适应经济发展新形势，按照以习近平同志为核心的党中央决策部署，把加强国有企业党建工作摆在更加突出的位置，把党的领导融入企业治理各环节，把企业党组织内嵌到企业治理结构之中，明确和落实党组织在公司法人治理结构中的法定地位，坚持党对国有企业的领导不动摇，不断扩大党在国有企业中的组织覆盖和工作覆盖，不断改进和创新党组织的工作方式方法，充分发挥国有企业党组织的领导核心和政治核心作用，充分发挥国有企业广大党员的先锋模范作用，保证党和国家方针政策、重大部署在国有企业贯彻执行，为国有企业健康发展提供了坚强的政治保证和组织保证。

中国特色社会主义已经进入了新时代。在这个新时代，必须把国有企业进一步做强做优做大，因而也必须把国有企业党建工作做得更优更强更好。现实情况是，国有企业党建工作仍存在一些薄弱环节和不足，尤其是存在的党的领导、党的建设弱化、淡化、虚化、边缘化等问题，与党的十九大提出的坚持和加强党的全面领导、推动全面从严治党向纵深发展的新要求不完全符合。深入研究和认真解决新时代国有企业党的建设问题，扎实做好国有企业党建工作，既是一个紧迫的现实问题，也是一个重大的理论问题，需要实际工作者和理论工作者共同努力。

史正江同志组织一批既有实践经验又有理论专长的同志，精心编写了《新时代国有企业党的建设十六讲》，适应了加强国有企业党建工作的现实需要。该书坚持以习近平新时代中国特色社会主义思想为指导，聚焦国有企业党建工作中的重点、热点、难点问题，反映党的十八大以来国有企业党的建设理论创新、实践创新、制度创新的重要成果，按照国有企业党的政治建设、思想建设、组织建设、作风建设、纪律建设和反腐败斗争的逻辑展开论述，将制度建设贯穿其中，言之有据，言之有理，而且有不少新见解。相信这本书的出版，对人们学习掌握国有企业党建工作理论和实践会大有助益，对如何做好新时代国有企业党建工作会有重要参考作用。

公历 2019 年，农历已亥年，是我的本命年，也是我的花甲之年、退休之年。《笔耕拾零》写到这里的时候，已经是 2019 年 9 月中旬，再过几天，我就要退休了，个人职业生涯也要划一个句号了。感到十分欣慰的是，随着《党建十论》（22 万字）《党建实导》（42 万字）《新时代国有企业党的建设十六讲》（24 万字，我撰写 8 万字）的出版发行，以及《党建实导（续）》（48 万字）的整理完成，我已超额完成了关于党建的最后一个写作计划，也是我的第三个写作活跃期的主要任务。退休后，我的写作肯定会放慢节奏，主要是写点闲书闲文，如《阅历十章》（已经写了 6 章，还有 4 章要写）。当然，还会有一些关于党建的写作，因为我已被聘为武汉大学马克思主义学院兼职教授，需要承担党建教学和研究工作，需要撰写讲义和研究报告。不过，应该不会像现在这样夜以继日、殚精竭虑了，我的生活方式会有一个大的转变，我将享受写作、享受生活，张开双臂，拥抱更加美好的明天！

附录一：

江之韵文集

《江之韵文集》收录了我和友枝在不同时期撰写的35篇文章，包括大学期间和中央办公厅工作期间撰写的文章，多数公开发表。公开发表时，多数署的是真名，也有一些是笔名，如振江、江边、江之、江之韵，等等。这些笔名，我最喜欢的是“江之韵”，尽管使用次数不是很多。

“江之韵”是我们俩共同的笔名。我名字里有个“江”，友枝名字的后面一个字是“枝”，与“之”同音，这就有了两个字“江之”。中国人的姓名一般是三个字，考虑到夫人的笔名叫“余韵”，也考虑到让我们俩的笔名有点文学色彩（我们俩最缺的是文学修养，从未发表过文学作品），就取名“江之韵”，顺着读，倒着读，表达的是同一个意思，很值得玩味。

之所以取名《江之韵文集》，是因为我觉得这很贴切、很真实：其一，从源头上讲，友枝是鼓励、支持甚至“逼”着我写文章的，这是我写作的最初动力；其二，很多文章都是友枝出的题、定的调，我们俩共同商量后，由我执笔完成的；其三，很多文章都是在友枝担任编辑的《长江日报》和湖北《机关党的生活》上发表的，她既有修改完善之功，也担“举贤不避亲”之责。当然，文章的水平也还过得去。如《片面岂能深刻》一文被《人民日报》（海外版）转载，《试论新时期党的领导形式》被《中国人民大学复印报刊资料》转载。

友枝之所以鼓励、支持甚至“逼”我写文章，其一，是因为她认为我有一定的基础，特别是有撰写理论评论类文章的基本功，在大学期间就发表过文章。其二，是因为她感到我有话要说。我们为什么要写作？记得俄国作家契诃夫说过，这个世界有大狗，也有小狗，大狗小狗都在叫。咱们把自己当作小狗就是了，没有大狗凶猛，声音也比大狗小，可不能拿小狗不当狗啊！我就是一只小狗，面对一些理论和实际问题，我也在思考，我也要发声。其三，是因为我们家经济条件很差，极端的时候是借米下锅，发表文章后取得一点稿酬，也可贴补家用、渡过难关。

经这么一“逼”，我可是名利双收。1993 年，我被破格评上了高级职称，因为我的研究成果和发表的文章，大大超过规定的数量。更为重要的是，我的写作能力得到了锻炼提高。1990 年初，我轮岗到了湖北省委组织部办公室，主要从事文字工作。此后，就与文字工作、文稿工作结下了不解之缘。每当友枝因为我工作辛苦而心疼不已时，其实我心里在想，一切都是自找的，如果当初不常动笔，现在可能是另一种生活。

不过，这个世界上没有“如果”，一切现实的都是合理的。我对我们的选择，不仅没有后悔过，而且始终有一种成就感。2011 年 7 月，离开文稿工作岗位后，我又有了新的写作计划，正在抓紧实施。

今天，我把曾经发表过的部分文章整理结集，取名《江之韵文集》。一篇篇文章，都能勾起我的美好回忆，闲来翻翻，也是一种享受。

试论唯物辩证法的世界观职能*

——兼谈伊里因科夫对辩证法与世界观关系问题的回答

对于辩证唯物主义的世界观职能，大概很少有人怀疑。苏联哲学家伊里因科夫也承认，“辩证唯物主义是世界观，而且是科学的世界观，即是关于自然界、社会和人类思维的科学观念的总和。”然而，“关于唯物辩证法的世界观内容和方法论职能问题，一次又一次的产生并围绕着许多新的方面而展开争论。”在苏联，形成了以伊里因科夫为代表的“否定派”和以伊利切夫为代表的“肯定派”。前者否定唯物辩证法的世界观职能，后者肯定唯物辩证法的世界观职能。他们各自发表文章，引经据典，作了较为详尽的论证，提出了很多令人深思的问题。从总体上说，笔者不能同意伊里因科夫对辩证法与世界观关系问题的回答。我认为，伊里因科夫忽视了辩证法的本质方面：客观世界规律和认识规律的统一、世界观与方法论的统一。

* 本文原载《大学生作品选刊》1984年第5期。

一

伊里因科夫认为，“即使对有关的术语做最详尽和最精确地说明，也丝毫无助于了解目前围绕着的科学的唯物主义辩证法理论应当具有何种形式这个问题进行的种种争论的实质，这是因为人们是把辩证法理论当作科学唯物主义世界观的一个不可分割的组成部分来加以理解和研究的。”从讨论问题的方法论意义上看，不搞清所讨论问题涉及的有关术语的内涵与外延，不对有关术语做极可能详尽和精确的说明，是很难说明要讨论的问题的实质的。有时往往会出现这样的情况：对于一个问题反复争论，最后发现双方概念与范畴所指根本不是一回事。因此，在回答辩证法与世界观的关系问题时，我们不得不探讨：什么是世界观？什么是唯物辩证法？（至于辩证法理论是否为科学唯物主义世界观的一个组成部分，稍后我们加以讨论）。

世界观亦称宇宙观，是人们对整个世界的根本看法。它包括两个方面：其一，整个世界从根本上说是什么？是物质的还是意识的？其二，整个世界从根本上说怎么样？是运动的还是静止的？是相互联系的还是相互分离、互不相干的？等等。每一个人以其对世界认识的深浅不同，对这两方面的回答也就不同，从而形成了不同的世界观。

对世界观第一方面的回答与对哲学基本问题（思维和存在的关系问题）的第一个方面的回答基本上是一致的。“哲学家依照他们如何回答这个问题而分成两个阵营。凡是断定精神对自然界来说是本原的，从而归根到底以某种方式承认创世说的人，组成唯心主义阵营。凡是认为自然界是本原的，则属于唯物主义各个派别。与承认唯心主义的世界观职能一样，大多数人都承认唯物主义（当然包括科学的辩证唯物主义）的世界观职能。伊里因科夫说：辩证唯物主义“本身绝不单纯是由‘哲学’的力量构筑的，而只有一切‘现实的’科学（自然包括科学的哲学）同心协力，才能建立这种世界观。名之曰辩证唯物主义的这种世界观，并不是原来意义的哲学，这种哲学把只有全部科学认识才能完成（而且是在将来）的任务也揽到了自己的头上。”“科学的世界观并不包含与体现在抽象的哲学原理之中，而是包含和体现在‘最现实的科学’即现实科学知识的体系之中。”

这里我们且不谈由“包括科学的哲学”的“现实的科学”所构成的辩证唯物主义这种现在意义上的哲学的属性以及它与“原来意义的哲学”的关系，我们只想说明对整个世界的根本看法与对某一特殊对象的认识并不矛盾。每一门现实的科学以整个世界的一部分为对象，对整个世界的许多部分的研究构成了现实科学知识的体系。一方面，我们要承认现实的科学知识并没有涉及整个世界的各个方面、各个环节，它有待于向前发展；另一方面，我们应当看到，现实的科学知识有助于我们对整个世界的认识，或者说，我们对整个世界的看法是以我们对现实的各个部分的认识为基础的。如果我们对整个世界的各个部分没有一个正确的观念，就很难说我们有一个正确的世界观了。伊里因科夫承认马克思主义的科学的唯物主义是对自然科学与社会科学（对整个世界的一部分的科学认识）的总结与概括，是系统化与理论化了的世界观。

伊里因科夫一面反对把辩证法理论当作科学唯物主义世界观的一个不可分割的组成部分，一面又认为，辩证唯物主义是由包括“科学的哲学”的“现实的科学”所构成的。“科学的哲学”是否包括科学的辩证法呢？如果包括，那不是自相矛盾了吗？如果不包括，“科学的哲学”还有什么内容呢？既然“现在意义上的科学唯物主义”是一种科学的世界观，包含在这种世界观之中的唯物辩证法的世界观职能就难以否认了。当然，在这个问题上，我们与伊里因科夫看法不同：马克思主义哲学是一种科学的世界观，它是由辩证法与唯物论有机地构成的体系。辩证法与唯物论不可否认地担负着世界观的职能。

问题的关键是唯物辩证法与世界观第二方面意义的关系问题。如果它们基本上一致，那么就等于承认唯物辩证法具有世界观职能，反之，无疑否认辩证法的世界观职能。

二

伊里因科夫说：“恩格斯毫无保留地认定，任何把关于物的‘普遍联系’的特殊科学置于实证科学之上（或与之‘并驾齐驱’）的企图，最好也不过是多此一举的无谓行动。”是的，恩格斯说过：“现代唯物主义概括了自然科学的新近的进步，从这些进步看来，自然界同样也有自己的时间上的历史，天体和在适宜条件下生存在天体上的有机物种一样是有生有灭的；至于循环，即使能够存在，规模也要大得无比。在这两种情况下，现代唯物主义本质上都是辩证的，而且不再需要任何凌驾于其他科学之上的哲学了。一旦对每一门科学都提出要求，要它们弄清它们自己在事物以及关于事物的知识的总联系中的地位，关于总联系的任何特殊科学就是多余的了。”值得注意的是，恩格斯在这里反对的是置于其他科学之上的哲学（即科学的科学），而不是笼统地反对哲学；反对的是“关于总联系的任何特殊科学”，而不是笼统排斥总的联系的科学。他与马克思所创立的辩证法理论，就是一门“与形而上学相对立的，关于联系的科学”。

马克思主义的经典作家们在不同的场合针对不同的问题对辩证法作了不同的表述。恩格斯把辩证法规律作为历史发展的自然界与人类社会与思维本身的最一般规律。列宁指出：“辩证法是一种学说，它研究对立面怎样才能够同一，是怎样（怎样成为）同一的——在什么条件下它们是相互转化而同一的，——为什么人的头脑不应该把这些对立面看做僵死的、凝固的东西，而应该看作活生生的、有条件的、活动的、彼此转化的东西。”但是，其本质方面是一样的：辩证法是客观规律与认识规律的统一，是世界观与方法论的统一。

恩格斯指出：“所谓客观辩证法是支配着整个自然界的，而所谓主观辩证法，即辩证的思维，不过是自然界中到处盛行的对立中的运动的反映而已。”纷纭复杂的自然界，表面上看来是无绪可理的，其实，内部蕴藏着一定的规律，它们相互联系，无时不在变化与发展中，这就是客观世界的规律，也就是客观辩证法。这些客观的东西反映到人的头脑中就形成认识。与客观世界一样，认识也是不断变化发展的，具有辩证的性质。

马克思主义的辩证法，是唯物的辩证法。伊里因科夫将其表述为“思维反映存在的普遍规律”。马克思说：“我的辩证方法，从根本上来说，不仅和黑格尔的辩证方法不同，而且和它截然相反。在黑格尔看来，思维过程，即他称为观念而甚至把它转化为独立主体的思维过程，是现实事物的创造主，而现实事物只是思维过程的外部表现。我的看法则相反，观念的东西不外是移入人的头脑并在人的头脑中改造过的物质的东西而已。”马克思把黑格尔的辩证法倒过来，发现了神秘外壳中的合理内核，把辩证法当作客观世界规律与认识规律的统一。

既然辩证法是客观世界规律与认识规律的统一，理所当然，辩证法内容的正确性必须由科学史来检验，因为科学史无非是客观世界在人脑中反映的历史。列宁指出：“对于辩证法的这一方面，通常（例如在普列汉诺夫那里）没有予以足够的注意：对立面的统一被当作实例的总和，……而不是当作认识的规律（以及客观世界的规律）。”列宁在这里批评的是当时的马克思主义者普列汉诺夫。普列汉诺夫在批判修正主义时，曾揭露了伯恩斯坦等人对辩证法的攻击，而强调的是辩证法的客观规律性，但他不了解辩证法的认识规律方面的意义，把辩证法看作实例的总和。因而在理论上不能纠正修正主义错误，不得不与修正主义同流合污。这是个深刻的教训。修正主义始祖伯恩斯坦则否认辩证法的客观规律性，把它仅当作主观应用的方法，将其从马克思主义的整个世界观中分离出来，说它是马克思学说中的“陷阱”，是任意从黑格尔学说中取得的东西，其目的就是用庸俗进化论代替辩证法。

不承认辩证法是客观世界的规律与主观世界规律的统一，或者强调其中一面否定另一面，往往是现代修正主义者歪曲马克思主义理论的惯用手法。如果我们把辩证法既看作客观世界的规律，又看作认识的规律，我们无疑承认了辩证法归根到底是人们对整个世界怎么样的回答，也就承认了辩证法的世界观职能。

三

伊里因科夫认为，“唯物辩证法的实质不在于它是整个世界的‘最一般的见解’的总和，而在于它是科学世界观发展的逻辑”“哲学中的马克思列宁主义观点最关心的，就是彻底研究作为逻辑学与认识论的辩证法，因为这里包含着辩证法的世界观意义，也包含着辩证法所起的现代科学唯物主义世界观发展的逻辑学作用。”伊里因科夫在解决辩证法与世界观问题时，只强调了辩证法的方法论职能，把辩证法的世界观意义仅仅局限于“发展的逻辑学”，忽视了辩证法是世界观与方法论的统一。

列宁指出：“不懂得唯物主义辩证法，就必然会从相对主义走到哲学唯心主义。”这里，列宁指出了唯物主义辩证法对形成人们的科学世界观的作用，对于辩证法的方法论职能、作为科学的逻辑学的意义这里不详谈。关键问题是如何理解唯物辩证法是马克思主义认识论问题。

恩格斯说：“辩证法在考察事物及其在观念上的反映时，本质上是从它们的联系、它们的联结、它们的运动、它们的产生和消逝方面去考察的。自然界是检验辩证法的试金石，而且我们必须说，现代自然科学为这种检验提供了极其丰富的、与日俱增的材料，并从而证明了，自然界的一切归根到底是辩证地而不是形而上学地运行的。”这里，闪烁着辩证法与认识论相统一的思想。列宁是从辩证法既是客观世界规律、又是认识规律这一基本事实出发，认为人们的认识过程充满矛盾的辩证运动。人们对客观事物的每一具体的认识充满着辩证法，人的认识本身是永无止境的，只是不断地近似于一串圆圈。这样，认识事物必须采取辩证的方法。“辩证法是活生生的、多方面的（方面的数目永远增加着的）认识，其中包含着无数的各式各样观察现实、接近现实的成分（包含着从每个成分发展或整体的哲学体系）”。

既然辩证法就是马克思主义认识论，那么，对于辩证法的世界观职能就不言而喻了。

伊里因科夫也认为辩证法作为一门特殊的科学，它并不凌驾于其他科学之上，而是同其他科学享有同等权力的一门科学，它也有自己严格限定的研究对象。这种辩证法即是关于外部世界（自然界和历史）在人类思维中的反映过程的科学。人们不禁要问：辩证法这门同其他科学享有同等权力的科学，是不是现实的实证科学？如果是的话，理所当然地具有世界观职能，因为“只有一切‘现实的’、实证的科学的总和，才能担负起构筑关于世界的观念的概括系统任务。”作为这个总和的一个分子不能不具有世界观职能。反正，这种世界观只不过是空中楼阁。

其实，否认辩证法的世界观职能并非哲学家伊里因科夫之首创，杜林先生不也把辩证法说成是马克思主义理论的“拐杖”吗？人们大概不会忘记恩格斯的名言吧！“蔑视辩证法是不能不受到惩罚的”。

四

在结束此文时，我们应当说明，对于辩证法的世界观职能，马克思主义经典作家早有阐述。恩格斯指出：“当我们深思熟虑地考察自然界或人类历史或我们自己的精神活动的时候，首先呈现在我们眼前的，是一幅由种种联系和相互作用无穷无尽地交织起来的画面，其中没有任何东西是不动的和不变的，而是一切都在运动、变化、生成和消逝。所以，我们首先看到的是总画面，其中各个细节还或多或少地隐藏在背景中，我们注意得更多的是运动、转变和联系，而不是注意什么东西在运动、转变和联系。这种原始的、素朴的、但实质上正确的世界观是古希望哲学的世界观，而且是由赫拉克利特最先明白地表述出来的：一切都存在，而又不存在，因为一切都在流动，都在不断地变化，不断地生成和消逝。”古代朴素的辩证法是一种“实质上正确的世界观”，唯物辩证法的世界观职能就不容置疑了。

结论：唯物辩证法的实质，不仅在于它是科学的世界观发展的逻辑，而且在于它本身就是一种世界观。对整个世界是什么和怎么样的说明同唯心主义和唯物主义、辩证法和形而上学对世界的解释基本一致。值得注意的是世界观问题绝不等同于哲学基本问题。

人的本质就是劳动 *

——浅析马克思早期对人的本质的提法

人的本质是什么?

唯物主义者费尔巴哈曾经做过回答，成为马克思、恩格斯回答此问题的前提。

在清算德国古典唯心主义哲学的过程中，为了解决康德人为地制造的思维与存在的矛盾，费尔巴哈把哲学研究的出发点转移到了“人”，认为“思维与存在的统一，只有将人理解为这个统一的基础和主体的时候，才有意义，才有真理”。

那么，什么是“人”呢?费尔巴哈提出了人应当是一个统一的、完整的实体，认为人是一个以肉体为基础的灵魂与肉体的物质统一体，是一个以自然界为基础的人和自然界的物质统一体，是一个以“你”为基础的“我”和“你”的物质统一体。从这个“人”出发，费尔巴哈“纯粹的唯物主义”回答了哲学的基本问题，即思维与存在的关系问题，肯定了“存在是主体，思维是宾词。

* 本文写于1982年10月。

思维是从存在而来的，然而存在并不来自思维”；认为“思维与存在的统一并不是那种形式的统一，即以存在作为自在自为的思维的一个特性，这个统一是以对象，以思想的内容为依据的”。费尔巴哈以此对宗教进行了批判，驳斥了上帝创造人的谬论，揭示了人创造上帝这个真理。同时，对宗教的反动社会作用作了深刻的揭露。

感到遗憾的是，费尔巴哈并没有把唯物主义贯彻到底，在社会历史观方面仍然是唯心主义的。在人的本质问题上，费尔巴哈主要是把人看作一个自然的、即生物学上所研究的、感性的实体，而不是看作社会的、历史的、实践的人。他认为，人的本质就是利己主义和以利己主义为基础的爱。恩格斯指出：“费尔巴哈的唯心主义就在于，他不是抛开对某种在他看来也已成为过去的特殊宗教的回忆，直截了当地按照本来面貌看待人们彼此间以相互倾慕为基础的关系，即性爱、友谊、同情、舍己精神等，而是断言这些关系只有在用宗教名义使之神圣化以后才会获得自己的完整的意义”。费尔巴哈批判旧宗教，“决不希望废除宗教，他希望使宗教完善化”。在揭露宗教的基础时，他受到哲学研究出发点——抽象的人——的限制，不能从社会实践和显示的关系中而只能从对人的心理分析中寻找答案。认为“人的依赖感是宗教的基础”，而依赖感背后则是利己主义，“没有利己主义就无依赖感”，这种利己主义正是人的本性之一，它构成了“宗教最终极的主观根源”。对宗教基础的唯心主义解释、对“爱”的无限崇拜，使得费尔巴哈企图在打倒旧宗教之后，建立一个以“爱”为基础的新宗教。

因为爱是人的本质，所以这个新宗教是合乎人的本质的。恩格斯指出："这样一来，他的哲学中的最后一点革命性也消失了，留下的只是一个老调子：彼此相爱吧！不分性别、不分等级地相互拥抱吧！——大家都陶醉在和解中了！"费尔巴哈最终堕入了唯心主义泥潭。马克思和恩格斯指出："当费尔巴哈是一个唯物主义者的时候，历史在他的视野之外；当他去探讨历史的时候，他不是一个唯物主义者。"

抽象的人是费尔巴哈人本主义哲学的出发点，也是其失足点。恩格斯指出："就形式讲，他是实在论的，他把人作为出发点；但是，关于这个人生活的世界却根本没有讲到，因为这个人始终是在宗教哲学中出现的那种抽象的人。这个人不是从娘胎里生出来的，他是从一神教的神羽化而来的，所以他也不是生活在现实的、历史地发生和历史地确定了的世界里面；虽然他同其他的人来往，但是任何一个其他的人也和他本人一样是抽象的。"

如果说费尔巴哈把从对上帝的研究转到了对人的研究，那么马克思的哲学研究则"从费尔巴哈的抽象的人转到现实的、活生生的人""把这些人作为在历史中行动的人去考察"。恩格斯指出："这个超出费尔巴哈而进一步发展费尔巴哈的工作，是由马克思于1845年在《神圣家族》中开始的。"我们知道，在《神圣家族》中，马克思恩格斯用他们当时所达到的辩证唯物主义观点，去研究了现实的社会生活，阐明了人民群众是历史的创造者，指出只有在物质生产中，才能理解人与人的关系，才能理解历史。尽管这部著作尚未完全摆脱费尔巴哈人本主义的影响，但是，我们不能不说他们所阐述的观点已经超出了费尔巴哈，在唯物史观方面大步前进了。恩格斯正是以此为基础，以当时人们对此书所熟知为前提，而认为超出和发展费尔巴哈的工作是从《神圣家族》开始的。其实，这个转折在此之前已开始，他的《1844 年经济学——哲学手稿》(以下简称《手稿》)等一系列著作对人及其本质的阐述充分说明了这个问题。

马克思正是从费尔巴哈的失足点出发，论述了人的本质，从而克服了费尔巴哈的缺陷。

对于人的本质问题，马克思在不同时期的不同著作中进行了规定。《神圣家族》以前的著作也是如此。我们可以把其大致归结为三种不同形式的提法：

A. 马克思在《手稿》中指出："人类的特性恰恰就是自由的自觉的活动。"

B. 马克思认为需要是人的本质，指出："你自己的本质即你的需要。"

C. 马克思在《关于费尔巴哈的提纲》(以下简称《提纲》)中指出："费尔巴哈把宗教的本质归结于人的本质。但是，人的本质不是单个人所固有的抽象物，在其现实性上，它是一切社会关系的总和。"

这三种提法形式不同，但内容是统一的。他们从不同的方面、不同的角度揭示了人的本质，它们互相补充，完整地构成了关于人的本质的科学阐述。

前面已经说过，费尔巴哈从人本主义出发，把人看作"感性的对象”，而不是从人的能动性方面把人理解为“感性的活动”——在一定的历史前提下改变着自然界和社会，同时又改变自己的实践活动，不理解这种活动在劳动中得到表现，他看不出不同历史条件下的人所具有的特性以及人作为人的本质，最后导致了历史唯心主义。马克思从唯物史观出发，历史地考察了人，揭示了“人类的特性恰恰就是自由的自觉的活动。”这种自由自觉的活动就是一种创造活动，是征服自然、改造自然的活动，它突出地表现在生产劳动上，成为区别其他动物的根本特征。只有在劳动中，人的自由自觉的活动才不是空洞的，才是现实的。劳动过程是人的自由实现的过程，人首先作为一个自然实体，它一方面同自然物相对应，另一方面与自然物相结合，劳动过程改变自然物的形态，从而占有自然物，人与自然物这种物质交换过程是“类的生活”，是创造生命的生活。对于自然界来说，人们最大程度地占有它，人们就会获得最大程度的自由。

马克思认为：“劳动过程的简单要素是：有目的的活动或劳动本身，劳动对象和劳动资料。”有目的的活动应该成为一种自由自觉的活动，这样才能体现目的的非动物性。有目的的活动、观念的活动恰恰是人之所以为人的确证。劳动对象是与劳动者对立的，是人们劳动的作用物，劳动资料则是劳动者以自己自由自觉活动传导到劳动中去的物的综合体。马克思说：“劳动资料的使用和创造，虽然就其萌芽状态来说已为某几种动物所固有，但是这毕竟是人类劳动过程独有的特征。”劳动成果一部分转化为生产资料，另一部分则成为人们的消费品被人为占有，它是自由自觉活动的物化，在其之上，人们看到了自己本质的力量。因此，我们可以说，劳动过程就是自由自觉的活动过程。

马克思认为需要是人的本质。如何理解这种需要呢？

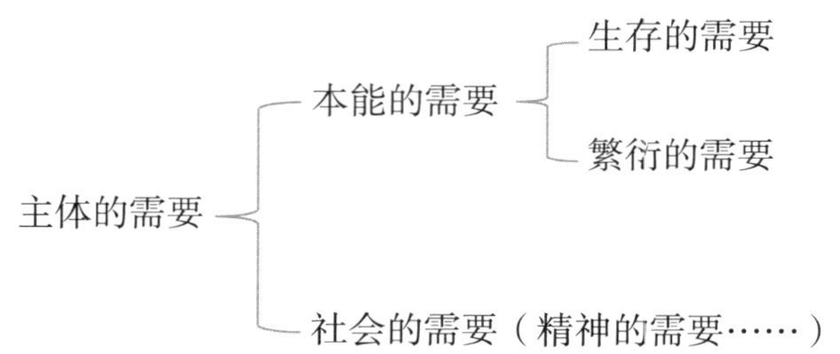

我们知道，作为与自然界相对应的人的需要主要分为本能的需要与社会的需要。本能的需要指的是最基本的需要，它包括个体的生存和种族繁衍两个方面的需要。人的本能的需要与动物简单满足个体生存与繁殖的需要，形式上看好像一样，其本质是不同的。前者有社会性的渗透，即一些社会性因素转化为本能的因素。社会需要是人区别于动物的明显标志，主要包括精神需要等，它是较高级别的需要。本能的需要与社会的需要是联系在一起的，人的需要是这两方面的统一。

马克思在此指的是人的需要，是人进行自由自觉活动的内在动力，这种需要只有在人们的自由自觉活动中得到实现。“需要是人的本质”，揭示了人们自由自觉活动（劳动）的动因，不是对“人类的特性恰恰就是自由的自觉的活动”这个规定的否定，而恰恰是对其的补充，从精神心理上揭示了原因。但是，我们绝不可以把其理解为是对人的本质的定义。其一，笼统谈“需要”既可片面理解为本能的需要，又可理解为社会的需要，没有揭示人与动物的本质区别；其二，需要作为人的本质，从逻辑上讲，并没有否定其他因素作为人的本质；其三，只把需要作为人的本质与把爱作为人的本质一样，只是从静态加以考察，是从精神心理上加以考察，即没有把人作为感性的活动加以考察，因而，只有把需要与自由自觉的活动联系起来，把其当作人的需要，才能解释人的本质。

哲学系本科生能力及培养途径调查*

哲学系本科生应当具备怎样的能力才能适应社会的需要呢？已经毕业的和在校学习的学生能力如何？学校应采取怎样的途径培养这些能力呢？带着这些问题，我们武汉大学哲学系人才社会信息反馈调查小组利用两个月时间，对在汉的本系毕业生进行了调查。

一、"我们的情况和你们不大相同"

在调查过程中，很多同志说："我们的情况和你们不大相同。"事实正是如此。

我们抽取了22名调查对象，其中：男17名，女5名；平均年龄37岁；省级单位工作的11人，地（市）级单位工作的10人，县级单位工作的1人；从事行政工作的9人（处级干部3人，科级干部4人，一般干部2人），从事教学工作的9人（其中讲师职称的4人），从事科研工作的4人（担任研究所长的

* 本文写于1983年10月。

1 人、课题研究组长的 1 人）；党员 16 人（50 年代以前入党的 2 人，50 年代入党的 5 人，60 年代 1 人，70 年代 6 人，80 年代 2 人）；50 年代毕业生 5 人，60 年代毕业生 8 人，70—80 年代毕业生 7 人。

调查对象有几个明显特点：其一，有一定的社会阅历。毕业时年龄都比较大，他们中绝大多数是从社会进入大学，又从大学走向社会。入校前 80% 以上都当过兵、做过工、种过地，有的曾担任过一定的领导职务。其二，政治素质较好。毕业时 65% 的人都是党员，在大学或上大学之前，73% 的同志基本形成了自己的世界观。其三，他们从社会中来，绝大部分人都较清楚地知道社会对他们的要求，有一个明确的奋斗目标，这些都是区别今天大学生的地方。尽管如此，从他们在校学习期间与工作中所遇到的问题里，我们多少可以找到一些根据，借以回答我们要探讨的问题。

二、“第一是能力，第二还是能力”

哲学系的培养方向是：马克思主义理论的教学人才、研究人才及与之有关的实际工作人才。调查反映，他们的专业与社会是对口的。22 名调查对象中，工作性质与所学专业完全对口的 6 人，占 27.8%；基本对口的 15 人，占 66.7%；不对口的 1 人，占 4.5%。当然，专业对口，并非每个人都能很好地适应所担负的工作。调查显示，能适应工作的 9 人，占调查对象的 40.9%；基本适应的 11 人，占 50%（未填此项的 2 人，占 9.1%）。很快适应工作的 5 人，占总人数的 22.8%；一年以内适应的 2 人，占 9.1%；一年以上适应的 4 人，占总数的 18.6%（未填此项的 11 人，占 50%）。因为绝大多数校友的工作与所学专业是对口的，因此，适应工作情况的好坏主要取决每个人的能力。

既然如此，社会需要我们什么样的能力呢？只有亲自参加社会工作，投身到社会实践中去，才能清楚地意识到这个问题。

表 1　工作所需能力调查表

认为工作中主要需要的能力	口头表达	文字表达	分析综合	形象思维	抽象思维	调查研究	组织管理	动手操作	观察体验
持此观点的人数（人）	19	21	19	4	14	17	6	1	5
占调查对象总数的比例（%）	91	95.5	91	18.6	63.2	77.3	27.3	4.5	22

此表明显地揭示了社会对哲学系本科生能力的特殊要求。既然进行马克思主义理论的宣传教育工作、研究工作，就应当具备抽象思维能力；要搞好行政工作，理应具备调查研究能力与组织管理能力。相比之下，形象思维能力、动手操作能力、观察体验能力显得不太突出，这是区别于其他专业的地方。

当然，工作性质不同，对能力的需要就不同。从事教学工作的同志，主要强调口头表达能力、文字表达能力；进行理论研究工作的同志，主要突出抽象思维能力，把分析综合能力放在首位；从事行政工作的同志，大部分认为工作中最需要调查研究能力与组织管理能力。

学校培养了学生哪些能力呢？见表 2。

表 2　学校培养学生的能力

认为学校要培养的能力项	思维能力	表达能力	观察能力	动手能力	调查能力	组织能力
持此观点的人数（人）	16	18	8	4	5	5
占调查对象的比例（%）	72.7	81.8	36.3	18.5	2.7	22.7

大部分校友认为我们系的教学以及与之相应的各个环节，培养了大家的思维能力与表达能力。这两种能力正是工作中最需要的能力，由此肯定了教学工作的正确方向，当然我们不能太自信。见表 3 。

表 3　大学生最缺乏的能力

认为大学生最缺乏的能力项	思维能力	表达能力	观察能力	动手能力	调查能力	组织能力
持此观点的人数（人）	8	8	4	7	9	11
占调查对象的比例（%）	36.3	36.3	8.6	31.8	40.1	50

表 3 与表 2 似乎相悖，其实不然。综合两表可以得出：其一，学校的确培养了学生思维能力与表达能力，但是远远不及社会的需要；或者，我们可以认为，一部分人这方面能力并没有得到很大提高。其二，学校没有很好地注重调查能力与组织能力培养，使得很多人感到这方面能力欠缺。

取得的成果较能说明问题。22 名调查对象中，到目前为止，出版过专著的只有 2 人，占 9.1%；发表过论文的 8 人，占 36.3%，这与我校在全国高等院校中的地位是不相称的。调查中很多同志说："第一是能力，第二还是能力，原以为多读几本书就可以适应社会，看来是不行的。"

三、"在校大学生接触社会太少了"

为什么学校培养与社会需要存在这么大的距离呢？很多人认为，主要原因是在校大学生对社会了解得太少了。当然有主观与客观两个方面的原因，包括如下方面：

第一，在校学习的知识陈旧，不适应能力的培养，不适应社会发展的需要。22 名调查对象中，认为大学课程内容新鲜的 2 人，占总人数的 9.1%；认为大学课程内容过得去的 9 人，占 40.96%；认为大学课程内容陈旧的 8 人，占总数的 36.3%。知识更新的周期加快，死守陈规必然走进死胡同。自然科学如此，哲学社会科学更是如此，社会发展的客观规律更复杂、更难把握。有的同志谈到当年老师授课的内容，20 年过去后的今天，原来的 ABC 还是 ABC，原来的例子依然照搬不变，这令人觉得不可思议。

第二，学校教学只注重了知识的灌输，没有注重能力的培养。老师只注重阐述"理论是什么"，而忽视了理论的由来。学生不了解教师的思路，分析问题、解决问题的能力没有得到很大的提高。课堂讨论、社会实践过少，理论与实践相脱离。22 名调查对象中，认为实践教学多的只有 1 人，占总人数的 4.5%；认为适合的 3 人，占 13.5%；认为少的 14 人，占 63.2%。很多人说，学校不是世外桃源，不能离开社会来谈论一些艰涩的哲学问题。

第三，课程设置不太合理，所学的东西用不上，所用的东西没有学。表 4 足以说明问题。

表 4　使用知识情况

	基础知识		专业基础知识		专业知识		外	语
使用多	14	63.2%	10	45.5%	11	50%	0	0
使用一般	7	31.8%	12	54.5%	8	36.3%	6	2.3
使用最少	0	0	0	0	3	3.9%	16	72.7

很多人在校刻苦学习多年的东西，走入社会以后用不上，如外语，不使用的占调查对象的 72.7%。当然这并不是外语不重要，而是我们要根据现有的情况，具体问题具体分析，不能“一刀切”。反之，就会造成人力物力的极大浪费。

第四，学生选哪一门课，读哪一本书，考虑的只是书本知识，很少考虑社会需要，没有注重培养自己的实际能力，很大一部分人都是从书本到书本，称得上勤奋，但缺少创新精神。从历届毕业生对学校学风的看法就可窥见一斑。见表 5。

表 5　毕业生对学校学风的看法

	诚实朴素		勤奋刻苦		严谨治学		谨慎谦虚		勇于创新	
突出	9	40.1%	14	63.2%	9	40.1%	5	22.7%	1	4.5%
一般	13	59.1%	7	36.6%	9	40.1%	12	54.5%	1	45.5%
不突出	0	0	0	0	1	4.5%	2	9.1%	8	36.3%

我们需要诚实朴素、谦虚谨慎的传统，也需要勤奋刻苦、严

谨治学的学风，更需要的是创新精神，要创新就要有能力。近亲繁殖、不越雷池一步，必然造成思想僵化。当然，对学生成绩好坏的评定、分配工作的盲目性等一系列问题，都是造成毕业生不能很好地适应社会需求的原因，这里不详谈了。

四、综合培养能力的途径

学校应如何培养学生适应社会的能力呢？针对上面情况，综合调查对象的意见，根据学校可能的条件，我们认为应从如下几方面着手。

第一，课堂教学是一个不可缺少的重要环节，问题的关键是如何搞好课堂教学，废止填鸭式，采取问题教学法，教师讲课应留有余地，启发大家思维。思维能力是各种能力之首，只有思维能力提高了，才能提高口头、文字表述能力。反过来，口头、文字表述能力的提高，会使思维更加深邃。教师应与学生共同研究一些学术问题，交流思想、互通思路，提高大家分析问题、解决问题的能力。

第二，讲课内容应不断更新，教师在重视基础课教学的同时，应多介绍学术界的新成果，介绍自己研究的新东西，用一些新知识充实学生头脑，培养学生创造能力。

第三，课程设置应根据具体情况而定，重视基础课，尽量避免内容重复的课程，区别对待使用不多的学科，增设一些新的课程。哲学原理、马列原著、哲学史等基础知识在工作中使用情况最好，应加强这方面的教学。在我们所学的课程中，哲学原理、马列原著与马克思主义哲学发展史重复很大，应该使每一学科完善，避免知识的重复。对外语等使用不佳的学科应区别对待，现在的情况并不要求每人都懂外语，即使懂了也难以用上，迟早会丢光。如果把学外语的一部分精力用在其他方面，对一个人的成长会更有益处。当然，这只是就某些工作性质而言。我们的学习不仅仅出于实用，但也不得不考虑社会需要。一个人有很高的外文水平，但至死都没用上，或者对比其他花力小使用多的学科，作用微乎其微，我们能说外文对他们作用无穷吗？对于一个从事哲学理论研究的人，掌握的语言越多越好。除了现在开设的一些课程以外，还可以增设一些选修课，如：人才学、行政管理学、汉语及写作等，使得学与用结合起来，学以致用。作为学生本人，修哪一门课，看哪一些书，都应有一个科学的自我设计，应把重点放在提高能力上。

第四，鉴于我系没有开设行政管理课程，而毕业后很大一部分人将从事行政工作，因此要让大部分同学在校期间搞一些社会工作，培养自己的组织管理能力。实践证明，这对于将来的工作是有益的。22 名调查对象（15 名在校期间担任过一定的社会工作）中，认为社会工作对自身的成长有促进作用的 14 人（其中，15 名担任过社会工作的同学中，更有 13 人认为有促进作用，占 92.9%），认为对自身成长无所谓的 5 人，没有人认为社会工作对自身成长有妨碍。哲学系的同学担任一定的社会工作是对专业学习的一个补充，在某种意义上说，是一个必不可少的补充。

第五，毕业实践要多样化，尽量做到对口实践。针对我系特点，可以把学生分为四个系统（高等院校、党校系统、研究系统、实际工作系统）进行对口实习，定期交换。社会实践应提早、应增多，这样使社会了解我们，更让我们了解社会。

第六，加强人才培养与分类的计划性，搞好人才预测，可以实行提前分配制，使得用人单位、学校共同关心人才的培养。

第七，实行业务鉴定制度，每学年都对学生进行鉴定，激发大家的学习热情，让其自觉地提升自己各方面的能力，以适应社会的需要。

女工需要学习时间*

——武汉国棉四厂女职工学习情况调查

科学技术就是生产力。科学技术的高速发展，大大提高了人们认识世界和改造世界的能力。生产工具的不同形式，就是科学技术发展不同阶段的标志。生产工具也就是设备的不断更新，成为现代工业发展的方向之一，一方面大幅度地提高了劳动生产率，减轻了劳动者的劳动强度；另一方面对劳动者的素质提出了更高的要求，要求劳动者的知识随之更新。

武汉国棉四厂现大部分采用国外30年代的设备，正处于设备更新的前夜。按照国家有关规定，结合工厂实际，该厂计划在5年内更新所有设备，这无论对国家还是对职工来说都是一件有益的事情。与此同时，这也向人们提出了一个问题，该厂工人，尤其是占职工总数70%以上的女工的科学文化知识能否适应工厂设备更新的需要?

设备更新对工人的素质提出了更高的要求，但在现有条件下，

* 本文写于1983年11月。

它绝不可能以更换大量工人为前提。因为更新设备这个问题不只是一两个工厂的问题，而是一个普遍性的问题，我国的文化教育事业比较落后，国家不可能一下子培养出能满足工厂需要量的大、中专毕业生。这样，提高工人素质的主要途径则是工厂培训与工人自学。对棉纺厂来说，如何提高女工特别是占工厂女职工总数75%左右的青年与中年女工的素质，是一个亟须解决的问题。围绕这个问题，我们对武汉国棉四厂26—40岁的已婚女职工进行了抽样调查，对这个问题有了一定程度的了解。

一

在被调查对象中，小学文化程度的占5%，初中文化程度的占67.5%，高中文化程度的占25%，中专文化程度的占2.5%；具有4—7年工龄的占20%，8—10年工龄的占20%，10年以上工龄的占60%，她们都是一些熟练或者比较熟练的工人师傅。在现有设备条件下，对于工厂下达的生产定额，有30%的工人能超额完成，67.5%的工人只能刚好完成。这些调查数据，对于一个目光短浅、安于现状、缺乏现代科学头脑的人来说，已经感到相当满足了。然而，工厂领导和职工感到不满足，他们认为还没有最大限度地发挥自己的主观能动性。占被调查对象35%的工人认为现在所做的工作只需要一般技巧，57.5%的工人认为需要比较熟练的技巧，7.5%的工人认为不需要什么技巧，现在的工作在很大的程度上只是体力的消耗。一个人从进厂到能完全独立工作，62.5%的调查对象认为只要1—2个月，17.5%的调查对象认为需要3—4个月，

5% 的调查对象认为需要 7—12 个月。这从另一个侧面说明了工作的简单性。调查中，没有人认为影响工作效率的主要原因是技术不熟练，而有 47.5% 的女工认为影响工作效率的主要原因是体力不济，下班以后觉得很累或比较累的工人占调查对象的 80%。她们迫切需要更新机器设备，减少机器毛病，提高工作效率，减轻劳动强度。同时，她们更需要学习，提高自身的素质以适应科学发展的需要。

在调查中，我们发现一些女工对工厂即将更新设备感到既喜又忧，喜的是劳动条件即将得到一定程度的改善，忧的是害怕自己的文化水平跟不上现代化工业发展的步伐。调查中，72.5% 的调查对象感到自己以前所学的知识够用。是的，在被调查对象中，直接招工进厂的占 60%，顶替父母进厂的占 25%，其他途径进厂的占 2.5%，通过考核分配进厂的仅占 12.5%。进厂后，主要学习的是适应现有机器设备所需要的技能与技巧，这种技能与技巧大多由师傅传授，以后很少专门训练。如果只限于现有机器设备，我们不得不承认，她们的专业知识是够用的；如果要更新设备、发展生产，这些女工则需要再学习、再提高。

二

请看下面的调查数据：在被调查对象中，能经常坚持学习的仅 7.5%，能间断学习的占 22.5%，很少学习的占 70%。这个比例悬殊不能不令人吃惊。既然工厂设备更新需要女工提高素质，而女工又希望自己能学习科学文化知识，是什么原因使她们不能坚持学习呢？

对于一个女职工来说，要学习专业知识，提高专业水平所遇到的困难要比一个男职工大得多，这是有目共睹的，而学习中最大的困难是什么呢？调查表明，认为基础差是学习中最大困难的女工占被调查对象的30%，认为无人指导是学习中最大困难的女工占被调查对象的5%，认为时间少是学习中最大困难的女工占被调查对象的65%，看来，学习时间少是大多数女工学习中最大的困难。

有一个中年女工告诉我们："我家住得比较远，如果上早班，每天四点半钟起床上班，下午三点十五分才能下班回家，如果下班后开会，至少到四点半才能到家，要提篮上街买菜，六七点钟才能吃饭，哪还有时间学习？！"她们还编了一个顺口溜：婚后倍感妇女苦，上班下班似猛虎，工作家务一担挑，学习技术实难顾。这不是个别现象，而是纱厂女工生活的真实写照。

（一）工厂没有在工作时间内抽出专门时间对工人进行新技术培训。这个工厂每周在工作时间内或工余时间抽出一小时左右时间"练兵"，而这种方式主要是一种在现有设备下提高工作效率的训练，而不是学习新技术，因此，职工在工作时间内很少有学习提高的机会。

（二）繁重的家务劳动占去了工余的大部分时间。被调查对象中两口之家占5%，上有老、下有小的家庭占20%；有小孩的调查对象中，孩子待业的占2.5%，上学的占30%，上幼儿园的占40%，上托儿所的占5%，请人代看的占15%。家庭中绝大部分家务事落到了妇女肩上。调查对象中，家务事干得少的只占2.5%。既要干工作，又要做家务，女工累得疲惫不堪，根本顾不上学习。

我们不妨把一个女工的时间分为四大块：劳动时间，上下班路途所花的时间，睡眠时间，文体活动、文化学习时间。算一算女工的时间账。

1. 劳动时间（包括家务劳动、工厂工作时间）。调查对象中，劳动时间在10小时以内的女工占7.5%，劳动时间在10—12小时之间的占32.5%，劳动时间在13—14小时之间的占47.5%，劳动时间在14小时以上的女工占7.5%。

2. 上下班路途所花时间。调查对象中，居住离厂1里以下者占17.5%，1—3里路的占7.5%，4—8里路的占17.5%，8—12里路的占15%，12里路以上者占65%。上下班步行的占25%，骑自行车的占10%，乘汽车的占65%。上下班路途所花时间在1小时以内的占52.5%，2小时左右的占32.5%，3小时左右的占10%，3小时以上的占5%。

3. 睡眠时间。调查对象中，睡眠时间为6小时以内的占40%，6—8小时之间的占50%，8—10小时之间的占7.5%。

4. 文体活动、文化学习时间。如果劳动时间为13—14小时，睡眠时间为6—8小时，上下班路途所花时间在2小时左右，那么文体活动、文化学习时间就所剩无几了。这种情况并非假设，而是现实中客观存在的现象。调查表明，上班工作时间、家务劳动时间、上下班路途所花时间三者相加共需11小时左右的女工占被调查对象的5%，12小时左右的占17.5%，13小时左右的占

12.5%，14 小时左右的占 37.5%，15 小时左右的占 15%，16 小时左右的占 7.5%，17 小时以上的占 5%，如果睡眠时间为 8 小时左右（而劳累一天，8 小时的睡眠是根本不够的），则有 65% 以上的女工基本上没有时间学习。

从上面的分析中我们可以看到，大多数女工被限制在机器边、炉子旁、汽车上，根本没有时间学习。学习专业知识对她们来说可想而不可行，她们只能从对未来的设想中寻求一丝的慰藉，很多妇女在呼吁：“给我们一点时间、一些机会学习专业知识，提高业务能力吧！”

三

假如你是一个管理者，请千万别沾沾自喜于一得之功，应该看到明天。今天的炉子烧得火红，若不加炭，或许明天就会熄灭。这虽为浅显之理，但并非人人皆知。对于一个工厂来说，今天的产值上去了，能否保证今后的产值也上去呢？这是一个值得深思的问题。为保证生产的持续性、稳定性，根据现有条件，我们建议：

（一）工厂要拿出适当的资金进行智力投资。开办各种形式的专业知识学习班，分期分批对职工进行轮训。按照工厂现有人员配置情况，我们发现从每个班抽出一定的人员进行新技术、新知识培训并不影响工厂的生产。工厂要舍得拿出一定的人力物力办学习班。以往的种种学习班往往流于形式，名存实亡，没有收到应有的效果。其主要原因就是没有保证学习时间，同时对学习者的待遇规定得不太合理。工厂办学习班，应使职工有足够的时间学习新技术，学员应享受原有一切待遇，学习班应进行严格的结业考试，成绩作为工资升降、工种调整的指标之一。

（二）工厂应办好幼儿园、托儿所，搞好各种服务设施，把妇女从繁重的家务劳动中解放出来，解除她们工作与学习的后顾之忧，使得她们能在八小时之外抽出一定的时间学习文化。表面上看，这些都是一些非生产性投资，实际上，它比直接的生产投资更为重要。调查对象中，夫妻与一个小孩这样的三口之家占55%，小孩上幼儿园或托儿所的占45%。据女工反映，特保儿没有完全得到特保，她们对自己的小孩总是放心不下，增加了心理负担和家务负担，影响了工作和学习。

（三）由于住处不集中，因而应采取各种调节方式与其他厂矿企业协作，互相调剂，共同抓好这项工作。对住处较远的职工，能调近的尽量调近，不能调近的工厂可分线派车接送，尽量减少上下班路途所花时间，免得女工疲于奔命，减少不必要的精力消耗。

恩格斯说："妇女解放的第一个先决条件就是一切女性重新回到公共的事业中去。"只要妇女仍然被排除于社会的生产劳动之外而只限于从事家庭的私人劳动，那么妇女的解放，妇女同男子的平等，现在和将来都是不可能的。妇女的解放，只有在妇女可以大量地、社会规模地参加生产，而家务劳动只占她们极少的工夫的时候，才有可能。列宁也说过："什么地方和什么时候开始了反对这种琐碎家务的普遍斗争（为掌握国家权力的无产阶级所领导的），更确切地说，开始把琐碎家务普遍改造为社会主义大经济，那个地方和那个时候才开始有真正的妇女解放。”在我们国家，有着比过去一切剥削制度优越的社会主义制度，妇女与男同胞同工同酬，妇女的合法权益得到了社会的保护，妇女回到公共劳动中去了，这是妇女解放伟大的一步。接踵而来的问题在于，如何使妇女进一步顶起半边天。我们的答案是：妇女应该努力提高自身的素质，社会更应为妇女学习提供优越的条件。否则，她们有可能被重新挤回家庭，男女平等又将成为一句空话，很多国家的妇女问题，难道还不足以说明这一点吗？

错误难免与防患未然 *

对于各种非无产阶级思想的渗透能否防患于未然？在建设精神文明过程中，人们在思考这个问题。

有人认为，一个时期只能有一个中心，不能面面俱到，前段工作的中心是对外开放、对内搞活经济，不能顾及、也不必顾及其他问题，否则就冲淡了主题，因而各种非无产阶级思想的渗透就在所难免。看起来似乎很有道理，其实不然。唯物辩证法告诉我们，在事物的发展过程中，存在着许许多多矛盾，没有矛盾就没有发展。在诸多矛盾中，必有一主要矛盾决定着事物变化与发展的方向，其他矛盾（次要矛盾）也影响事物的变化发展。我们在社会主义现代化建设过程中，必须坚持以经济建设为中心，坚持把落后的社会生产与人民群众日益增长的物质文化生活需要的矛盾作为主要矛盾。当然，这一矛盾的不断解决过程，离不开对其他诸类矛盾的解决。精神文明建设好了，必然推动经济建设向前发展；反之，将会阻碍现代化的实现。简单地、没有限制地对

* 本文写于 1983 年 10 月。

外开放、对内搞活经济，不是社会主义的经济政策，必然带来各种非无产阶级思想的渗透。

有的同志笼统地说错误总是难免的，对此我们应该具体分析。毛泽东从彻底的辩证法观点出发，提出了“错误难免论”。值得注意的是，提出这个原理是以客体不断变化发展，人们对客体的认识不断深入完善这个辩证唯物主义认识论原理为前提的。在一定的条件下，错误是难免的，因为人们不能一次完成对事物的绝对认识；在一定的场合，错误是可以避免的，因为人们在认识事物一定程度的本质的主观条件已具备的情况下，可以达到对相对真理的认识。应该承认，在实行对外开放、对内搞活经济政策的新的历史条件下，资产阶级腐朽思想和封建主义残余思想的影响和侵蚀有所增加。在搞好社会主义经济建设的同时，应该建设高度的精神文明。

抵制各种非无产阶级思想，建设社会主义精神文明是一项长期的任务，其本身也是一个不断防患的过程，消极的防御是远远不够的。只有积极的防御，尤其要对青年进行爱国主义教育和共产主义思想教育，提高广大人民群众的思想觉悟和识别真假是非的本领，才能做到有备无患，顺利搞好社会主义建设事业。

浅谈新时期对农村基层干部的要求 *

过去，我们要求农村基层干部与群众打成一片，实行“四同”，那些头戴草帽、脚穿草鞋，晴天一身汗、雨天一身泥的同志被誉为“革命的老黄牛”“群众的领路人”。现在看来，仅仅如此是不够的，因为对干部的要求也需要随着时代的发展而变化。现在，我们进入了新的历史时期，加速进行“四化”建设成为全党工作的重点。党的十一届三中全会以来，我国农村发生了极为深刻的变化，生产力的发展，需要生产关系与之相适应，这就对农村基层干部提出了新的更高的要求：不仅要当“老黄牛”，更要勇于创新，要在发扬艰苦奋斗、踏实肯干等优秀本色的基础上，进一步做到以下几点，使自己成为管理型的农村基层干部。

思想敏锐。要坚定不移地执行党的路线、方针、政策，结合本地实际情况，制定切实可行的工作计划和措施。现阶段就是要贯彻执行好中央一号文件，进一步完善联产承包责任制；扶持专业户，发展商品生产；发展乡镇企业。

---

* 本文原载湖北《新农民》1985 年第 3 期。

知识丰富。当前处在知识爆炸的时代，新的技术革命对各行各业都提出了挑战，陈旧的知识、浅薄的学识难以适应日益发展的形势需要，简单的工作方法只能导致工作的失误。农村基层干部接触和处理的问题是多方面的、综合的。这就需要通过学习和实践，掌握较丰富的知识：对自然科学和社会科学都要有所了解，既懂生产，又懂管理。

拥有信息。信息就是生命。以帮助农民致富为己任的农村基层干部，应当为农民提供大量的经济信息，使他们找到生财之道，走上致富之路。这样，才会受到欢迎。

大胆创新。实践证明，只有改革才能给事业带来生机。个别人认为，农村改革差不多了，满足于“粮满仓，油满缸”，这是不对的。须知农村改革才刚刚开始，改革过程中还会出现许多新问题，需要我们去解决。因此，因循守旧、畏首畏尾必然被时代淘汰；勇于创新已经成为新型干部的重要标志。

善于总结。新时期要求农村基层干部能够不断地把正确理论、科学技术运用于实践，然后把实践经验概括、上升为理性认识，用于指导某一地区的实践。这样从实践到认识再到实践，工作起来，就可以少犯主观主义和官僚主义错误，提高办事效率，为“四化”多做贡献。

从交叉点到交叉面 *

——谈两代人看问题方式的统一

新老两代人由于生活环境和经历不同，在思想意识、思维方式和生活方式等方面存在着差别，这种差别在社会学上称之为代际鸿沟。代际鸿沟表现在看待问题的方式上，往往会出现这样的情况：老年人比较习惯于纵向看问题，着重强调“过去如何，现在如何”，而青年人则比较习惯于横向看问题，着重强调“自己如何，别人如何”。这两种方式能否统一呢？

应该说，这种统一是可能的。我们知道，横向看问题方式与纵向看问题方式客观上存在着一个交叉点，这就是达到统一的基点。举一个例子说明这个问题。无论是老一辈还是年轻一代，都有爱国之心，立志振兴中华。到底如何振兴中华呢？老一辈人往往把中国的现实放到中国历史长河中来考察，说明“过去的中国如何”“现在的中国如何”，力图回答这个问题。而年轻一代往往把中国的现实放到世界广域里来考察，说明“我国的现状如何”“其

* 本文原载《长江日报》1985年10月4日。

他国家的现状如何”，同样探求这个问题的答案。两代人在解决“如何振兴中华”这个问题时，虽有不同的侧重点，但是，都立足于中国的现实，因而，中国的现实成为两代人看问题的交叉点，从而成为两代人看问题方式统一的基点。我们可以将这个具体问题作出抽象，把两代人看问题的方式绘入平面直角坐标系，给人以直观表象。X 轴（以空间为单位），与 Y 轴（以时间为单位）分别代表两代人看问题方式基点和方向，如图 1 所示，A 点（现实的中国）就是两代人看问题方式的交叉点。

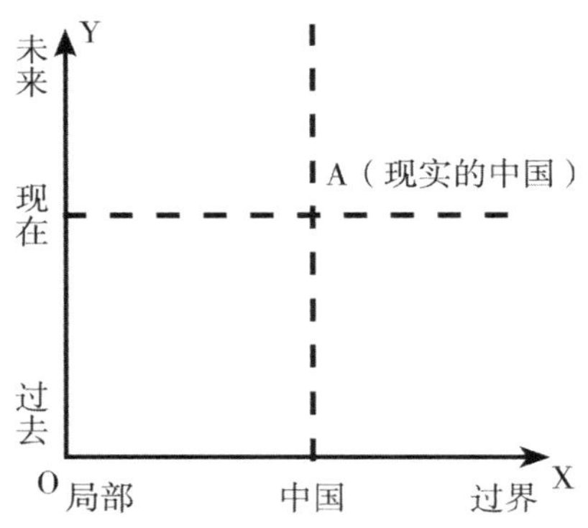

图 1　两代人看问题的交叉点

无论是横向看问题还是纵向看问题，都有其合理性与局限性。克服局限性的途径就是使两者相互渗透、相互补充：其一，横向看问题方式的纵向延伸；其二，纵向看问题方式的横向扩展。如在回答“如何振兴中华”问题时，前者把中国的过去、现在作为考察的基点，说明“中国的过去、现在如何”“世界其他国家的过去、现在如何”；而后者以中国和世界其他国家作为考察的基点，说明“中国与世界其他国家过去如何”“现在如何”，两者从中寻找正确的答案。纵向看问题方式的横向扩展与横向看问题方式的纵向延伸并不是简单的量的增加，而是一种质的飞跃。在平面直角坐标系上相交的已不是一个点，而是一个面了。见图 2。

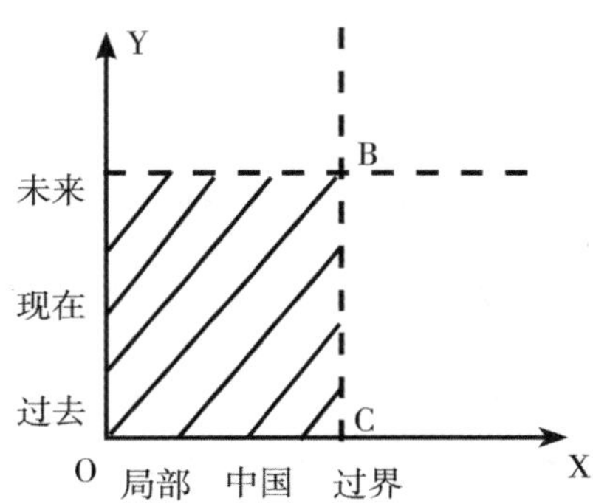

图 2　两代人看问题的相交面

这个面所代表的是“中国与世界其他国家的过去与现在”，从交叉点到交叉面，两代人看问题的方式达到了统一。这样，双方相互克服了对方的局限性而保留了对方的长处。

简言之，老一辈人看问题要将视野开拓，年轻一代看问题则要向纵深发展，只有这样才能达到高度的统一。当然，统一的方式是具体的、多样的，本文只不过探讨其一般规律，说明统一的可能性与现实性。

我们也能演奏第一小提琴 *

对于物质决定意识这一唯物主义基本原理的正确性是很少有人怀疑的。值得注意的是，物质并不等于物质生活，意识也不等于精神生活。因而，我们不能硬套物质决定意识这一原理。应该承认，物质生活决定精神生活，原始低级的物质生活决定了原始人群只能在梦幻中寻找归宿，只能进行“图腾”崇拜。与此相同，奴隶制度、封建制度与资本主义制度下的精神生活都受那个时代物质生活的制约。离开了特定时代的物质生活，谈论精神生活只会导致唯心主义。也应指出的是，我们是站在人类历史的长河上把握两者关系的，在这里，“决定”只有从归根结底的意义上来理解才有意义。物质生活决定精神生活有很多中间环节，它受社会制度、历史传统等因素的影响。物质生活发生了变化，精神生活或迟或早要发生变化，如果企求二者每时每刻都同步变化那是不现实的。

18 世纪末 19 世纪初，德国在物质生活方面远远落后于同时代

* 本文原载《长江日报》1985 年 10 月 14 日。

的英国和法国，但出现了以康德、黑格尔、费尔巴哈为代表的哲学泰斗和以歌德为代表的文学大师，演奏了思想领域的第一小提琴。我国三四十年代的革命圣地延安，在物质生活比较贫乏的情况下，创造了举世闻名的延安精神。古今中外的大量例子都说明了在物质生活比较贫乏的情况下，是能够建设较高的精神文明的。

有人或许会问，现代资本主义国家物质生活比较富足，为什么不能建设较高的精神文明呢？我认为这正是资本主义社会矛盾的体现。一方面是劳动人民越来越要求提高精神生活水平，另一方面则是资本主义社会所固有的各种弊端的限制。这种矛盾的不断激化，总有一天会突破资本主义制度这个桎梏，从而建设高度的精神文明。

我国的物质生活暂时还不怎么优越，但已经具备了建设精神文明的良好条件，随着经济建设的不断发展，这个条件将越来越好。在此基础上一定能够建设高度的精神文明，从而又反作用物质文明的建设，两者互相依赖，相互作用，相互促进，演奏第一小提琴。

赞徐运生的“长工”精神*

“各人自种责任田，管他党员不党员”，农村生产责任制实行之后，有少数党员曾这么说。在这种人眼里，似乎新时期党员的先锋模范带头作用“过时”了。看了《长江日报》报道的黄陂县枣林村党支部副书记徐运生的先进事迹，令人为之一振。

徐运生是公认的生产能手，但他的6亩责任田每年打的粮食总比别人少三成，主要原因是他在自己的田里投工少，而把主要精力用在他人田里。有的农民因病不能下地劳动，他总是热情地帮别人干活；有的农户人手不够，赶不上季节，他总是主动去帮忙。乡亲们因此称赞他是几百户农民的“长工”。

农民喜欢这样的“长工”，我们的事业需要这样的“长工”，党的光辉形象正是通过无数这样的“长工”表现出来的。共产党人信守的根本宗旨是全心全意为人民服务，如果离开了这个宗旨，把眼光只盯在个人小圈子里，不顾人民的疾苦，就失去了一个党员应有的作用。像徐运生这样的“长工”，在我们的党员中是不少的，这正是党的希望，事业的希望。

---

* 本文原载《长江日报》1985年12月5日。

新时期干部应该具备的观点 *

社会主义现代化建设进入了一个新的时期，形势的飞速发展要求我们的干部不仅具有“老黄牛”气质，而且具有开拓精神，成为有效的管理者。新时期干部应该具备以下观点。

第一，服务观点。邓小平指出：“什么是领导？领导就是服务。”新时期干部应该把服务当作一切工作的方向，用服务代替行政命令。服务不是空洞的，它至少包括三个方面：一是信息服务。一条信息搞活一家工厂，一条信息拯救一家濒于倒闭的企业，这样的例子屡见不鲜。信息在社会生活中的地位已逐渐为人们所认识。新时期干部应该通过多种渠道获得大量信息（输入与储存信息），并以最简捷的方式把信息用于生产第一线（输出信息），努力将信息转变为财富。二是技术服务。新时期干部应该懂得技术在管理社会中的重大作用，努力将科学技术转变为生产力。三是物质服务。一家企业，如果有了信息，就会知道生产什么，如果有了技术，就会知道如何生产，加上物质保证，生产就会顺利发展。

* 本文原载《长江日报》1985 年 12 月 13 日。

第二，群众观点。刘少奇在《论党》中指出："一切为了人民群众的观点，一切向人民群众负责的观点，相信群众自己解放自己的观点，向人民群众学习的观点，这一切，就是我们的群众观点。……我们同志有了这些观点，……才能实行正确的领导。"刘少奇将群众观点概括为四个方面并阐明了掌握群众观点的重要性，在新的时期具有重大的现实意义。管理说到底是对人的作用。新时期干部要进行科学的管理，如果离开了人民群众，就失去了赖以生存的土壤。

第三，政策观点。政策观点的核心就是一切从实际出发，理论联系实际。它有两个相互联系的方面：其一，准确理解上级组织的各项路线、方针、政策，领会其精神实质；其二，结合本地实际创造性地执行上级组织的各项路线、方针、政策，制定具体的意见和方法。不唯书、不唯上，并不是不要书、不要上。新时期的干部应该努力学习党的文件和书本知识，掌握理论知识但不照搬，认真执行上级指示但不盲从。毛泽东说："按照实际情况决定工作方针，这是一切共产党员所必须牢牢记住的最基本的工作方法。"

第四，法制观点。新时期干部要学法、知法、守法，学会用法律手段管理经济，并用法律武器维护国家、集体和个人的合法权益。

第五，效率观点。"所谓效率，是指以最小的牺牲，取得最大成果的经济原则。"日本著名管理学家占部都美在《现代管理论》一书中说，"如果把牺牲看成是资源的投入量，把成果看成是产出量，那么只要投入量与产出量保持顺差，就能实行管理的效率化。”这种牺牲包括两个方面：一是时间资源的牺牲，二是空间资源的牺牲（包括财力、物力的损耗等）。因而，就管理而言，效率观点也就包括时间观点与空间观点。前者要求以最短的时间取得最大成果，而后者则要求以最少的财力与物力消耗等获得最大成果。两者相互联系，不可分割。

第六，创新观点。要开创社会主义现代化建设新局面，就应该不断打破阻碍生产力发展的条条框框，不断探索、不断改革、不断前进。我们的管理者要有胆有识。所谓有胆，就是要顺应历史潮流的发展，大胆改革；所谓有识，就是要从客观实际出发，把握改革方向，掌握改革方式，解决改革中出现的各种问题。

第七，人才观点。人才是现代化建设成败的关键。新时期的管理者应该积极培养人才，准确选拔人才，合理使用人才，科学管理人才。人才观点也就是智力开发观点。教育是开发智力资源的一个重要形式，没有教育就没有人才。要认识到教育投资是效益最大的一种投资，因而应该重视教育，尊重知识，尊重人才。

第八，战略观点。新时期干部必须是正确处理好局部利益与全局利益、眼前利益和长远利益的干部，以局部利益服从全局利益，眼前利益服从长远利益，站得高、看得远，为“四个现代化”这个总体目标而奋斗。

谈谈“接受时间”*

“接受时间”作为一种管理方法，已成为现代日本机构中一种最有力的解决冲突的工具。松下电器公司的一位部门总经理对这一管理学术语的内涵作了深刻的阐述：“我们必须培养良好的气氛，让人们能够接受任何新技术，你不能‘强迫’人们接受你的观点——我们尽量想办法逐渐影响他们，让他们接受。”“接受时间”本意指的是人们调整自己，接受某种观点或方法所需要的时间。作为一种管理手段则指的是管理者在一定时间里通过实施管理，使人们接受某种新观点或新方法。

我们正处在改革的时代，越来越多的人在不同的地区或部门提出了一系列改革方案，其中很多被采纳，从而推动了生产发展，带来了事业兴旺发达。但也有些方案尽管做过相当大的努力，付出相当大的代价，仍然事倍功半，有时甚至事与愿违。造成这一现象的原因是什么呢？笔者认为，除了方案本身还存在各种问题以外，一个重要的原因是，我们往往忽视了“接受时间”，只重视

* 本文原载《长江日报》1986年2月14日。

某种方案本身的合理性，而忽视了方案现实的可行性。

人们对事物的认识是有差别的，有的人认识得快一些，有的则慢一些；有的人认识得深一些，有的则浅一些。因此，我们在制定方案时，应该从实际出发，既不能超越人们的认识水平，也不能落后于人们的认识水平。在方案的实施过程中，应该允许有一个“接受时间”。我们说，一切工作都应以时间、地点和条件为转移，这里“时间”当然包括“接受时间”。“接受时间”运用的好坏，在一定程度上决定我们工作的成败。在“接受时间”里，我们应该做大量的工作，即实施管理，造成良好的主观条件和客观条件，同时不断修正完善方案。一旦时机成熟，要当机立断，迅速将方案变为行动，使方案接受实践的检验，达到预期的目的。

培养造就干部的重要途径 *

湖北省委决定从县以上领导机关选派一批优秀干部到基层工作，这是一项具有战略意义的重要决策，各级党委特别是省直机关，要切实做好这项工作。

选派机关干部到基层工作，是培养和造就干部的一条重要途径，是为有培养前途的年轻干部创造良好的成长环境。机关干部只有到基层工作，亲自参与改革的实践，亲自解决改革中的一系列具体问题，才能全面提高自己的工作能力，以适应现代化建设的要求。

选派干部到基层工作，也是加强基层工作的有力举措。同时也是转变机关作风的一个重要步骤。省直机关通过下派干部这个渠道，一方面，可把省委、省政府的政策迅速、直接地传递到基层，另一方面，可经常不断地接受来自基层的信息。省委、省政府经常地有计划地选派机关干部到基层工作，就可以形成一个遍及全省基层的、反应灵敏的信息网络，全面地有效地指导全省的改革实践。

---

* 本文原载《湖北日报》1986 年 5 月 22 日。

各级党委，特别是省直机关的党组织，要切实加强对这项工作的组织领导，舍得派优秀干部到基层工作，特别是优先选派那些优秀而缺乏基层工作锻炼的干部。今后，要使这项工作经常化、制度化，要坚持从有基层工作经验的干部中择优选拔领导干部。

县以上领导机关特别是省直机关有理想、有志气的年轻干部，应积极响应省委号召，踊跃报名到基层工作，并珍惜这个锻炼的好机会，在改革中建功立业。各级党委态度要坚决，工作要做细，对下派干部要给予关怀，解除后顾之忧，使他们在基层工作中作出新的成绩。

努力改变影响改革的社会心理*

社会心理是社会意识的一种形式，是人们在情感、性格、习惯、道德风尚等方面特征的综合。它受社会存在的制约，在一定条件下又反作用于社会存在，在推动历史前进的合力中起到重要作用。

在改革的过程中，顺乎历史潮流的社会心理始终占着主要地位。但是，也存在着影响改革的各种不好的社会心理。笔者认为当前主要有两种：

一是社会逆反心理。这种心理主要表现在三个方面：第一，社会分配中的逆反心理。在现实中，有些人习惯于搞平均主义，吃大锅饭，对于分配中的合理差距就是看不惯，眼红了，嫉妒了，埋怨改革，攻击先富者。第二，社会激励中的逆反心理。奖励改革中作出了突出贡献的人，这是调动人们积极性的一种有效方式。但有时也往往会使一部分人产生逆反心理。在这些人看来，对优胜者实施奖励似乎肯定了受奖者的一切，而否定了自己的一切。因而，对受奖者横挑鼻子竖挑眼，自觉不自觉地对别人进

---

* 本文原载《长江日报》1986年7月18日。

行诋毁，造成先进难当等怪现象。第三，社会宣传中的逆反心理。在改革中，有些人受传统思维定式的支配，对与其原有价值标准相抵触的宣传，往往会不加思索地进行抵制。如果引导不好，这种抵制的不断强化，就会产生与传播者的意图完全相反的结果。

二是社会折中心理。在改革中有些人习惯于舍其两头而取其中，寻找所谓“第三条道路”，好像只有折中才符合大多数人的愿望，求得自己心理上的平衡。于是，他们遇到矛盾绕道走，碰到一点困难就改变初衷，不敢越雷池一步，“不骑马、不骑牛，骑个驴子居中游”。这种状况实际上是新旧两种体制的矛盾状况在人们心理上的反映。当新体制要突破旧体制、而旧体制要拖住新体制的时候，有的人往往会产生对新体制的向往和对旧体制的依恋这种矛盾、折中的心理。

六届全国人大四次会议指出：“改革是一场广泛、深刻而又持久的大变革，它对固有模式、传统观念和习惯势力的冲击是前所未有的，人们在思想上对此也必然要有一个适应的过程。”

首先，要考虑人们的心理承受力。在社会分配问题上，我们要贯彻按劳分配的原则。在社会激励问题上，要使人们都有均等的获奖机会，同时要注意精神奖励，使人们得到精神上、心理上的安慰和享受。在社会宣传问题上，要减少“马太效应”，实事求是地报道。在社会分配、激励、宣传等问题上，尽可能考虑人们心理承受力，在改革方案实施过程中，要不断收集各方面的信息，及时调整、完善我们的方案，保证改革的顺利进行。

其次，既要保护人们的热情，又要予以正确的引导。要使热情建立在坚实的基础之上。

最后，既要考虑传统观念的影响，又不要被传统观念所束缚。几千年所形成的一些传统观念，不是一朝一夕可以完全改变的，况且，有些传统观念还是我们民族的精神，对于今天的改革有一定的价值。因而，在改革中既要考虑传统观念在人们心理上的地位以及对改革的巨大影响，又要予以正确引导，逐步改变人们那些不合时宜的传统观念。同时，赋予一些传统概念以新意，冲破传统观念的束缚。这样，我们就会有所发明，有所发现，有所创造，有所前进。

马洛实验对我们的启迪 *

在著名的霍桑实验之后，管理心理学家马洛在哈乌德公司进行了一个实验，即“马洛实验”（详见俞文钊著《管理心理学》，甘肃人民出版社出版）。这个公司要实行一次改革，牵涉部分工人的工作方法与工作性质，实验的设计是要测定工人参与改革方案讨论与否的效果。为此，把工人分为两组：参与组与非参与组。改革实施后对两组的情况进行比较，其结果，非参与组改革后产量下降 85%，一个月并无好转，有 9% 的工人离职另找工作，其他人都抱怨工资低，6 个星期后情况还很糟。而参与组情况大不一样，改革后的第二天产量就恢复到以前的水平，3 个星期后产量比改革前提高了 14%，没有人离职，也没有人发牢骚。

同一改革方案，采取不同的方法实施，得到了不同的结果，实在令人深思。

我曾经担任过一段时间基层领导，上任后踌躇满志，在教育、文化、工业、农业等方面提出过不少的改革方案，实施后，有的

* 本文原载《长江日报》1987 年 2 月 2 日。

收到了良好的效果，有的效果不明显，有的甚至事与愿违。我常常思考这样一个问题：为什么有些工作急需改革，改革方案也比较可行，实施效果总是不太好呢？马洛实验为我解答这个问题提供了一把钥匙。

改革是一场深刻的革命，不是几个人闭门造车、冥思苦想能够完成的。要想取得成功，就必须充分尊重工人群众的主人翁地位，充分发挥他们的积极性和创造性。制定方案应该坚持从群众中来，到群众中去，坚持科学、民主的决策原则，取得群众的理解与信任，提高其心理承受力。前一段，有些舆论工具宣传改革人物有“三斧头”“三把火”，等等，好像群众都是“木头”与“干柴”，只等大斧去砍、大火去烧，忽视了群众的主人翁地位，使群众成了改革中被动的客体。如果一个企业的管理者持这种观念去搞改革，是不会取得什么实际效果的。

制定方案是一回事，实施方案又是一回事。理想的方案的实施不一定有理想的效果，要缩短两者之间的反差，一个重要的途径是让人民群众参与管理。马洛实验值得我们思考。

人才竞争原则的丰富和发展*

有人说，第三梯队建设不符合社会主义商品经济条件下人才竞争的原则，不利于人才在竞争中成长。我认为这个观点是站不住脚的。

当前，我们所进行的第三梯队建设工作，无论是在方式上，还是在目的上，都与社会主义有计划的商品经济条件下的人才竞争原则相一致。首先，一个干部能否进入第三梯队，条件是统一的，机会是均等的。我们选拔后备干部按照“四化”要求，遵循德才兼备原则，将那些德才素质好、政绩突出、年富力强的同志选进来，然后经过一段时间培养，源源不断地向各级领导班子输送，哪些同志能进，哪些同志不能进，主要是看其是否符合标准，根本不存在不均等的现象。而且，第三梯队建设为每个中青年干部立下了一个标准，这有利于调动他们的积极性，在改造客观世界的同时改造自己的主观世界，在竞争中不断学习、不断实践、不断成长。其次，第三梯队实行“滚动式”管理，进入第三梯队

* 本文原载湖北《学习与实践》1987 年第 3 期。

并不是进入提拔的“保险箱”。后备干部并非法定接班人，还要经过经常性的考核，不断进行调整补充。第三梯队以外的优秀人才，只要符合条件，随时都可以列入第三梯队名单，而已进入了第三梯队的干部，经过实践锻炼，确实相形见绌的，又随时可以调整出去。今年，咸宁地委组织部在年度考核的基础上，经过群众民主推荐，先后选择了96名优秀干部充实各级第三梯队，同时，将政绩平平、表现一般的32名干部调整出去，使第三梯队保持了生机和活力。应该说，谁继续作为后备干部培养，谁调整出第三梯队名单，条件也是统一的，机会也是均等的。

更为重要的是，第三梯队建设在一定程度上丰富和发展了社会主义有计划的商品经济条件下人才竞争的原则。首先，它赋予了领导人才竞争新的含义，使这种竞争与有计划的商品经济发展相一致，成为有条件、有目的的竞争，并使之科学化、民主化、制度化；其次，通过进入第三梯队和进入领导班子两次挑选，可以尽量避免临时动议和直接进入领导班子而出现选不准的现象，从而保证了各级领导班子的质量。

邓小平指出：“要创造一种环境，使拔尖人才能够脱颖而出。”第三梯队建设正是为一切有真才实学的人提供担当重任的机会和脱颖而出的环境。随着第三梯队建设的不断深入，将会涌现出一大批优秀人才，这样，我们的事业就会后继有人，兴旺发达。

初级阶段党员更要发挥先锋模范作用*

党的十三大报告全面系统地阐述了社会主义初级阶段的理论，许多同志称之为对马克思主义理论的重大突破，为我们社会主义建设擘画了一幅基本蓝图。

但是，也有一些同志的感受与此不同。有的党员认为，社会主义建设搞了30多年，还是处于初级阶段，到何时才能实现共产主义呢？也有的党员认为，初级阶段嘛，党员就不需要去发挥先锋模范作用了。这两种观点都需要认真分析。

我们党的最终目标是实现共产主义社会制度。从资本主义制度到共产主义制度有一个漫长的历史过程，这个过程是由许多大小不同的阶段组成的。社会主义初级阶段，就是其中一个很重要的阶段。但长期以来，我们简单地接受了马克思恩格斯的社会主义是共产主义初级阶段的学说，忽略了社会主义本身又有阶段的区分，因而犯了盲目冒进“跑步进入共产主义”的“左”的错误。党根据我国国情，承认我国处在社会主义初级阶段，正是为了统

* 本文原载湖北《机关党的生活》1987年第8期。

一思想、统一认识，从而制定正确的路线、方针和政策。更重要的是，通过党的领导，通过全体党员团结带领全国人民共同努力，顺利地完成这个阶段的任务，向更高的阶段迈进。但如果把这个阶段理解为一种倒退，甚至是“补资本主义的课”，从而否定党的领导、否定党员的先锋模范作用，那就是忽视了这个阶段的根本性质，也就必然要犯右倾错误，产生悲观论调；如果把这个阶段理解为可以不通过任何努力就可以顺利渡过的阶段，从而认为不需要党的领导，不需要党员的带头作用，就是低估了这个阶段的根本任务，也就必然犯“左”的错误，产生急躁冒进情绪。无论哪一种观点、作哪一种理解，都是于初级阶段总任务的实现与党员的先锋模范作用的发挥不利的。

党的领导主要是通过党员的先锋模范作用体现的。不同的历史阶段党的任务不同，党员的先锋模范作用发挥的形式也不一样。新民主主义革命时期，党的主要任务是推翻三座大山、建立新中国，这就要求每个党员发动群众，在枪林弹雨中冲锋陷阵。现阶段，我们党的主要任务是“一个中心、两个基本点”，随着党政职能分开，党的领导制度、领导方式和领导作风都要改变，体现党的领导的党员先锋模范作用的发挥形式也应该随之改变。党的十三大明确要求广大党员要成为自觉地为实现党的任务而斗争的先锋战士，成为“四有”模范，并把群众团结在党的周围，把全民族的力量凝聚到建设有中国特色的社会主义宏伟事业中来。因此，我们不能用战争时期或五六十年代党员发挥作用的方式来规范现阶段党员的行为，要求党组织和党员包揽一切、指挥一切，更不能用“文革”时期极“左”的标准衡量现阶段党员的行为，否定党员的个人利益，泯灭党员的个性，并由此否定党员的先锋模范作用。

应该看到，党的十三大确定的我国现在处于初级阶段，并从这个论断出发制定党的基本路线，为我们指明了行动的方向。对比过去党政不分的“混沌”状态，党员的任务更加清晰、更加具体，因而，党员就可以也应该放开手脚，更好地发挥先锋模范作用了。

改革分工上的“双轨”形式势在必行*

党政领导班子成员分工上的“双轨”形式，指的是由党委把两个班子的成员糅合在一起进行统一分工，在党委和政府班子内分别设立管理政府某一项或几项工作的书记、常委与行政首长，形成双重领导、双重指挥的组织形式。这种形式普遍存在于各个地区和各个层次。据我省统计，69 个县（市）党委共有书记、常委 691 人，而不在政府任职但又分管政府工作的专职书记、常委 144 人。其中，分管工业的 42 人，分管农业的 51 人，分管政法的 14 人，分管文教卫的 10 人，分管其他工作的 9 人。与此对应，在 69 个政府班子中都有分管这些工作的县（市）长。应该承认，党政领导班子成员分工上的“双轨”形式，在特定的历史条件下有其存在的依据，对于加强政府工作的组织和领导曾起到过一定的作用。尤其值得一提的是，党委班子里不在政府任职但又分管政府工作的同志工作上辛辛苦苦、任劳任怨，成绩是有目共睹的。但是，随着形势的发展，随着经济体制和政治体制改革的深入，

* 本文原载湖北《机关党的生活》1987 年第 8 期。

这种分工形式的弊端越来越明显。

首先，分工上的“双轨”形式降低了党的领导地位，削弱了党的领导作用，从组织形式上为党政不分、以党代政提供了依据。这种形式实际上是党委包揽了政府成员的分工，包办了政府的一些日常工作，将自己置于行政工作的第一线，陷入了一些具体事务之中。这样，使得本来为数不多的书记、常委整天围着一些具体事务而忙碌，抓工业的天天跑项目，抓农业的整天为水、电、肥料操心，无暇顾及党的思想建设和组织建设，也难以履行党委的职责，结果是“种了别人的田，荒了自己的地”，降低了党的领导地位，削弱了党的领导作用。分工上的“双轨”形式，使这种不合理的现象固定化、合法化，以致年年沿袭、届届照搬。

其次，分工上的“双轨”形式增加了领导层次，不利于提高工作效率。目前，相当一部分人仍持这样的观点，认为同级党委是比同级政府高一层次的领导。因而，这种形式使得同级政府的领导成员事无巨细都得向党委分管同一工作的同志请示汇报，征得同意后才能作出决定或付诸实施。这实际上在两级政府中增加了一个领导层次。如果分管同一工作的党政领导班子成员意见不一致，往往容易出现扯皮现象，而党委又往往容易成为矛盾的一个方面甚至处在矛盾的焦点，造成一些事情久拖不决、贻误时机，自觉不自觉地陷入官僚主义的泥潭。

最后，分工上的“双轨”形式使政府班子成员成为党委书记、常委的办事员，不利于政府领导成员独立行使自己权利，履行自己职责。这种形式的实行，政府班子成员实际上被架空，没有什么权力，大事小事难以作主。即使意见正确，也难以实施。有的成员只起一个上传下达作用，被称为“书记办公室主任”。这样，抑制了政府成员积极性、创造性的发挥。

总之，分工上的“双轨”形式已成为经济体制改革和政治体制改革的阻碍因素，到了非改革不可的地步。党的十三大报告指出：“为了适应党的领导方式和活动方式的转变，必须调整党的组织形式和工作机构。今后，各级党委不再设立不在政府任职但又分管政府工作的专职书记、常委。”这为改革分工上的“双轨”形式指明了方向，提出了具体措施。在当前，要改革分工上的“双轨”形式，我认为主要应该从以下两个方面入手。

第一，要更新观念，从思想上保证改革顺利进行。党领导一切不是包揽一切，更不是直接从事政府职能范围内的工作。党的工作重点转移到经济建设上来，并不是说党委要直接参与和组织具体经济活动。一些与时代还不适应的陈旧观念应该更新。党的十三大报告指出：“党的领导是政治领导，即政治原则、政治方向、重大决策的领导和向国家政权机关推荐重要干部。”在这里明确了党的职能，对于澄清一些模糊认识具有重大意义。组织形式，包括分工上的“双轨”形式的转变是一个巨大的工程，需要理论上、思想上的充分准备。如果说分工上的“双轨”形式构成了影响改革发展的一个矛盾的话，那么，党委则是这对矛盾的主要方面，更新观念应该首先从党委做起。党委的同志应该适应这种转变，放手放心让政府领导成员开展工作，保证政府充分发挥职能；政府领导成员应该克服依赖思想，发挥自己的聪明才智，履行好职责。

第二，要因事设人，从制度上保证改革的顺利进行。党的十三大报告指出，省、市、县地方党委的主要职责是：贯彻执行中央和上级党组织的指示；保证国务院和上级政府指示在本地区的实施；对地方性的重大问题提出决策；向地方政权机关推荐重要干部；协调本地区各种组织的活动。党委应该根据这五大职责配备书记和常委，并用相应的法规固定下来，从制度上保证克服分工上的“双轨”形式弊端，促进党政分开。

从黑格尔的著名命题谈起 *

“凡是现实的都是合理的，凡是合理的都是现实的。”黑格尔这一著名哲学命题，在当时引起了近视的政府的感激和同样近视的自由派的愤怒。其实，在黑格尔看来，现实的属性仅仅属于必然的东西，现存的并不等于现实的，真正的现实性就是必然性，一切现存的东西，只有符合必然性的时候才是现实的、合理的。如果丧失了自己的必然性，就会失去自己存在的权利，让位给新事物；反之，只要符合历史必然性，即使现在尚未成为现实，但一定会变为现实。

站在哲学的高度，区分现实与现存两种属性，对于正确认识社会主义初级阶段的社会现象具有重要意义。社会上现存的种种现象，都有现实与非现实、合理与不合理之分。当前，我们区分某一社会现象是否具有现实性、是否合理，主要应看其是否有利于生产力的发展，符合社会主义的发展方向。在对社会现象的把握上，当前存在两种不正确的看法。一是过高估计我们所处的历

* 本文原载《长江日报》1988 年 1 月 8 日。

史阶段，把那些尚未丧失其存在必然性的东西当作非社会主义的因素加以反对。比如，把多种所有制并存、多种分配形式并存看成是对社会主义生产关系的否定，等等。二是过低估计我们所处的历史阶段，把已经丧失了存在必然性的东西当作社会主义的合理现象。比如，把封建主义、资本主义的腐朽思想，以及社会上的种种不正之风，都说成是初级阶段不可避免的，感到无能为力，等等。这两种看法的实质，在认识论上主要是混淆了现存与现实的关系。前者缩小了现实性的范围，把现阶段现实的、合理的现象当作非现实的、不合理的现象；后者把现存的现象等同于现实的现象，把那些已经丧失其现实性的东西当作合理的东西。

当然，现实性并非固定不变的属性。现在现实的、合理的东西，随着历史的发展将会变成不现实、不合理的东西。社会主义初级阶段的社会现象也同样遵循这个规律。我们党承认现在处于社会主义初级阶段，并不是为一些丧失其存在必然性的现象辩护，也不是以取得的成绩自慰，而是希望通过全民奋起、艰苦创业，改革不合理、不现实的现象，用新的现实的、合理的东西代替现在现实的、合理的东西，实现中华民族的伟大复兴，使初级阶段进入更高级的阶段。在这个问题上，如果我们把现阶段具有现实性的特有规律、手段当作万古不变的教条固守，当作整个社会主义社会各阶段普遍适用的规律，必然要导致思想僵化；如果我们忽视社会主义根本性质，忽视社会主义的普遍规律，忽视初级阶段新的、富有生命力的东西，必然要导致资产阶级自由化。

公开　平等　竞争　择优 *

——谈谈录用公务员的原则

党的十三大报告指出："当前干部人事制度改革的重点，是建立国家公务员制度。"实行国家公务员制度，将为我国实现干部人事制度的系统配套，实现干部人事工作科学化、制度化、法制化管理，打下一个良好的基础。

目前，劳动人事部正在制定国家公务员暂行条例，国家机关中的许多同志都十分关心公务员的考核录用、晋升提拔、工资福利等问题，这里仅谈谈录用公务员的原则。

由于社会制度的不同，人事制度形成的基础、所处的社会条件以及所要达到的政治目标有着根本区别，这就决定了公务员的录用应该遵循不同的原则。我国的公务员制度是在共产党领导下的人事管理制度，它服务于党的政治路线，这就决定了我国公务员的录用原则，必须具有鲜明的阶级性、科学性，必须贯彻公开、平等、竞争的原则，经过考试考核，择优录用。

---

* 本文原载湖北《机关党的生活》1988 年第 2 期。

一、公开的原则

党的十三大要求提高领导机关活动的开放程度，这理所当然包括提高领导机关录用人才的开放程度。实行录用人才的公开化，增强录用工作的透明度和开放程度，可以有效地避免以权谋私、走后门、拉关系等不正之风，铲除滋生霉菌土壤，最大限度地挖掘人才。公开的原则应包含以下几方面的内容：①公开录用机关和人数；②公开录用条件；③公开考试程序、考试时间、考试方法、考试地点（考场）、考试内容（考试提纲）以及考试结果的发布时间；④公开考试结果；⑤公开录用名单。包括哪些人被录用，录到何机关从事何种工作，经过试用，哪些人被正式录用。

二、平等的原则

所谓平等，指的是一种权利，即人与人之间在经济上、政治上处于同等社会地位、享有相同的权利。录用国家公务员的平等原则，是要求在录用公务员方面，公民处于相等的社会地位，享受相同的社会权利的原则。具体说，公民在担任公职方面应具有平等的权利和机会，不论个人的政治派别、种族、肤色、宗教、信仰、性别、年龄和婚姻家庭状况如何，都有平等的权利参加国家公务员的录用考试，在平等的条件下竞争，并在平等的条件下择优录用。人人在分数面前平等，对他们的录用只是看其是否具备任职所需要的品德、才能和资格。当然，那些不享有政治权利的公民就不应享有公务员的报考资格。平等，在阶级社会里只是阶级的平等，社会主义社会也是如此。

三、竞争的原则

公民报考国家公务员，并不能全部录取，这里面就会有选择，有选择就会有竞争，是不以人们的主观意志为转移的。党的十三大明确把“鼓励竞争”的原则纳入人事管理的重要内容。但是，我们的竞争与西方资本主义国家录用公务员的竞争是有区别的，首先，从目的看，选拔公务员是为了造就一支德才兼备的行政管理队伍，为社会主义事业服务，人与人之间竞争的目标是为国家多作贡献，更好地发挥作用，而不是为了“高官厚禄，封妻荫子”。其次，从性质看，资本主义社会为取得公务员身份的竞争是恶性竞争，这种竞争受其目的的影响，必然与损人利己联系在一起。在我们社会，这种竞争是良性竞争，它可以与互助同时共存，其结果必然形成互相帮助、你追我赶地学习工作的良好局面。再次，从范围看，在一些国家，这种竞争只能是有产者之间的权力之争，取得公务员资格，成为党派或各种势力之间权力的“分制”与“分赃”，而在我国，只要符合条件，都有被录取的权利。成为国家公务员，实际上就是人民的公仆，代表人民管理国家。最后，从手段看，在一些资本主义国家，为了弄到一个可观的职位，往往会徇私舞弊、请客行贿。有的为了弄到选票，不惜大量花费，甚至采用人身攻击等卑劣手段，击败对手。社会主义社会的情况就不一样，人们采用的手段只能是加强自身的学习和修养，提高德才素质，从而在竞争中取胜。

四、择优的原则

任何统治阶级都希望选择优秀的人才为己所用，因而也提倡“任人唯贤”。但是，不同的阶级对“优”“贤”的理解是不一样的。无产阶级政党一贯坚持德才兼备的原则。德，应该包括马克思主义的政治立场、观点、态度，即坚持四项基本原则；同时，还包括无产阶级的道德、革命人生观、社会主义建设的事业心和责任感，以及社会主义时代的爱国主义精神，等等。才，应该包括反映现代科学技术发展水平的知识基础、技术和能力。选拔录用公务员应该坚持德才兼备、红专统一的原则，在报考的全部人员中择优录用合格者，然后，在合格者中择优录用优秀者，只有这样，才能保持国家机关的生机与活力，提高工作效率。

公开、平等、竞争、择优是录用公务员所要遵循的基本原则，它贯穿于录用公务员的全过程。同时，它们之间的辩证关系也是客观存在着的。首先，公开、平等、竞争是择优的必要条件。坚持公开，是民主监督的前提。没有公开化，没有群众的民主监督，就难以避免录用公务员问题上的不正之风，达不到择优的目的。起点不平等，一是容易漏掉人才，二是难以反映应试者的真实水平，难以选准人才，达不到择优的目的。竞争的直接结果是优胜劣汰，这与择优的原则是一致的。离开了竞争，就不能真正实行优胜劣汰、任人唯贤，可能使一些平庸之辈爬上各级行政管理岗位，贻误我们的工作。其次，择优是实行公开、平等、竞争的结果。能否选拔德才兼备、适应行政管理工作的人才，是衡量录用工作好坏的唯一标准，也是衡量公开、平等、竞争原则贯彻好坏的唯一标准，如果在工作过程中，我们彻底贯彻了公开、平等、竞争的原则，就一定能够选准人才，反之，择优将是一句空话。

清正廉洁话是仪 *

谈三国，论鼎立，人们很自然地将注意力集中到曹操、刘备、诸葛亮、赵云、关羽、孙权、周瑜等人身上，而对于是仪这种不大又不小的官则很少涉及。作为一个实干家，是仪被称为孙吴政权的“榱椽之佐”，也就是说，他像一座大厦的椽子，默默地承受万钧压力，本身虽然不引人注目，甚至很微小，但发挥的作用是巨大的。这种力量的来源固然与其雄韬大略有关，但更重要的则是其清正廉洁。

是仪，字子羽，北海营陵（今山东昌乐东南）人。他文武兼备，筹划方略屡有建策，深受孙权器重。建安二十四年，镇守荆州的大将关羽围攻曹操部将曹仁于樊城，后备空虚，吴将吕蒙建议乘机袭取荆州，支持者寥寥可数，是仪积极支持吕蒙，其建议最终为孙权采纳。是仪随吕蒙行动，大获全胜，收复荆州全境。吴黄武六年，是仪辅佐陆逊，大败魏将曹休。吴青龙二年，是仪年逾花甲，奉孙权之命，千里赴蜀圆满地完成了继

* 本文原载湖北《机关党的生活》1989 年第 2 期。

续联蜀抗魏的使命。于是，孙权拜他为尚书仆射（尚书令副手，三品官），兼领鲁王傅。

是仪前后做官达半个世纪，从县吏直至公卿、封侯，但他从不置产业，不接受额外的赏赐和别人的馈赠，一辈子过着俭朴的生活。当时，是仪廉于自身、一心奉公的事迹远近闻名，朝野称誉，孙权也素有所闻。据《廉吏传》记载，一次，孙权特地到是仪家，只见他屋舍简陋窄小，多年不维修显得很破，屋内光线昏暗，全然不像朝廷重臣那样奢华。正巧是仪家开饭，孙权坚持要亲眼看看他家平时的饮食，只见几样平常的蔬菜和糙米饭，亲口尝尝味道也很一般，孙权叹息不已，连声说："想不到你为官数十载，身为朝廷股肱，竟吃得这么差，住得这样寒酸，耳闻为虚，眼见为实，真正可敬可佩。"随即吩咐增加是仪俸禄，并额外赏赐他田地和住宅。是仪坚持不受，一再辞谢道："臣一生俭节，粗茶淡饭已足矣。"

有一年，是仪的邻居翻造新宅，远远望去，新宅高大壮观，外表修饰得富丽堂皇，引人注目。适巧孙权外出巡视至附近乡，遂问左右："那是谁家营造的新宅，如此富丽？"侍从根据方位随口答道："好像是是仪家。"孙权连连摇头说："是仪简朴过人，堪称廉洁奉公的楷模，肯定不是他家的。"后经查实，果然不是。

大约在赤乌十三年，81岁高龄的是仪身患重病，卧床不起，临终遗言："死后只穿平常服装入敛，薄棺素身，无须髹漆装饰，丧事杜绝奢华，一切务必节俭。"就这样，是仪一身清白来，又一身清白去。

联想到今天，在物质生活并非十分优越的情况下，少数被称为“公仆”的人竟然争待遇、比福利而不觉脸红，车子越坐越豪华，房子越住越宽敞，似乎不知道一辆豪华轿车、一幢小洋房的价值为贫困地区几千人一年的收入，不知他们坐在里面、住在里面是否心安理得？也不知看了被称为“封建臣子”的是仪的故事，又作何感想？

发挥党员的模范作用是实行政治领导的关键 *

党的十三大在理论上的重大突破之一，就是在谈到党和国家政权关系时，鲜明提出了党的领导就是政治领导这个重要论断，并赋予了政治领导以丰富的、明确的内涵——政治领导即政治原则、政治方向、重大决策的领导和向国家政权机关推荐重要干部。如何实行政治领导呢？党的十三大报告指出：“党对国家事务实行政治领导的主要方式是：使党的主张通过法定程序变成国家意志，通过党组织的活动和党员的模范作用带动广大人民群众，实现党的路线、方针、政策。”笔者认为，根据十三大精神，实行政治领导主要方式的核心内容，就是发挥党员的模范作用，也就是说，党员模范作用的发挥是实行政治领导的关键。如果我们把政治领导比为一个庞大的建筑物，那么党员模范作用的发挥就是建筑物的一个重要支撑点。得出这一结论，主要基于以下几点认识。

---

* 本文原载湖北《党建研究》1988 年第 3 期。

第一，党员模范作用的发挥是使党的主张变为国家意志的重要保证。

党是无产阶级先进分子自愿组织起来的组织，是无产阶级的先锋队。她是靠共同的理想、自觉的纪律、严密的组织来维系的。党组织的性质决定了她与政府机关在职能上的非替代关系，在组织形式上的非上下级关系以及在意识形态上的非强制关系；党组织的性质也决定了党的领导只能是政治领导。

这就出现了一对矛盾：一方面，我们党是执政党，担负着领导社会主义现代化建设的重任；另一方面，我们党又必须站在政治领导的地位，不直接管理和组织国家生活。也就是说，处在执政与执行的矛盾之中。解决这一矛盾的途径，就是使党的主张变为国家意志。具体说，就是确定国家和社会的发展方向，制定有关国家和社会发展的正确纲领、路线和战略目标，通过法定程序，使党的路线、方针、政策变成国家的法律、法令、法规，从而实施政治领导。要使党的主张变为国家意志，首先在于这种主张的科学性，也就是说，党的主张要反映时代发展的大趋势，始终代表人民群众的根本利益。科学的主张有赖于全体党员对实际情况的调查研究，对人民群众愿望、要求的高度集中以及及时、准确的反馈。离开了决策科学化、民主化的途径，背离了“从群众中来，到群众中去”的正确路线，没有党员模范作用的发挥，党的主张只能是无源之水、无本之木，就会出现主观主义和瞎指挥，政治领导将是一句空话。其次，科学的主张仅仅为变成国家意志奠定了基础，要使其真正成为国家意志，为人民所接受，有待于法定程序通过。也就是说，要人大及其他社会组织讨论、表决。这样，人大和其他社会组织中党员代表的作用就显得尤为突出：一方面，他们要将自己的意志与党的意志统一起来，个人利益服从组织利益，使党的意志得到充分体现；另一方面，他们要宣传党的正确主张，使之为大多数代表所接受，从而，得到顺利通过。离开了党员的模范作用，党的主张即使正确也难以成为国家意志，政治原则、政治方向和重大决策的领导，也只能是一种不切实际的理想模式。

第二，党员模范作用的发挥是党组织向国家政权机关推荐的重要干部得以当选或被任命的重要条件。

党的政治领导从组织形式上讲，是通过向国家政权机关推荐重要干部来实现的。执政党的地位从某种意义上说是通过在国家政权机关担任重要职务的党员及其先进分子的质量和数量决定的。在国家政权机关中，担任重要职务的党员及其先进分子如果德才兼备，能坚定不移地贯彻执行党的路线、方针、政策，代表人民的利益，体现党的意志，并且有一定的数量，就能巩固党的执政地位；否则，必将动摇党的领导。在广泛发扬社会主义民主、彻底贯彻公开、平等、竞争原则的今天，国家政权机关的重要干部的候选人，可以通过多途径提出，诸如代表提名、党团组织提名、政府首长提名等等。如何保证党组织推荐的候选人当选或被任命呢？关键还在于发挥党员的带头作用。首先，党组织推荐的人选是在坚持干部“四化”方针、广泛发扬民主、充分征求党内外同志意见的基础上形成的。党员了解党组织的意见，理解党组织的意志，他就能充分行使自己的权力，这就为实现党组织在人事问题上的主张打下了良好的基础。其次，党组织如果成为所推荐人选的“竞选办公室”，人大及其他社会组织中的党员成为党组织推荐候选人的“竞选助手”，通过组织的活动和党员的作用，依照正常的法律程序，就可以确保党组织推荐的候选人当选或被任命。从前几年的实践看，哪里能坚持科学的标准，按照正常的程序推荐、选拔干部，哪里就能得到优秀的领导者；在选举过程中，哪里的党员代表发挥了积极的作用，哪里就能体现党的意志，选举或任命党组织推荐的候选人。

第三，党员模范作用的发挥是党的路线、方针、政策得以贯彻执行的坚实基础。

党的主张通过法定程序变为国家意志，仅仅是为实行政治领导提供了可能。要使党的路线、方针、政策成为现实，一是要依靠在国家机关和社会组织中担任领导工作的党员，他们肩负着组织贯彻执行党的路线、方针、政策的重任，他们对党的主张的理解程度、执行程度直接关系到政治领导的广度和深度，是一支起着举足轻重作用的力量。离开了他们的模范作用、组织领导作用，党的政治领导只能是停留在文件上的空洞条文。二是要依靠在国家机关和社会组织中工作的普通党员。他们处在现代化建设的第一线，其举动直接影响周围的群众，是党实行政治领导的主力军。没有他们脚踏实地的工作、无私的奉献以及模范带头作用，政治领导也是无法实现的。

以党员及其代表在实行政治领导中的作用为线索，我们大体可以勾画一幅实行政治领导的轮廓：如果把政治领导分为制定决策与实施决策两个阶段，那么，在决策阶段，党组织通过党员的作用，制定正确的路线、方针、政策；然后，通过党员代表的作用，经过法定程序，使党的主张变为国家意志。在实施决策阶段，党组织通过党员的作用，使国家的法律、法规、政策得以实施，体现党的意志。为了保证这两个阶段的顺利进行，党组织必须向国家政权机关推荐重要干部，并通过党员及其代表的作用，使推荐的人选得以当选或被任命。这是一个互相联系、互相制约的过程，离开了哪一方面，政治领导是不全面的，也是难以实现的。

廉洁才能高效 *

廉洁与高效向来是我们党和国家机关追求的崇高目标，也成为党和国家机关的优良传统和作风。近几年来，在经济繁荣的情况下，少数党政机关工作人员经不住改革开放的考验和金钱物资的诱惑，弄权渎职、敲诈勒索、贪污受贿，直接损害了国家和群众的利益，损坏了党和国家机关应有的形象，廉洁、高效这面光辉的旗帜蒙上了一层阴影。这一现象引起了党中央的高度重视。《中共中央关于党和国家机关必须保持廉洁的通知》指出："要在经济体制改革和政治体制改革中重视并解决党和国家机关保持廉洁的问题，使党和国家机关成为廉洁、高效、遵纪守法的机关。"人们开始反思廉洁与高效的关系，由于所站的角度不同，因而得出的结论各异。有一种观点认为，随着商品经济的发展，党政机关办事同样离不开吃吃喝喝、请客送礼。似乎要发展生产力，要高效率地运转机构，就要以牺牲廉洁为代价。廉洁与高效，就跟熊掌和鱼一样，两者不可兼而得之。

* 本文原载湖北《机关党的生活》1988 年第 3 期。

对这种观点，我们要进行认真分析。

应该承认，在新旧体制转换与并存时期，由于有些旧的、原来的规章制度不行了、失效了、废除了，而新的一套制度还没有完全建立起来，商品经济的机制还没有充分发挥作用，因而必然产生许多漏洞，为一些腐败现象提供了土壤。一些经营活动和人们的利益往往沿着旧体制的轨道与权力的流向发展，出现了一些腐败现象并渗透到党政机关与社会生活领域。对此，一方面，我们应该看到这种现象的客观性、必然性，充分认识到其危害性。另一方面，也应该看到，对这种客观现象并非无能为力，成为必然的奴隶。我们不能等建立起新的秩序才去同腐败现象斗争，不能听凭这些腐败现象泛滥。如果听之任之，新秩序、新体制就建立不起来，改革就进行不下去。所以，我们一方面要通过改革，建立新秩序，同时要采取有力的手段和措施，使这种腐败现象不能泛滥，不能蔓延，不能滋长。在腐败现象面前，我们不仅需要，而且可以通过发挥主观能动性，发挥政治优势，限制其向纵深发展，把这种特定时期出现的特定现象限制在尽可能小的范围，缩小危害面，使党政机关保持廉洁与高效。事实上，就是在这一特定时期，廉洁与高效仍然是党政机关的主流。在新形势下，大多数党政机关加强思想政治工作和公开监督、民主监督，使机关工作人员牢固地树立了全心全意为人民服务的思想和严守法纪、秉公办事、艰苦奋斗的职业道德，有力地保证了机关高效运转，保证了商品经济的不断发展和改革的不断深入。绝大多数机关的实践说明了机关在新的形势下可以保持廉洁，廉洁可以促进高效，两者是统一的。如果认为廉洁不能高效，高效不能廉洁，那么，如何解释这一铁的事实呢？片面强调各种非客观因素的客观必然性，夸大其作用与范围，无视我们的主观努力与政治优势，对改革实践是有害无益的。

其实，作为伦理范畴的廉洁与作为经济范畴的高效，对于机关及工作人员来说，是互相联系、互相作用、互相影响的。廉洁是高效的前提，只有廉洁才能高效。党政机关的工作成效，主要包括效能即目标完成的程度、效率即完成目标过程中资源的利用情况、效果即目标完成的最高或最好结果及参与者的满足感。党政机关要做到卓有成效，有赖于科学决策，充分调动广大人民群众的积极性。上级机关的效率、效能、效果是通过下级机关及人民群众执行其决策的程度决定的。如果党政机关工作人员都能正确运用人民赋予的权力为人民办实事，不贪赃枉法，不以权谋私，不奢侈浪费，就能拧成一股绳，把注意力和着眼点放在工作上，就为作出有利于生产力发展的正确决策提供了保证。更重要的是，如果党政机关工作人员廉洁奉公，为着国家和人民的利益，自觉地更多地牺牲个人的利益，勤勤恳恳地工作，默默无闻地奉献，就能使党政机关以崭新的姿态，站在改革和现代化建设的前列。党政机关威信的提高和模范作用的发挥，必将增强人民克服困难的信心，最大限度地调动广大群众的积极性、创造性，出色地完成党政机关作出的各项决策，保证机关组织目标的顺利实现，达到最高效能、最快效率、最好效果。反之，如果党政机关腐败现象泛滥，组织机构涣散，就不具备作出有利于社会进步决策的条件，也必定遭到人民的唾弃，党政机关的高效也就无从谈起了。得民心者得天下，失民心者失天下，古今中外，概莫例外。政府清廉，民心所向，政权才能巩固，才能高效；否则，政府腐败，人民必定反对，政权迟早垮台。

党中央把保持机关廉洁的问题尖锐地提到了党和国家机关全体党员与工作人员面前，强调："党和国家机关能否保持廉洁，关系到人心的向背和改革的成败。"党政机关工作人员应该意识到自己肩上的责任，务必保持清醒的头脑，从现在做起，从我做起，严格要求，努力使我们党政机关成为勇于改革、充满活力、纪律严明、公正廉洁、卓有成效的机关。

要不断深化对干部下派工作的认识 *

前不久，湖北省委在贯彻落实全国组织工作会议精神的意见中指出，要坚持和加强干部下派工作，使之经常化、制度化。在省直机关优秀下派干部表彰会上，省委领导同志强调，要继续搞好干部下派工作，关键是要深化对这项工作的认识。

实行干部下派，是近年探索并为实践证明的培养造就中青年干部的新路子。但是，对这项工作还存在一些模糊认识，主要有两方面：一是认为开展这项工作作用不大，可搞可不搞；二是认为这项工作搞了三四年，该下的已经下了，再搞就没有必要了。认识上的差异带来了工作上的不平衡，必须澄清这些模糊认识。

干部下派工作是为实现省委“在中部崛起”战略目标进行干部准备的重要工作，对其现实意义，我们必须重新认识。在今年4月召开的省委常委扩大会上，提出进一步解放思想，解放生产力，适应沿海发展战略，力争在中部崛起。要实现这一战略目标，关键是要有一大批人才，尤其是需要一大批德才兼备的领导人才。

* 本文原载湖北《机关党的生活》1988年第6期。

人才从何而来？实践告诉我们，发现、选拔是基础，培养、管理是关键。全省各级领导机关尤其是县以上机关，聚集了大批优秀干部，他们年纪轻，文化高，专业熟，信息灵。把他们派到基层去，投身于改革第一线，担任一定的领导工作，独立处理各种复杂问题，可以加速其成长。1984 年以来，全省县以上机关共选派了 7938 名干部到基层工作。这些同志到基层后，向实践学习，向群众学习，大胆改革创新，发挥自身优势，为基层两个文明建设作出了贡献。在改造客观世界的同时，他们的思想素质和领导能力得到提高，涌现了一批思想好、能力强的新型领导人才和管理人才。实践证明，坚持和加强这项工作，可以培养造就一批又一批的人才，为领导机关和各级领导班子注入新的活力，确保“在中部崛起”战略目标的实现。

机关干部下派工作是一项长期性的工作，对其战略意义，也必须重新认识。社会主义现代化建设是需要几代人努力奋斗的伟大事业，人才的培养是一个长期的任务。这几年，全省县以上机关下派干部的数量，不仅与改革开放的形势对人才的要求相比有差距，就是与需要下派的干部数量相比也有距离。以省直机关为例，据统计，省直机关 45 岁以下的中青年干部有 6000 人左右，这几年共下派 658 人，干部下派工作的任务还很大。随着改革的不断深入，基层必将出现一些新情况新问题，干部下基层所学到的一些观点、方法也需要更新，需要再学习、再锻炼。因此，在干部下派工作上必须树立长期的观点，坚持下去，形成制度，一批又一批地培养和造就为“四化”所需要的人才。

后备干部队伍建设的回顾与展望*

从我们党的历史看，早在1935年瓦窑堡会议上，党中央就提出了选拔后备干部的问题。1951年，在全国第一次组织工作会议上，安子文的报告也提到了后备干部的选拔、培养问题。1964年，毛泽东再次强调，要培养革命事业接班人。党的十一届三中全会以后，党中央明确提出建立后备干部制度，并将其经常化和制度化列入了干部制度改革的重要议事日程。

根据中央精神，从1983年下半年开始，湖北省开展了大规模建立后备干部名单的工作。几年来，工作有了很大进展，主要表现在以下两个方面。

（一）建立了一支数量可观、结构较合理、素质较好的后备干部队伍，为领导班子建设奠定了基础。

——经过几年的调整、补充，截至1986年底，湖北省共有各级各类后备干部6447名，在数量上基本能够满足地县领导班子建设的需要。

---

* 本文写于1987年11月。

——后备干部的结构日趋合理，与领导班子相适应、相衔接。年龄上形成了以中青年干部为主体的梯次结构。全省地县两级后备干部中，35岁以下的占51.3%，36岁至40岁的占32%，41岁至45岁的占14.2%，46岁以上的占2.5%。文化上形成了以大专以上文化程度为主体的倒宝塔结构。全省地县两级后备干部中，具有大专以上文化程度的占72.3%，具有高中、中专文化程度的占24.3%，大多数后备干部经过系统学习和长期锻炼，具有一定的专业知识，为领导班子进一步实现知识化、专业化奠定了基础。职务层次上形成了以下一层次主要领导干部为主体的菱形结构。地（厅）级后备干部中，县（处）级干部占63.4%；县级后备干部中，乡（科）级干部占62.9%。1986年底至1987年初，全省还建立了一批县级党政领导班子一把手后备干部名单，为解决选拔一把手困难的状况创造了条件。

——后备干部是经过严格程序挑选出来的，他们能够贯彻执行党的十一届三中全会以来的路线、方针、政策，具有强烈的事业心和责任感，对现代化建设充满热情，政绩比较突出，得到了群众的信任。

后备干部名单的建立，基本上避免了过去配备班子时出现“临时动议、临拉现找”的状况，为选准、用好干部奠定了基础。

（二）后备干部的备用结合取得了可喜成绩，为领导班子输送了大批合格人才，注入了新的活力。

据统计，1983年至1986年，地县两级后备干部队伍为地县党政领导班子分别输送了领导干部87人、435人。4年来，全省后备干部进班子的人数占同期进班子人数的75%左右，这说明我省后备干部队伍建设是富有成效的。

1986年底至1987年初，我们对全省县以上领导干部进行了一次民主评议。县级党政领导班子中，从后备干部中提拔的435人，被评议的412人，其中，优秀的占13.8%，胜任的占63.6%，基本胜任的占17.2%，不胜任的占5.3%。可见，从后备干部中提拔的干部素质较高，大多数能够胜任工作。后备干部提拔进入领导班子以后，改变了原班子成员年龄偏大、文化偏低、比较缺乏专业知识的状况，他们继承和发扬党的优良传统和作风，树立全心全意为人民服务的观念，创造性地贯彻执行党的路线、方针、政策，在两个文明建设中作出了贡献，其作用越来越明显。

实践证明，后备干部队伍建设作为干部制度改革的一个重要组成部分，对于领导班子建设具有重大意义，同时，也显示了这一制度的强大生命力。几年来，各级党委及其组织部门进行了积极的探索和有益的实践，初步积累了一些宝贵的经验。

（一）树立新的用人观念，把服务经济建设贯穿于后备干部队伍建设工作的始终。

党的十一届三中全会以来，全党的工作重点转移到经济建设上来，经济体制改革随之在城乡展开。工作重点的转移和改革的不断深入对领导班子建设提出了新的要求。但是，由于长期以来“左”的思想的影响和陈腐观念的束缚，领导班子现状与形势发展不相适应。要改变这种状况，就必须选拔成千上万的优秀中青年干部充实各级领导班子。为此，各级党委及其组织部门在后备干部队伍建设中解放思想，坚持改革，摒弃陈腐观念。

——坚决摒弃“以阶级斗争为纲”的极“左”观念，坚持后备干部队伍建设为现代化建设服务的方向，大胆选拔知识型、管理型的干部进入后备干部队伍。1984 年底，全省选拔的地级后备干部中，学理、工、农、医、政法、经济、管理专业的占总数的 76.5%。经过调整、补充，现有的地级后备干部中，熟悉以上几个专业知识的也占 70% 左右。

——努力打破论资排辈的条条框框，坚持从政绩突出、确有发展潜力的中青年干部中挑选人才。既注重一定的台阶、更注重领导能力和经验，既注重德才素质、更注重政绩，既注重现实表现、又注重发展潜力，把德才素质、政绩和发展潜力作为选人的主要依据。

——注意克服“人要完人”的思想倾向，坚持看干部的主流，看干部的本质，特别是看他们对社会主义现代化建设的态度、事业心和工作能力。在选人的问题上，各地坚持唯物辩证法，采用干部德才素质测评等现代科技手段，认真分析干部的优点、缺点及客观原因，使选人用人建立在比较科学的基础之上，避免了“以一次谈话重用一个干部，以一个问题否定一个干部”的片面性。

（二）改革选拔方法，不断拓宽知人渠道，努力搞好基础工程建设。

后备干部的选拔方法，直接关系到后备干部的质量。各地把选拔方法的改革作为提高备用结合程度的突破口，致力于提高选拔工作的民主化与科学化，重点抓了以下两个方面的工作。

1. 广开知人渠道，建立纵横交错的人才信息网络。各地主要通过三条渠道发掘、选拔人才：一是常规渠道网，即以各级组织部门为网点，形成选拔人才的网络。严格按照中央规定的四道程序，通过召开各种会议进行推荐。这种形式人多面广，民主程度高，推荐出来的人数多，效果也比较好。二是“伯乐”荐贤网，主要采取定期和不定期召开各种座谈会、荐贤会、公开招聘等方式，由领导集团、民间团体、专家学者和社会民众共同推荐人才。三是人才信息网，主要通过各种信息渠道搜集人才信息，建立领导人才信息库，使推荐工作经常化。几年来，通过这三条渠道，将发现人才的触角伸向社会的各个方面，全省发现各类人才 1 万多名，极大地丰富了后备干部的人才源。

2. 坚持民主与科学的原则，采取多种形式进行考核。各级组织部门在继续坚持传统有效的考核方法的基础上，不断改革考核方法。主要采取了知识测验、干部德才测评、民意调查、专家面试、领导面谈等多种方式考核后备干部人选，按照民主与科学的原则，注重三个结合：一是定性分析与定量分析相结合，努力克服传统考核方法定性分析多、定量分析少的缺点，尽可能对一个干部的德才特点作出科学的评价。二是考核领导班子成员与考核后备干部相结合，通过民主评议领导班子和对班子的定期考核等集中考核途径，完成后备干部的考核工作，既避免了对后备干部的单独考核、重复考核，又便于把后备干部放到群体中去比较、鉴别，从而比较全面、准确地把握一个干部的德才素质。三是组织考核与专家评议相结合，尊重专家的意见，开阔组织部门干部的思路，选好选准人才。

（三）初步建立了后备干部的管理制度，促进和保证了备用结合。

建立健全后备干部管理制度，是搞好备用结合的保证。几年来，各级党委及其组织部门积极探索，初步形成了一系列管理制度。

——以民主推荐和考绩为主要内容的后备干部选拔制度。全省各地在确定后备干部名单时，基本上坚持了群众推荐、组织考核、党委讨论、上级批准四道程序，注意发扬民主，注重考核干部的实绩，较好地避免了选人问题上的不正之风。

——以提高德才素质为主要内容的后备干部培养制度。根据“缺什么补什么”的原则，采取轮岗培训、压担子、下基层锻炼、调上级领导机关工作、送大专院校或党校学习等方式培养后备干部，在培养中提高，在提高的基础上使用，切实做到培养和使用的统一。经过培养，后备干部的素质都有不同程度的提高，为担任更高层次领导职务准备了条件。

——以择优汰劣为主要内容的后备干部淘汰制度。根据后备干部滚动式管理的原则，各地相继淘汰了相形见绌的后备干部，吸收了在实践中涌现出来的拔尖人才，及时向领导班子推荐优秀干部，保持了后备干部队伍的生机与活力。全省地县两级后备干部中，1985 年提拔了 100 人，调整出去 41 人，新补充 496 人；1986 年又提拔了 94 人，调整出去 111 人，补充 287 人。

同时，各地还建立了后备干部的目标管理制度、定期考核制度、档案管理制度，并开始探索后备干部的使用制度，逐步使后备干部队伍建设“于法周严，于事简便”，保证和促进了备用结合。

几年来，全省各级党委及其组织部门在后备干部队伍建设上，做了大量的工作，取得了一定的成绩，积累了一些宝贵的经验。但也存在一些不尽如意的地方：一是社会上对这项工作还存在一些模糊认识，有些领导同志对此不够重视；二是后备干部队伍与班子衔接还不太紧，还不能及时、准确地为领导班子提供所需人选，备而不用、用非所备的现象在有些地市还突出地存在；三是后备干部的管理制度还不太完善，工作配合还不很默契，等等，都需要在实践中不断改进。

党的十三大报告指出："这几年来，新老干部的合作和交替很有成绩，各级领导班子基本上符合党的路线的要求。今后要继续充实、提高，进行适当调整，同时注意稳定。"后备干部队伍建设是领导班子建设的基础工程，领导班子的调整、补充、提高，迫切需要加强和改进后备干部队伍建设工作，储备更多、更优秀的人才，及时向领导班子推荐和输送。同时，按照党的职能分开、实行干部分类管理的要求，今后对不同类别、不同层次的后备干部应该采取不同的方式进行选拔、培养、使用，改变过去那种单一的管理办法，这样，就加大了后备干部队伍建设工作的难度。

根据党的十三大要求和我省实际，后备干部队伍建设工作应该继续坚持为政治体制改革、经济体制改革和领导班子服务的方向，更新观念，引进竞争机制，逐步实行公开化，增强工作的民主性与科学性，为优秀人才脱颖而出创造良好环境。

（一）按照干部分类管理的要求，建立后备干部名单。

党的十三大报告指出，建立公务员制度以后，"党中央和地方各级党委，依照法定程序向人大推荐各级政务类公务员的候选人，监督管理政务类公务员中的共产党员。”按照这个精神，我们认为：（1）政府系列应该建立县级以上各级政务类和部分业务类公务员的后备对象，具体包括省、市（州）县政府（含地区行署）正副职后备干部；省、市（州）政府（含地区行署）职能部门一把手和省政府职能部门副职后备干部。（2）党委系列应该建立各级领导班子成员的后备干部和地市以上党委职能部门正副职后备干部。（3）县以上审判机关、检察机关可以建立一把手后备干部；县以下单位可以不建立后备干部队伍，只掌握一批优秀人才名单，为班子调整做好准备。

（二）适应领导班子充实和调整的需要，确定后备干部的人数，调整后备干部队伍的结构。

后备干部队伍的人数不宜过多，也不宜过少。我们对随州市级党政领导班子历史变更的情况作了调查。从 1960 年到 1987 年，该市平均每年进班子 2.74 人，出班子 2.78 人。如果进 1 名干部要准备 3 名可供选择的人选，只需要 9 名左右的后备干部；如果留有余地以防特殊情况，那么，有 15 名左右也就足够，大致等同于现班子人数。只要后备干部队伍不断进行择优汰劣，保证后备干部的质量，按 1:1 的比例建立后备干部队伍是完全可以满足领导班子建设需要的。

完善后备干部队伍的结构是一项长期的任务。从这几年的情况看，地市级后备干部的年龄一般应在 45 岁以下，特别优秀的可以放宽到 50 岁左右；县级后备干部的年龄一般应为 40 岁以下，特别优秀的可以放宽到50岁以下。在职务层次上，后备干部应以下一层次主要领导干部为主体，特别优秀的也可以列入名单。在专业结构上，不追求小范围配套，而注重大范围的综合平衡。当前，要着重挑选一批懂政法、经济和管理工作的后备干部，不断向领导班子输送，以弥补各级领导班子的不足。

（三）强化竞争意识，增强后备干部队伍建设的生机与活力。

强化竞争意识是优化后备干部队伍结构、增强后备干部队伍生机与活力的关键。应该以政绩为竞争的主要内容。政绩是一个干部态度和能力素质的综合客观反映，因此也是衡量一个干部能否被重用的主要依据。注重考察干部的政绩，不仅可以保证把人选准选好，减少和避免用人失误，而且能激发广大干部献身现代化建设，致力改革开放，争创一流工作的积极性。要激励干部为社会主义现代化建设创造更多的政绩，在改造客观世界的同时，不断提高自身的马克思主义理论水平。

在后备干部队伍建设过程中，应该以政绩作为一个干部“进”“留”“调”的主要内容。首先，后备干部队伍的大门是敞开着的，谁进谁不进，条件是一致的，机会是均等的。通过选拔后备干部的四道程序，我们应该把那些德才表现好、政绩突出、符合“四化”条件的优秀人才列入后备干部名单，而不应该以其他外在因素为依据。其次，一个干部进入后备干部队伍并不等于进入提拔的“保险箱”，还需要不断调整，谁继续留在后备干部名单里，谁被淘汰，也应该以德才表现、政绩和发展潜力为依据。最后，通过一段时间的培养，后备干部中，谁进入领导班子，谁继续留在名单里，同样要看德才表现、政绩和发展潜力。没有客观标准，我们的工作就难以避免主观随意性。

各级党委及其组织部门要创造条件，使后备干部队伍建设的落脚点不只是去填补干部因年龄过线、提拔使用等原因离开领导岗位以后出现的缺额，而是要进一步优化现班子的素质和结构提供合适的人选，改变后备干部“积压待用、自然消失”的状况，进一步打破领导干部职务终身制，使政绩突出、德才表现好的后备干部能够脱颖而出。

（四）改革考核方法，增强后备干部队伍建设的科学性。

考核工作是衡量干部素质优劣、才能高低、贡献大小，从而为选准干部、用好干部提供依据的重要手段；是培训、提高干部，帮助他们扬长避短，激励他们奋发向上的重要途径；也是检验、督促干部认真执行党的路线、方针和政策，模范遵守党纪国法的有效保证。确定是否将一个干部列入后备干部名单，是否调整出去，是否提拔使用，其主要依据是政绩和发展潜力，而了解政绩和潜力的手段就是考核。考核贯穿于后备干部队伍建设的过程之中，贯穿于后备干部竞争的过程之中。考核方法的科学化程度，直接影响知人的深度和选人的民主化程度，也直接影响竞争效果。过去的方法过于单一，在新的形势下必须改革和完善。

一是对于不同层次、不同类别的后备干部，采取不同的内容和方法进行考核。其一，对不同层次的后备干部，要求采取不同的内容和方法进行考核，如对县级后备干部和地级后备干部的考核内容和方法应该有区别；其二，对同一层次但不同类别的后备干部，也应该采取不同的内容和方法进行考核，如对县长后备干部和县委书记后备干部的考核内容与方法应有所不同；其三，对同一层次、同一类别但所担任工作不同的后备干部，也应该采取不同的内容和方法进行考核，如对作为分管工业的副县长培养的后备干部与作为分管农业的副县长培养的后备干部的考核内容与方法也不一样。

二是不同时期应该采取不同的内容和方法进行考核。由于各个时期的要求不一样，因而考核的内容和方式也不尽相同，如选拔后备干部时的系统考核与年度考核的内容和形式就有所不同。

三是对于不同方式产生的领导干部的后备干部，应该采取不同的内容和方法进行考核。如政府职能机关的活动方式、运行机制的特点是首长负责制，上级首长对下属进行垂直领导，下级对上级直接负责；机关内部各处室的基本职能在于执行政令，并为上级首长提供决策服务；职能处室负责人由上级任免。因此，对其后备干部的考核既要走群众路线，加强民主监督，又要实行首长负责考核制，即由机关首长负责，由干部部门与有关人员组成的班子对本机关的后备干部进行考核，然后提出具体意见。

在实际工作中，我们可以在传统考核方法的基础上采取立体考核办法，多层次、多渠道、多角度、多形式的考核干部。多层次考核，主要是综合上级、同级、下级三个层次对干部的评价，有效地避免各层次单独考核时不可避免的片面性，使评价更接近全面；多渠道考核，意味着既要通过组织人事部门的渠道了解干部，又要通过民主评议和民主监督等渠道鉴别干部，全面考察干部的德、能、勤、绩；多角度考核，是指既要从历史的角度看待干部、又要从现实的角度看待干部，既要考察干部的个体素质、又要考察干部在群众和组织中的行为表现，以判断其真实能力；多形式考核，主要包括面对面考核和背靠背考核相结合，笔试与口试相结合，定性考核和定量考核相结合，群众评议与专家评估相结合，等等，克服知人不深的问题，选准人才，用准干部。

（五）积极探索后备干部队伍建设的公开化，增强后备干部队伍建设的民主与监督。

根据形势发展的需要，应该积极探索后备干部队伍建设工作内容和程序的公开化，其主要内容是：进一步完善公开选拔的方法，在公开名单的基础上实行公开培养、公开淘汰、公开使用。这有利于广泛发扬社会主义民主，拓宽知人渠道，选准人才；有效防止选拔后备干部过程中的不正之风，实行公开监督、民主监督；有利于后备干部的成长，使他们在压力中不断进取，不断提高；实行公开化，能使非后备干部与后备干部、后备干部与后备干部之间的竞争明朗化、具体化。

（六）健全后备干部制度，使工作“于法周严，于事简便”。

——体现民主原则，完善后备干部选拔制度。以往推荐后备干部，对民主的范围没有作详细规定。除了继续采取传统的推荐方式外，还要根据干部分类管理的原则，依据不同类别干部的产生形式来确定不同类别后备干部的民主推荐形式。如，政务类公务员是选举产生的，应该根据这个特点，由选举产生这类公务员的人民代表推荐其后备干部，这样推选出的后备干部具有广泛的群众基础，以后作为候选人也容易通过。选拔后备干部的四道程序体现了民主与集中的原则，应在实践中不断完善。

——实行定向培养，完善后备干部培养制度。对后备干部不仅要根据本人的特点进行培养，而且要根据班子的需要进行培养。要逐个拟定培养计划，建立培养档案，记载实施培养的进程、督促培养措施的落实。在当前，应该把学历培养为主转向以岗位职务培养为主；把以提高文化、理论、专业水平为主转向以提高实际工作能力为主，逐步实行先培训、后任职的制度，保证培养工作的顺利进行。

——坚持择优汰劣，完善后备干部队伍滚动式管理制度。后备干部滚动式管理的关键在于把优秀人才及时吸收进来，把相形见绌的及时调整出去。目前的任务是要根据领导班子调整、充实、提高的需要，重新规划后备干部队伍的人数、结构，把那些在实践中政绩平平、发展潜力不大，且与班子建设需要不相符合的对象调整出去，使后备干部队伍保持一池清新活水，不断满足领导班子建设的需要。

治一治“机关病”*

在某些机关，可以见到一些与整改很不合拍的现象，姑且名之曰“机关病”吧，且略举其病状。

一曰“大脑僵化”。少数机关干部对党的方针、政策不学习、不执行，对改革中出现的新情况、新问题不探讨、不研究，死守那些不合时宜的旧条条、旧框框，习惯于在上级文件里找依据，在经典著作中寻答案，把生动活泼的、不断发展的社会实践纳入僵化的教条之中，不思进取，但求无过。

二曰“眼睛向上”。心目中只有少数几个领导干部，上级来人则迎来送往，媚态可掬，殷勤备至；下面来人，则爱理不理，官腔十足。群众说某些机关“门难进、脸难看、口难开、事难办”，可谓入木三分。

三曰“嘴巴失调”。对具体问题无具体意见，大话、空话、套话一大堆，从原则到原则，只要不“出轨”，宁肯不“解渴”。而在日常生活中却不知原则为何物，发牢骚，乱议论，小道消息一

---

* 本文写于1988年3月。

听就信、一信就传，从机关内谈到机关外，从机关外带到机关内，肆意渲染，无组织、无纪律。

四曰“脖子伸缩”。遇到荣誉、职位，脖子伸得老长老长，斤斤计较，谁出了名，谁提拔重用了，又比又攀，而遇到矛盾、风险和失误，恨不得把脖子缩到肚子里去，不敢解决矛盾，不敢担风险，不敢负责任。

五曰“胳膊内拐”。本位主义严重，不顾大局，以邻为壑，互相掣肘，互相扯皮，整天争论职责权限，只讲分工、不讲协作。为了本部门、本单位和小团体的狭隘利益，置党和人民的利益于不顾，工作推诿，以致许多急需解决而又不难解决的问题长期议而不决。

六曰“两腿瘫痪”。只愿待在大机关，不愿到基层作深入细致的调查研究，即使下去，也是走马观花，严重脱离群众、脱离实际，导致制定的方针政策缺乏针对性、指导性。

“机关病”是一种综合病，其病根也是多方面的。各种非无产阶级思想的侵蚀，少数机关干部抵抗力差，加上有些单位思想政治工作软弱无力，是导致“机关病”的主要原因。“机关病”的蔓延，损害了党和政府的形象，妨碍了机关职能的充分发挥，破坏了党和人民群众的血肉联系，以致上行下效，影响了党风和社会风气的根本好转。

常言道，“小病不治成大病，大病不治就丧命。”年初，中共中央书记处在北京召开了机关干部大会，吹响了端正党风的号角，半年过去了，全国人民欣喜地看到，各级机关整治“机关病”取得了显著成效。但是，更艰巨的任务还在后面。只要我们对症下药，进行综合治理，“机关病”是可以治好的。

考察政绩应注意的问题 *

提拔任用什么样的干部，关系到在干部群众中树立什么形象的大问题。它不仅反映我们党的组织路线，而且从一个方面反映我们党的政治路线、思想路线。任用干部从重资历、重文凭到重德才、重政绩，这是社会主义现代化建设的客观需要，也是社会发展的必然趋势。然而，如何考察一个干部的政绩，尽量避免失误呢？笔者认为当前应该注意以下两个问题。

第一，不能简单以数据论英雄。现实生活中往往会发现这样的情况：当谈到某一干部的工作成绩时，人们习惯于列举一系列数据，诸如在这个干部任期内，产值增加了多少，利润上升了多少，人口出生率下降了多少等，好像除此再无其他东西更能说明问题了。其实，数据反映一个干部的政绩是有条件的，如果将其夸大，简单地以数据论英雄，就会走向极端，造成失误。

其一，数字大小不一定说明工作好坏。一个潜力大的企业理所当然应该比一个潜力小的企业发展速度快、生产效益高。如果

* 本文写于 1988 年 5 月。

前者没有很好地挖掘潜力，而后者几乎竭尽全力，即使前者比后者的速度快，我们也绝不能得出前者要比后者好的结论。因而，在考察这两个企业领导者的政绩时就要认真权衡了。

其二，有些政绩是难以用数据精确表达的。就工作性质而言，有的干部从事决策工作，有的干部从事实施决策工作，两者的可比性较小，也没有多少可比量，因而难以用数字比较他们的政绩，从而说明孰好孰差；就工作成果而言，物质文明建设方面的成果在一定程度上固然可以用数据表示，但是，精神文明建设方面的成果，如世界观的逐步形成、思想觉悟的不断提高等，就难以用数据表示了。众所周知，政绩是一个领导干部在实施领导的过程中所取得的工作成绩，这不仅有物质形态方面的，还有精神形态方面的，后者比前者更难以把握。在提拔任用干部时，如果单纯追求数字，势必会造成盲目攀比，只讲经济效益、不顾社会效益，只讲物质文明成果、忽视精神文明成果的倾向。同时，也会促使一些干部只顾眼前利益，急功近利，而不顾长远目标；只顾目标实现，而不讲究方式方法，以致留下难以收拾的乱摊子，给我们的事业造成损失。

第二，不能简单以成败论英雄。胜败乃兵家之常事，古今中外没有一个常胜将军。行政管理工作也是如此，有成功，也会有些曲折、反复以致失败。一个人成功了，就是缺点也都成了优点，从而肯定一切；相反，一个人失败了，优点也就变成了缺点，从而否定一切，这是评价干部上的形而上学。唯物辩证法的观点认为，成败能够在一定程度上反映一个干部的德才情况，但绝不可以下结论说：成功了就证明有德有才，失败了就证明无德无才。这是因为，成功除了受主观因素制约外，还受一系列客观因素制约。

首先是工作性质的影响。行政管理工作与理论研究工作有很大的区别，但行政工作本身也是一个大系统，工作对象不同决定了其性质的差别。一个人受知识、能力等方面的限制，能做好这项工作，不一定能干好另一件工作。一个大企业的厂长不一定能成为一个出色的市长，擅长秘书工作的干部不一定担当得起全局工作的重任。如果我们在安排上乱点鸳鸯谱，就会埋没一些同志的才能，也很难看到他们的政绩。

其次，群体因素。团结和谐、结构合理的领导班子是事业成功的保证。如果一个有事业心、有能力的人处在派性比较严重、相互扯皮的班子之中，是很难打开局面的，其正作用往往会被负作用抵消，结果不外乎政绩平平。尽管这样的班子在现实中极少，但也不能排除这种因素的存在。因而，在考察班子成员的政绩时，也应该考虑这个班子中其他成员的情况，否则，就容易走向片面。

最后，偶然因素。诸葛亮借荆州、取西川，辅佐刘备，形成三国鼎立之势，应该说是一个出色的人才，但在后期，几次北伐都没有成功，这里面就有一些偶然因素。就说第五次北伐吧，眼看司马懿父子将葬身火海，殊不知老天相助，下了一场大雨，使得他们死里逃生，而诸葛亮的北伐计划再次成为泡影。倘若凭此来考察诸葛亮的政绩，就会失之偏颇。

改革是一场深刻的革命，要改革就会担风险。如果我们简单以成败论英雄，就会使一些干部谨小慎微，不求有功，但求无过，不思考，不探索，这样，也会给我们的事业带来不利。

荐举制、考举制及公务员制度*

纵观我国封建社会以来选拔人才的历史，就其形式而言，可以说是荐举制与考举制互相否定、互相渗透、互相融合的历史。

隋朝以前，大体上实行的是荐举制。其代表形式，一是两汉采用的“察举征辟制”。“察举”是由各级官员举荐人才到中央任用，分为常举与特举：常举即王朝设定一些科目，各有标准和员额，由地方官员每年奉至中央，如州举秀才、郡举孝廉，等等；特举即不定期设立一些科目，由某些官员举荐。“征辟”则是由皇帝和地方长官直接进行征聘。二是魏晋南北朝实行的“九品中正制”，即把推荐人才的官员固定化，各州县设置大小中正官，负责在辖区内按“上上”直至“下下”的九个品第来评选人才，“由小中正品第人才以上大中正，大中正核实以上司徒，司徒再核，然后付尚书使用”，逐级推荐、考核人才。荐举制的实施，打破了极端落后的世袭制，统治阶级通过各方面的推荐，网罗了一大批为己服务的人才。但是，无论采取固定人推荐，还是非固定人推荐，这

* 本文写于 1988 年 7 月。

种“伯乐”荐贤形式确有很大缺陷：一是缺乏统一的标准，难以避免选人问题上的主观随意性，出现选不准的现象；二是缺乏严格的制度约束，在官僚徇私舞弊的前提下，不能不走向腐朽。东汉末年就出现了“举秀才，不知书；举孝廉，父别居”的现象。“九品中正制”的实行，到头来却是“上品无寒门，下品无士族”，一些中正官“高下任意，荣辱在手，操人主之威福，夺天下之权势”。荐举制走向了自己的反面，不得不被考举制取代。

隋唐到清末实行的是科举制度，这是考举制的最典型形式。这种形式，在不同时期内容有所不同。如唐代，把京师和州县学馆的学生和一批通过考试的其他士子送去参加省试，由礼部主持。省试合格的成为“及第”，再通过吏部考试，合格者才能授以一定的官职。这种选才形式优于以前实行的荐举制：一是确立了唯才是举的选人原则；二是选才面扩大了；三是注重文化素质；四是采用公开考试的方法，使选人有一个比较客观的标准，在一定程度上避免了荐举制的主观因素造成的弊端。正因为如此，这种制度为西方资本主义国家所借鉴。孙中山先生说：“现在各国的考试制度，差不多都是学英国的，穷流溯源，英国的考试制度，原来还是从我们中国学过去的。”中国的封建社会之所以经久不衰，与科举制的实行是联系在一起的。但是，由于科举制所服务的社会制度的腐朽性，这种选人形式也逐渐丧失了存在的必然性，到后来，这种制度助长了人们脱离实际的学风，束缚了个性与才能的发展。王安石曾指出：“少壮时正求天下正理，乃闭门学作诗，及其入官，世事皆所不省，此乃科法败坏，致人才不如古。”同时，虽有一些规章制度，但也难以避免大举作弊现象，不可能真正做到任人唯贤。

辛亥革命推翻了帝制，废除了科举制度，实行的是以荐举为主的选拔人才的制度，由于社会动荡，不可能实行公开的考举制。新中国成立后一段时间，我们也一直沿袭过去的荐举方法，这种选拔形式在一定时期曾起到了很大的作用。但是，这是一种与小生产相适应的方式，与社会化大生产和社会主义有计划的商品经济发展不协调：缺乏竞争与监督，使得优秀人才难以脱颖而出，用人问题上的不正之风难以避免，到了非改革不可的地步。

党的十三大报告指出：“当前干部人事制度改革的重点，是建立国家公务员制度，即制定法律和规章，对政府中行使国家行政权力、执行国家公务的人员，依法进行科学管理。”将公务员分为政务与业务两类，采取不同的形式选拔，这是我国公务员制度的特点之一。政务类公务员更多的是担负领导责任和行政决策任务，一般需经人大选举决定；业务类公务员更多的是从事具体行政事务管理，通过考试、考核择优录用。在选拔形式上，公务员制度是对荐举制与考举制的辩证否定。政务类公务员的选拔，表面看来是考举制的否定、荐举制的回归，实际上，这不是通过某个人或某几个人（固定或非固定的）进行推荐，然后“钦定”，而是由党组织或人民代表推荐，由人民群众选举（直接或间接的）决定，这充分体现了民主的原则，符合人民群众的愿望。业务类公务员的选拔，表面看来是荐举制的否定、考举制的回归，实际上这只借用了考举制的考试形式，在更大程度上贯彻了公开、平等、竞争的原则。更加重要的是，规定了报考国家业务类公务员所必须具备的条件，其中，最基本的是拥护中国共产党的领导，热爱社会主义。考试内容也不是“八股文”，而是与所从事工作相联系的科学知识。这样就可以形成一种价值导向，鼓励热心于管理国家行政机关事务的人进行竞争。简言之，实行国家公务员制度，有利于加强和改善党对人事工作的领导，有利于造就德才兼备的政务活动家和行政管理家，有利于提高政府的工作效率和国家行政管理的稳定性，这是比较科学的选人制度。

对党管干部原则的思考 *

党管干部原则作为干部管理工作中的一个根本原则，对其进行正确理解和把握至关重要。这里，谈一点思考。

集中统一的管理体制和对党管干部原则的传统理解

原则本是人们观察处理问题的基本准绳，是要求大家共同遵守的行为规范。党管干部原则是我们党在长期的干部管理实践中，根据干部管理活动规律逐步形成的一个根本原则，是我们党的一贯方针。要充分认识了解这个原则，有必要对干部管理体制进行回顾。考察表明，迄今为止，我们的干部管理体制大体上经历了四种形态。

1. 统一管理体制。即由党中央直接管理每一个党员和干部（包括中央直属机关干部和地方各级干部），这种体制是由当时的客观环境决定的。为了适应地下工作的需要，卓有成效地开展反帝、反封建斗争，我们党不得不采取这种高度集中的管理办法；同时，由

* 本文写于 1988 年 9 月。

于当时党员和干部人数比较少，党中央也可以采取这种管理方法。

2. 分级管理体制。由于革命队伍日益壮大，党中央对干部的管理不可能过宽过细，于是，中央决定把地方干部这一块从直接管理的体系中分离出来，交给地方各级党委直接管理。中央负责管理中直机关的干部和地方县以上干部，省委负责管理省直机关干部和区以上干部。交叉部分的干部以上级管理为主，下级协助管理。这种管理体制一直沿用到建国初期。

3. 分部分级管理体制。以后，随着社会主义建设的全面展开，党的任务发生了根本变化。与此相应，党和政府的工作机构以及企事业单位、群众团体逐步建立和健全。职能的转变和工作部门的扩大，各级党委对各类干部不可能管得过于具体，于是，按照工作性质，将党和政府工作部门、企事业单位和群众团体划分为若干战线，分别由党委委托的部门来管理战线的干部工作，形成了分部分级管理体制。

4. 分级管理、层层负责、下管一级的管理体制。粉碎“四人帮”以后，我们党拨乱反正，对干部管理体制进行了一系列改革，重点是改变了过去下管两至三级的状况，实行下管一级。中央管理省部级干部，省委负责管理地厅级干部。这样，形成了集中统一管理体制的完备形态。

这四种管理体制尽管各具特色，但有一点是共同的：无论是中央管理还是地方管理，无论是直接管理还是委托一定的机构管理，无论是下管一级还是下管两至三级，从中央到地方每一个干部，从选拔到离退休，每一个环节都在党委的管理之下。

党管干部的原则作为这种高度集中管理体制的有机组成部分，在干部管理的具体工作中主要体现在以下两个方面。

1. 党制定干部工作的路线、方针、政策，保证在干部管理上的思想统一、步调一致；

2. 党组织统一办理干部管理的一切工作，包括选拔、任用、培训、考核、任免、升降、奖惩、辞退，等等。

高度集中的管理体制使人们产生了对党管干部原则的狭义理解，形成了一种思维定势：似乎党管干部的原则只能是党委直接管理干部的原则，其他任何管理方式都是不可理解的，都将直接或间接地动摇党的领导。这种思维定式又强化了集中统一的管理体制，使这种体制具有较强社会基础。

旧体制的弊端和对党管干部原则的思考

不可否认，一种干部管理体制取代另一种体制都顺应历史发展的趋势，都有一些新的合理的东西，都是一种改革。但是，这种进步、这种改革是非常有限的。纵观干部管理体制的每一次变化，可以说充其量只是在干部管理权限上进行了一些划分：由中央直接管理到分部分级管理，由下管多级到下管一级。但是，并没有突破集中统一管理的框架。对不同管理对象不同的特点，在很长时间内我们研究不够；对不同管理对象实施不同管理的问题，我们探索不力，以至于干部管理工作常常处于相对落后的状况，存在种种弊端。党的十三大报告指出："现行干部人事制度仍然存在一些重大缺陷，主要是：'国家干部'这个概念过于笼统，缺乏科学分类；管理权限过分集中，管人与管事脱节；管理方式陈旧单一，阻碍人才成长；管理制度不健全，用人缺乏法治。这使我们长期面临两大问题：一是年轻优秀的人才难以脱颖而出，二是用人问题上的不正之风难以避免。”

旧体制的弊端，迫使人们对作为干部管理体制基石的党管干部原则进行反思，首当其冲的问题是：党委要不要管理干部？

应该说，对这个问题的回答从来都是肯定的。马克思主义认为，无产阶级政党是无产阶级组织的最高形式，是领导无产阶级事业取得胜利的根本保证。党的领导不是空洞的，是通过干部的行动来实现的。我们党作为执政党，其领导更具有丰富的、实在的内涵，最主要的是制定路线、方针、政策，通过干部贯彻执行。离开了对干部的管理，缺乏对干部的监督、控制，必将出现有令不行、有禁不止的局面，必然动摇党的领导和执政地位。“文化大革命”中，林彪、“四人帮”一伙在干部管理上否定党的领导，“踢开党委闹革命”，给我们党和国家带来的损失是惨重的。新时期党的领导是政治领导，即政治原则、政治方向、重大决策的领导和向国家政权机关推荐重要干部。政治领导的实现同样离不开对干部的有效管理，没有一支坚持政治原则、把握政治方向、制定和贯彻执行党的重大决策的干部，政治领导同样是空洞的。因而，选拔、培养、推荐、使用、管理干部仍然是我们党的一项重要工作，是政治领导的重要内容。总之，无论什么时期，无论采取什么领导方式，党都应该对干部实施领导和管理。

旧的干部管理体制的弊端不是因为坚持党对干部工作的领导

和对干部管理带来的，而是我们领导与管理不善带来的。探索干部人事制度改革的新路子，所涉及的主要不是党委要不要管理干部的问题，而是如何改善管理制度、管理方式和管理作风的问题。党管干部的原则并没有过时，过时的只是我们对这一原则的传统理解和固定不变的思维方式。原则是发展的，党管干部原则在新时期应该不断丰富和完善。如果我们抱着传统观念不放，力图回答现实中的新问题，就不可避免地产生困惑和误解。

分类管理体制和党管干部原则内涵的扩展

党对干部如何管理呢？

党的十三大报告指出："进行干部人事制度的改革，就是要对'国家干部'进行合理分解，改变集中统一管理的现状，建立科学的分类管理体制；改变用党政干部的单一模式管理所有人员的现状，形成各具特色的管理制度；改变缺乏民主法制的现状，实现干部人事的依法管理和公开监督。"具体讲，将不从事管理工作的教师、医护人员和科研人员从"国家干部"的系列中分离出去，将剩下的"国家干部"分为七大类，即：国家公务员、党组织领导人员和工作人员、国家权力机关、审判机关、检察机关的领导人员和工作人员、群众团体的领导人员和工作人员、企事业单位的管理人员。按照党政分开、政企分开和管人与管事既紧密结合又合理制约的原则，对各类人员进行分类管理。

科学的分类管理体制从管理对象自身的特点出发，对传统的集中统一管理体制是一种质的飞跃。在这种体制之下，党对干部的管理主要体现以下两个结合：

1. 宏观管理与微观管理相结合。一方面，党制定干部工作的路线、方针、政策，从宏观上把握整个干部工作的原则；另一方面，党负责本系统领导人员和工作人员，以及其他系统主要起决策作用的领导人员的选拔、考核、任用、培训、奖惩、升降、离退休等具体工作。各级党委以宏观管理为主，从大量的微观管理工作中解脱出来，从事调查研究、制定政策、督促检查工作。党具体管理部分干部，主要是从党组织自身建设和执政角度考虑，从人事上实施对起着决策作用、负有政治责任的领导人员的监督管理，确保党的路线、方针、政策的贯彻执行。

2. 直接管理和间接管理相结合。一方面，党组织直接管理本系统的领导人员和机关工作人员，直接管理系统外的部分领导人员，包括政务类公务员中的共产党员，国家权力、审判、检察机关、群众团体、企事业单位领导人员中的共产党员，等等。另一方面，党组织间接管理本系统以外的部分领导人员和机关工作人员。这种管理的程序是，党领导制定有关法律、条例和章程，由有关部门通过这些法律、条例和章程对有关人员进行管理。如，制定宪法、组织法和国家公务员法，以及类似国家公务员法的法律，对政府中行使国家行政权力、执行国家公务的人员即国家公务员进行管理，对国家权力、审判、检察机关的领导人员和工作人员进行管理。制定有关章程、条例，对群众团体的领导人员和机关工作人员、企事业单位的管理人员进行管理。法律、条例或章程体现了党的意志，通过法律、条例或章程进行管理实质上就是党的管理，但形式上不是直接的，而是间接的。

科学的分类管理体制下，党管干部原则的基本内涵是：

1. 党必须坚持对干部管理工作的领导和对各类干部的管理；

2. 党管干部主要是从宏观上制定干部工作的路线、方针、政策，以及领导制定管理各类人员的法律、条例或章程，通过法律、条例或章程间接管理大部分干部；

3. 党直接管理监督党内干部和其他类起着决策作用、负有政治责任的领导人员中的共产党员，保证党的路线、方针、政策的贯彻执行。

从这个结论出发，就不难理解当前干部人事制度改革种种措施了，也不会得出否定党管干部原则的种种结论。

从高度集中的管理体制到科学的分类管理体制，需要一个过程。与此相适应，人们从对党管干部原则的传统理解中解脱出来也需要一个过程。既然改革的方向、目标已经确定，我们就应该始终不渝地朝这个目标奋斗，在实践中坚持和不断丰富、完善党管干部原则。

浅谈评价干部的标准 *

回顾我们党的历史，无论什么时期，评价干部的标准总是与这个时期所执行的政治路线相适应的。在新民主主义革命时期，党的总路线是，无产阶级领导的、人民大众的，反对帝国主义、封建主义和官僚资本主义的革命。因而，把能否带领人民大众推翻三座大山，对敌作战能否身先士卒，作为衡量干部的主要标准。在土地改革运动中，我们党的路线是废除封建的土地所有制，实行农民的土地所有制，评价干部的标准就是看其能否依靠贫雇农，团结中农，打土豪，分田地。“文化大革命”期间，以家庭出身论干部好坏，以“阶级斗争”论干部功过，是与这个时代所推行的“以阶级斗争为纲”的极“左”路线联系在一起的。党的十三大提出了我国还处在社会主义初级阶段的科学论断。在这个阶段，应该以什么作为标准评价干部呢？报告指出：“社会主义社会的根本任务是发展生产力。在初级阶段，为了摆脱贫穷和落后，尤其要把发展生产力作为全部工作的中心。是否有利于发展生产力，应当

---

* 本文写于1988年4月。

成为我们考虑一切问题的出发点和检验一切工作的根本标准。”理所当然，衡量一个干部的好坏，评价一个干部的功过是非，也应该以是否有利于生产力的发展作为根本标准。

以是否有利于生产力的发展作为评价干部的标准，实质上就是以政绩作为评价标准。党的十三大报告指出："坚持四项基本原则，坚持改革、开放，都要看实绩，要以此为标准，评价干部的功过是非。”实绩是一个干部的工作成果，它具有客观性和可比性，与人们的主观印象相比，实绩更能反映一个干部的德才表现。因而，它成为评价干部的客观标准。一个干部工作的实绩大体上可以分为两个方面：一是物质文明建设方面的成果，二是精神文明建设方面的成果。前者是发展社会主义物质生产力的表现形式，后者则是发展社会主义精神生产力的表现形式，后者对前者具有巨大的反作用。政绩越突出，对生产力的推动越大，反之，就不利于生产力的发展。因此，以是否有利于生产力的发展与以政绩作为评价干部的标准是一致的。

以是否有利于生产力的发展作为评价干部的标准具有客观性和直接性。衡量一个人是否坚持四项基本原则，坚持改革开放，从观念上、意识上是找不到结论的，也不能看他的自我标榜、自我表白，关键要看他的实际行动。对于一个干部来说，就是要看他能否创造性地贯彻执行党的路线，能否发展生产力。评价一个人的才能大小，不能仅看其是否能说会道，是否有理论水平，关键要看其工作是否有绩效。归根结底，是否有利于生产力的发展。如果一个干部政绩平平，工作期间对生产力的发展毫无促进，那么，只能说明这个人没有很好地坚持“一个中心、两个基本点”，或者没有多大能力。如果我们从观念到观念，整天围绕一个干部的性格、工作作风等做文章，将做不到对一个干部客观的、全面的、公正的评价。同时，对比以坚持“一个中心、两个基本点”相比，发展生产力的政绩更具有直接性。

以是否有利于生产力的发展作为评价干部的标准，可以形成一种崭新的价值导向，造成干部努力为社会主义现代化建设工作的良好局面。人们按照社会倡导的标准塑造自己，这就是社会标准的价值导向作用。古代科举制的实行，以对“四书五经”的熟悉程度作为选拔官员的标准，结果，造就了一批唯书唯上、崇尚空谈的书呆子和社会寄生虫。前几年，我们把知识化作为选拔干部、配备班子的一条标准，有的地方在执行的过程中一度把知识化等同于文凭化，出现了偏差，随之而来的是一些干部把精力放在捞文凭上，有的甚至不顾工作需要，片面追求文凭。党的十三大把政绩和是否有利于发展生产力作为评价干部的标准，就能形成一种新的价值导向，使广大干部的注意力、着眼点集中到贯彻执行党的基本路线上来，集中到发展社会主义生产力上来，集中到创造实绩上来。这对于社会的进步和发展无疑会有巨大的意义。

对干部的评价是通过上级组织对其奖惩、升黜和社会舆论对其褒贬来表现的，也就是说，上级组织和公众是干部标准的直接掌握者。要使评价干部的标准从“以阶级斗争为纲”前提下的“敢批敢斗”，转变到社会主义现代化条件下是否有利于发展生产力；从空洞、抽象的政治标准转变到现实、具体的综合标准，需要观念更新。首先，要摒弃论资排辈的陈腐观念，树立以绩取人的新观念。论资排辈严重阻碍了干部积极性、创造性的发挥，缺乏竞争，使一些优秀干部难以脱颖而出，给社会生产力的发展造成了巨大损失，成为干部工作的一大弊端。以是否有利于生产力的发展作为评价干部的标准，就是要看政绩，谁的政绩突出谁就上，谁无政绩或政绩平平谁就下，不管其资历的深浅，年龄的大小。

其次，要摒弃好人即好干部的观念，树立无功即过的新观念。评价干部的标准与评价一般公民的标准是有区别的。好干部首先应是好公民，遵纪守法，维护社会秩序。但好公民不一定是一个好干部。对干部德才素质的规定性显然不适应一般公民。一个干部在领导岗位上，无论品行多端正，如何忠诚老实，如果没有做出贡献，没有实绩，这个人算一个好公民，而不能称为好干部。无功即过，如果你工作没有成效，这本身就是事业的损失。

总之，通过观念的转变，使人们自觉接受和运用正确的评价干部的标准，真正做到对政绩突出者进行奖励、晋升、褒扬，对政绩平平者进行惩罚、废黜、谪贬，造成一个注重政绩、鼓励竞争的局面，保证和促进社会主义现代化事业的发展。

生产力标准是评价干部的根本标准 *

我们党一贯主张，考核评价干部主要是看实绩。在不同的时期，随着党的工作重点的转移，实绩的内涵也在不断发生变化。在新民主主义革命时期，党的根本任务是推翻三座大山，解放全中国，因而，实绩的主要内容就是组织和领导人民大众，进行武装斗争。在土地改革运动中，党的主要任务就是废除封建的土地所有制，实行农民的土地所有制，当时评价干部的标准就是看其能否依靠贫雇农，团结中农，打土豪，分田地。在社会主义初级阶段，干部实绩的主要内涵是什么呢？或者说，评价干部的根本标准是什么呢？

党的十三大报告指出："社会主义的根本任务是发展生产力。"我们的干部，作为党的路线、方针、政策的组织执行者，应该紧紧围绕党的中心任务开展工作。在现阶段，就应该围绕发展生产力这个中心做文章，忠诚于党的路线，并能创造性地执行党的路线。因此，是否有利于发展生产力，理所当然地成为评价干部功过是

---

* 本文原载《湖北日报》1988 年 5 月 12 日。

非的根本标准，成为新时期干部实绩的主要内容。

有一种观点认为，用生产力标准评价干部不全面。生产力标准可以表明一个干部的业务素质和能力，不能表明其政治素质。这种观点是不正确的。

政治素质不是一个空洞的概念，它有丰富的内容。发展生产力是社会主义初级阶段最大的政治。新时期干部政治素质的主要内容就是坚持四项基本原则，坚持改革开放。而衡量一个人是否坚持四项基本原则，是否坚持改革开放，从观念上、意识上是找不到结论的，也不能看他自我标榜、自我表白，关键要看他的实际行动。对于一个干部来说，就是要看他能否创造性地贯彻执行党的路线，能否发展生产力。正如邓小平同志所指出的："用人的政治标准是什么？为人民造福，为发展生产力、为社会主义事业作出积极的贡献，这就是主要的政治标准。"

评价一个人的才能的大小，不能仅看其是否能说会道，是否有理论水平，关键是看其是否有利于生产力的发展。如果一个干部政绩平平，工作期间对生产力的发展毫无促进，那么，只能说明这个人没有很好地坚持两个基本点，或者没有多大能力。如果我们从观念到观念，整天围绕着一个干部的性格、作风等做文章，将得不到对一个干部客观的、全面的、公正的评价。

当然，在评价干部时，我们不可忽视其他因素，如道德品质、工作作风、性格心理，等等，但是，如果离开了发展生产力这个大前提、大原则，这一切将失去意义。因为违背生产力发展的道德品质、工作作风、性格心理与时代的发展是格格不入的，以此为标准，只能将干部引入歧途。

生产力具有客观性，这就决定了以此为标准评价干部功过是非的客观性。过去，我们往往用一些抽象的政治原则和空想的理论模式裁判干部，或者把社会对一般公民的具体道德规范要求作为衡量干部的根本标准。其结果，在评价干部问题上，要么出现千人一面的状况，看不出各自的特色，分不清功过是非，从观念到观念，自觉或不自觉地陷于主观主义的泥潭；要么主次颠倒，注重一个干部的一般性问题，而忽略根本问题。把是否有利于发展生产力作为评价干部的根本标准，就可以剥除在干部评价上的主观色彩，将干部德才素质纳入发展生产力的轨道。这样，我们就有了一把评价干部客观、公正的尺子，谁的贡献突出，谁对发展生产力的贡献大，谁就有功，谁就是一个好干部；否则，要么政治素质不过硬，要么工作能力不强，或者德才平庸。

以是否有利于生产力的发展作为评价干部的标准，可以形成一种崭新的价值向导，形成干部努力为社会主义现代化建设工作的良好局面。人们按照社会提倡的标准塑造自己，这就是社会标准的价值导向作用。古代科举制的实行，以对“四书五经”的熟悉程度作为选拔官员的标准，结果，造就了一批唯书唯上、崇尚空谈的书呆子和社会寄生虫。把是否有利于发展生产力作为评价干部的标准，就能使广大干部的注意力、着眼点集中到发展社会主义生产力上来，集中到创造实绩上来，这对于社会的进步和发展无疑会有巨大的意义。

试论新时期党的领导形式 *

四项基本原则是我们的立国之本。坚持党的领导，加强党的领导，改善党的领导是四项基本原则的重要内容之一。要坚持、加强和改善党的领导，首当其冲的是要弄清楚什么是党的领导。前几年，党的领导概念在部分人头脑中渐渐模糊了，党的领导作用在一片空喊“加强”声中被削弱了。有的人在理论上把党的领导仅仅归结为政治领导，将党的领导抽象化、简单化，间接地否定了党的思想领导和组织领导，导致了实际生活中党的建设被淡化，思想政治工作被弱化的倾向；有的人借口党政分开，片面强调党政性质、职能的区别，否定党对国家政权机关的领导，把“党要管党”解释为“党只管党”，认为党只要管理党务就行了，只抓廉政建设就行了，将党的政治领导套上了一道道“紧箍咒”；有的人打着“改造”思想政治工作的旗号，从批判“思想政治工作万能论”入手，到鼓吹“思想政治工作无用论”结束，从一个极端走向另一个极端，实际上否定了党的思想领导的作用；有的人曲

---

* 本文原载《湖北社会科学》1989 年第 10 期。

解干部分类管理的思想，认为分类管理就是互不干预，完全分家，否定党管干部原则。总之，一些人主要通过否定党的领导的具体形式，达到否定党的领导的目的。因此，在当前重新阐述新时期党的领导形式，分析党的领导作用，对于澄清理论上的一些大是大非问题，坚定党的领导的信念是十分必要的。

党的十二大通过并经党的十三大修改的党章指出："党的领导主要是政治、思想和组织的领导。"这是对党的领导的高度概括。

一、政治领导：坚持政治原则，把握政治方向，制定重大决策并通过法定程序使党的正确主张变为国家意志

中国共产党是中国无产阶级的先锋队，是全国各族人民利益的忠实代表，是社会主义建设事业的坚强领导核心，是按照党的民主集中制原则组织起来的严密的政治组织。党的政治组织的特性，决定了政治领导必然成为党的领导的最主要形式。党的政治领导被当作一个问题提出来是在我们党成为执政党、成为全国政权和社会生活的领导力量以后才开始的。在民主革命时期，党肩负着推翻三座大山的重任，武装斗争要求党集政治领导和具体的组织指挥于一身，党组织既要制定路线、方针、政策，又要具体组织实施。这一时期，党的领导的原则和方法为人们所接受。实践证明，这种领导形式是符合当时实际的，是行之有效的。新中国成立以后，我们党成了执政党，这使一些同志对党的领导产生了误解，以为执政党就可以直接管理政府的工作，包办一切。加上长期以来形成的"党管一切"的传统以及我们缺乏领导社会主

义建设的经验，造就了事实上的党政不分、以党代政的现象。这几年尽管在改善党的领导方面做了一些工作，但是，这一问题无论在理论上，还是在实践中尚未根本解决，党常常处在行政工作第一线，成为矛盾的一个方面甚至处在矛盾的焦点上，党的领导地位降低了，党的领导作用削弱了。与此相应，否定党的领导的各种奇谈怪论出现了。这些现象引起了人们深刻的反思。

究竟应该怎样处理执政与执行的矛盾呢？多年来党的领导经验告诉我们，唯一的选择就是实行政治领导，即政治原则、政治方向和重大决策的领导。领导而不直接管理政府的工作，执政而不处在直接执行者的位置。

实行政治领导的前提和条件是党政职能分开。党政不分，以党代政，党组织包揽一切，党的政治领导必将是一句空话。列宁指出：“必须十分明确地划分党（及其中央）和苏维埃政权的职责；提高苏维埃工作人员和苏维埃机关的责任心和独立负责精神，党的任务则是对所有国家机关的工作进行总的领导，不是像目前那样进行过分频繁的、不正常的、往往是琐碎的干预。”党和政权机关的性质、职能、组织方式和工作方式是不同的，其中最根本的是性质不同。从一般意义上讲，国家是从社会中产生但又居于社会之上的公共权力机关，是用强制方法解决社会内部矛盾的强制性工具。而党是无产阶级先进分子自愿组成的政治组织，它是靠共同的理想、自觉的纪律、严密的组织来维系的。党与政权机关的性质不同，决定了它们职能的不同。政权组织的性质决定了它担负着直接管理国家事务的职能，就是说，政权组织是国家生活的直接管理者和指挥者。党的性质决定了它的主要职能在于确定国家和社会的发展方向，制定正确的路线、方针、政策。严格区别党政的性质和职能，我们只能得出一个结论，这就是党必须实行政治领导。

实行政治领导的根本途径是使党的正确主张通过法定程序变为国家意志。具体说，就是确定国家和社会的发展方向，制定有关国家和社会发展的正确纲领、基本路线和战略目标，通过法定程序，使党的路线、方针、政策变为国家的法律、法令、法规，从而实行政治领导。要使党的主张变为国家意志，首先在于这种主张的科学性，也就是说，党的主张要反映时代发展的大趋势，始终代表人民群众的根本利益。科学的主张是党的集体智慧的产物，它的产生有赖于党的组织和党员对实际情况的深入细致的调查研究，对人民群众愿望、要求的高度集中与及时反馈。离开了决策的科学化、民主化，背离从群众中来到群众中去的正确路线，党的主张必定脱离实际，政治领导也将成为政治瞎指挥。其次在于这种主张的法律性。科学的主张仅仅为变成国家意志奠定了基础，要使其真正成为国家意志，为人民所接受，就应该通过正常的法律程序，把党的正确主张变为法律条文，成为政权机关、群众团体和企事业单位以及广大人民群众必须共同遵守的准则。

二、思想领导：坚持马克思主义的主导地位，坚持党对意识形态领域工作的领导，加强思想政治工作

马克思主义的建党学说认为，思想领导是党的领导的一个重

要组成部分，任何时候、任何条件下都不能放弃党的思想领导的原则。列宁指出：“社会主义不是少数人，不是一个党所能实施的。只有千百万人学会亲自做这件事的时候，他们才能实施社会主义。”要使“千百万人学会亲自做这件事”，重要的一点，是要对千百万人进行社会主义思想的教育。他认为，自发的工人运动不能产生科学社会主义，“社会主义学说则是由有产阶级的有教养的人即知识分子创造的哲学、历史和经济的理论中成长起来的。”要把自发的工人运动提高到自觉的程度，就必须从外面把社会主义意识灌输到工人运动中去。布尔什维克党坚持思想领导的原则，广泛传播马克思主义，取得了十月革命的伟大胜利。我们党也十分重视思想领导。建党初期，毛泽东曾精辟地指出，红军党内最迫切的问题是无产阶级思想教育和思想领导的问题。他特别强调必须对党员加强正确路线的教育，必须加强官兵的政治训练。在以后的革命和建设中，以毛泽东为代表的共产党人始终坚持把思想领导放在党的领导的重要位置，从而保证了党的政治路线的贯彻执行。思想政治工作以及整个思想领导成为我们进行社会主义建设和改革的政治优势。在十年动乱中，由于“左”的错误的影响，特别是林彪、“四人帮”一伙的干扰破坏，党的思想领导的原则被破坏，思想政治工作的声誉被损坏。党的十一届三中全会以后，思想政治工作的优良传统逐步得到了恢复和发扬，坚持党的思想领导的重要意义已为越来越多的人所认识。但是，党的工作重点转移以后，有的人产生了一些误解，以为以经济建设为中心，只要按经济规律办事就行了，似乎思想政治工作可以不要了，党的思想领导也成了多余的。这些认识造成的直接后果是一些思想阵地的丧失与人们的思想混乱。这一切，阻碍了改革的进程，给社会主义事业造成了巨大损失，这是有目共睹的。正反两方面的经验教训表明，执政党一刻也不能放弃思想领导。

应该指出的是，随着形势的发展，党的思想领导必须加强和改善。新时期党的思想领导具有新的特点。首先，随着我们党成为执政党，马克思列宁主义、毛泽东思想在意识形态领域的核心地位、主导地位已经确立。尽管马克思主义需要继续发展、完善，尽管来自“左”“右”两个方面对马克思主义的诋毁时刻存在，但是，这并没有从根本上动摇马克思主义的地位。这并不是我们赋予了它某种特殊的权力，而是因为它本身的科学性与革命性。在这种条件下，思想领导的明显特点，一是宣传马克思主义与发展马克思主义并存，必须在建设有中国特色的社会主义现代化的实践中丰富马克思主义理论；二是宣传马克思主义与捍卫马克思主义并存，必须时刻反击各种非马克思主义的责难。其次，党在新时期的基本路线已经确立，这就是十三大概括的“一个中心，两个基本点”，必须贯穿于经济建设和改革开放的全过程，必须以四项基本原则的基本思想教育人民，教育学生，教育全体干部和党员，以保证社会主义现代化建设事业的顺利进行。

新时期党的思想领导，主要是通过强有力的思想政治工作实现的。党对人民群众的领导，不是直接向人民群众发号施令，而是采用思想政治工作的方法，向群众宣传解释党的路线、方针、政策，进行马克思主义、毛泽东思想的教育，进行共产主义和爱国主义的教育，不断提高他们的思想政治水平和觉悟程度，使他们认识和接受党的主张，自觉在党的领导下，为实现党的路线而奋斗。在当前，要注意克服“人人喊抓思想政治工作，实际无人抓”的现象。思想政治工作要做到组织落实、人员落实。党组织要抓，行政系统、群众团体也要抓。这三者目的是一致的，但具体方式是不同的。党组织除了抓具体的思想政治工作以外，还要管“总”，要制定思想政治工作的计划、原则和方法，协调其他组织的工作。这样，形成一个围绕共同目标、各有侧重、各负其责的思想政治工作新局面。通过思想政治工作，加强党对经济建设的正确领导，保证现代化建设的社会主义方向，保证全党和全国人民思想上的一致，提高人民群众的觉悟，调动人民群众的积极性，防止和克服各种非无产阶级思想对革命队伍的侵蚀，保持革命队伍的纯洁。同时，在思想政治工作中发展马克思主义理论，保持理论的超前地位和指导作用。

三、组织领导：坚持党管干部的原则，选拔、培养、监督党员干部，不断向政权机关输送，充分发挥党组织的战斗堡垒作用和党员的模范带头作用

党的路线、方针、政策的正确性以及通过法定程序变为国家意志，只是为党的领导提供了先决条件。如果没有一批与党保持一致的组织者、领导者、执行者，党的路线、方针、政策就得不到落实，党的领导也将是一句空话。早在本世纪初，伟大导师列宁就指出：“给我们一个革命家组织，我们就能把俄国翻转过来！”

他认为职业革命家具有同秘密警察作斗争的技巧，具备必要的理论知识、政治经验和组织工作才能，是党的领导核心。列宁的论述对于我们今天的现代化建设同样具有指导意义。党的领导从组织形式上讲是通过向政权机关输送干部来实现的。执政党的地位从某种意义上说，是通过在国家机关担任重要职务的党员及先进分子的数量和素质决定的。在国家政权机关中，担任重要职务的党员及其先进分子如果德才兼备，能坚定不移地贯彻执行党的路线、方针、政策，代表人民的利益，体现党的意志，并且在国家机关中占主导地位，执政党的地位就能得到巩固。否则，必将动摇党的领导，改变国家活动的方向。因此，斯大林指出："在正确的政治路线提出以后，组织工作就决定一切，其中也决定政治路线本身的命运，即决定它的实现或失败。"

实行党的组织领导，必须始终不渝地贯彻党管干部原则。党管干部原则是我们党在几十年革命和建设实践中总结出来的、符合我国国情的干部管理制度上的一个根本原则。党管干部原则的含义，概括起来有两点：其一，党制定干部工作的路线、方针、政策，保证在干部管理上的思想统一、步调一致；其二，所有干部都是党的干部，都在党的管理之下，党必须加强对干部的选拔、考核、培养和监督，等等。党管干部原则的内容在不同时期是不同的。这几年，随着改革的不断深入，干部工作上出现了一些与改革不适应的地方，主要是管理对象缺乏科学分类，"国家干部"概念过于笼统；管理权限过分集中，管人与管事脱节；管理方法陈旧单一，阻碍人才成长；管理制度不健全，用人缺乏法治。这些弊端的客观存在，理所当然地出现了一个“如何对待”的问题。认识这个问题的一个基本点是，我们决不能允许一些人以此为借口否定党管干部的原则，否定党的干部工作的优良传统，直至否定党的领导。应该说，这些弊端的出现，并不是坚持党管干部原则造成的，而恰恰是我们没有很好地坚持党管干部的原则，没有随着时代的发展及时调整干部管理政策的结果。党管干部的原则作为干部制度的最根本原则，我们一刻也不能动摇。当然，也不能因为现实生活中出现了否定党管干部原则的倾向以及改革中的一些失误，而死抱党管干部原则在特定时期特定表现形式不放，不思改革进取，不求发展完善。新时期党管干部的主要方式是由集中统一管理过渡到分类管理，使直接管理与间接管理并重，宏观管理与微观管理并重。具体说，就是要对“国家干部”进行合理分解，改变集中统一管理的现状，建立科学分类管理体制：通过建立党务工作人员制度，对党组织的领导人员和工作人员进行管理；通过建立国家公务员制度，对政府中行使国家权力、执行国家公务的人员，依法进行科学管理；通过制定类似国家公务员制度，对国家权力机关、审判机关和检察机关的人员进行管理；通过建立有关章程和条例，对群众团体的领导人员和工作人员、企事业单位的管理人员进行管理。这样，党管干部既有直接的管理，如对党组织自身的干部和政务类公务员中的共产党员等，党必须直接管理。同时又有间接的管理，即对层次较低的业务类公务员、群众团体、企事业单位的一般工作人员实行间接管理。既有微观的管理，具体从事部分干部的选拔、考核、培养、监督、使用工作；又有宏观管理，即制定大政方针和具体的法律、条例与章程，管理所有的干部。党管干部决不意味着党可以任意干预对每一个干部管理的每一细节，党制定了干部管理的法律、条例和章程，党就必须在这些法律、条例和章程的范围内活动。如政务类公务员的产生主要是人大选举或任命，党组织对其管理主要是依法进行推荐和监督，并通过人大组织中党员的作用，实现党的意志。在干部管理过程中，无论实行何种制度，有一点必须坚持，这就是党管干部的原则。

实行党的组织领导，还必须坚持干部的“四化”方针和德才兼备的原则。干部队伍的素质对于党的路线的贯彻执行具有决定的意义。毛泽东指出：“中国共产党是在一个几万万人的大民族中领导伟大革命斗争的党，没有多数才德兼备的领导干部，是不能完成其历史任务的。”坚持干部“四化”方针和德才兼备原则，就是要大胆选拔、重用那些坚持四项基本原则，忠诚党的路线并能创造性地执行党的路线的干部；选拔和重用那些为改革开放和社会主义现代化建设做出实际贡献，得到群众承认和信任的干部；选拔和重用那些具有专业知识、创新能力和年富力强，足以担负四化建设重任的干部。与此同时，必须坚决清除干部队伍中的腐败分子，保持党政机关的廉洁与高效。

实行党的组织领导，还必须发挥基层党组织的战斗堡垒作用和党员的模范带头作用。首先，党的主张是通过各级党组织贯彻执行的，他们对党的主张的理解程度和贯彻执行程度直接关系到政治领导的广度和深度，离开了他们的作用，党的政治主张不过是停留在文件上的空洞条文。其次，广大党员处在现代化建设的第一线，他们的举动直接影响周围的群众，是党实施领导的基础。没有他们脚踏实地的工作、无私的奉献以及模范带头作用，党的领导也将成为无源之水、无本之木。

政治领导、思想领导和组织领导是组成党的领导的密不可分的统一体，离开了任何一方面，都不能完整地实现党的领导。政治领导主要解决方向、道路问题，它是通过党的正确路线的领导实现的。党的路线正确，党就能实现正确领导，否则，就不会有党的正确领导，就不会有党的事业的胜利。从这个意义上说，党的政治领导是党的领导的最主要、最根本的形式。思想领导是政治领导和组织领导的基础，党只有在马克思主义思想的指导下，才能制定符合广大人民群众利益的路线、方针、政策，没有党在思想上的统一，就无法保证党在政治上、组织上的统一。组织领导是实现党的政治领导的保证。好的政策需要活生生的人去贯彻执行，离开了党的组织领导，党的路线要付诸实践是根本办不到的。在新时期，将党的领导简单化的倾向以及轻视思想领导、组织领导的倾向，在理论上和实践上都是有害的。

全面贯彻党的基本路线 努力为经济建设服务*

近几年来，湖北省党的组织工作紧紧围绕党的基本路线开展，努力为经济建设这个中心服务，为湖北社会稳定、政治稳定和经济发展提供了坚实的组织保证，也使组织部门自身职能作用得到较好发挥。

一、不断明确组织工作为经济建设这个中心服务的指导思想

在党的组织建设为经济建设服务、组织工作与经济工作结合的问题上，我们的认识经历了一个发展过程。

党的十一届三中全会决定将全党的工作重点转移到以经济建设为中心的轨道上来，这是一次伟大的历史性转折。组织部门有些同志曾经片面理解党的工作重点的转移，认为组织建设以经济建设为中心，就是要去抓经济工作，一度放松了党的建设和整个

* 本文原载《领导工作研究》1992 年第 5 期。

组织工作业务，使这方面工作受到削弱，也直接影响了经济建设的发展。针对这种情况，我们一方面认真学习、宣传中央有关精神，另一方面深入调查研究，总结并在全省推广宜城县建立党建工作“四联”责任制（县委联系乡镇党委、乡镇党委联系村党支部、村党支部联系党员、党员联系农户），把党的建设、经济建设和精神文明建设等工作全部纳入责任制，一起布置、一起考核的经验，还宣传了一大批通过抓好党的建设和组织工作，推动改革开放和经济发展的典型，在探索组织工作与经济建设结合的方式上迈出坚实一步。全省各级党委和组织部门认识到，组织工作为经济建设这个中心服务，不是要组织部门撇开自身业务直接去抓经济工作，用抓经济工作代替抓组织工作，而是要探索新形势新任务下组织工作的新特点、新规律、新方法，适应改革开放与经济建设的需要，把组织工作做得更好。

基本思路形成以后，我们在组织工作的实践中进行了大胆探索。首先在农村党组织建设上取得突破，形成组织工作与经济工作结合的“小气候”。1988 年 4 月，我们明确提出农村党组织建设要把带领党员、群众勤劳致富、共同致富，建设富裕、文明的社会主义新农村作为“主航道”，把农村党的建设、经济建设和精神文明建设有机结合起来。组织全省农村党组织和党员开展了为期两年的大讨论。这次大讨论，虽然主要是涉及农村基层党组织建设问题，但对统一全省各级党组织认识，把工作着重点进一步转到经济建设上来，对于全省组织部门牢固树立为经济建设服务的思想，进一步明确组织工作与经济工作结合的途径和方式，起到了重要的推动作用。组织工作的其他方面工作，都从这次讨论中得到启示，举一反三，增强了为经济建设这个中心服务的自觉性。

党的十三届四中全会以后，我们进一步总结前段经验教训，更加明确地提出全省组织工作的指导思想，即“紧紧围绕党的基本路线，围绕实现我省‘八五’计划和十年规划，以经济建设为中心，以发展社会生产力，巩固社会主义制度为目的，全面推进党的政治建设、思想建设、组织建设、作风建设，提高党的战斗力，充分发挥党员的先锋模范作用，更好地服务于政治，更好地服务于经济。”这个指导思想得到省委肯定。目前，这一指导思想已成为全省各级组织部门的共识，并落实到行动上。

二、大胆实践，不断探索组织工作为经济建设这个中心服务的途径和方式

——把是否有利于服务经济建设这个中心，作为组织部门重大工作部署的出发点。如在县以上领导班子思想作风建设方面，前些年我们曾采取了一些措施，但成效并不明显。究其原因，一是指导思想不够明确，思路不够开阔，就思想作风建设抓思想作风建设。二是部门抓、抓部门，上下不连贯，没有形成共识。针对这种情况，近几年，我们突出了为经济建设这个中心服务的指导思想，扩大了思想作风建设的内涵，把注意力真正引导到以经济建设为中心上来，以思想作风建设带动其他方面工作开展。通过抓县以上领导班子思想作风建设，一级抓一级，带动基层组织建设，形成上上下下为经济建设这个中心服务的共识，取得较好

效果。在领导班子的组织建设方面，坚持干部“四化”方针和德才兼备标准，围绕经济建设这个中心，注意把年富力强、具有经济头脑和管理才能、有实绩的干部选拔到领导班子中来，改善了班子结构，增强了班子的活力。从1988年开始，还为各县市选派了135名科技副县市长，为全省1518个乡镇中的1194个乡镇选派了科技副乡镇长，推动了科技与经济建设的结合，促使科学技术转化为生产力，也促进组织工作直接服务于经济工作。同时，加强了干部培训工作，不断提高各级领导班子成员马克思主义理论水平和经济理论水平，使其能够更好地驾驭经济工作局势。在农村基层党组织建设方面，我们在全省范围内开展农村党支部达标升级活动，提出了农村基层党组织为发展农村经济服务的途径、方式、目标和措施，深化了“主航道”问题的讨论，推动先进、中间、后进各层党支部提高建设水平。我们还积极探索企业党组织发挥政治核心作用、搞活企业的方式和途径，广泛开展了党员责任区活动，组织党员为提高企业的素质和效益作贡献，使每个党员都找到了发挥作用的着力点，在促进企业两个文明建设的同时，加强了党组织自身建设。

——把是否有利于服务经济建设这个中心作为组织工作改革的方向。组织工作必须适应改革开放的新形势、新任务的要求，不断探索，不断改革。改革目的，就是要使组织工作更好地服务于政治、服务于经济，就是要把基层党组织和党员推到改革开放的大环境和经济建设的主战场，充分发挥作用。近几年，我们加强了组织工作改革理论研究，先后召开了5次党的组织制度改革理论研讨会和3次企业干部人事制度改革研讨会，取得了大量研究成果。在实际工作中，注意运用这些成果，推进组织工作改革，使组织工作与经济工作在更高的层次上有机结合起来。如，在一些商品经济较发达和村办企业较多的行政村建立党总支，在村办企业建立党支部或党小组，增强第一线党组织的战斗力，促进了党员作用的发挥和村级集体经济的发展。不断改进对农村党员的管理，探索发挥农村无职党员作用的有效形式和途径。1986年以来，先后总结推广了长阳县开展党员联系农户活动、荆州地区建立“四组一联”（工作参谋组、政治思想工作组、财务监督组、科技示范组、党员联系户）制度，推广了云梦、钟祥等县的经验，在外出党员较多和较固定的地方建立临时党支部，实行了外出党员卡片管理，使他们无论走到哪里都能参加党组织的生活，受到党组织的教育，并为家乡经济建设出谋献策，扶助家乡经济发展。运用干部制度改革研究的成果，我们推进干部交流和下派工作，培养锻炼干部，促进全省经济平衡发展；注意引入竞争机制，改革企业干部人事制度，为企业选拔一批优秀管理人才；放活科技人员政策，推动科技人员到生产第一线去建功立业，为经济建设作出贡献。

——把是否有利于服务经济建设这个中心作为评价党的建设和组织工作好坏的重要标准。十分重视发挥先进典型的导向作用，陆续推出了各方面的先进典型。在评选先进典型的标准上，不仅要看党的建设方面的成绩，而且要看党的建设与经济工作结合的程度与水平，看经济建设方面的成绩，引导各级党组织和党员把工作的注意力和着眼点真正放到经济建设上来。如，1991年11月，在全省县以上领导班子思想作风建设经验交流会上，仙桃市委等20个单位和个人介绍了经验体会。在全省农村开展向洪湖市洪林村党总支等农村基层组织建设“十面红旗”学习的活动，在全省企业开展向武汉钢铁公司党委等企业党的建设“十面红旗”学习的活动，最近拟推出乡镇党的建设“十面红旗”。通过对“十面红旗”的广泛宣传和学习活动，引导全省党组织进一步明确了党的建设的指导思想，推动了改革开放和经济发展。

三、加强组织部门自身建设，不断提高组织工作为经济建设服务的水平

组织工作为经济工作服务，必须加强组织部门自身建设，不断增强适应经济建设和改革开放新形势的能力，提高工作质量和水平。

——增强组工干部为经济建设服务的意识。及时组织组工干部学习党的路线方针政策，全面领会党的基本路线，不断明确组织工作的指导思想。

——改善结构，提高素质，提高为经济建设服务的能力。近几年来，全省各地注意选拔一批文化程度较高、有基层工作经验的年轻干部进入组织部门，尤其注意从经济管理部门选调一批懂得经济工作的干部充实组工干部队伍，使组织部门熟悉了解经济工作的人数不断增加，结构大为改善。坚持每年举办一期组工干部培训班，每期培训100多人左右，既学政治理论和组工业务，

又学经济管理方面的知识，使组工干部的素质得到了提高。

——加强与经济部门的联系，积极参与经济工作的调查研究和实践。省委组织部确定了10个县市区委为思想作风建设联系点，20家大型企业为党的建设联系点。通过建联系点的方式，加强了与经济管理部门的联系，加深了对经济情况的了解。积极派干部参加支农、扶贫、基层调查、社教等中心工作，直接为经济建设出力献策。

——为使组织工作更具有计划性、科学性、预见性，引导全省组织部门继续努力探索组织工作与经济工作的结合点。根据全省国民经济和社会发展的“八五”计划和十年规划的精神，认真制定了全省组织工作五年规划，勾画了五年内组织工作发展的基本蓝图，重申了组织工作的指导思想，提出了具体目标和措施，更好地为经济服务，提供组织保证。

——逐步建立适应改革开放和经济建设需要的组织部门工作运行机制。1985年以来，通过总结组织部门工作，提出了一手抓业务、一手抓调研的组织部门新的运行机制，研究的成果不断运用于组织工作的实践，收到了良好效果。

关于新形势下党的建设若干问题的思考*

我结合学习党的十七届四中全会精神，着重就新形势下党的建设若干问题谈点认识和体会。

2009年是新中国成立60周年，是毛泽东提出党的建设伟大工程70周年和中央提出党的建设新的伟大工程15周年。1939年，毛泽东同志在《〈共产党人〉发刊词》中，第一次提出了党的建设伟大工程；1994年，党的十四届四中全会通过的《关于加强党的建设几个重大问题的决定》，第一次提出了党的建设新的伟大工程。党的十七届四中全会，认真总结了我们党执政60年来特别是领导改革开放30年来加强自身建设的宝贵经验，深入分析了党的建设面临的新情况新问题，审议通过了《关于加强和改进新形势下党的建设若干重大问题的决定》(以下简称《决定》)，对以改革创新精神推进党的建设新的伟大工程作出了战略部署。《决定》内容丰富、思想深刻，提出了许多新思想、新观点、新思路、新举措，体现了党的建设理论创新、实践创新、制度创新、工作创新的丰

* 本文是2009年8月在单位集体学习时的发言提纲。

富成果，是指导新形势下党的建设的纲领性文件。学习贯彻全会精神，是当前和今后一个时期全党的一项重要政治任务。

一、关于党的理论武装问题

《决定》强调，思想理论建设是马克思主义政党的根本建设，必须按照科学理论武装、具有世界眼光、善于把握规律、富有创新精神的要求，把建设马克思主义学习型政党作为重大而紧迫的战略任务抓紧抓好。党的思想理论建设主要包括理论创新和理论武装两个方面。理论创新就是要结合我国国情和时代特征，推进马克思主义中国化、时代化、大众化，这是建设马克思主义学习型政党的首要任务。理论武装就是要通过持之以恒的学习教育，把理论创新的成果化为全党共同的理想信念、价值追求和自觉行动。纵观我们党 88 年的历史，我们可以发现一个带有规律性的现象，就是党的理论创新每推进一步，理论武装也就跟进一步。党的七大、十五大、十六大分别把毛泽东思想、邓小平理论和“三个代表”重要思想确立为党的指导思想，党的十七大又把科学发展观写入党章，这反映了党的理论创新的历史性飞跃，体现了党的指导思想的与时俱进。与此相适应，我们党在七大、十五大、十六大、十七大之后，都开展了大规模的集中学习教育活动，用理论创新成果武装全党，而每一次学习热潮都推动了我们的事业实现大进步大发展。

对如何推进党的理论创新和理论武装，《决定》从四个方面作出了部署。这里，我主要就建立理论武装长效机制的问题谈点看法。理论创新要解决的是党的指导思想与时俱进的问题，而理论武装所要解决的是党员干部理想信念问题，也就是世界观、人生观、价值观问题。党的十五大以来，我们党开展的每一次大规模集中学习教育活动，都是把坚定理想信念放在第一位的，取得了明显成效。但从一些党员干部对科学理论不学、不懂、不信、不用，甚至理想信念发生动摇的现状看，必须更好地把集中教育同经常性教育结合起来，特别是要建立理论武装长效机制，把握规律性，增强实效性，切实解决党员干部的理想信念问题，真正做到用科学理论武装头脑、指导实践、推动工作。

我们党提出建立理论武装长效机制，目的是使理论武装经常化、制度化。在我印象中，党中央最早提出建立长效机制，是“三讲”集中教育之后，最后落脚到党的十五届六中全会关于加强党的作风建设的决定这“一个文件”上；农村“三个代表”重要思想学习教育活动之后，中央强调要建立“党员经常受教育、农民长期得实惠”的长效机制，各地建立健全了农村党员干部现代远程教育网络和村级组织活动场所这“两个阵地”；保持共产党员先进性教育活动取得了丰硕的理论成果、实践成果、制度成果，活动之后，中央也提出要建立长效机制，出台了“四个制度”。这一个文件、两个阵地、四个制度，大体反映了三次集中学习教育活动建立的长效机制。

如何建立和完善党的理论武装长效机制呢？我认为，应该把握四个原则：一是必须坚持理论与实际相结合，紧紧抓住党员领导干部这个重点，既密切联系本地区本部门本单位的工作实际，又密切联系党员干部的思想实际，不能空对空，搞形式主义。二是必须坚持集中教育与经常性教育相结合，集中学习教育活动不仅要抓，而且要抓好，经常性的教育也应该毫不放松抓紧抓好。三是必须坚持解决思想问题与解决实际问题相结合，建立健全党内激励、关怀、帮扶机制，关心和爱护每一个党员，特别是无职党员、流动党员、老党员、生活困难党员。四是必须坚持继承与创新相结合。事实上，我们党在建立党员干部教育的长效机制方面，有很多好的传统和经验。比如，“三会一课”制度，就很简便、很管用，也很有生命力。在很多情况下，越是简便的，可能越是管用的。只要我们根据形势和任务的发展，不断赋予其新的内涵，不断改进方式方法，就一定能够收到很好的效果。

二、关于党的组织制度改革问题

《决定》首次提出了提高党的建设科学化水平的重大命题。党的建设科学化是以党的建设制度化为根本保障的。《决定》的一个鲜明特点，就是既有一个部分集中论述制度建设，又将制度建设贯穿其他各个部分；既有对过去行之有效的制度整合提升，又有与时俱进的制度改革创新。尽管党的组织制度改革这个概念没有明确提出，但已成为蕴含《决定》之中的一个重大课题。

党的组织制度大体上可以分为三个层次：一是根本组织制度，就是民主集中制；二是基本组织制度，就是党的代表大会制度；三是具体组织制度，包括选举制度、决策制度、监督制度等。组织制度改革是覆盖这三个层面的全方位改革。要通过组织制度改革，建立健全以民主集中制为核心、符合时代发展要求、富有生机活力的组织制度体系。对于组织制度改革的具体内容，《决定》已经作了全面阐述。在这里，我想着重谈一谈根本组织制度改革，也就是坚持和健全民主集中制的问题。

民主集中制是党和国家的根本组织制度和领导制度。我们党历来高度重视民主集中制建设，特别是党的十六大以来，以胡锦涛同志为总书记的党中央积极进行理论创新和实践探索，把民主集中制建设提高到了一个新水平。从理论方面看，创造性地提出“党内民主是党的生命，集中统一是党的力量保证”，要“尊重党员主体地位”“以扩大党内民主带动人民民主，以增进党内和谐促进社会和谐”，强调“维护中央权威、维护党和国家的集中统一是坚持民主集中制的内在要求”，等等。从实践方面看，一是按照民主集中制原则，中央领导集体率先制定会议制度和工作规则，进一步健全集体领导制度；二是实行中央政治局向中央委员会、地方各级党委常委会向全委会定期报告工作并接受监督的制度；三是先后修订、制定、颁布一系列贯彻民主集中制的党内条例；四是建立和完善了党的地方各级全委会、常委会以及地方党委领导班子配备改革后的工作机制、全委会决策表决制度、党委民主生活会制度等；五是积极推进包括党务公开在内的党内民主实践创新，进一步规范和完善了有关制度程序。

应当看到，当前民主集中制建设在向前推进的同时，在一些地方和部门中也存在一些亟待解决的突出问题：一是认识不到位，对民主集中制的理解存在种种偏差，极大地妨害着民主集中制的贯彻执行。有研究表明，列宁当初提出、后来被翻译成中文的“民主集中制”，本意是“基于民主的集中”“把民主集中起来的制度”，而不是民主和集中并列制，更不是突出集中的长官意志。二是机制不健全，抽象规定多、具体规则少，特别是监督制约机制、纠错矫正机制不健全，反向限定不够。三是程序有缺失，对调查研究、专家咨询、方案论证、民主讨论、会议决定、贯彻实施、通报通告、检查督促等一系列环节的设定不科学、不规范，实践过程中自觉不自觉、有意无意省略环节，搞实用主义和形式主义。四是成效不明显，最为突出的问题是民主不充分、“一把手”说了算，甚至独断专行的现象依然存在。

《决定》明确提出，必须坚持民主基础上的集中和集中指导下的民主相结合，以保障党员民主权利为根本，以加强党内基层民主建设为基础，切实推进党内民主，广泛凝聚全党意愿和主张，充分发挥各级党组织的积极性、主动性、创造性，坚决维护党的集中统一。《决定》还从坚持和完善党的领导制度、保障党员主体地位和民主权利、完善党代表大会制度和党内选举制度、完善党内民主决策机制、维护党的集中统一等五个方面，对坚持和健全民主集中制进行了部署。这进一步阐明了坚持和健全民主集中制的总体思路和主要任务，具有很强的现实针对性和指导性。坚持和健全民主集中制，核心问题是要坚持和完善党的领导制度，也就是党的领导体制和工作机制。这是因为，科学的领导制度是党有效治国理政的根本保证。坚持和完善党的领导制度，应当在坚持和完善外部制度体系和内部体制机制两个方面下功夫。

在外部制度体系建设方面，关键是要坚持党的领导核心地位，正确处理党与方方面面的关系，使党的执政始终沿着科学化、民主化、法制化的方向前进。

一是要积极探索党“总揽全局、协调各方”的具体实现形式。着眼于实现由党直接管理国家、治理社会到由国家政权系统依法管理、依法行政、依法监督转变，进一步完善“一个党委、五个党组”的领导体制，通过党组实现对人大、政府、政协、法院、检察院机关的领导。

二是要科学规范党政关系。坚持党政职能分开，建立起重大决策统一、党政具体职能分开，并能有效监督的新型领导体制；切实维护人大的权力和相对独立性，强化人大对政府权力的宪法和法律监督，防止权力滥用；科学规范党委与政府的关系，以法律形式明确国家权力主体间的授权关系，党委不直接干预政府施政过程，以保证政府权力的正常运行。

三是科学规范执政党与参政党的关系。要健全中国特色社会主义政党制度，加强和改善对民主党派的领导，特别是要建立健全相关配套制度规定，使民主党派参政议政、民主监督和政治协商做到内容具体化、运行程序化、操作规范化；切实推进人民政协履行职能的制度化、规范化、程序化建设，更好地发挥人民政协作用。

四是要完善执政党与人民群众关系机制。建立健全新形势下的组织群众、宣传群众、教育群众、服务群众工作机制，加强和改进新形势下的群众工作。健全公民有序政治参与的制度机制，完善社会主义民主的具体形式。积极发挥社会组织的作用，形成社会管理和社会服务的合力。

在内部体制机制建设方面，要完善党内领导体制和工作机制，科学配置好党内领导机关的权力，建立健全党内决策权、执行权、监督权既相互制约又相互协调的权力结构和运行机制，保证党内权力的健康有序运行。

一是以完善党的代表大会制度和委员会工作机制为基础，发挥党内权力机关的作用。要扎实推进党的代表大会常任制，充分发挥党代会对党内重大问题的决策权和对决议执行情况的监督权；落实党代会代表任期制，建立各级党代会代表提案制度，切实改变党代会代表只在会议期间发挥作用的状况。

二是以完善党的地方各级全委会、常委会决策和工作机制为重点，强化集体领导原则。要进一步理顺全委会与常委会的关系，细化常委会与全委会的议事职责和规则，推行地方党委讨论决定重大问题和任用重要干部票决制，健全决策失误纠错改正机制和责任追究制度，完善常委会向全委会负责、报告工作和接受监督的制度和机制。

三是以改革纪检领导体制为保证，构建党内有效的权力监控机制。改革现行地方各级纪律检查委员会的双重领导体制，实行以上级纪检机关领导为主、对同级党的代表大会负责的垂直领导体制，实现由专门办案机关向专职监督机关的转变。

四是以尊重党员主体地位为根本，健全党员权利保障机制。推进党内民主建设，最根本的是要认真落实党员的知情权、参与权、选举权、监督权等民主权利，使党员在党内生活中真正发挥主体作用。要牢固树立党员主体意识，把激发党员的积极性、主动性、创造性作为党内民主建设的出发点和落脚点，健全党员权利保障机制，发挥党员在党内事务中的参与、管理、监督作用。要推进党务公开，创新公开形式，拓展党员参加党内事务的渠道，探索和丰富党员发挥作用的途径和方式。《决定》提出，要建立健全党内情况通报制度、党委新闻发言人制度、党内事务听证咨询制度、党员定期评议基层党组织领导班子成员制度等，这些制度安排，对于发展党内民主必将起到重要作用。

三、关于干部人事制度改革问题

《决定》提出了深化干部人事制度改革、建设善于推动科学发展和促进社会和谐的高素质干部队伍的战略任务，强调坚持民主、公开、竞争、择优，提高选人用人公信度，形成充满活力的选人用人机制，促进优秀人才脱颖而出，是培养造就高素质干部队伍的关键。强调要建立健全干部选拔任用提名制度、完善竞争性选拔干部方式、完善差额选拔干部办法、健全干部选拔任用监督机制和责任追究制度、健全干部退出机制等，这些创新性的制度机制、方式方法是切实可行的。落实好这些政策措施，必将有力增强干部队伍的生机与活力，把更多的优秀人才集聚到党和国家的事业中来。

深化干部人事制度改革，说到底，就是要进一步形成科学的选拔任用机制和管理监督机制。近几年来，我们党大力推进干部人事制度改革，在选拔任用方面，主要是实行了民主推荐、民主测评、公开选拔等制度；在管理监督方面，主要是实行了领导干部职务任期、回避、交流等制度，应该说，方向是正确的，效果也是明显的。在这里，我着重就干部人事制度改革的现状和方向谈点感受。

一是形势不容乐观。吏治腐败是危害最烈的腐败。干部人事制度改革的很多措施都是针对干部人事工作中的不正之风提出和实施的。现在的情况是，选人用人上的不正之风屡禁不止，在一些地方甚至有愈演愈烈之势，跑官要官、买官卖官、带病提拔、拉票贿选等问题比较普遍，人民群众意见很大。出现这些现象的原因是多方面的，其中很重要的一点，就是制度设计不太科学，使心术不正的人有机可乘。

二是制度过于烦琐。这些年出台关于干部人事制度改革方面的文件不少，于法不周严，于事不简便，贯彻执行困难，成本代价太大。

三是取向出现偏差。干部人事制度改革总的方向应该是民主、公开、竞争、择优，但在具体制度设计上有失偏颇。比如，选任制的取向是民主，委任制的取向是效率，而现在的制度设计将二者混为一团，不该选任的采取了选举或变相选举（民主推荐等）的办法，不该委任的采取了委任或变相委任的办法。实行选任制，就是要以票取人；实行委任制，所谓的推荐票最多只是一个参考。公开选拔党政领导干部，既不是选任制，又不是委任制，“一考定提升”，既有悖于现代民主政治和人事管理理论，又容易形成不好的导向。选任的干部是有任期的，委任的干部是没有任期的。现在我们的文件规定，部分委任的干部也有任期，有点不伦不类。

四是改革有待突破。改革开放初期，干部人事制度改革的最大亮点、最成功的实践，就是废除实际存在的领导干部职务终身制、推进新老干部的合作与交替。经过这些年的探索与实践，应该而且可以找到新的突破口。这个突破口就是要对选任制进行改革，对选举产生的干部实行真正意义的任期制。选举产生的干部，也就是一些国家所说的政务类公务员，是领导干部队伍的核心部分，选准管好这部分干部，就可保证党和国家的长治久安。改革选任制、推行任期制，就是要把领导干部的选拔、任用、管理、监督包括引咎辞职、责令辞职、离任审计等各项制度融为一体，使之相互配套、科学规范，既扩大干部工作中的民主，推进民主政治建设，又增强干部队伍的生机与活力，切实解决领导干部能上不能下的问题。

四、关于年轻干部成长路径问题

《决定》强调，源源不断培养大批优秀年轻干部是关系党和国家的根本大计。要重点加强年轻干部党性修养和实践锻炼，使他们切实做到忠诚党的事业、心系人民群众、专心做好工作、不断完善自己。这为我们培养选拔优秀年轻干部工作进一步指明了方向。

改革开放以来特别是党的十六大以来，在中央高度重视和大力推动下，各地选拔了大批德才兼备的年轻干部，各级领导班子的年龄结构、知识结构、专业结构大为改善。同时也要看到，面对世情、国情、党情和干部队伍状况的深刻变化，面对新的形势和任务，年轻干部队伍状况、培养选拔年轻干部工作，仍然存在许多亟待改进的问题。一段时间以来，社会上对此也有不少议论，主要集中在年轻干部的政治素质和成长路径上。在政治素质上，一些年轻干部理想信念不够坚定，“官本位”思想严重，刚刚提拔就琢磨“再上一个新台阶”，宗旨意识、群众意识淡薄，事业观、工作观、政绩观严重扭曲。如近年出现的“59 现象”让位于“35 现象”“39 现象”，就是一个很好的说明。在成长路径上，不少年轻干部缺乏基层和艰苦复杂环境的历练，工作经历比较单一。中央国家机关司局级干部中，具有县乡领导工作经历的仅占 12.5%。这也是湖北宜城市的“29 岁市长”引起热议的一个重要原因。

年轻干部的成长路径在一定意义上决定其思想政治素质和能力。要进一步改进年轻干部培养选拔工作，从组织上为年轻干部设计正确的成才路径。一是要坚持德才兼备、以德为先的选人标准。要把党性修养放在第一位置，着重考察年轻干部是否具有坚定的理想信念、较强的宗旨意识和清廉务实的工作作风，是否对党忠诚、对人民负责。二是要坚持重实践、重基层的用人导向。党政机关招考公务员，应向基层倾斜，逐年减少应届大学毕业生的比例。要加大年轻干部跨地区、跨部门、跨行业交流锻炼力度，鼓励更多的年轻干部到基层、生产一线和艰苦地方去砥砺意志、增长才干。提拔年轻干部，要特别强调基层工作经历，建立来自基层一线党政领导干部培养选拔链。

五、关于党的基层组织作用定位问题

《决定》的一个突出亮点，就是对党的基层组织建设作出了全面部署，特别是对党的基层组织的作用定位作出了明确规定。党的基层组织是党的全部工作和战斗力的基础，是落实党的路线方针政策和各项任务的战斗堡垒。基层组织的作用定位，决定其作用发挥。目前，对党的基层组织作用定位差异比较大。比如：农村基层党组织和高校党组织发挥领导核心作用，而同是承担国民教育任务的中专、中小学党组织则发挥政治核心作用；国有企业党组织定位为政治核心，民营企业党组织则定位为职工群众中的政治核心，外资企业党组织定位为中方员工中的政治核心；机关党组织发挥协助、监督作用，科研院所党组织发挥保证监督作用，等等。我们党作为高度统一的马克思主义执政党，基层组织的性质是相同的，其作用定位是不应该有如此大差异的。

我们党作为执政党，作为中国特色社会主义事业的领导核心，党章总纲明确规定，“党的领导主要是政治、思想和组织的领导。”“党必须按照总揽全局、协调各方的原则，在同级各种组织中发挥领导核心作用。”这就存在一个问题，“同级各种组织”是否包括基层各种组织，也就是说基层算不算一个“级”，如果算，那么党章相关部分和党内文件关于党的基层组织的定位就与党章总纲的规定相冲突；如果不算，那么究竟应如何定位党的基层组织呢？我理解，这个“同级”，是从中央到地方的“同级”，也就是中央、省、市、县的“同级”，是不包括农村、企业、机关、事业单位、城市社区等基层单位的。这就需要对党的基层组织进行重新定位。

截至2008年底，我们党有371.8万个基层组织。通过研究党的基层组织功能，我感到将党的基层组织统一定位为政治核心比较合适。我想说明的是，此“政治核心”非彼“政治核心”。过去我们讲的政治核心作用，主要包括保证监督党和国家方针政策贯彻执行、参与重大问题决策、加强党组织自身建设、领导思想政治工作和群众组织等，内涵比较窄；现在我们讲的政治核心作用，除上述内容外，还可以包括领导基层单位全面工作，对重大问题进行决策等。正如公有制的实现形式应当而且可以多样化一样，党的基层组织政治核心作用的实现形式也应当而且可以多样化。我们要从不同性质基层单位的具体情况出发，深入研究不同领域基层党组织发挥政治核心作用的实现形式和具体要求，分门别类地制定有关规定，以有效指导党的基层组织建设。

以国有企业为例，目前在党组织设置上有两种形式，一种是设立企业党组，为中央或各级党委的派出机构，是企业的领导核心，不属于基层组织范畴，这是没有什么异议的；一种是设立企业党委，发挥原来意义的政治核心作用，这就出现了“中心”与“核心”的长期之争。国有企业特别是中央企业固然是经济组织，但公有制的主体地位、党执政的重要经济基础，决定了党组织在企业中的领导地位。加强党对国有企业的领导，直接表现为国有企业党组织代表党对国有企业进行领导。国有企业党组织发挥现在意义的政治核心作用，最重要的一点，就是对企业重大问题进行决策，而不是什么参与决策。参与决策是参政党的事，不是执政党的事。其实现形式，就是将党组织纳入企业法人治理结构之中，实现企业党组织与董事会的高度融合，党委书记任董事长，党员董事任党委委员，对企业重大问题进行决策，包括依法推荐、提名或直接任命企业总经理，总经理负责企业的生产经营。党委或董事会的决策实际上也是一种集体决策。这样，把复杂问题简单化，既有利于坚持党对国有企业的领导，又有利于形成真正意义的企业法人治理结构，有利于企业的改革发展。

六、关于党员队伍自我纯洁机制问题

《决定》强调，要以提高党员素质为重点，抓紧抓好党员队伍建设这一基础工程，加大在工人、农民中发展党员力度，重视在高知识群体、在大学生等各领域优秀青年中发展党员；严格党内组织生活，坚持民主评议党员，表彰优秀党员，及时处置不合格党员，增强党员队伍生机活力。这就提出了一个正确处理数量与质量的关系问题。

中央组织部发布的最新党内统计数据显示，截至 2008 年底，党员总数为 7593.1 万名，比新中国成立时增加了 16 倍；大专以上学历的党员 2583.3 万名，占党员总数的 34%，新中国成立之初这一比例仅为 0.3%；35 岁以下的党员 1785.5 万名，占党员总数的 23.5%。特别是党的十六大以来，我们党注重做好在工人、农民、知识分子、军人和干部中发展党员的工作，同时把其他社会阶层的先进分子吸收到党内来，每年发展党员200多万名，去年达到280.7万名，其中新的社会阶层中发展党员1.5万名，总数达到90.9万名。这说明，60年来，我们党在团结带领全国人民战胜各种困难和风险、取得社会主义建设和改革开放巨大成就的同时，队伍不断壮大，结构不断优化，素质不断提高，展现出蓬勃生机和活力。

我们党是中国工人阶级的先锋队，同时是中国人民和中华民族的先锋队。党的战斗力、影响力，不仅取决于党员的数量，更取决于党员的质量。党员数量无限扩张，不仅使保持党员的先进性十分艰难，导致党的先锋队性质的衰退，而且不利于党内不同阶层不同群体的整合，同时也增加了管理难度。因此，必须建立健全新党员限额发展制度和不合格党员退出制度，形成党员队伍“吐故纳新”和自我纯洁机制。要进一步完善党员队伍自我纯洁机制，加大对不合格党员的处置力度。要研究具体政策措施，严把进口，畅通出口，使党员队伍始终保持生机和活力。

以上我讲的问题，其中每个问题都只选择了一个侧面。因时间关系，还有一些问题我就不讲了。“知我者谓我心忧，不知我者谓我何求”。《决定》号召全党必须居安思危，增强忧患意识，常怀忧党之心，恪尽兴党之责。作为中办机关干部，我们要认真学习贯彻好《决定》精神，为进一步把我们党建设成为立党为公、执政为民，求真务实、改革创新，艰苦奋斗、清正廉洁，富有活力、团结和谐的马克思主义政党，作出积极贡献。

关于精简会议的几点思考*

“文山会海”既导致资源浪费、效率低下，又滋生官僚主义、形式主义，影响党的形象，制约科学发展。对此，人民群众反映强烈，全党上下深恶痛绝。大力精简会议和文件，成为深化党和国家领导制度改革、深化行政管理体制改革、加强党的作风建设、提高科学发展能力的重要内容和重要标志。

改革开放以来特别是党的十六大以来，中央为精简会议和文件，出台了一系列规定，作出了一系列部署，也取得了一定成效，但这个问题尚未从根本上得以解决。究其原因，主要有以下三个方面：

一是规定不具体、制度不健全。对于什么是需要开的会、需要发的文，什么是可开可不开的会、可发可不发的文，什么是不需要开的会、不需要发的文，缺乏具体明确的规定，导致工作中的主观随意性。同时，对于违反有关精简会议和文件规定的行为，在追究和处理上没有硬性措施，存在制度缺失。

* 本文写于2009年8月。

二是落实不到位、督查不得力。一方面，中央三令五申，强调要精简会议和文件，切实改进作风；另一方面，一些地区和部门我行我素，依然是以会议落实会议，以文件落实文件，形成新的“文山会海”。此外，中央层面对各地区各部门的会议和文件，缺乏严格的检查和通报，使得制度和规定流于形式。

三是机构重叠、职责交叉、政出多门。这是“文山会海”的体制性、深层次原因。现在，不仅常设机构过多，重叠交叉、相互打架，而且各类议事协调机构及其办事机构也过多过滥。有众多机构存在，就要发号施令；要发号施令，就要开会发文，于是就促成了“文山会海”。

对于“文山会海”的原因和危害，以及治理“文山会海”的重要性和必要性，应该说全党上下已经形成共识，关键在于采取切实有效措施。下面，我着重就精简会议的问题谈点看法。

召开会议，讨论研究问题，部署安排工作，是一种重要的领导方式。现在的问题是，各级各类会议过多过滥，已经到了非大力精简不可的地步。精简会议，包括精简数量、精简内容、精简时间、精简人数等，需要把握以下五项原则。

一是求真务实原则。求真，就是要统一思想、形成共识；务实，就是要研究问题、推动工作。凡不解决思想问题和实际问题的会议，凡只讲形式、不讲内容的照搬照套会议、例行会议，凡为贯彻文件精神、而文件精神已经清楚明了的会议，都必须精简。

二是科学民主原则。召开会议应该是科学民主决策的过程，会前要深入调查研究、广泛征求意见，会上要充分发扬民主、认真开展讨论。凡不需要讨论的会议，凡准备不充分、讨论不起来的会议，凡在讨论中只作一般性表态的会议，与其声势浩大开会，不如将会议文件下发了事。

三是依法依规原则。要严格执行中央有关精简会议的一系列文件精神，凡按宪法、组织法、党章等法规要求召开的会议，不仅要如期召开，而且要开好、开出成效。对于那些越权召开的会议，特别是冠以全局工作名义、“拉大旗作虎皮”的部门会议，要坚决砍掉。

四是自上而下原则。精简会议首先要从中央做起，一级做给一级看，一级带着一级干。如果上级会议不精简，且要求下级进行传达贯彻，下级必然比照上级会议的规格召开会议，否则就会被认为是不重视、没落实。这样，会议是无法精简的。

五是统一效能原则。对各级各类会议要进行统一归口管理，实行严格的审批制度。如对中央召开的全国性会议，应由中央书记处研究决定；对部门召开的全国性会议，实行严格的备案制度。同时，对议题相近或出席人员相同的会议可合并召开，对会议的规模也要严格控制。

关于文稿初稿修改的几点思考*

（一）文稿起草是否有规律可循？这种规律能否表达？对此有不同的认识，其中有两种观点值得我们注意：一是简单化观点，认为“天下文章一大抄”，否定规律的存在；一是神秘化观点，认为规律倒是有，但“只可意会，不能言传”。这两种观点都是不正确的，至少是片面的。对于第一个观点，我感到文稿写到“国家队”的层次，照搬照抄的空间是很小的，需要创造性地劳动，而创造活动是有规律的。对于第二个观点，我想起《道德经》开篇语：“道可道，非常道。”第一个“道”指的是规律，“形而上者谓之道”；第二个“道”指的是表达。我们是可知论者，也是可“道”论者，始终认为文稿起草是有“道”可循的，这种“道”也是可以“道”的，但不是一般能够“道”清楚的。这就需要深入探讨、交流。

（二）具体到文稿起草过程中的初稿修改，同样是有规律可循的。对文稿起草规律的把握，与从事这项工作的时间长短、实践多少有关，但不是绝对的，关键要靠悟性。

* 本文写于2009年3月。

（三）好文稿既是写出来的，更是改出来的。这是我最大的一条体会。我丝毫没有否定初稿价值的意思，好初稿是好文稿的基础，即使是初稿被改得面目全非、所剩无几，也丝毫不能否定初稿的基础性、“铺路石”作用。没有好初稿，好文稿只能是无源之水、无本之木。

（四）初稿修改的四种方式。也就是本人修改、交叉修改、集体修改、组长修改。这四种方式各有长短，要根据情况，因人因时因事运用。

本人修改的好处，在于自己起草的初稿自己最明白，哪些是想清楚又写清楚了的？哪些是想清楚而没有写清楚的？创新点在哪里？是原始创新、集成创新，还是引进消化吸收再创新等，自己一目了然。在这个基础上深入下去进行修改，可能取得较好的效果。本人修改的局限性，在于思维定式，难以跳出来。同时，修改自己起草的初稿也狠不下心、下不了手。

交叉修改的好处，在于旁观者清。换一个角度看问题，往往容易找到修改的着眼点、着力点。我们调研室的干部都很优秀，但不是全才，既学有专攻，又存在短板。交叉修改初稿，可以形成优势互补，促进初稿上层次、上水平。交叉修改的局限性，在于思维差异，毕竟不是同一个人自始至终的思考写作，难以同频共振。同时，也容易抹不下面子，担心修改太多伤和气。

集体修改的好处，在于可以集中大家的智慧。全组同志坐在一起，逐字逐句逐段过稿，相互碰撞，容易产生思想火花，甚至产生一些重要的思想观点。对一些重点难点，集体攻关效果也比较理想。集体修改的局限性，在于思维发散，难以形成共识，存在取舍的困惑。同时，也容易造成依赖心理和效率低下。

组长修改的好处，在于可能站得高一些、想得深一些。组长是文稿起草修改的直接责任人、最后把关人，肯定会站在文稿全局、工作大局的高度来修改。组长修改的局限性，在于思维偏狭，也就是缺乏互动产生的直线思维，以及个人知识、能力、水平的限制。

（五）初稿修改的四个步骤。即读、想、试、改。

要用心读。至少读个两三遍，切忌一目十行。上来就改，结果会越改越难改。

要细心想。仔细琢磨初稿的主题、主线、结构、逻辑、观点、材料等，切忌囫囵吞枣。

要精心试。是大改、中改还是小改，是观点完善、角度转换还是文字锤炼、语言修饰等，要打开思路，尝试几套方案，切忌“跟着感觉走”。

要潜心改。做到心无旁骛，一气呵成，保持思维的连续性、稳定性，切忌“三步一回头”。

（六）初稿修改的四重境界，也就是由低到高的4个层次的要求，即：“准、通、顺”“短、实、新”“美、善、真”“精、气、神”。

一是“准、通、顺”。主要是对初稿词句的修改要求。“准”，就是要准确，概念、判断一定要准确，观点一定要正确。“通”，就是要贯通，主题、主线一定要贯通，段与段之间、块与块之间一定要打通。“顺”，就是要顺畅，逻辑推理、演绎要严谨，在起承转合上，起要起得对，承要承得上，转要转得好，合要合得拢。文从字顺，是对初稿修改的基本要求。

二是“短、实、新”。主要是对初稿文风的修改要求。“短”，就是语言要短促有力，篇幅要短小精悍。“实”，就是语言要朴实，观点要求实，措施要务实。“新”，就是思想要新，观点要新，表述要新。文风清新是对初稿修改高一层次的要求。在准、通、顺的基础上能够做到了短、实、新，初稿修改就算基本成功了。

三是“美、善、真”。主要是对初稿力道的修改要求，也就是要努力提升文稿的冲击力、震撼力、感染力、亲和力。“美”，就是语言要美，形式要美，结构要美，以展示逻辑的力量。“善”，就是要亲善和善、与人为善，平等待人而不以势压人，以展示人格的力量。“真”，就是要真知、真实，以展示真理的力量。这是初稿修改的更高层次，能做到这一点，就已经是高手了。

四是“精、气、神”。主要是对初稿境界的修改要求。“精”，就是精髓、精华所表现出的精辟、精深；“气”，就是气势、气魄所表现出的气象、气派；“神”，就是神奇、神妙表现出的神采、神韵。毛泽东的文章就充满精、气、神。他的文章并不是一蹴而就的，也是经过反复修改而成的。这是初稿修改的最高层次，做到这一点，就是顶尖高手了。

（七）初稿修改要处理好的几个关系。在初稿修改过程中，要处理好若干关系，这里我只挑选几对关系简要谈一谈认识。

1. 欣赏与挑剔的关系。我们首先要用欣赏的态度走近初稿、贴近初稿、亲近初稿，善于发现初稿的优点，而不能怀疑一切、否定一切，把初稿说得一无是处、批得体无完肤。在这个基础上，还要用挑剔的眼光审视初稿、审查初稿，善于发现初稿的缺点，提出建设性的修改意见和建议。只有发现问题、解决问题，文稿质量才能提升。要本着对文稿高度负责的精神，讲真理，不讲面子。

2. 思想与体系的关系。文稿是用来指导工作的。一篇好文稿一定是思想性、指导性很强的文稿。一般来说，思想是融入文稿体系设计之中的。但在初稿修改过程中，如果我们有了一些新的思想观点，而初稿体系又容纳不了，就要勇于突破体系、重构体系。思想为重，体系为次。

3. 观点与材料的关系。观点统领材料，材料支撑观点。在初稿修改过程中，要看特定的观点是否统得住特定的材料，从特定的材料中是否可以抽象出特定的观点，注意解决观点内涵过窄或过宽的问题，解决材料不足或多余的问题，使观点和材料统一起来。

4. 坚持与放弃的关系。在初稿修改过程中，对于经过反复思考、反复锤炼、比较成熟的思想观点和政策主张，要敢于坚持，并不断丰富完善。如果领导另有考虑，或者推出时机不太成熟，也要善于放弃。

5. 强调与降调的关系。对一些重点问题和薄弱环节进行强调是必需的。现在的问题是，一些初稿对特定工作的重要性，往往强调到无以复加的程度，事事都关系党和国家生死存亡，显得很不合适，需要我们修改时作适当降调，把这项工作放到党和国家工作大局中进行评估、定位和论述。

此外，还有平实与起伏、整合与拆分、全面与片面、习惯与逻辑、深入与浅出的关系等，都需要我们在初稿修改过程中好好把握。

附录二：

柯缇祖文集

《柯缇祖文集》收录了9篇研究报告。冠之以“柯缇祖”，取的是“课题组”的谐音，凝聚的是集体的智慧，也与后面的“钟怡祖”相对应。

从1986年开始，我参与或主持了一些课题研究，有的是主要执笔人，有的是实际负责人和主要执笔人，也有的参与程度不太深，发挥的作用也不太大。

时间过去了二三十年，当翻阅已经泛黄的研究报告时，内心依然非常激动。

为此，我将自己以前曾经参与的部分课题研究报告整理结集，取名《柯缇祖文集》。

需要特别说明的是，这些研究报告，反映的是当时的情况和认识水平，不当之处，恳请批评指正。

地方政务类公务员选拔与监督方法研究＊

党的十三大报告指出："进行干部人事制度的改革，就是要对'国家干部'进行合理分解，改变集中统一管理的现状，建立科学的分类管理体制；改变用党政干部的单一模式管理所有人员的现状，形成各具特色的管理制度；改变缺乏民主法制的现状，实现干部人事的依法管理和公开监督。"具体说，对于政务类公务员，依照宪法和组织法进行管理，实行任期制；业务类公务员，按照国家公务员法进行管理，实行常任制；党组织的领导人员和机关工作人员，由各级党委管理；国家权力机关、审判机关和检察机关的领导人员和工作人员，建立类似国家公务员的制度进行管理；群众团体的领导人员和工作人员、企事业单位的管理人员，原则上由所在组织或单位依照各自的章程或条例进行管理。

这样，对于政务类公务员以外的各类领导人员和工作人员都将有具体的、针对性强的法规进行管理，而对于政务类公务员，

＊ 此课题研究开展于 1984 年，课题报告由史正江执笔。

按照宪法和组织法进行管理过于原则。要使宪法和组织法成为管理政务类公务员的具体制度，尚需一些中间环节。针对这一问题，我们在对我国党政领导干部传统管理方法和东欧及西方国家公务员管理方法考察研究的基础上，对我国地方政务类公务员管理的两个重要环节——选拔与监督进行了研究，提出了知识考试、能力考评、政治考察和党组织监督、国家权力机关监督、司法监督、国家行政机关内部监督、群众监督和社会监督，即“三考五监”法，现报告如下。

一、地方政务类公务员选拔与监督的意义

地方政务类公务员选拔与监督的实质在于使地方各级政府获得德才兼备、一流的政务活动家，杜绝“才不属职”“权不得人”的现象。

（一）政务类公务员的选拔与监督是社会主义初级阶段公务员管理体系上的重要环节

公务员的选拔在国家人事管理的一系列工作中占有极为重要的地位，起着举足轻重的作用，它是人事管理的第一个环节，是第一步的工作，是公务员队伍的入口。选拔工作直接影响公务员队伍建设和公务员的素质，也直接影响国家行政的效率和效能，关系着国家事业的成败。古今中外，一切有作为的政治家和有远见的思想家，无不重视公务员的选拔。近代行政管理学家梅雅士说：“除非能获得优良而忠诚的人员到政府服务，否则无论组织如何健全，财力如何充足，工作方法如何优良，均不能对公务作有

效率的推行。”美国公务考察团在其考察报告《良好吏治》中说：“在永业化的公务员制度的各要素中，没有比人员选用一事更为重要的。”马塞尔等人说：“公务员的选拔任用一向是吏治问题的中心，为全部人事行政的基石，如果选不到适当的人选，使其担任适当的工作，无论管理方法如何精密，都无补于事。如果选用的人员不足以适合推进各种公务所需要的能力与条件，而欲于其中产生胜任的服务力量，是决不可能的事。”麦基亨尼说得更为直接：“政府实际的统治权在行政，行政的推进力在于人事，人事的重要关键在于选用。”

无产阶级革命家对人才选拔的意义也作过详尽论述。十月革命胜利以后，列宁指出：“要研究人，要寻找能干的干部。现在关键就在这里；没有这一点，一切命令和决议只不过是些肮脏的废纸而已。”1938 年 10 月，毛泽东同志指出：“中国共产党是在一个几万万人的大民族中领导伟大革命斗争的党，没有多数才德兼备的领导干部，是不能完成其历史任务的。”新中国成立以后，毛泽东同志强调：“我国人民应该有一个远大的规划，要在几十年内，努力改变我国在经济上和科学文化上的落后状况，迅速达到世界上的先进水平。为了实现这个伟大的目标，决定一切的是要有干部。”1984 年，邓小平同志指出：“事情成败的关键就是能不能发现人才，能不能用人才。”

我们国家将公务员分为政务和业务两类。政务类公务员在行使国家行政权力、执行国家公务方面的作用尤为突出。首先，政务类公务员更多地担负着领导责任和行政决策任务，国家的大政方针和各级政府的决定通过他们制定和组织实施，人民的要求通过他们的工作得以实现。其次，政务类公务员是执政党意志的代表者。党的领导是政治领导，即政治原则、政治方向、重大决策的领导和向国家政权机关推荐重要干部。政治原则、政治方向、重大决策领导的实现，必须通过法定程序变为国家意志，然后由各级政务类公务员组织实施。向国家政权机关推荐重要干部，即政务类公务员，是确保政治领导得以实现的途径，党的主张、党的意志正是在政务类公务员身上得到体现。政务类公务员的选拔成为人事行政关键的关键，它对国家行政的效率效能，对国家事业的成败以及国体和政体性质的影响更大。地方政务类公务员是整个政务类公务员队伍的一支重要力量。一方面，他们是党和国家方针政策的执行者；另一方面，他们又是本地区本部门具体方针政策的制定者。1956 年 11 月，毛泽东同志指出："县委以上的干部有几十万，国家的命运就掌握在他们手里。"因此，地方政务类公务员一定要符合干部"四化"条件，是德才兼备、公道正派即忠诚于党的基本路线并能创造性地执行的干部，而不应该是只说空话、不干实事，对社会主义现代化事业缺乏热情和事业心的人。这样，对地方政务类公务员的选拔显得尤为重要。

公务员选拔任用以后，一个最为突出的问题就是监督，防止人民的公仆变为人民的主人，人民意志和利益的代表者变为人民意志的强奸者和人民利益的侵吞者。也就是说，要防止执政途中的变化，即"中变"。辩证唯物主义认识论认为，人是不断变化的，这种变化是受客观环境制约的。我国还处于社会主义初级阶段，在生产关系方面，发展社会主义公有制所必需的生产社会化程度还很低，社会主义经济制度还不成熟不完善；在上层建筑方面，建设社会主义民主政治所必需的一系列经济文化条件很不充分，封建主义、资本主义腐朽思想和小生产习惯势力在社会上还有广泛影响，而且经常侵蚀党的干部和国家公务员队伍。要通过公开监督和民主监督，通过一定的制度进行约束，确保政务类公务员成为人民的仆人、人民意志的真正代表者。毛泽东同志曾指出，领导干部“如果不搞好，脱离群众，不是艰苦奋斗，那末，工人、农民、学生就有理由不赞成他们。我们一定要警惕，不要滋长官僚主义作风，不要形成一个脱离人民的贵族阶层。谁犯了官僚主义，不去解决群众的问题，骂群众，压群众，总是不改，群众就有理由把它革掉。我说革掉很好，应该革掉。”

（二）政务类公务员的选拔与监督的科学化、民主化，是商品经济发展的客观要求

我们的社会主义脱胎于半殖民地半封建社会，生产力水平远远落后于发达的资本主义国家，决定了我们必须经历一个很长的历史阶段，去实现别的许多国家在资本主义条件下实现的工业化和生产的商品化、社会化、现代化，不断满足人们日益增长的物质和文化需要。生产的“三化”最重要的是商品化。党的十三大的报告指出：“商品经济的充分发展，是社会经济发展不可逾越的阶段，是实现生产社会化、现代化的必不可少的基本条件。”要大力发展商品经济，一方面，需要摒弃以往被当作“社会主义原则”加以固守的许多束缚生产力发展、并不具有社会主义本质属性的

东西，或者只适合某种特殊历史时期的东西，需要将以往被当作“资本主义复辟”加以反对、许多社会主义条件下有利于生产力发展的东西利用起来和肯定下来；另一方面，需要建立健全有计划的商品经济新体制，改革阻碍生产力发展、阻碍商品经济发展的生产关系和上层建筑。商品经济的发展，需要我们在公务员管理的过程中，实行科学选拔和民主监督，确保挑选出德才兼备的公务员，防止“中变”。

首先，商品经济的发展需要有一大批第一流的、德才兼备的领导人才驾驭经济、领导社会。在指导思想上，从以阶级斗争为纲转变到大力发展社会主义生产力上来；在具体途径上，从发展产品经济转到发展商品经济上来。这是一个巨大的、历史性转变。这种转变对领导者的思想品德、理论水平、工作方法、工作作风提出了许多新的要求。在这种转变过程中，将有一批优秀人才脱颖而出，也会有一部分人被时代所淘汰。实践证明，只有懂得商品经济、具有经济头脑和组织领导能力的人才能领导商品经济。地方政务类公务员是社会主义商品生产的直接组织者，更应该适应这种转变，成为德才兼备的管理者。这样，选拔和监督显得尤为重要。

其次，商品经济的发展要求贯彻平等竞争的原则。商品经济是一种等价交换的经济，价值规律的一个基本内容和要求就是等价交换。交换的等价性也就是交换双方的平等性。等价交换的原则反映到干部人事制度上，就表现为公民应当有平等的权利参加国家公务员录用考试，在平等条件下竞争；它还表现在所有在职公务员都有平等接受国家按功绩考核原则而给予的晋升或奖赏的权利，不得由于性别、种族、出身、党派、家庭背景等原因而遭受歧视或享受特权。商品经济又是一种互相竞争、优胜劣汰的经济。竞争规律是商品经济的一般规律，竞争的结果必定是优胜劣汰。竞争规律反映到干部人事制度之中，就是要求录用和晋升公务员必须坚持择优原则，任人唯贤，注重政绩。要进行科学的选拔和社会监督，真正使优秀人才担任合适的领导工作。

（三）政务类公务员的选拔和监督是干部人事制度改革的重要内容

政务类公务员在决策和领导中的地位以及商品经济的发展，决定了他们必须德才兼备，自始至终为人民服务。传统的选拔与监督方法，能否保证政务类公务员队伍聚集第一流的管理人才，严防“中变”呢？

应该承认，在几十年的干部人事工作中，我们党坚持任人唯贤的干部路线，坚持党管干部的原则，挑选了一批又一批的优秀人才，保证了党的政治路线的贯彻执行，推动了社会主义革命和建设的向前发展。近几年来，我们又对干部人事制度进行了一系列改革，积累了有益的经验。但是，现行的干部人事制度还存在一些重大缺陷。党的十三大的报告指出：“主要是‘国家干部’这个概念过于笼统，缺乏科学分类；管理权限过分集中，管人与管事脱节；管理方式陈旧单一，阻碍人才成长；管理制度不健全，用人缺乏法治。这使我们长期面临两大问题：一是年轻优秀的人才难以脱颖而出，二是用人问题上的不正之风难以避免。”在地方政务类公务员的选拔与监督过程中，问题更为突出：

在选拔任用方面，难以避免盲目性与主观性。政务类公务员，是通过选举或委任产生的。在选举过程中，由于对岗位要求没有一个明确规定，候选资格限制过于简单，使得可能作为候选人的范围极大，加之组织法规定地方各级人民代表大会十人以上联名可以向本级人民代表大会提出属于本级人民代表大会职权范围内的议案，包括提出政府首长候选人人选，使这种可能变为现实。在众多的候选人中进行选举，缺乏比较标准，因而带有盲目性。同时，党组织提出的候选人虽然经过一定的程序，但是在民主化程度不高、选拔方法不大科学的情况下也还很难避免选不准的现象，难以保证将真正的优秀人才囊括在候选人的名单里面。选举法从积极的意义上说，它是识别和授权那些最有远见卓识、最有群众威望和号召力的政治领导人，使他们得以凭借选举中所得到的群众支持以推进有利于社会的决策。从消极的意义上说，它是使人民群众掌握一种政治、法律和舆论上的威慑武器，以防政府滥用权力作出不利于社会的决策。推荐候选人是选举的关键，如果候选人没有包括最优秀的人才，就不能真正达到选举的目的，所反映的民意不过是“虚假的民意”。委任产生政务类公务员也是如此。《组织法》第三十九条规定，地方各级人民代表大会的常务委员会在本级人民代表大会闭会期间决定副省长、自治区副主席、副市长、副州长、副县长、副区长的个别任免。根据省长、自治区主席、市长、州长、县长、区长的提名，决定本级人民政府秘书长、厅长、局长、主任、科长的任免。委任制的实质是一种民意的转移，即委任主体将人民对其的信任与支持转移到委任客体，在委任者与被委任者之间建立起密切的联系，以有利于形成高效率的决策与执行系统。现在实行的委任制，有很多需要完善的地方，最主要的是对被委任者的条件缺乏严格的限制，使得委任者自觉或不自觉地受主观意识的左右。一方面，受委任者能力、水平、视野的限制，他们不可能是了解和精通各个方面的“通才”，难以鉴别社会方方面面的人才；他们的视野有限，难以熟悉和了解整个地方的优秀人才。在这种前提下的委任制，就带有局限性，难以保证将真正卓越的领导人才选上各级政务类公务员岗位。另一方面，受委任者思想意识的限制，极个别思想意识不好的人往往容易钻空子，利用其提名权，将亲戚朋友安插在政府重要部门，从而出现任人唯亲、人身依附等弊端。

在监督方面，缺乏法治的现象仍然存在。由于对政务类公务员的评价缺乏一个严格、科学的标准，在一个较长的时间里，对“德”“才”“贤”的理解或者过于笼统，或者过于片面，政务类公务员的政绩有时并没有成为衡量其工作的标准，而个人品德往往成为一个公务员好坏的唯一标准，诸如此类，使得监督者难以行使监督的权利。在形式上，主要是上对下的监督和同级监督，下对上的监督往往停留在口头上。公开监督、民主监督的渠道不够通畅，造成少数领导只对上负责、不对下负责的不良风气。在处理上，存在“领导个人说了算”的现象，有的政绩平平，德才平庸者照样得到晋升，有的思想意识有问题，违反纪律，以致给国家事业造成损失的，也只是轮换岗位。监督的权威没有得到充分体现，使得个别领导一朝上台，无所顾忌，随心所欲，形成干好干坏一个样的局面。

干部人事制度改革，就是要按照各类人才成长的不同规律，形成各具特色的管理方式和制度。在政务类公务员的选拔和监督方面，贯彻注重政绩、鼓励竞争、民主监督、公开监督的原则，形成一个人尽其才、各展所长、大家都有奔头的局面，造就一大批德才兼备的政务活动家，提高政府的工作效率。

二、“三考五监法”的主要内容、程序及特点

（一）“三考五监法”的主要内容

1.“三考法”的主要内容

选拔地方政务类公务员的“三考法”，其实质就是通过知识考试、能力考评、品德考察，对众多可能作为政务类公务员候选人的人选进行筛选，从而确定一定数量的符合地方政务类公务员德才素质要求的人选，通过相应制度的制约，使选任或委任的提名只能在这个适当的范围内进行，避免任用方面的盲目性和主观随意性，减少工作上的不必要的损失。

“三考法”是建立在选拔与任用区分原理基础之上的。任用指的是国家行政机关的人员如遇出缺或增设职位时的人员补充。从广义上讲，它包括选拔。选拔是任用的一个环节。但从狭义上讲，选拔与任用都是公务员管理的两个不同的、但又连结在一起的环节。选拔的目的为了任用，任用是选拔的结果。具体说，两者的差别主要有以下四个方面：一是主体差别。人事任用必须由一定

的权力主体作出。没有人事任用权是不能进行人事任免的。而选拔操作主体并不要求具备这种权力，最多也只是一个推荐候选人的主体。二是活动方式与功能的差别。选拔环节是拟任人选的鉴别和选择过程，其目的是产生具体人选，而任用环节是按照法定程序决定人员的职位。三是法律依据上的差别。任用活动是一种法律行为，必须受法律、法规以及有关条例、规则的制约，而选拔则具有较强的灵活性。四是运用范围上的差别。任用环节具有特殊性和不可替代性，只能与特定的职位相联系，而选拔环节则具有普遍适用性和可替代性。“三考法”主要是为了鉴别、选择、确定一定数量的拟任人选，涉及的是“选拔”的范畴，因而具有较强的灵活性，可以不受一些条条框框的制约。选拔与任用相互分离，使“三考法”合理合法。

（1）报考的基本条件：报考的基本条件分为品德要件、能力要件和资格要件。

第一，品德要件。品德要件指的是一个人的政治立场、思想意识、道德品德等。报考地方政务类公务员候选人资格的品质要件主要包括两个方面：一是拥护中国共产党的领导，热爱社会主义；二是遵纪守法，品行端正，具有为人民服务的精神。

第二，能力要件。能力要件指的是报考地方政务类公务员候选人的人员必须具有权利能力和行为能力，也就是常说的自身的政治权利和业务工作能力。在权利能力方面，报考地方政务类公务员候选人必须是本辖区居住的中国公民，享有公民的政治权利。在行为能力方面，报考者必须具有大专以上文化程度，身体健康，年龄一般不小于30周岁大于50周岁。

第三，资格要件。资格要件是指对报考者资格的一些特殊限制。报考地方政务类公务员候选人必须具备以下资格：有10年以上工龄，在下一层次主要领导岗位工作两年以上。如报考副县长候选人，必须在乡镇或县直科局主要领导岗位工作两年以上。

（2）“三考”的主要内容。

第一，知识考试的主要内容。可以分五类：一是基础知识。具体内容以现行的高中教程为主，主要科目有：语文、数学、物理、化学、生物、历史、地理、政治、外语，等等。基础知识考试的目的，主要是测验报考者常识性知识的容量以及掌握程度。二是专业基础知识。以现行的大专教程为主，主要科目有哲学、政治经济学、科学社会主义、行政管理学，等等。专业基础知识考试的目的，主要是测试应考者是否具有担任行政领导工作所应掌握的一般知识。三是专业知识。以现行的大专教程为主，分为农业管理、工业管理、财政、政法、城建，等等，由应试者选择其中1—2门进行考试。专业知识的考试主要是为了测试应试者是否具备担任某一具体领导工作的知识。以上三类考试皆通过论文式笔试法和直答式笔试法，一次完成。四是撰写专题调研报告和论文。应试者在指定范围内任意选题，字数一般在7000字左右，在规定的时间完成。撰写专题性调研报告、论文，可以综合测试应试者的观察、思维、决策能力以及表达能力。五是论文答辩。由论文作者在规定时间内当场口头回答主考机关和专家提出的一些相关问题。通过这种形式，进一步考察应试者的口头表达能力以及思维的灵敏度和应变能力。

进行知识考试的必要性在三个方面：一是了解应试者的真实水平。文凭与水平在一些人身上并不能等值，尤其是在一些地方滥发文凭的情况下更是如此。进行知识考试主要是看成绩，在成绩面前人人平等，文凭只能是参考。二是了解应试者的近期水平。知识更新的加快，使得一些受过高等教育的人所学的知识陈旧，只有现实的标准才是衡量一个人水平的根据。三是好中选优。受过同等教育，并非具有同等水平，知识考试的目的在于在受过同等教育者中选择优秀的。知识考试的五个方面，各以百分制打分，然后根据各类所占的比重加权，最后把加权了的分数进行总计，得出一个人知识考试的总成绩。

第二，能力考评的主要内容。文化科学知识并不等于实际工作能力，更不等于领导工作能力。有的人具有丰富的文化知识，但走上领导岗位以后，实际工作能力不理想。因而，进行能力考评具有客观必要性。能力考评的内容和方法主要有两个方面：一是调查法，即请应试者上级、同级和下级组织的领导与群众座谈，请与会者就应试者的观察能力、创新能力、应变能力、领导能力、决策能力、任贤能力、协调能力、交往能力等方面的情况发表意见，进行评鉴。参加地方政务类公务员候选人资格考试的人选，一般都担任一定层次的领导职务，对其工作能力、政绩的了解莫过于他的上级、下级与同级。因而，召开座谈会，听听各方面的意见，进行综合平衡，去粗取精，去伪存真，然后可以得到对一个人能力的正确、客观的结论。二是演作法，即以实际工作表演去测量应试者是否具有职务上所需要的能力。这种方法适用的范围大，最常用的有模拟测验，即创造一个逼真的环境，让应试者置身于这个环境之中，工作一段时间，从而观察其能力。对已获得报考地方政务类公务员候选人资格的人选，可以有目的地让其主持调研会、参与领导层决策讨论会、处理公文、答复请示汇报，从中观察应试者的组织领导能力、决策能力、应变能力等。同时，也可以考察了解应试者的气质、风度等特定项目。进行模拟测验后，由有关领导、专家进行评审。

第三，政治考察的主要内容。政治考察的内容与知识考试、能力考评相比较，具有更为复杂的性质，应分为道德品质和政治品德两方面进行。前者主要包含一个时代、一个民族维持一般社会生活正常秩序所需要的道德规范，即社会公德，也就是社会对一般公民的基本道德要求。在这方面，要考察应试者在家庭、财产、友谊、爱情、婚姻、男女关系及其他人际关系上所表现出来的道德素质，以及这些方面对任职影响的程度。从我国的国情讲，政务类公务员应是社会道德的楷模。因而，如果他们在社会公德方面存在严重问题，必然从政治上对任职条件发生影响。后者主要是指人们的政治理想、政治立场、政治习惯，以及人们从事政务活动时应遵守的政治道德原则。对于政务类公务员讲，可以称为他们的职业信念与职业道德。在政治考察中，道德品质的考察是基本方面，政治品质的考察是主要方面，应抓住政治理想、政治立场以及事业心、责任感、工作作风等方面。邓小平同志指出："所谓德，最主要的，就是坚持社会主义道路和党的领导。”党的十三大的报告指出：“坚持革命化，最重要的是看他是否坚决贯彻执行党的基本路线。”对地方政务类公务员政治考察的重点作了高度概括。

政治考察的途径分两方面：一是现实表现，紧紧围绕党的领导、社会主义道路、十一届三中全会以来的路线方针政策和党在社会主义初级阶段的基本路线进行，通过向有关领导、组织和党内外群众调查了解，核实辨明；二是历史上的表现，围绕其政治历史、工作经历和“文革”中的情况，查阅档案资料，进行调查，并同本人谈话核实。政治考察要突出“注重实绩”的原则。党的十三大报告指出，“坚持四项基本原则，坚持改革、开放，都要看实绩，要以此为标准，评价干部的功过是非。”参加地方政务类公务员候选人资格考试的人选都担任了一定的领导工作，因而考察其政治表现可重点考察其实绩，把政治考察与能力考评、知识考试统一到实绩上来。现在，一些地方采用干部测评方法，对干部德、能、勤、绩四方面的功能进行定性与定量相结合的测量和评定。这种方法的实质就是将一个干部的德、能、勤、绩等功能分为若干要素，将每一要素分为若干档次（或等级），让某一干部的上级、同级、下级和本人根据每个要素的档次标准，逐个确定其在每一要素中所处的档次，然后，将其量化，加权、统计，最后，确定这个干部素质的高低。这种方法简便易行，在运用中收到了较好的效果。干部测评方法可以作为“三考”的补充和辅助方法，进一步核实“三考”的效果，从量上把握一个人的德才素质。

干部测评表

被测者单位：＿＿＿＿＿＿　　　　测评者姓名：＿＿＿＿＿

被测者姓名：＿＿＿＿＿＿　　　　年　月　日

测评说明

1. 请参加测评的同志以高度负责的精神，独立思考，严肃认真，公道、客观地进行测评。

2. 本表共 28 个要素，每一要素分为五个档次，请测评者对照《干部测评标准》确定被测者各要素的等级，在你认为恰当的空格内打“√”号。

3. 本表格左下方现职胜任程度是指对被测者总的评价；测评层次是指测评者与检测者的关系，“了解程度”是指测评者对被测者德才状况的熟悉程度，此三项请你在认为恰当的空格中分别打“√”号。

现职胜任程度		
	吃力	
	一般	
	胜任	
	胜任，还有潜力	

测评层次		
	上级	
	同级	
	下级	
	本人	

了解程度		
	不了解	
	有所了解	
	比较了解	
	了解	

序号	评鉴要素	评鉴等级				
		1（差）	2（较差）	3（一般）	4（较好）	5（好）
1	政策水平					
2	事业心					
3	原则性					
4	法纪观念					
5	全局观念					
6	求实精神					
7	牺牲精神					
8	民主性					
9	廉洁性					
10	相容性					
11	群众观念					
12	马列主义理论知识					
13	管理科学知识					
14	本职专业知识					
15	知识面					
16	组织协调能力					
17	决策能力					
18	综合分析能力					
19	创新能力					
20	适应能力					
21	口头表达能力					
22	文字表达能力					
23	知人用人能力					
24	交往能力					
25	本职业务能力					
26	工作效率					
27	工作实绩					
28	群众威信					

2.“五监”的主要内容

历史告诉我们，对权力必须进行有效的监督，不受监督的权力将滋生腐败；对掌握一定权力的政务类公务员也必须进行有效的监督，否则，难以避免“中变”。我国的宪法规定，一切国家机关和工作人员必须接受人民的监督。对政务类公务员进行监督，其形式和内容主要有以下几个方面。

（1）党的监督。党的监督的实质，是为了保证党的路线、方针、政策的贯彻执行和党的肌体自身不致腐败。党的监督在各种监督中占有特殊地位。在社会主义条件下，党的监督贯穿在对政务类公务员进行监督的活动之中。党对政务类公务员的监督可分为两个方面：一是直接监督。党的十三大报告指出：“党中央和地方各级党委，依照法定程序向人大推荐各级政务类公务员的候选人，监督管理政务类公务员中的共产党员。”这种监督主要由纪检部门对政务类公务员中的共产党员按党规党纪行使监督权，包括普遍性的违纪检查、可能出现问题的防范性预测、已发案件的处理、经常性的党风党纪教育，等等。由组织部门对政务类公务员的德、能、勤、绩进行考核，定期检查工作，管理人事范围内的意见、申诉、揭发、检举，发现问题，进行调查核实，采取恰当的形式进行处理，对公务员的任免升降提出建议。同时，政务类公务员中的共产党员之间，政务类公务员中的共产党员与政府机关的其他党员之间，通过组织生活会、民主评议、谈心交心等方式，开展批评和自我批评，进行相互监督。二是间接监督。党委通过制定对政务类公务员进行监督管理的方针政策，并通过法定程序使其成为国家意志，通过对路线、方针、政策的执行情况进行检查，依法对政务类公务员（无论是否党员）进行监督。这种监督是从宏观意义上讲的，具有间接性。

（2）国家权力机关的监督。国家权力机关的监督是对政务类公务员进行监督的一种主要方式，其作用在于影响政务类公务员的活动，防止其滥用权力。这种监督主要通过两条途径实现：一是各级人大及其常委会通过听取同级政府报告工作，检查国家行政机关贯彻执行宪法、法律、地方性法规、自治条例和单行条例的情况，受理人民群众的申诉和意见，撤销国家行政机关制定的同宪法、法律相抵触的行政法规、决定、命令、决议等，实施对政务类公务员的监督；二是通过人民代表询问、咨询、视察工作等途径，对政务类公务员的工作提出批评、建议，督促其改进工作，提高效率，克服官僚主义。

（3）司法监督。司法监督主要是指国家司法机关对政务类公务员的活动所实施的监督。与国家权力机关的监督相比，司法监督具有特殊作用。对于政务类公务员的不法行为，公民可以向有关司法机关起诉。司法机关有权同时也有义务依法审理案件，政务类公务员必须服从司法机关的处理。司法监督就是以这样的特殊方式把人民对行政机关的监督以及司法机关对政务类公务员的监督结合起来，使人民监督得以真正实施。

（4）行政机关内部的监督。国家行政机关内部的监督即在国家行政系统内部发生的自我监督活动，包括自上而下的监督和自下而上的监督。这种监督是一种比较积极、主动的监督方式，有利于使政务类公务员的违法失职行为得到直接处理和解决。行政机关内部的监督主要通过两条途径来实行：一是工作监督。主要指行政机关自上而下地沿着内部的指挥监督系统展开的监督工作，即主要通过各级行政首长和部门首长逐级监督各级的工作。地方各级人民政府对自己的工作部门和下级人民政府以及设在本辖区内不属于自己管理的国家机关政务类公务员依照《地方组织法》行使监督。二是监察机关监督，主要是指在行政系统内部建立起一种地位独立的机构，即监察机关，专门从事行政监察工作，检查政务类公务员贯彻实施国家政策和法规的情况，监察处理其违反国家政策、法律法规和政纪的行为，受理个人或单位对监察对象不服纪律处分的申诉，等等。

（5）群众监督和社会监督。一是政协、党派监督。这是根据共产党领导下的“多党合作”与“长期共存，互相监督”的原则，地方政协委员会、民主党派对同级政府工作及其政务类公务员的监督。他们按照法律规定的职权和民主程序及本组织的活动规范，对本地方领导机关制定的政策、方案等提出建议，对施政活动中的缺点错误以及党风党纪方面的问题进行揭露和批评。二是群团组织的监督。工会、共青团、妇联等群众组织，一方面要协助政府推动各项工作，另一方面又具有对政府机关及其成员的活动提出批评建议的权利和义务。三是普通公民的监督。公民按照国家法律的规定，采用自己认为方便的形式，监督政府机关及政务类公务员的工作，揭露违法失职的政务类公务员，向国家机关提出申诉、控告和检举，行使主人翁的权力。

舆论监督，就是通过广播、电视、报纸等各种新闻和宣传工具，增强对政务活动的报道，支持社会各方面的力量批评政府及其公务员工作的缺点错误，反对官僚主义，同各种不正之风作斗争，通过舆论的影响和威慑作用，保证政府及其工作人员的廉洁、高效。舆论监督作为对政务类公务员进行监督的一种方法，可以广泛地运用于以上五种监督形式之中。如，党的监督就可以通过党的内部刊物等宣传工具得以实施；国家权力机关以及司法监督还可以通过布告等宣传形式告之于民，以形成强有力的监督；国家行政机关内部也可以通过通报表扬、批评、简报等形式，增强工作的透明度，行使监督权；至于群众与社会监督，舆论则是一种主要的形式。人民群众通过舆论工具对政务类公务员开展经常性地批评，揭发种种不正之风，对于克服官僚主义，及时发现问题、解决问题具有重要意义。

（二）“三考五监法”的实施程序

“三考五监法”实施程序的科学性，直接影响选拔的准确性、监督的民主性以及整个方法的可行性，在对国内外考试监督程序研究的基础上，我们提出了地方政务类公务员选拔与监督的实施程序，下面分别阐述。

1.“三考”的实施程序

（1）成立“三考”委员会。在实行考任制的国家，一般都设有独立或半独立于行政系统、临时或常设的行政机构主持文官考试以及其他文官事务的管理。设置什么样的机构，主要应根据实际情况决定。我们所说的“三考法”是与政府班子的换届联系在一起的，因而具有阶段性，这就要求负责“三考”的机构的非常设性与非实践性。但作为执行“三考”的一个特别组织，又应该具有权威性。鉴于“三考”委员会的地位与作用，其建立应符合如下原则：

第一，党领导的原则。党的政治领导的一个重要方面，就是向各级人大推荐政务类公务员候选人。在我们这个社会体制下，党组织理所当然的是推荐政务类公务员的主导力量。“三考”选拔法的主要任务也就是为党委推荐政务类公务员候选人准备合适的人选。因而，“三考”的实施以及“三考”委员会的建立，应在党的领导之下进行，这是选拔得以顺利进行的重要保证。

第二，党政群共理原则。党组织推荐政务类公务员候选人，必须走群众路线。“三考”委员会由党政群共理，可以从组织上确保选拔地方政务类公务员候选人过程中贯彻群众路线。地方“三考”委员会应由该级党委、人大、政府、政协、检察院、法院和一些群团组织分别指派熟悉干部选拔业务的同志参加，成员可在15人左右。

第三，专家参与原则。“三考”委员会应吸收对公务员选拔有所研究的专家学者参加，可以是常任的，也可以是临时邀请的，数量不得少于“三考”委员会人数的三分之一。广泛地听取专家学者的意见，对于选准人才是大有裨益的。

第四，素质优化原则。“三考”委员会成员，必须在干部群众中具有较高声望。具体条件是，有坚定的党性原则，公道正派的品质，较深的阅历，较丰富的组织人事工作经验，较丰富的科学文化知识。在知识、年龄、气质等方面，要结构合理，形成互补。

“三考”委员会人员的产生也应遵循一定的程序。首先，由各级党委根据实际情况对人员组成、人员素质等问题提出原则要求；其次，由党委组织部负责与有关单位进行协商，提出具体要求；然后，由有关单位在广泛征求本单位干部群众意见基础之上确定分配的人员名单，报送党委组织部门；最后，由组织部门进行考核筛选，确定名单，报党委常委会讨论批准。“三考”委员会的职能是制定知识考试、能力考评、政治考核的工作方案并组织实施，直至可作为政务类公务员候选人推荐的名单确定。

（2）制定和公布报考条件，进行宣传动员。通过公开考试的方法，在全社会范围内挑选政务类公务员候选人，这是政治生活中前所未有的新事物，具有深刻的政治意义。一方面它取代传统的封闭式的选拔制度，广开才路，选拔高素质的政治人才；另一方面又是社会主义民主的重要表现形式，直接关系到人民民主专政形象的改善。因此，应当动用广播、电视、报纸、刊物及其他一切形式广为宣传，动员一切符合条件者报考。宣传鼓动和动员报考的时间可在半月左右。同时，“三考”委员会应将“报考条件”及细则要求印发给各机关团体和基层单位，委托他们对本组织或本地方报考人员的基本条件进行初步审查筛选，并将其筛选结果报“三考”委员会。“三考”委员会汇总全部报考名单，进行报考资格复审，确定符合报考条件人员名单，发放准考证，并征求社会各方面对应考者德才两方面的意见，及时收集反馈信息，为下一轮筛选创造条件。

（3）进行文化知识考试。“准考证”发放半月后进行文化知识考试。其间“三考”委员会要委托有关学校和研究机构拟好各科试题。基础知识考卷可由高级中学文理两科教研室命题。专业基础知识和专业知识等科考卷可由大专院校有关教学单位命题，也可请兄弟省市、地市、县市的组织人事部门命题。文化知识考试一律实行闭卷，仿效高考方式进行。阅卷与评分可委托有关命题单位办理，也可组织评卷小组办理。评分完毕，按各科总分依秩排列名次。“三考”委员会应按本地方近期各职系、职级所需职数七至十倍的比例，确定起分线。起分线确定之后，张榜公布文化知识考试合格者的成绩及名次。报考者如对结果不服，可提请“三考”委员会复审，对复审结果不服者可请上级仲裁。

（4）进行工作能力考评。文化知识考试合格即取得了工作能力考评的资格。工作能力考评，不同于按标准答案评卷，其内容比较复杂，应由“三考”委员会组织若干考评小组，分别到考察对象所在单位和基层组织，按能力考察的基本内容，对其实际工作能力和工作实绩进行考评。同时，召开座谈会，进行测试和答辩，试题由“三考”委员会拟定，题目按报考职务分组，应试者取其一题，然后用一段时间准备，结合实际进行调查研究，提出调研报告和论文，然后进行公开答辩，由评委根据论文质量与答辩效果评分。实际工作能力和工作实绩考评的分数与论文答辩分数相加，即工作能力考评成绩。然后，张榜公布考评结果。实际工作能力在“一般”以下者，予以淘汰。

（5）进行政治考察。政治考察，分为道德品质考察和政治品质考察，重点是政治品质考察。因为道德品质考察主要属于应试者基本条件审查的范围。如果应试者道德品质有问题，而初审并没发现，在正式考核中应予淘汰。对于政治考察，也可以参考干部测评工程将应试者政治品质和道德品质分为若干要素，让“三考委员会”按“较高”“一般”“较差”三个等次确定其差别，或用百分制打分表示。然后采用无记名投票方式逐个投票，在公证人的监督下开箱计票，按得票多少排列名次，决定资格。

（6）颁布“三考”合格证书，建立后备人才库。这一工作是对文化知识考试合格、工作能力考评够“一般”水平以上、政治考察无妨碍任职资格条件者，颁布“三考合格证书”，张榜公布名次，表示取得担任某种领导职务的后备资格，并将“三考”中所得合格者的全部信息资料，按成绩高低逐次编号，根据其报考的任职志愿，分职系与职级归类，建立后备人才档案与人才卡片。

“三考”应在每届政府选举换届前三个月完成，“三考”的结果对一届政府换届选举和个别调整有效。也就是说，政府一届期满，准备换届时，再进行“三考”，确定新的候选人。要强化“三考”的地位与作用。在政府选举换届和调整时，任何团体、个人都不得提名没有获得“三考”合格证书的人，作为地方政务类公务员的候选人，否则，无效。因政绩特别突出和急需提拔的，须由“三考”委员会推荐，同时要进行文化知识考试与工作能力考评，以取得法定资格。

2.“五监”的实施程序

“五监”的直接意义，在防止人才“中变”和提高行政效率，同选拔相比较，是一个综合性、长期和复杂的过程。这是因为任职是一个相当长的时期，任职者要在相当广阔的范围内进行活动，他们德才的正反向发展要在复杂的领域中表现。因而，“五监”也只能在这个具体的时空中进行。要使“五监”起到应有的作用，不仅要克服原来党、政、群在监督上各自为政的缺陷，组织起协调一致的行动，而且要有实施全面监督的程序规范。其具体内容有以下几个方面。

（1）任职后的目标责任监督。对于地方政务类公务员，应根据职务责任分解的原则，制定明确的任期目标。目标的宗旨是实现本地方经济发展计划和社会发展规划，正式任期内的责任目标还可以模拟化和量化。目标应公之于众，让各个监督系统根据目标的内容进行监督。

（2）从政绩考察中进行政治才能监督。公务员用其职权实现责任目标的过程，也是综合运用自己的知识、学识、才能与责任心的过程，其中尤其反映干部的政治敏感性、政治洞察力、开拓进取精神以及驾驭各种社会因素与政治因素的能力，公务员实现责任目标的结果就是政绩。如果排除一些无法驾驭、无法预测的客观因素，那么实绩越突出，说明这个人德才越好，反之，政绩平平，要么是缺德，要么是无能。因而，我们可以通过政绩考察，对政务类公务员进行监督。

（3）在任职过程中进行政治品德监督。对党和人民事业的高度政治忠诚，则产生强烈的政治事业心；强烈的政治事业心，则产生高度的责任感；高度的责任感，则产生以政绩为第一生命的献身精神。这种精神的必然结果是在执行公务中的无私无畏、公正廉洁、踏实苦干、任劳任怨、严以律己、宽以待人的高尚政治品质。地方政务类公务员的政治品质的形成与考察，都有赖于任职实践过程，不能指望离开这个过程，在一种短暂的以至偶然的实践中得到可靠的证明。各监督系统通过政务类公务员任职过程中的种种事象，考察其“政治品德”的正反向发展趋势，及时向当事者做出奖励与警告的表示。

（4）在社会生活中进行道德品质考察。地方政务类公务员既是一定范围内的权力的象征，又是包括家庭生活在内的各种社会生活中的普通一员。这种特殊的双重身份，使其道德品质的优劣的影响超出了一般社会成员影响所及的范围，与其握有的公共权力联系在一起。因此，他们道德品质的正反向发展，给公共权力带来正反两方面的不同影响，对其监督的意义远远大于一般党员和公民。各监督系统不仅要从政务类公务员的各种社会活动中考察其作为普通一员的道德水准，更要考察其以权力象征身份从事的与执行公共权力无关的各种公开的与不公开的个人活动，并采取适当方式向当事者出示鼓励与警告的标志。

（5）综合监督执行的逻辑程序。通过任期目标责任和政绩，监督公务员在执行公务过程中的才能——通过执行公务的才能，监督其政治品质——通过在政治品质上所表现的严肃性与纯洁性，监督其个人道德品质，这应是监督系统具有的一种内在逻辑。各类监督系统在执行自己的监督责任时，均有一个大体一致的外在工作程序：一是通过包括来信来访在内的各种途径收集对政务类公务员的表扬、批评及揭发、检举，对重要问题要立案审查，并会同有关方面对审查结果进行研究，在进一步核实材料的基础上，按党纪、政纪、国法进行认真处理。二是通过一些会议了解政务类公务员的情况，诸如党代会、人代会、政府办公会、政协会、群团会议以及述职报告会、民主评议会等。三是主动与纪委、人大常委法纪部门、政府监察与审计部门联系，经常了解政务类公务员有无违法乱纪，以权谋私的问题。

（三）“三考五监法”的基本特点

1. 公开性

社会主义社会是实行最大民主的社会，也是透明度最强、开放度最高的社会。党的十三大报告指出：“提高领导机关活动的开放程度，重大情况让人民知道，重大问题经人民讨论。”提高领导机关活动的开放程度理所当然地包括提高地方各级政府机关选拔与监督政务类公务员的开放程度。“三考五监”的方法贯彻了公开原则。在选拔方面：一是选拔范围公开化，突破了过去的种种限制，向整个社会开放，只要符合条件的都可以报名参加考试；二是选拔标准公开化，只要符合标准，就能作为候选人；三是选拔形式公开化，知识考试、能力考评、政治考察都是公开的，“三考”的结果也公之于众，使人民知道，请人民监督。在监督方面，从内容到形式、从目的到结果都是公开的。“三考五监”的公开化，一反过去选拔与监督方法中的神秘、封闭的性质，可以有效避免以权谋私、走后门、拉关系等不正之风，最大限度地挖掘人才，确保政务类公务员素质的优化与廉洁、高效。

2. 平等性

“三考五监”法体现了平等的原则，在选拔方面，一是报考和任职机遇的平等，不论个人的政治派别、种族、肤色、宗教信仰、性别、年龄和婚姻家庭状况如何，都有平等的权利报考；二是德才条件平等，即在文化知识、工作能力、政治忠诚和个人品德修养上人人平等，在平等的条件下竞争，在平等的条件下择优录用；三是主考机关由民主协商组成，具有代表性，对于应试者来讲，信度平等。将社会各个方面为谋取党政领导职务的注意力与努力集中在知识、能力、品德的提高与修养上，把人民求助于某些偶然、不合理的因素以达到担任公职的心理转化为唯一求助于本人的才德，这就使家庭成分、社会关系、托庇关系、宗派活动，以及靠拉关系、走后门谋取职务的落后现象与腐败现象无立足之地。在监督方面，人人都有平等的监督与被监督的权利。当然，平等也是相对的、有条件的，也就是政务类公务员的选拔与监督只限于具备条件的人选上，这是由其特性决定的。

3. 竞争性

执行开放平等原则的必然结果是竞争，并且要贯彻到任职的全过程。一是在选拔阶段，应试者要有知识、能力、品德三方面的全面优势方可取胜，任何一方面具有明显缺陷者，都会处于不利地位；二是在任职过程中，只有奋力拼搏，造成德、能、勤、绩等方面的优势，才能保持现任职务和达到晋升的目的，如果在德、能、勤、绩上出现明显不足现象，就将失去继任机会，甚至中途免职。竞争的结果就是优胜劣汰，选拔上的择优，监督上的汰劣，就可以造就一支德才兼备的政务类公务员队伍。

4. 自主性

所谓“自主”，包括两方面的意思：一是应考自主，其表现形式是“原生自主”与“启发自主”。前者是应考者在才德条件的激励下，较早地萌发了“领导意识”，并且敢于坦率地表白出来；后者虽在才德两方面都具有担任领导职务的优越条件，但没有公开表明自己的领导意识，经有关方面的启发动员而自愿报考。二是任职自主。这是指获得某种职务的候选人或推荐资格之后，是否出任，完全自主。公务员的任用是一种法律行为，一般称之为“任命行为”。这种行为是一种双向选择，也就是说任命者与被任命者要完全自主自愿，否则，将不会产生法律效力。选拔作为任命的前奏，也应贯彻自主自愿的原则。“三考五监”所体现的自主性在担任领导工作中具有积极意义。一是乐于本职工作，并有强烈的兴趣，富有积极性、主动性、创造性；二是能任劳任怨，不会在工作上和生活上攀比条件和待遇，富有牺牲精神。由自主性诱发出来的担任领导工作的这些必备素质，比单纯服从组织安排和接受上级命令具有更为牢固的基础。

5. 合理性

公开、平等、竞争、自主等特点，表明了“考监”任职制度本身的合理性。当然，同任何平等都是相对的一样，“三考”“五监”的合理性也是相对的。这种相对性从社会因素的范围来讲，就是在每个人接受文化知识的条件和所处的客观环境不平等的前提下的合理性，即只承认现实德才差别的合理性，不承认造成这种差别的原因的不合理性。然而，这是迄今最现实的合理性，因而最能为社会所接受、所理解。这种合理性的革命的、先进的性质，对于一切才德优异的人来讲，合理地得到了应有的职位，自己的才能与努力得到了社会的承认；对于党和国家来讲，合理地得到了优秀人才，促进了党和人民事业的发展；对于监考竞争中落伍者来讲，也不会怨天尤人。

三、“三考五监法”的可行性分析及综合评估

（一）“三考五监法”的可行性分析

通过“三考”确定地方政务类公务员候选人的资格，通过“五监”防止人民的公仆成为人民的主人。“三考五监法”的实施是否能找到客观依据？也就是说，“三考五监法”是否可行呢？

1.“三考法”的可行性分析

通过公开、平等的考试，择优录用业务类公务员已经相当普遍地实行了。但是，对政务类公务员，进行先考再选举、先考再委任的办法现在还不太普遍。不过，不太普遍的东西并不是不可行的东西。提出“三考”的原则是有充足的理论和实践依据的。

第一，我国古代的科举制为我们提出“三考法”以最初的思维框架。自隋唐而始的科举制，针对以身世、功劳和中正的评语选官的种种弊端，设置了文化知识考试科目，定期考试，把考试成绩作为选人的主要依据。同时，为了适应封建地主阶级的需要，在道德和能力等方面也提出了具体要求。科举制一改延续了八百多年的世

卿禄制、军功爵制、察举征辟制和九品中正制等传统方法，通过乡试、会试、殿试等不同等级的考试，在全社会范围内为封建王朝选拔了大量优秀人才。据统计，唐代先后任宰相的360人中，进士及第者253人，占70%；唐以后的范仲淹、包拯、王安石、海瑞、张居正、林则徐、孙嘉淦、邓廷桢等才华出众的政治家，都是通过考试以后被委任的。科举制的实行从某种意义上说，是封建王朝得以持续几千年的重要原因。当然，由于科举制的局限，尤其是实施科举制的封建王朝的腐败，这种考试不能网尽天下治世之才，金榜题名者也非全是有识之士。不过，不具备那个时代文化知识的较高水平，不符合统治阶级所要求的德才素质，是断然不可越过那道道“龙门”，由“田舍郎”而登“天子堂”的。

第二，西方文官制度为我们提出“三考法”比较完整的形式内容。一些资本主义国家在借鉴我国科举制的基础上，建立了较完整的文官制度。英国是西方实行文官制度较早的国家。孙中山先生指出：“现在各国的考试制度差不多都是学英国的，穷流溯源，英国的考试制度原来还是从中国学过去的。”英国文官制度的突出特点之一，就是常任文官的范围从最高级到最低级，除特殊情况外，都要经过公开考试才能录用。这种制度的确立，为资产阶级找到了一支素质好、效率高而又稳定可靠的国家行政管理骨干队伍，逐步取代了贵族统治时期腐化无能的文官制度。美国的《文官制度法》，以英国的文官制度为蓝本，废除原来的政党分赃制度，规定凡在联邦政府各级任职的公务人员必须经过考试方可任用；政府根据所需人员的资历、文化知识条件，在公民中公开招聘，求职人员参加公务员录用考试，文官委员会根据用人单位的要求，将考试合格人员按“选一荐三”的原则，向用人机关提出推荐名单，供其挑选。这种方法摒弃了政党分赃制度下“党同伐异”而拼凑起来的低能文官队伍。目前，美国联邦政府文官中90%是通过考试录用的。日本从1947年起制定《国家公务员法》，废除明治以后的文官制度，对各级文官的任用，按照“能力本位”和“成绩本位”原则，通过“竞争考试”，实行择优录用，除特别职务外，一般职务所有官员和职员，必须经过公开考试合格才能任用。日本通过公开“考选”的制度，保证了国家公务员的高素质与行政的高效率。西方国家公开“考选”公务员的优越性与社会效应，为一百多年来的历史所证明，也为包括中国在内的世界舆论所公认，为我们提出“三考法”提供了较完整的形式与内容。

第三，社会主义初级阶段为实行科学的“三考法”提供了良好的基础。社会主义社会能否实行“三考法”呢？革命导师从理论上对这个问题作了肯定的回答。马克思赞誉为“实质上的工人阶级政府”的巴黎公社在其生存的短短几十天中，曾一再宣告并尝试实行过行政管理人员的考任制。十月革命胜利之后，列宁在《宁肯少些，但要好些》一文中写道，“凡是我们决定要破例立刻委派为工农检查院职员的公职人员，应符合下列条件……必须通过关于我们国家机关知识的考试；必须通过我们有关国家机关问题的基本理论、管理科学、办文制度等基础知识的考试。”他还指出，“成立一个委员会来草拟工农检查院职员候选人和中央监察委员会委员候选人的考试的初步纲要。”我们社会主义国家是实行真正民主的国家，是需要第一流管理人才并产生第一流管理人才的社会。我们正处在社会主义初级阶段，以生产资料公有制为基础的社会主义经济制度、人民民主专政的政治制度和马克思主义在意识形态中的指导地位已经确立，剥削制度和剥削阶级已经消灭，国家经济实力有了巨大增长，教育科学文化事业有了相当发展。因此，实施“三考法”，选拔优秀人才有良好的经济、政治、文化基础。近几年来，各地在这方面进行了大胆的试验，取得了成功。如浙江宁波市面向社会公开选拔领导人才，在发动全民进行推荐的基础上，对应试者进行了文化知识考试和工作能力、政治品德考评、考察。在2500名推荐对象中，挑选了可担任各类领导职务的人选170多名。有的同志走上领导岗位以后，工作目标明确，事业心、责任感强，思想活跃，工作效率高，民主意识强，实绩突出，得到了所在单位干部、群众的好评。试点结束以后，他们进行了反馈调查，在抽样的665名被调查对象中，认为试点工作有意义的占91.6%，认为新方法比旧方法合理可行的占70.2%。实践证明，在现阶段，实行“三考法”是可行的。

2.“五监”的可行性分析

“五监”的根本任务在于，确保地方政务类公务员严格履行职责，及时发现和纠正一切违背社会主义根本利益的错误倾向和行为，以保证国家政策和法律规范的贯彻执行，保障全面改革和现代化建设的顺利进行。作为一种行之有效的监督方式，“五监”已运用于对地方政务类公务员的监督过程之中，也收到了良好效果。因此，其可行性是不言而喻的。现在，问题的关键，是如何使“五监”从一种自发的形式变为一种自觉的形式，并通过法律固定下来；从一种局部的、零星的形式变为一种全方位的、立体化的形式，广泛地运用于对地方政务类公务员的监督过程之中。

首先，“五监”具有实现这两个转变的内在本质。一是“五监”系统具有法律规范性。党的监督、国家权力机关的监督、司法监督、国家行政机关内部的监督、群众监督和社会监督都可以在有关法规上找到依据，“五监”是依法行使的监督。如宪法规定，全国人民代表大会有权“监督宪法的实施”，“监督国务院的工作”。组织法规定，县级以上的地方各级人大常委会有权“监督本级人民政府、人民法院和人民检察院的工作，……受理人民群众对上述机关和国家工作人员的申诉和意见”。这就是国家权力机关行使对地方政务类公务员监督权的法律依据。随着法治的不断健全和完善，人民群众的法律意识的增强，“五监”将会被广泛、自觉地运用于对地方政务类公务员的监督之中。二是“五监”具有集体开放性。从“五监”的内容看，它不是一个封闭的系统，不仅仅是一种内部的自我监督，而是一个开放的系统，包括行政系统内部的监督机制，也包括行政系统外部对行政系统所进行的监督。三是“五监”具有范围的全面性。从监督主体看，它是一种全体劳动者参加的公民监督；从监督客体看，它包括地方所有政务类公务员；从监督时间看，地方政务类公务员的一切活动，自始至终都处在监督之下。这种开放、全面的监督形式，为全方位、立体化的监督打下了基础。

其次，改革为实现这两个转变提供了外在条件。党的十三大报告指出：“政治体制和经济体制改革的目的，都是为了在党的领导下和社会主义制度下更好地发展社会生产力，充分发挥社会主义的优越性。也就是说，我们最终要在经济上赶上发达的资本主义国家，在政治上创造比这些国家更高更切实的民主，并且造就比这些国家更多更优秀的人才。”

实行公开监督和民主监督都离不开一个良好的政治、经济、文化环境。改革的深化，民主政治的逐步实行，无疑将会改革过去缺乏监督或者只限于极少数人监督的状况，拓宽监督面，使人民群众当家作主，真正享有各项公民权利，享有管理国家和企事业单位的权力。1986 年上半年，襄樊市委在市直 106 个单位开展了民主评议领导的活动；11 月，省委下发了《关于对县以上党政领导干部进行民主评议的通知》。截至 1987 年 7 月，全省省直和地、市、州、县 90% 以上的单位开展了民主评议工作，有 7 万多名干部、群众参加了评议，被评议的地厅级领导干部 438 人，县处级领导干部 6141 人。这项工作加强了干部群众对领导干部的民主监督，调动了干部的积极性，促进了班子建设，受到了群众的好评。这种公开、广泛的监督活动的土壤，是改革的深入与展开。离开了改革，这种监督是不可想象的。

（二）“三考五监”的综合评估

国内外许多学者认为，当代各国发展速度的竞争，归根结底是人才的竞争。人才学家的研究表明，目前世界上缺乏七类人才，而学识渊博、胸怀开阔、眼光敏锐、重视科学与信息，又善于用人的领导人才，属七缺之首。运用“三考法”筛选优秀人才，为他们建功立业从制度上创造了良好的社会环境，自觉地把领导人才的素质同国家的发展速度联系起来，对于我国的发展具有重大意义。具体说有以下几个方面：

1.“三考”法坚持了德才兼备的选人原则，必将扩大政治人才的选拔范围。“不以规矩，不能成方圆”。没有客观标准可循，便不能衡量人才的高下。以文化知识考试成绩为主要标准的科举制度，通过县试、府试、院试获得秀才，通过乡试、会试、殿试获得举人和进士，层层筛选，优中择优。这种过程的客观结果，是为封建王朝广泛地搜罗了除娼、优、隶、皂等“下贱”门户子弟和罪人子弟之外的所有各阶层知识分子中的优秀人才，使农民阶级以至贫寒清苦家庭出身的知识分子，都能以“六通”换得“运通”。据统计，清代 13% 的贡生、举人和进士出身于五代内并无功名的家庭。科举扩大了选择人才的社会面，保证了封建官职的择优面和封建官吏的才能素质，为封建统治阶级实现其政治、经济、文化、社会各方面的目标，找到了比较理想的统治人才。所以，被门阀地主和大官僚用来安插亲信和维护自己特殊利益的九品中正制，才被科举制所取代。“三考法”既注重一个人的政治品质、道德品质，又注重一个人的才能，并将德才标准公之于众，面向社会，广招人才，这就避免了“伯乐”选人和组织人事部门选人的局限性，可以将符合条件的优秀人才网络到“人才库”里，必将为选举、委任打下良好基础。

2.“三考法”可以形成一种新的价值导向、促进人才按时代需要塑造自己。科举制的利弊，是一种矛盾的统一，尤其是明代以后的“八股取士”，由于形式僵化，“习非所用”，对古代科学文化乃至整个社会的发展，造成了不良影响。但是，它又从反面说明，考试择优制度，作为一种社会导向与价值导向，具有促成人才按时代需要塑造自己的重要作用。社会与国家需要知识分子干什么，选拔人才时需要考什么，一方面可在相当深广的程度上影响社会科学文化的发展，另一方面又可作为模式标准，让有志为之者按图塑造。唐代进士注重考诗赋，它的人才多会吟诗作赋，唐代达到了很高的成就，成了文学史上的瑰宝；宋代重经义，则出现了周敦颐、程颢、程颐、朱熹、陆九渊等大理学家，经学很发达；元代科举以“四书五经”命题，故自元以来，“四书五经，家弦户诵”，穷乡僻壤无不知孔孟之学与“三纲五常”。在商品经济非常发达、竞争意识极其强烈的现代，确定现代化建设领导人才的知识内容，并使之学考一致、考用一致，对于发展社会主义物质文明与精神文明，造就一代新人，都将具有不可估量的促进作用。

3.“三考法”必将对改革开放起推动作用。科举考试与封建统治相互为用的历史表明，科举的内容——特别是八股取士的内容与形式，造就了人才知识的封闭性；这种封闭性的人才又强化了封建专制政治。随着社会主义现代化的发展，在战争环境、小生产基础以及过分集权政治体制下形成的传统选拔模式，使地方党政领导机关中“才不属职”“官不得人”的现象越来越严重，许多地方和单位的掌权者，不具有时代所需要的才德，而许多优秀人才又被埋没在普通岗位上，这种矛盾促成了改革干部人事制度的客观要求，而这种改革又将极深刻地促进新的人才成长和现代科学文化的发展；易言之，起先是代表时代经济、政治、文化进化力量的人创立新制度，随后是新制度创造新的一代人，使改革开放普遍地获得自己所需要的领导人才，从而推动改革开放朝着更为广阔、更为深刻的方向发展。

地委和行署领导班子成员考核方法研究*

干部考核是指用人单位对所属干部的政治思想、道德品行、业务能力、学识学历、工作态度、工作实绩、性格和健康状况进行的一种综合性考察和评价。它是干部管理工作的一个重要环节，是确定干部任免、奖惩、培训的重要依据，是发现、选拔优秀人才的重要途径，是激励干部进取、尽职尽责和加强监督的有效措施。干部考核工作的重要地位，决定了这方面的研究必然成为摆在理论工作者和实际工作者面前的一个重要课题。几年来，各地重点对考核方法问题进行有益探索，取得了令人瞩目的成果。但是，对地委和行署领导班子成员考核方法的研究还涉及不多。因此，对这个问题的研究与实践，在指导地委和行署领导班子成员考核，丰富和完善整个干部考核工作理论，促进干部人事制度改革方面都具有十分重要的意义。

地委和行署领导班子成员考核方法研究的目的是：制定一套

* 此课题研究开展于1988年，课题报告由史正江执笔。

适合地委和行署机构和领导班子成员任用特点，以干部的德、能、勤、绩为重点内容，于法周严、于事简便的干部考核方法体系，使考核工作更加规范、科学、可行。

对考核方法的理解有狭义和广义之分。狭义的考核方法指的是考核过程中的实际操作手段，广义的考核方法包括考核工作全部程序。从广义的角度对地委和行署领导班子成员考核方法进行研究，我们认为主要应搞清楚四个方面的问题（或称考核四要素）：（1）考核谁，即考核客体；（2）考核什么，即考核内容；（3）由谁考核，即考核主体；（4）怎样考核，即考核方法。考核主体的确定、考核内容的选择、考核方法的形成，都是由考核客体的特性决定的。因此，首先必须对考核客体进行研究，至关重要的是对地委和行署机构的特点与职能进行研究，进而研究地委和行署领导班子成员的职位规范和考核内容；分析过去不同时期的考核主体，确定新时期考核的组织形式；回顾和总结传统考核方法及其改革，提出考核的新方法体系。沿着这一思路，下面，我们分别对六个方面的问题进行分析。

一、地委和行署机构的特点与职能

地区机构设置的直接原因，是省所辖的县、市太多，不便管理。为了加强对县、市政治、经济、文化等方面的领导，便在几个县、自治县、市范围内设立派出机构，代表省委、省政府行使领导和管理职能。明确机构的产生、特点及职能，就可以准确地确定该机构领导班子成员的职责。职能不定，职责就无法落实，功能就难以发挥，考核也就无从着手。因此，探讨地区机构的特点与职能，是我们研究考核对象职责的基础工作。

（一）地区机构的沿革

地区这一机构是从古代的“郡”“州”“道”“路”“府”和近代的“道”以及现代的“行署”“专区”演变而来的。“郡”“州”“道”“路”“府”均为封建王朝的地方统治机构，集地方各种权力于一身。民国初期，这级机构沿用了唐时建制名称，称为“道”，行使着古代地方机构同样的职能。

抗日战争时期，在中国共产党的领导下，抗日根据地成立了边区行署。解放战争时期，解放区先后建立了地区和行政公署。“地区”和“行署”担负着一个区域内革命和生产的领导工作，成为一级政治、经济实体。

新中国成立以来，各省普遍设立了专区。虽然专区数有增有减，但是，机构名称和设置一直保留到1967年底。“专区”机构的主要职责是完成恢复国民经济的任务，对农业、手工业和资本主义工商业进行社会主义改造，全面开展社会主义建设。专区作为一个派出机关，不是一级实体，整个机构只有300人左右，主要职能是督促、检查、协调，管理所属县、市的工作。

1968年以后，专区相继更名为地区。从1968年初到1970年上半年，各个地区成立了革命委员会和革命委员会党的核心领导小组，取代了地区党政领导。1971年上半年，各地区召开了第一次党员代表大会，选举产生了第一届地区党委，取代了革命委员会党的核心领导小组。1975年1月17日中华人民共和国第四届全国人民代表大会第一次会议通过的《中华人民共和国宪法》第二十一条规定："地方各级人民代表大会都是地方国家权力机关。……地区、市、县的人民代表大会每届任期三年"。第二十二条明确指出："地方各级革命委员会是地方各级人民代表大会的常设机关，同时又是地方各级人民政府。""在本地区内，保证法律、法令的执行，领导地方的社会主义革命和社会主义建设，审查和批准地方的国民经济计划和预算、决算，维护革命秩序，保障公民权利。"这样，地区机构与省、市、县机构的职能基本一致，为一级实体，机构增加、人员增加，行使着一级地方党政机构的职权。

1978 年 3 月 5 日，第五届全国人民代表大会第一次会议通过的《中华人民共和国宪法》第三十四条第三款规定："省革命委员会可以按照地区设立行政公署，作为自己的派出机构"。1979 年 7 月 1 日，五届人大二次会议通过的关于修正《中华人民共和国宪法》若干规定的决议中，将第三十四条第三款修改为："省人民政府可以按地区设立行政公署，作为自己的派出机构。"1978年10月，地区撤销了革命委员会，恢复了行政公署。十年动乱结束后，地区的工作重点转移到以经济建设为中心的轨道上来。1983 年开始了机构改革工作，在部分地区试行地、市合并，但多数地方仍保留了地区党政领导机关。

（二）现行机构的特点及任务

应该指出的是，保留的地区要成为宪法所规定的名副其实的"派出机构"，改变目前地委和行署实际上行使一级领导机关职权的现状，需要一个相当长的过程。其一，现行机构实际上所担负的职能是历史形成的，由于条件限制，有很多工作省一级还不可能直接统到县、市，需要地区管理。如果硬性砍掉地区的职能，势必引起管理上的脱节，造成管理上的混乱，达不到有效加强领导和管理的目的。其二，地区机构由实变虚、由虚变实多次演变，其职能部门与上下基本对口，机构增加，人员膨胀，一些服务设施成龙配套，实际上履行一级党委和政府的职能。如果减少职能，处理不善，势必造成人心混乱，影响改革开放的进程。鉴于这种情况，我们对地委和行署领导班子成员的考核只能是对其实际履行职责的状况进行考核。

1. 地区机构的特点

（1）从政治上看，地委和行署是省委、省政府的代表机构，不是经过党员代表大会和人民代表大会选举产生的一级地方党委和政府。地区党政领导机关受省委和省政府的直接领导，其领导班子成员由省委管理。

（2）从经济上看，地区党政领导机关不是一级经济实体，不具备经济实力，财政开支实行报账制。地区党政机关现在还管理部分企事业单位，其主要目的在于弥补地区财政开支的缺额，减轻国家财政负担。

（3）从管理上看，地区党政机关受省委和省政府的委托，对所属县（市）的工作实行领导、指导、督促、检查、协调。不制订和下达国民经济发展计划，计划、财政、物资等主要经济指标均由省直接下达到县。

2. 地区党政领导机关的任务

地区党政领导机关作为省委和省政府的派出机关，基本上承担着省辖市、州一级党委和政府的工作任务。概括起来，主要有以下几个方面：

（1）贯彻上级有关精神，结合实际，制定区域发展的方针、政策，检查了解所属各县（市）贯彻执行党的路线、方针、政策和决定的情况，总结交流经验。

（2）领导本地区的工作，督促检查所属各县（市）完成上级布置的各项工作任务，协调相互关系，及时向省委、省政府汇报工作中出现的新情况、新问题。

（3）受省委的委托，管理一部分干部。

（4）完成省委和省政府交办的其他事项。

（三）地委和行署的职能

党和政府机关的性质不同，决定了他们的职能不同。地委和行署作为省委、省政府的派出机关，其职能也有所不同。

1. 地委的职能

地委的主要职能是领导本地区的工作，即在执行中央路线和保证全国政令统一的前提下，对本地区的工作实行政治领导、思想领导和组织领导。地委的领导职能具体说，主要包括以下几方面：

（1）决策职能。贯彻执行中央和省委的决定，结合本地区的实际，对地方性的重大问题作出决策。

（2）保证职能。加强党组织的自身建设，加强思想政治工作，保证党的方针、政策在一个地区的传达、贯彻、执行。

（3）干部管理职能。负责对省委委托管理的干部进行考察、任免、奖惩、调整、培训等，协助省委对省委管理的部分干部进行考察了解并提出使用意见。

（4）检查、监督职能。监督行署和县（市）党委、政府的工作。

（5）协调职能。协调行署机关、审判机关、检察机关和群众团体的活动，协调所属各县（市）的关系。

2. 行署的职能

行署受省政府的委托，代表省政府行使省政府在一个地区范围内的部分职能，主要有：

（1）决策职能。贯彻执行上级党委、政府的指示和地委的决定，制定本地区社会发展的具体方针、政策。

（2）管理职能。管理工农业、财贸、科学、教育、文化、环境保护、卫生、体育、计划生育、司法、公安、民政、监察、土地管理、对外事务等方面的工作。

（3）监督职能。监督各县政府、行署各部门执行省政府决定，遵守国家法律和政策。

（4）保护职能。依法保护国家、集体和个人的各种权益。

（5）协调职能。协调各县政府、行署各部门的工作关系。

二、地委和行署领导班子成员的职位规范

（一）职位规范在干部考核中的地位和作用

职位分类是把各种职位按工作性质、责任轻重、繁简难易程度、所需人员的资格条件和环境条件等因素进行分析比较，

从而确定每一个职位的职系、职级与职等。职位分类的一项重要工作是制定职位规范。职位规范在干部考核中的地位和作用有以下几点：

1. 职位规范规定和制约干部考核内容。干部考核的内容一般说有德、能、勤、绩四个方面。绩是履行职责的结果，勤是履行职责的过程，考绩考勤必须以干部的工作职责、权限为依据。任职条件是职位对干部德、才、学、识、体、资的总体要求，考核干部的德才素质不能离开任职条件提出的要求。总之，干部考核的内容是由职位的要求决定的，有什么样的职位，就有什么样的考核内容，两者是决定与被决定的关系。

2. 职位规范规定了干部考核的标准。职位分类对每一职位的地位、职责、权限、标准、条件、待遇都做了明确的规定，这样就确定了考核的标准。也就是说，只有依据职位的规定考核干部的任职情况，才能得到客观公正的评价。职位标准、任职条件是围绕职位确定的。干部考核的标准也需要围绕职位确定。从这个意义上讲，职位标准和考核标准实质上是一致的。考核标准依赖于职位标准。

3. 职位规范影响干部考核结果的处理。在职位范围中，对一个岗位人员应得的报酬、奖惩、升降条件都作了明确规定，干部考核结果的处理应以此为依据，做到“对号入座”、有章可循。

总之，建立职位规范是建立干部考核综合体系的前提，是做好干部考核工作的基础。

（二）制定地委和行署领导班子成员职位规范的原则

职位规范在干部考核中的地位和作用决定了我们在制订地委

和行署领导班子成员考核方案时，必须以职位规范为依据，这是建立科学规范的考核制度之亟须。制定地委和行署领导班子成员的职位规范主要应遵循以下原则。

1. 党政职能分开的原则。1986 年，邓小平同志指出："改革的内容，首先是党政要分开，解决党如何领导，如何善于领导的问题。这是关键。"我们搞政治体制改革，搞党政职能分开，绝不是取消党的领导，而是要加强和改善党的领导。为此，必须处理好党政职能分开和发挥党的领导作用的关系。按照我国宪法规定，各级政权组织，包括人大、政府和司法机关，都必须接受党的领导。但是，党不是政权本身，不能取代政权机关的职能。要在党的统一领导下，根据各级党组织、政权机关、行政组织的不同职能，进一步明确各自的职权和责任。我们认为，地委的主要职能是领导，包括贯彻执行上级党组织的指示，保证上级政府指示在本地区的实施，对地方性的重大问题提出决策，向地区行政机关推荐重要干部，协调本地区各种组织活动。行署的主要职能是管理，即直接管理本地区的政务活动。党政职能分开体现在制定领导班子成员的职位规范上，要求将地委、行署领导班子成员的职责分开。这是改革的要求，是时代发展的趋势。

2. 效能原则。效能原则是职位分类所应遵循的基本原则。在编制职位规范时，应尽量做到以下几点：一是班子要精干，职数要合理。地区党政领导班子成员的职数是根据领导班子的职能确定的。领导班子成员的职责之和应该等于领导班子的职能。根据这个原则，我们就可以确定合理的职数，即需要编制职位规范的数量。二是职责要明确。地委和行署领导班子成员的职责不能交叉，同一领导班子成员的职责也不能交叉。职责不清，就会出现人浮于事的现象，不利于职责的落实和工作效率的提高。三是职位标准要合理。不同的职位具有不同的标准，超职位的标准或低于职位的标准都不利于职责的落实。考虑到地级领导干部层次较高，因而，在制定职位标准时，既要有先进性，又要有可行性。四是职务条件要系统全面。定制职务条件，要尽可能考虑任职的各方面因素，要全面贯彻执行党的干部政策，坚持德才兼备的原则，防止片面性。

3. 职、责、权统一的原则。有什么样的职务，就应当有什么样的权力，负相应的责任。有职无权，工作就没有权威性，任务就无法落实；有权无责，工作人员就可能滥用权力，给工作带来危害。制定地委和行署领导班子成员的职位规范，必须对职、责、权都进行规范，并使之有机统一起来，为考核打下基础。

4. 动态原则。职位规范同任何其他事物一样，都不是静止不动的。随着党政职能的转变和改革的深化，地委和行署领导班子成员的职数有的需要增加，有的需要减少，有的需要重新组合，在工作职责、权力、任职条件等方面也会随着形势的变化而变化。制定职位规范，不仅应从现实角度出发，还要有发展的眼光，一方面要使职位规范具有相对稳定性；另一方面，也要不断改革创新，丰富和完善职位规范，使其具有更强的生命力。

（三）地委和行署领导班子成员职位规范的要素

1. 工作地位。工作地位是职位在不同的职系职级中所处的地位。地委和行署领导班子成员职位的划分，从职系角度看，属于两类职系，即党务干部职系和行政干部职系；从职级的角度看，属于两级，即地级正职和副职。这样，职系和职级的交叉结合，构成了四大职位，即地委正职领导干部、地委副职领导干部、行署正职领导、行署副职领导干部。

2. 工作职责。工作职责是职务和责任的有机结合，指的是不同职位按职权处理事务的义务。地委和行署领导班子成员工作地位的差异，决定了他们各自具有不同的工作职责。由于班子成员分工是相对的，有分工必有协作，因而有些职责是共同的。确定工作职责，既应找到相同点，体现班子这个整体，又要找到不同点，以区别不同成员的工作。划分工作职责，是职位规范的重点。

3. 工作权限。工作权限即职权，它与职责相对应，是不同职位按职责处理事务的权力。地委和行署领导班子成员工作实绩实际上是履行职责、行使职权的结果，因而，制定职权与制定职责一样，也是考核的基础工作之一。根据地委和行署总的职能，领导班子成员基本上具有执行权、决定权、领导权、保护权、干部举荐权、建议权、监督权和奖惩权，只不过不同成员权力的内涵不同罢了。

4. 工作标准。工作标准是每一职位履行职责需要达到的程度或指标。没有明确的工作标准，对职务就失去了评价的依据。职位不同，要求完成工作的程度和质量就有差别。因此，不同的岗位具有不同的工作标准。工作标准实质上是职责程度化和数量指标化。考虑这个因素，我们在制定地委和行署领导班子成员职位规范时，将工作职责和工作标准糅合在一起，既提出职责，又表达履行职责的程度。

5. 工作关系。工作关系就是一个职位与上下左右职位构成的工作联系。工作关系主要有两种：一种是纵向关系，主要指上下关系；一种是横向关系，主要指同级关系。地委和行署领导班子成员主要任务是上传下达，因而工作关系以纵向为主，同时还要处理同一班子成员之间的关系。这就构成了一个工作关系网络，我们将用“树”状图形表示。

6. 任职条件。主要指担任一定职务所需要具备的条件，包括政治思想、品德、知识、能力、体力、经历等要素。任何职位都离不开职员，一定的职位要求职员具备一定的条件才能胜任。任职条件是我们选拔一定职位职员的主要依据，也是我们考核其德才素质的主要标准。在制定职位规范时，我们主要从事业心、原则性、廉洁性、求实精神、民主性、示范性等方面规范一个成员所必须具备的品德；从文化知识，政治理论知识、专业知识、政策法律知识等方面规范一个成员所必须具备的知识；从思维决策能力、组织领导能力、计划管理能力、识人用人能力、协调能力、工作创新能力、表达能力等方面规范一个成员所必须具备的能力。同时，在身体素质等方面作出了规范。考虑到制定职位规范的主要目的在于考核现班子成员，因而，在不影响任职条件的情况下，我们省略了资历等要素。

7. 工作待遇。主要指一定职位上的工作人员应取得的社会地位、工作福利、物质报酬等。主要有政治待遇、工资待遇、奖惩待遇、培训待遇等。考虑到地委和行署领导班子成员处于一个职系，又处在相邻的职级之中，工作待遇差别不大，加之工资、福利、奖惩、培训等方面国家都有明确规定，因而，在制定职位规范时，限于篇幅，我们没有详写。

（四）制定地委和行署领导班子成员职位规范需要说明的几个问题

设计和制定地委、行署领导班子成员的职位规范是有前提的。第一，我们是在国家尚未采用职位分类制度，甚至对地委和行署领导班子成员的地位、职责、权限、任职条件等尚未作出具体、明确规定的条件下制定职位规范的，其目的在于应考核之急需。在制定过程中，我们参考了有关职位规范的框架，力图以党的干部政策为核心，以干部实际工作为基础，尽可能做到科学化。应该承认，现在的职位规范仍然依据不足，与法制化、规范化的要求还相距甚远。第二，在制定职位规范的过程中，我们假定所有地区领导班子成员职数和分工相同。在这两大前提下制定的职位规范与现实之间必然存在距离，需要解释或说明。

1. 制度化问题。地委和行署领导班子成员职位规范的运用，应该经过省委或省委管理干部的职能部门认可，要以文件规定的形式固定下来，使其具有一定的权威性，在干部选拔、任用、考核、培训等方面具有效力，对地委和行署领导班子成员进行导向。根据制度形成的规律，我们可先在干部考核中运用，在实践中不断完善，最终为法制化的规范打下基础。

2. 领导班子成员职数与职位规范数不一致的问题。我们制定了 16 套职位规范，即地委书记，分管党群、意识形态、经济政策的副书记，地区纪委书记、地委组织部长、宣传部长、统战部长、政法委书记、秘书长，行署专员、常务副专员和分管工业计划、农业、财贸、文教卫副专员的职位规范。职位规范的数量是按照有关部门关于职数的规定（除军分区领导兼任的地委委员外）确定的。现实中，地委和行署领导班子成员的职数往往多于规定数，有的地方除配备以上领导成员外，还设有专门分管水利、城建、科技的副专员。因此，在干部考核工作中可以根据需要，按照已制定的职位规范框架，比照相同职系职级的职位规范内容，结合分管的工作，增加若干个成员的职位规范。这样处理的目的在于方便考核，绝不意味着可以增加职数。现职数多于上级规定的应在实践中逐步解决，经过一段时间的过渡，这个问题不应成为制定规范中的问题。

3. 领导班子成员的分工与职位规范的规定不一致的问题。按照传统的惯例与一般规律，同时按照工作量的大小，经过合理排列，我们设计了 16 个职位规范，并明确了各自分管的工作及主要职责。事实上，有的地区领导班子成员的分工并不是这样的。如有的地区常务副专员分管财贸，有的地区把工交与计划分开，分别有两个副专员管理；有的副书记只管党务，不管群团；有的地委委员除分管部门工作以外，还分管其他方面的工作；等等。因而，职位规范不能原封不动运用于考核工作的实践中。这样各地在实施时，在不违反原则的前提下，可以重新组合，使之切合实际。领导班子副职成员分工的科学化、规范化需要一个过程，需要在实践中摸索。

4. 党政班子成员职责交叉问题。在党政尚未分开的状况下，两个班子成员之间的职责存在交叉。如我省各地区分管意识形态的副书记同时分管农业，这与分管农业的副专员在职责上有交叉。而在职位规范中，分管意识形态的副书记并没有分管农业的职责，这就存在矛盾。这一矛盾应在实践中逐步解决。当前对有交叉职责的班子成员的考核，可在述职、民主评议过程中进行技术处理。

三、地委和行署领导班子成员的考核内容

职位规范规定了干部考核的内容，但是，职位规范与考核内容毕竟是有区别的，用一个抽象的、多功能的职位规范是难以完成具体的、单一功能的干部考核任务的。职位规范在考核工作中的具体化，即干部考核内容的研究，是整个方法研究的重要内容之一。

（一）地委和行署领导班子成员考核的基本内容

要全面了解干部和准确评价干部，一般应从德、能、勤、绩四个方面对干部进行考核。

1. 关于“德”

干部的德可以分为三个层次，首先是政治品质，指领导者的世界观以及在此基础上形成的政治立场、人生观、理想、目标和思想作风，这是德的最主要方面，最根本的方面。邓小平同志指出：“所谓德，最主要的，就是坚持社会主义道路和党的领导。”这里指的就是政治立场和政治理想。政治品质标志领导者的政治

方向，是领导者在事业上成败的根本所在。其次是道德品质，指领导者在社会关系中的行为准则和思想情操。领导者在遵守社会道德方面应该是整个阶级、整个社会的楷模。大公无私、全心全意为人民服务、为人民办好事、办实事是领导干部伦理道德的根本原则。再次是个性、思想品质，指领导者的意志、专注力及工作作风。刚毅、执着、开拓、奋进应是领导者个性、思想品质的主要特征。

地委和行署领导班子成员的德主要包括以下几个方面：（1）要有坚定的共产主义信念，政治立场坚定。在现阶段主要体现在能够认真贯彻执行党的十一届三中全会以来的路线、方针、政策，始终一贯地坚持四项基本原则和改革开放的方针，反对资产阶级自由化以及各种非无产阶级的世界观；对党忠诚可靠，有坚强的党性，自觉地在政治上、思想上同党中央保持高度一致，一切从维护和有利于党的事业出发，经得起严重政治斗争的考验。（2）要有牢固的无产阶级世界观，要忠于马列主义并有较高的马克思主义理论水平，能用马克思主义立场、观点、方法观察、分析事物。（3）要有不计名利、无私奉献的品德，严守法纪，公道正派，清正廉洁，不以权谋私，不搞特殊化，全心全意为人民服务。（4）要有实事求是的工作作风，一切从实际出发，理论联系实际；要密切联系群众，倾听群众意见，反映群众愿望。（5）要有革命的胆略和魄力，敢于正视矛盾，勇于同违反党的原则、纪律和国家法制的行为和社会思潮作坚决的斗争；要有革命者的胸怀，襟怀坦白，勇于批评和自我批评，有错即改，勇于承担工作责任，不诿过于人，顾全大局，维护团结。

（6）要正确对待上级、同级和下级，爱护干部、宽厚待人，不打击、压制不同意见的同志；要谦虚谨慎，尊重知识，尊重人才，勇于改革开拓，创造性地开展工作。（7）要坚持民主集中制和集体领导的原则，注意听取各方面意见，不独断专行。

2. 关于“能”

能是指干部履行工作职责、完成工作任务所必须具备的基本知识与能力。地委和行署领导班子成员主要应该具备以下几个方面的知识：（1）马克思主义理论知识。掌握马克思主义哲学、政治经济学、科学社会主义的基本原则，熟悉中国历史、中共党史和国际共运史，了解世界近代现代史，并能理论联系实际。（2）管理科学知识。有一定的政治学、社会学、人事管理学和国民经济管理学知识，熟悉党务管理和政务管理工作中的基本原则，运行机制、方法和技巧，并能灵活运用。（3）本职专业知识。对分管工作的专门知识进行深入研究，成为这一领域的内行。（4）相关理论知识。掌握《党章》《宪法》及其他法律法规，掌握党和国家重大方针政策；了解现代自然科学有关知识；熟悉本地区政治、经济、科技、文化发展概况及本地区的风俗民情；等等。

地委和行署领导班子成员必须具备以下能力：（1）综合分析能力。能够全面、正确理解党中央、国务院的方针、政策；能够审时度势，掌握全地区政治、经济、文化等社会发展动态和方向；能够对本地区两个文明建设和改革开放中的新情况、新问题进行系统、全面地分析，能够抓住事物的本质，作出正确判断。（2）决策能力。能根据上级指示和本地区实际作出正确的决策，工作有预见性，安排周密。（3）组织协调能力。能协调、理顺各种工作关系；能分类指导和检查督促有关职能部门和各县、市做好工作，保证中央和省委、省政府指示在本地区的实施。组织指挥自如，调度得当，协作配合默契。（4）适应能力。能较快适应新的环境，打开工作局面。（5）表达能力。能主持起草、审定重要报告和文件，思路清晰；语言简练、生动；文字流畅，逻辑性强。（6）知人用人能力。能够按照党的路线、方针、政策和原则识别干部，提出对一个干部的使用意见供集体研究和有关部门参考；能扬长避短，正确使用干部，放手让下级独立、负责地行使职权，调动干部的积极性。（7）交往能力。能有效地同社会各界协商对话，通过思想政治工作，争取各方面对工作的理解和支持；能建立和发展广泛的横向联系；善于交际，具有感召力。

3. 关于“勤”

“勤”是指一个干部的事业心、责任感和工作态度。对地委和行署领导班子成员“勤”的要求主要有以下几点：（1）要有强烈的革命事业心，为党和人民的事业努力工作，有百折不挠、不达目的誓不罢休的精神；（2）有较强的责任感，工作认真负责，讲求实效，善始善终；（3）工作态度好，勤勤恳恳，兢兢业业，一丝不苟，工作不分分内分外；（4）认真执行领导干部参加劳动的制度，积极参加各种社会劳动；（5）经常深入实际，调查研究，解决问题，亲自动手撰写有价值的调研报告和工作报告。

4. 关于“绩”

绩是指一个干部履行工作职责、完成工作任务的成果。地委和行署领导班子成员的绩，主要包括物质文明与精神文明建设方面的成就。

在研究的过程中，我们根据当前的情况，重点研究了实绩，并把它作为地委和行署领导班子成员考核的主要内容之一。

把实绩作为考核干部的一个主要内容，是对德、能、勤、绩的关系进行客观分析所得出的必然结论。就绩与德、能、勤的关系而言，绩是评价干部的最终、最客观的尺度，是德、能、勤综合作用的结果。德、能、勤作为主观因素是通过绩这个客观因素反映的，从总体上讲，只要抓住实绩，就可以基本达到对干部进行客观公正、全面准确评价的目的。

把实绩作为考核干部的一个重要内容，是马克思主义劳动价值理论在干部考核工作中的具体体现。马克思主义劳动价值理论认为，劳动分为三种形态，即潜在形态、流动形态和凝结形态。潜在形态的劳动只是可能发挥的劳动，当然无价值可言。流动形态的劳动是实际耗费的劳动，它分为有效劳动和无效劳动。无效劳动得不到社会的承认，因而其本身不是价值。只有凝结形态的劳动，即有效劳动的转化和凝结才能形成价值。因此，衡量一个人的贡献，归根结底要看凝结为成果的劳动量。实绩是干部工作中有效劳动的转化和凝结，是干部对社会所作的实实在在的贡献。以实绩作为考核的一个重要内容，才能从根本上弄清干部贡献的大小，把握一个干部最本质的东西。

把实绩作为考核的主要内容有利于形成新的价值导向。谁的实绩突出，贡献大，就应该受到奖励；谁政绩平平，贡献小，就应该调整。只有这样，才能把干部的注意力、着眼点集中到贯彻执行党的基本路线上来，集中到发展社会生产力上来，造成一个为社会主义现代化建设而努力工作的良好局面。把实绩作为考核干部的一个重要内容还有利于干部作风的转变，使干部沉下去务实求实，扎扎实实地干，一点一滴地积累，为社会作出贡献。

把实绩作为考核干部的一个主要内容，一定要注意实绩取得过程中的各种特殊情况。

（1）实绩内容的两分性，要求注意物质文明建设与精神文明建设成果问题。实绩包括物质文明与精神文明建设两个方面的成果。社会主义现代化建设的性质决定了我们在考核干部时，不仅要重视物质文明建设方面的成果，还要重视精神文明建设方面的成果。由于社会分工的不同，有些干部物质文明建设方面的任务重些，即使这样，也不能忽视精神文明建设工作，更何况有的干部主要负责精神文明建设方面的工作。如果我们忽视精神文明建设方面的实绩，或者脱离物质文明建设去孤立了解精神文明建设方面的实绩，不仅会影响对干部的考察与评价，还会把干部引向偏离社会主义现代化建设的轨道。

（2）实绩产生的承接性，要求注意工作基础好坏问题。一般情况下，现绩是在前绩的基础上产生的，现绩中包含着前绩。不同地方、不同单位工作基础是不同的。工作基础好，往往会事半功倍；工作基础差，则会事倍功半。因此，以实绩作为考核干部的一个主要内容，不能只看现绩的大小，还要对原有的工作基础进行分析，区别对待不同的情况。

（3）实绩现象的过程性，要求注意眼前绩效与长远绩效问题。任何一项工作都有现实效应和长远效应。由于工作性质和目的不同，有的工作要求现实效应大些，有的工作则要求长远效应大些。但是，无论怎样的目的，都不会也不能只求现实效应而不要长远效应，或只求长远效应而不顾现实效应。因为任何工作都不是孤立存在的，它既是现实事业的实践，又是未来事业的“阶梯”。只有既注意现实效应，又注意到长远效应，工作才能真正做好。因此，以实绩作为考核干部的一个主要内容，不能只看其取得的现实成果，还要看其所做的工作对未来事业发展的影响，要防止只顾当前、不顾长远、急功近利的不良倾向，引导干部既注重眼前利益，又注重长远利益。

（4）实绩构成的层次性，要求注意局部利益与全局利益的问题。整体利益和局部利益是不同层次的利益。从根本上讲，局部利益应该服从整体利益。一个干部的工作应该从全局出发，顾全大局。但在现实生活中，有的干部往往出现重此轻彼的现象，有的干部做工作，对其分管单位、分管战线的工作有利，而对整个地方的作用则不大，有时甚至会带来负作用。对一个单位和一条战线而言，这个干部的实绩是突出的，但就整个工作而言，这个干部实绩不大，甚至无绩可言。因此，考核干部的实绩，不仅要看单位效益，还要看社会效益，要把全局利益和局部利益结合起来。

（5）实绩取得的集合性，要求注意个人作用与上下左右支持配合的问题。实绩的取得，往往是多人合力的结果。一般来说，除了个人的努力外，还有上级的重视支持，下属的作用，同级和有关人员的配合协作，等等。因此，考核干部的实绩，必须弄清干部本人和其他人员分别在实绩取得过程中的地位和作用。尤其要注意既不能把大家共同努力的整体成绩归结到个人头上，也不能凡是成绩人人都有份。要注意干部所做的实际工作，也就是要注意领导行为，通过领导行为看实绩，通过实绩看德才素质。

（6）实绩变因的复杂性，要求注意主观努力与客观环境的变化问题。影响实绩的因素多种多样，而且这些因素会经常起变化。实绩变因的这种复杂性，会给实绩的产生带来一种特殊情况，即由于客观环境起变化，一方面，往往不需要干部作很大努力，就会带来很大的效益。如国家方针政策的调整，有时会给某些单位和部门带来很大利益；市场行情的变化，有时会给有些企业带来新的迅猛发展。另一方面，由于客观环境的变化，一个干部的努力往往付诸东流，如国家政策的变化，自然灾害等，都足以使一个地区和单位蒙受巨大损失，造成严重后果，与正常情况比，似乎无实绩可言。如果只看表面现象，不作具体分析，就会形成错觉，造成对一个干部的错误判断。如对受灾单位领导干部实绩的考核，不仅要看实际取得的成果，还要看受灾后所采取的措施，所做的工作，要看降低灾害程度所付出的代价。总之，考核干部的实绩，要做具体分析，要把干部的主观努力与客观环境发展变化联系起来考察，不能单纯以经济指标的高低决定干部工作的好坏。

德、能、勤、绩之间的关系是辩证的，它们相互联系，相互制约、相互促进、相互转化。德是第一位的因素，德是绩的保证，政治素质不高的干部不可能做出实绩；能是绩的基础，工作能力不强也干不好工作，干不出实绩；勤是绩的条件，不努力工作，实绩不会从天而降；没有绩，德、能、勤则得不到客观证实，也无实际意义。总之，德、能、勤、绩四位一体，在干部考核中，我们不能忽视任何一个方面。就地委、行署党政领导干部来讲，由于其层次较高，管辖范围较广，管理的人口众多（少则300多万，多则1000万），德的表现是至关重要的，应将德作为其考核的重点，以保证领导权掌握在忠诚于马克思主义的人手里。

（二）地委和行署领导班子成员考核指标

考核的内容是通过考核的指标体现的。考核指标的科学化源于以下三点：一是考核指标的相关性，即考核指标必须与考核内容相关，一个考核指标必须反映一部分考核内容；二是考核指标的全面性，即考核指标必须尽可能穷尽考核的主要内容，不能出现有考核内容（甚至是比较重要的内容）无指标体现的现象；三是考核指标的不相容性，即指标与指标之间尽可能不交叉、不蕴含，每一指标都反映另一指标无法取代的内容。在对地委和行署领导班子成员进行考核时，究竟应该选取哪些考核指标呢？我们在对1986年底湖北省236名地级党政领导干部德才测评进行统计分析的基础上，把地委和行署党政领导班子作为一个整体，根据其工作职责、权限、标准、任职条件等选出了二十八个考核要素，然后，分别到黄冈、咸宁、孝感三个地区对50名地级干部进行了调查，结果见表1、表2。

表 1 “您认为以下政治素质中，哪三项对地委和行署领导班子成员工作过程及结果影响最大（请标明 1、2、3 的顺序）”的调查结果统计表

政治素质		政策水平	事业心	原则性	法制观念	求实精神	牺牲精神	民主性	相容性	廉洁性	群众观念	全局观念	其他
人数	(1)	24	18	1	2	3	0	0	1	0	0	1	0
	(2)	8	14	3	0	14	0	0	2	1	3	4	1
	(3)	5	3	2	1	11	2	3	4	2	7	4	6
	Σ	37	35	6	3	28	2	3	7	3	10	9	7
%		24.7	23.3	4	2	18.6	1.3	2	4.6	2	6.6	6	4.6

表 2 “您认为以下能力素质中，哪两项对地委和行署领导班子成员的工作过程及结果影响最大（请标明 1、2 的顺序）”的调查结果统计表

能力素质		决策能力	组织指挥能力	综合分析能力	协调能力	创新能力	任贤能力	口头表达能力	文字表达能力	交往能力	适应能力	其他
人数	(1)	16	17	1	7	5	2	0	0	1	0	1
	(2)	8	9	5	14	8	8	2	1	1	1	0
	Σ	24	19	6	21	13	10	2	1	2	1	1
%		24	19	6	21	13	10	2	1	2	1	1

从表 1 可以看出，影响地委和行署领导班子成员工作过程及结果的最主要政治素质有“政策水平”“事业心”“求实精神”“群众观念”“原则性”“全局观念”“廉洁性”“法制观念”等。从表 2 可以看出，影响地委和行署领导班子成员工作过程及结果的最主要能力素质有“决策能力”“组织指挥能力”“协调能力”“创新能力”“任贤能力”。在确定考核指标时，我们根据考核指标的科

学性和可操作性原理进行了归纳和综合，最后确定了16个指标，它们是：党性原则、事业心、法制观念、廉洁性、民主作风、马列主义理论水平、政策水平、专业知识、组织领导能力、综合分析能力、决策能力、表达能力、知人善任、团结协作精神、工作效率、工作实绩。

地委和行署领导班子成员处在相近的两个职系和职级之中，其考核内容具有共性；同时，由于他们毕竟不在同一职系和职级之中，加之分管的工作不同，其考核内容又具有个性。因此，我们不能用同一标准考核两个班子中的不同成员。鉴于这一点，我们在确定两个班子成员的考核指标以后，又按职系职级等，将两个班子成员划分为三个类型，即地委和行署正职、地委副职（含地委委员）、行署副职，分别确定了考核标准。这样，在考核两个班子成员时，量表只有一种，而具体标准则有三个，这为考核的科学化奠定了基础。

四、地委和行署领导班子成员考核主体

（一）地委和行署领导班子成员传统考核组织形式及其利弊

我们党的干部考核组织形式，是在长期的革命和建设的实践中逐步形成的。建党初期，党的干部数量较少，所有的干部都统一管理，实行的是集中考核形式。随着党组织的发展壮大，干部队伍的不断增加，根据需要，逐步建立起分级管理、下管两三级的干部管理体制，各级干部分别由两级或三级党委管理，由组织部门考核。新中国成立以后，我们党担负着新的历史使命，工作

部门不断增加，尤其是经济工作部门不断增加，各类干部人数也成倍增加，使得分级管理体制也难以适应形势要求。于是，各级党委又分出一部分干部由部门党组织管理，实行分级分部门管理体制，对干部分级分部门考核。这种干部考核的组织形式，在十年浩劫中遭到了严重的破坏。党的十一届三中全会以后，又得到了恢复和发展。现在，我们实行的是分级管理、层层负责、下管一级的管理和考核体制。

对地委和行署领导班子成员考核的组织形式，体现了这种管理模式及其变化。总体上讲，地委和行署领导都由组织部门考核。但不同时期考核的主体是不一样的。机构改革以前，地委书记和专员由中央管理与考核，省委协管；地区党政副职则由省委管理，由省委组织部负责考核。机构改革以后，中央下放了干部管理权限，地区党政领导班子成员均由省委管理，由组织部负责考核。

传统考核组织形式在过去几十年中，对干部的管理起过较好的作用。其主要优点：第一，传统考核组织形式具有灵活性。由组织部门负责考核干部，实施考核灵活方便。组织部门采用群众路线的方法，深入群众，了解干部的表现情况，上上下下听听反映，考核的结果比较可靠。同时，能较快地形成对干部的评价，工作效率较高。第二，传统考核组织形式具有权威性。组织部门是专门从事干部管理工作的部门，除了对干部进行定期考核外，平时也从多方面接触、考察干部，对干部的了解是比较全面的。在长期的工作中，组织部门为党和国家选拔、培养了大批领导人才，积累了丰富的干部工作经验。实践证明，组织部门在干部考核工作中具有重要地位和作用，在广大干部和群众心目中享有崇高的威信。

当然，传统考核组织形式也存在一些局限性。首先，受组织部门干部自身素质的限制。组织部门管理的干部分布在全省各行各业，尽管都属于党政干部，工作性质大体相同，但是，毕竟处在不同的行业，工作特点和工作方式都有区别。这就要求组织部门的干部了解不同行业的工作性质、特点及方法。事实上，组织部门的干部又不可能完全做到这一点。这样，在考核一些行业的领导干部时，对个别具体问题有时会弄不准，影响对干部的评价。其次，受组织部门自身力量的限制。组织部门管理的干部较多，而自身人手较少，这一矛盾直接影响考核的经常性和全面性。比如说，对地委和行署领导班子成员的考核，一般来说在班子调整之前进行，平时难以坚持经常化、正规化的干部考核。班子是不断变化的，对变化了的情况缺乏系统了解，必然会影响对干部的评价，影响班子成员的配备，影响一个地区的工作。

（二）新时期地委和行署领导班子成员考核主体

确定新时期地委和行署领导班子成员的考核主体，必须按照政治体制改革和干部人事制度改革的总体设想，遵循以下原则：

1. 党管干部的原则。所有干部都是党的干部，都由党组织管理。党管干部是我们党的优良传统，是我们党取得革命和建设胜利的重要保证。党管干部的原则体现在干部考核问题上，一是要求进行宏观管理，制定干部考核工作的路线、方针、政策和原则，使整个考核工作有章可循；二是要求进行微观管理，各级党委要按照干部管理权限，对分管干部进行具体考核。地委和行署领导班子成员属于省委管理的干部，按党管干部原则和干部管理权限，应该由省委负责考核。对行署领导班子成员的考核，涉及管人与管事的结合和制约问题。考核行署领导班子成员，其主体是省委，同时，还应有省政府领导参与，充分听取他们的意见。

2. 考核主体和授职主体相一致的原则。考核主体的确定，要同党务管理和行政管理的一般运行机制一致起来，如果不一致，就会造成干部管理工作中的混乱现象，使整个系统的正常运行受阻。地区是省的派出机构，其领导班子成员不是选举产生的。地委和行署领导班子成员由省委直接委任，其授职主体是省委。根据考核主体与授职主体相一致的原则，地委和行署领导班子成员的考核主体应该是省委。

（三）考核工作机构的设置及职责

省委作为考核主体，由于工作任务繁重，不能直接担负具体的考核工作，因而，其下要设非常设性的考核委员会，考核委员会由省委、省政府负责人、省委组织部部长、纪委书记、人事、监察、审计等部门的负责人组成。

考核委员会的主要职责是：审定考核计划，确定考核标准，负责组建考核工作组，派往所属地区，监督考核程序，协调考核工作，在实施考核过程中加强指导、检查、督促，及时研究解决考核工作中出现的重大问题，审查考核工作组提交的考核“评价报告”，受理仲裁被考核者提出的申诉。

考核委员会下设考核工作组，在考核委员会领导下，具体实施考核计划。考核工作组的组长可由考核委员会的成员兼任，也可以由省委组织部副部长、处长及有关部门作风正派的党内老领导担任。考核工作组的成员主要应由省委组织部的干部组成，也可以从有关部门抽调一些适合做这项工作的党员干部参加。

考核工作组的主要任务是：根据考核工作的计划，具体组织考核工作的实施，汇总各方面的考评信息，形成对考核者的考评意见和向被考核者反馈其考核意见，向全体参加民主评议的人员通报整体考评意见和对被考核者个人的民主评议情况；向考核委员会汇报考核工作情况和考核结果；办理考核委员会交给的其他工作。

五、传统的考核方法及改革

研究新时期干部考核的新方法，首先必须对传统的考核方法进行认真回顾，对几年来考核方法的改革进行总结。由于传统的考核方法没有分层分类，地委和行署领导班子成员的考核方法与其他级别领导班子成员的考核方法基本上没有什么区别。因此，我们没有单独列出“地委和行署领导班子成员传统考核方法及改革”这个具体问题，而是贯之以“传统的考核方法及改革”这个大标题。下面，对几个主要问题进行分析。

（一）传统考核方法的形成及主要形式

干部的考核方法是由考核的内容和要求决定的。有什么样的考核内容和要求，就需要而且也会有什么样的考核方法与之相适应。新中国成立前，我们党的主要任务是领导和组织人民群众推翻三座大山。当时，国内国外政治环境十分恶劣，严酷复杂的斗争要求我们党要了解掌握干部的家庭出身、社会关系、对敌斗争等方面的情况，因而，就产生了与此相适应的审干方法。新中国成立初期，社会主义的政治基础刚刚建立，无产阶级政权还不够巩固，为了纯洁组织，中央要求对各级领导机关、人民团体及财经、文教等部门的干部进行审查。这个时期，我们党基本沿用了战争年代以审干为主的考核方法。同时，为了把干部审查清楚，还采用了组织鉴定的办法。到了 60 年代初，社会主义建设进入稳步发展的阶段，随着形势的发展变化，我们党的干部考核工作也开始走向正规化的轨道，各级组织部门对所管的干部进行了全面考核，在大量的考核工作实践中，通过不断总结，不仅使过去的考核方法得到了发展和完善，还摸索出了直接接触观察法、个别谈话了解法、通过民主生活会考察法等，传统方法的完整体系基本形成。遗憾的是，在十年动乱中组织部门被撤销，正常的干部管理工作陷入瘫痪，造成干部考核工作的中断。这个时期是考核工作遭受破坏的时期。党的十一届三中全会后，传统考核方法得到了进一步恢复和发展，达到了更加完善的程度。

传统的考核方法是一个体系，具体形式很多，最主要的有以下几种：

1. 查阅干部人事档案。考核干部时，考核人通过查阅干部的人事档案，了解其政治历史、家庭背景、社会关系、工作经历，同时对干部的思想状况、工作成绩和各种素质进行了解。

2. 个别谈话。考核人到干部所在单位和工作过的地方，找其上级、同级、下级和知情人个别谈话，了解干部德、能、勤、绩等方面的情况。

3. 年度组织鉴定。组织上每年对干部进行一次总结评价，并形成鉴定材料，作为干部奖惩升降的重要依据。

4. 民主生活会。领导班子按规定定期召开民主生活会，其成员相互沟通思想，开展批评和自我批评，其情况如实记录下来，并交组织部门保存，作为了解领导班子成员思想、工作、作风等方面情况的依据。

（二）对传统考核方法的评价

传统考核方法是历史的产物，有其产生、存在和发展的历史必然性，具有其他考核方法无法比拟的长处，在特定历史范围内，具有其他考核方法无法替代的功能和无法取代的作用。当然，如同任何事物都具有两面性一样，传统考核方法也存在着一些缺点和不足。

传统考核方法的主要优点：一是简便。其一般程序是查、谈、察、写等，即查阅干部的人事档案及有关材料，找干部本人和了解干部情况的同志个别交谈，对干部工作的单位实地考察，综合各方面的情况，撰写考核材料，这种方法简便易行，是对领导干部个体和群体某些问题进行专题考核最有效的手段，也是干部选拔“终端决策”阶段必须采用的方法。二是具体。传统考核方法通过查、谈、察等，可以获取大量丰富的信息，这些情况都是第一手材料，具有具体翔实的特点，有利于对干部作出相对准确的判断。三是形象。通过传统考核方法了解和掌握的干部情况具有形象生动的特点，通过这些材料，既可以了解干部的现实表现，又可以了解干部的历史状况；既可以掌握干部德才素质方面的情况，又可以掌握其取得的成绩；既可以得到干部抽象的概念性印象，又可以获得其丰富详实的材料。总之，运用这种方法考核干部，能够对干部作出比较全面的、立体的、形象生动的评价。

这种考核方法的主要缺点：一是侧重了定性评价，缺乏定量分析。传统考核方法标准抽象，内容笼统，价值考核过程又缺乏现代科学手段，没有量的定性。它主要是通过从考核了解大量纷繁复杂的情况中，经过综合分析，得出对干部的定性结论，而不能对干部的德才作出量化衡量，很难准确地弄清干部的能级及实绩的大小。二是程序不够系统完善。传统考核形式尽管多种多样，但是，各有其优点和不足，只有配合使用，形成互补，才能收到较好的效果。但是，如何配合，在实施环节中有哪些必须坚持，要达到什么要求，传统考核方法没有严格的规定。这样，考核工作就难免带有主观随意性。三是民主范围不广。传统考核方法也有一定民主性，如个别谈话一般要涉及干部的上、下、左、右，但由于这种手工方式的局限性，使民主的范围受到较大限制。四是缺乏科学分类。对不同类别、不同层次的干部采取同一标准、同一方法进行考核，这样不可避免地造就“千人一面”。实践证明，在新的形势下，传统的考核方法必须改革。

（三）传统考核方法的改革

干部考核新方法的形成实际上是对传统考核方法的完善和发展，离开了传统考核方法，新方法必将是无源之水、无本之木。

党的十一届三中全会以来，与政治上经济上的拨乱反正、改革开放相适应，干部管理工作中，在恢复传统考核方法的同时，各级党委和组织部门对干部考核方法进行了一系列改革。改革的重点，一是分类考核，对不同类别的干部采取不同的方法进行考核，力图克服干部考核过程中简单化的倾向。二是扩大考核的民主成分，增强群众的参与程度，力图克服考核过程中神秘化的倾向。各地进行了有益的探索，在干部考核方法的科学化、规范化方面迈出了可喜的步伐。

传统考核方法改革的主要形式有以下几个方面：

1. 民主推荐，即通过他人推举、荐举的形式评价、选拔人才。1983 年机构改革过程中，针对当时各级领导班子成员老化，急需选拔一大批优秀中青年干部进入各级领导班子的状况，我省开展了民主推荐各级领导班子成员的做法，这一方法一直沿用到现在。民主推荐活动的直接目的是选拔优秀人才，在推荐的过程中，我们可以看出一个干部在群众中的威信及表现情况，达到考核干部的目的。如在推荐省级领导干部的过程中，我们就可以根据推荐情况，对地级干部的工作作出判断，通过民意，达到对地级干部初步考察的目的。

2. 民意测验。民意测验运用于干部考核方面，主要是将干部胜任工作的情况划分为若干等级，如优秀、胜任、基本胜任、不胜任，制定统一表格，发给被考核者单位的工作人员或有关人员填写，然后进行统计，判断一个干部的胜任程度。在 1983 年的机构改革和平时的考核工作中，我们曾多次使用这种方法对地委和行署领导班子成员进行考核。民意测验比民主推荐进了一步，一是民主推荐涉及的人比较少，难以对每个干部都有一个评价，而民意测验涉及全体班子成员；二是民主推荐只确定了优秀对象，没有区别基本胜任与不胜任的对象，而从民意测验的统计结果可以将干部胜任的状况划分为不同的等级。

3. 德才测评。一个干部优秀，到底优秀在什么地方？一个干部不胜任，到底存在哪些问题？民意测验难以回答这些问题。同时，民主推荐、民意测验主要是对干部担任现职情况进行评价，而对其发展潜力缺乏了解。1986 年，我们学习外地经验，将能够表明干部德、能、勤、绩的若干项目列出来，根据每一项目的特点，拟出肯定、否定，优、良、一般、差几个等级，发给被考核者所在单位的工作人员或有关人员按统一标准和方法填写答案，然后进行统计分析得出结论，这种方法就是德才测评的方法。1986 年底，湖北省采用这种方法对地委和行署领导班子成员进行了考核，收到了良好的效果。德才测评本身虽然有一定的局限性，有待于进一步改进，但应该承认，它是引入现代干部工作管理方法的开始。

4. 民主评议。民主评议是在总结德才测评方法基础上建立起来的干部考核方法。这种方法比德才测评方法规范和系统，其主要程序，一是成立评议领导小组，负责民主评议的实施；二是动员，讲清民主评议的意义和要求；三是领导班子及其成员述职，向参评者汇报一年来的工作；四是评议，由被考核对象的上级、同级和下级评议被考核对象；五是测评，由参评人员填写德才测评表；

六是反馈评议信息，领导班子及其成员提出整改方案。1986 年以后，对地委和行署领导班子成员的定期考核基本上采取了民主评议的方法。

民主评议的方法，作为这几年考核方法改革的总结，是干部工作民主化、科学化进程的一个必然阶段，它对于推进领导班子建设起到了很好的作用。对于传统的考核方法，民主评议方法具有以下特点：

（1）扩大了民主的范围。让被考核对象的上级、同级和下级参加评议，听取意见的面广了，考核结果的客观化程度提高了。

（2）注重了定性与定量分析的结合。开始了对领导班子成员德、能、勤、绩的量化分析，考核结果的科学化程度提高了。

（3）考核逐步系统。从评议领导小组的成立，到考核结果的反馈，形成了一个比较严密的考核程序，考核的规范化程度提高了。

民主评议方法的产生和运用，具有不可低估的意义和作用，同时也有一些弱点：

（1）民主评议的一些规定还不完善。如参加民主评议的范围、考核的程序和考核主体的确定都带有随意性，一些地方各取所需，致使民主评议方法在实践中走形，与制度化的考核还有很大的距离。

（2）民主评议的项目不规范。在项目的数量及标准的把握上各地不一致，地区与地区之间缺乏可比性，还没有达到科学化考核的要求。

5. 各种考核方法的综合运用。纵观十一届三中全会以来传统考核方法的改革，我们可以看到，整个改革的过程是一个由浅入深、由局部到全面、由零星到系统，由非程序化到程序化的过程，是一个不断成熟、不断科学化的过程。仅就每一方面而言，都有一些突破，但都有一些弱点。如民主推荐、民意测验的结果都比较抽象，通过民主推荐、民意测验，难以形成对一个干部具体、生动的评价。德才测评、民主评议项目较多，但不够具体，德才测评、民主评议之后也难以形成考核材料，还需要采取传统考核方法进行补充性考核。要全面、科学地考核干部，看来仅仅对传统方法和制度进行单一的创新和发展是不够的，必须通过各种方法，多角度、多层次、全方位地进行，并把集中考核结果交叉印证、互相补充、综合分析。近年来，在干部考核的实践中，我们注意把传统的考核方法与民主推荐、民意测试、德才测评、民主评议的方法结合起来，扬长避短，在对领导班子进行民主评议时，我们增加了个别谈话的内容，使考核结果形象、具体；在对领导班子成员进行个别考核时，我们增加了民意测验等内容，扩大了考察面，使考核结果科学化、民主化的程度提高了。这样，收到了较好的效果。实践使我们认识到，各种考核方法的结合是考核方法改革的方向，实践也让我们找到了研究新方法的一条途径。

六、地委和行署领导班子成员考核新方法

在对地委和行署领导班子的职能及其成员的职责、实绩的内容研究考察的基础上，在对传统的干部考核方法和近几年干部考

核方法改革总结回顾的基础上，我们研究制定了《地委和行署领导班子成员考核方案》。

（一）制订《地委和行署领导班子成员考核方案》的原则

1. 注重政治素质的原则。我们党对干部的政治素质有严格的要求，就是说，立场观点必须真正是马克思主义的。现阶段最根本的是要有坚定的政治立场和正确的政治方向，也就是要坚持党的基本路线。这与资本主义国家要求公务员所谓“政治上中立”有着根本区别。要保证党和国家的各级领导权牢固地掌握在忠于马克思主义的人手里，必须严格按照革命化、年轻化、知识化、专业化的标准选拔干部，特别注重考核干部的政治素质，把干部的政治立场和政治方向搞清楚，把政治素养作为考核干部的第一要素。

2. 注重实绩的原则。如前所述，实绩是一个干部履行职责、行使职权的效果。以实绩作为考核地委和行署领导班子成员的重要内容，我们就坚持了考核问题上的唯物主义；正确处理实绩与德、能、勤的关系，以及实绩取得过程中的主体与客体的关系，用全面的、变化的观点看待实绩，我们就坚持了考核问题上的辩证法。坚持注重实绩的原则，就是在整个考核过程中，把实绩作为重要内容，主要程序和手段都应该适应考核干部的实绩。

3. 鼓励上进的原则。干部考核方案的实施，应该有利于调动干部的积极性，在干部队伍中形成一个争做贡献、争创实绩的局面。这就要求考核结果客观公正，并具有权威性，能以此为依据决定干部的升降奖惩，对干部进行正确的价值导向。考核结果的科学性有赖于考核方案的科学性。鼓励上进的原则要求我们制订方案时力求科学、规范、合理，在干部评价上层次感强，成为评判干部好坏的天平。

4. 公开监督、民主监督的原则。干部考核过程实质上是对干部履行职责、行使职权的监督过程，对履行职责的情况缺乏监督，就会造成工作失职；对行使权力的情况缺乏监督，就会造成滥用权力。对地委和行署领导班子成员的考核应该体现三种形式的监督：一是自上而下的监督，即授权主体的监督；二是自下而上的监督，即地区所辖县、市和地直机关的负责人、群众代表对地委和行署领导班子的监督；三是班子内部及两个班子成员间的相互监督。考核方案应该有利于这三种监督的实施，为监督的公开化、民主化创造条件。

5. 于法周严、于事简便的原则。首先，考核方案要有依据，缺乏依据的方案在现实中是行不通的。因而，要以马克思主义的立场、观点、方法为指南，容纳与其相关的科学知识。其次，方案要严谨，上下一贯，前后一致，具有逻辑联系。最后，方案要简便，易于操作，把复杂的原理用最简洁的语言表达，把复杂的工作用最简练的方法完成。

（二）地委和行署领导班子成员考核方案的总体框架

地委和行署领导班子成员考核方案共分为相互联系的八个部分：

1. 考核目的。即对地委和行署领导班子成员考核的直接目的、间接目的以及整个社会功能的阐述。

2. 考核对象。交代考核对象的人数及职务名称，也就是方案的适用范围。

3. 考核形式。规定和选择对地委和行署领导班子成员合法的考核形式。

4. 考核内容。规定考核的一般内容和重点内容。

5. 考核时间。规定对地委和行署领导班子成员考核的最佳时间和间隔时间。

6. 考核工作机构及职责。简要说明考核委员会的性质、组成人员、职责；说明考核工作组的组成及其任务；规定完成考核工作其他任务的人员。

7. 考核工作程序。对考核的准备工作、述职方式及其听取述职的范围、民主评议方式及参加民主评议人员、整体考评方式及考评者、综合汇总工作、反馈方法、考核的总结工作、复核工作进行规范。

8. 考核结果的使用。对考核结果提出使用意见。

在此基础上，我们制定了《地委和行署领导班子成员考核表》《地委和行署领导班子工作评价表》作为考核方案的必要补充。同时，还制订了《实施〈地委和行署领导班子成员考核方案〉的若干说明》，对方案实施过程中的一系列技术问题和简要的理论与法律问题作了说明。

（三）《地委和行署领导班子成员考核方案》的特点

地委和行署领导班子成员考核方案与过去的考核方案相比，具有以下几个特点：

1. 以干部的生产方式为依据，确定干部的考核形式。现行的干部人事管理体制一个重大的弊端，就是用单一的模式管理不同系统和不同类别的干部。对此，必须进行改革。人事管理必须按照不同部门和人员的不同特点，在党管干部的前提下实行科学的管理。在干部考核之中，就是要根据不同干部的不同特点，实施不同的考核形式。地委和行署领导班子成员的生产方式不同于省、市、县党政领导班子成员，又不同于省、市、县级国家机关和党的职能部门领导班子成员。因而，既不能采取通过代表大会进行考核的形式，又不能采取首长负责的考核形式。在研究的过程中，我们根据地委和行署领导班子成员由省委直接管理这个特点，提出了由省委负责的考核形式，以别于一级党委和一级政府领导班子成员及职能部门领导成员的考核形式。

2. 以干部的工作关系为依据，确定参加民主评议的人员，把公开监督、民主监督的原则贯穿于具体考核过程之中。参加民主评议的人员以多少为宜？确定的依据是什么？怎样才能既民主又科学？在研究方案的过程中，我们以一个干部的工作关系为依据，确定参加评议的人员。如行署分管农业的副专员主要和以下对象发生直接的工作关系：（1）省人民政府分管农业的副省长（领导与被领导的关系）；（2）行署领导班子其他成员（协作配合关系）；（3）县（市）分管农业的副县市长和地直农口各单位负责人（领导与被领导的关系）。考核分管农业的副专员，就应该请上述对象参加。人为扩大或缩小参加人员的范围，就会影响考核结果的信度。这样，考核的过程实质上是上对下、下对上和平行监督的过程，考核结果的科学化、民主化程度相对就高些。

3. 以干部的工作职责为依据，确定考核的内容，注重了干部的工作实绩。按照辩证唯物主义的观点，干部的德才程度是可知的。而现在的条件下，这两者在很大程度上又是不可测的。因而，我们只有通过考核干部的实绩，对干部的德才进行测量。实绩是履行岗位职责的结果，因而，我们在确定地委和行署领导班子成员考核内容时，在坚持“德才兼备”原则的前提下，把实绩作为重点，通过实绩考核干部的德才素质。在确定每个成员实绩的内容时，我们又始终以这个成员的工作职责为依据，通过履行工作职责的程度或指标，衡量一个干部是否称职。地委和行署领导班子成员的职责是不同的，因而考核的内容也不尽一致。因此我们在考核标准上进行了区分，制定了四套考核标准，即地委书记考核标准、行署专员考核标准、地委副书记和委员考核标准、行署副专员考核标准，作为考核评价的参考。考虑到地委副书记、地委委员之间和行署副专员之间的主要工作职责相同，同时考虑到实际操作需要，我们没有分别设计各个副书记、委员、副专员的考核标准，其差异性问题，将在统计时作技术处理。

4. 以地委和行署领导班子及其成员工作的特点为依据，确定考核程序，实际操作简便易行。地委和行署领导班子成员层次较高，其主要工作是上传下达、调查研究、督促指导。因而，其实绩的程度化高一些，而数量指标化低一些。根据这一特点，在设计考核程序时，我们尽量避免烦琐化，力求简便易行。现在的方案中考核的八道程序一环扣一环，初步达到了规范化的要求。

（四）实施《地委和行署领导班子成员实绩考核方案》应说明的几个问题

1. 关于党政职能交叉状况下的考核问题。党政分开即党政职能分开，是政治体制改革的关键所在。党政分开迫切要求转变党的活动方式和领导方式。与此相适应，必须调整党的组织形式和工作机构。党的十三大报告指出："今后各级党委不再设立不在政府任职但又分管政府工作的专职书记、常委。"那么，如何用这一方案考核党政职能交叉状况下的领导班子成员呢？我们认为需要有一个过渡时期，这一时期可根据不同的情况，采取不同的方法进行考核。一是分工全交叉。也就是说，地委副书记、地委委员与行署副专员分管同一工作，在这种情况下，两人可在同一范围内述职，由两人商量述职的侧重点，一般说，地委成员应偏重于宏观决策、调查研究，副专员偏重于具体指导、协调。对两人的民主评议可在同一范围内进行。二是分工半交叉。即地委分管党务工作的成员代管部分行署工作。在这种状况下，对副专员的考核仍按方案规定进行。对地委成员的考核，可在党的系统内述职，由党的系统进行评议，同时，也要通过各种途径听取代管的行署部门参评人员的意见。三是分工不交叉即地委成员不分管党务工作，只管行署的部分工作，而行署又没有分管同一工作的副专员。对这些地委成员的考核，可参照行署副专员的考核标准和方法进行。

2. 关于考核与升降奖惩的关系问题。《地委和行署领导班子成员考核方案》指出，要把考核结果作为组织对干部实行奖惩、升降、调整、培训的重要依据。在这里，我们只是原则地强调了考核决定奖惩、升降、调整、培训。但是，到底什么情况下进行奖惩、升降、调整、培训呢？怎样升降、奖惩、调整、培训呢？本方案没有规定。考核的目的主要是判断一个干部的称职程度、贡献大小，至于根据这一结果做出其他判断则不在本方案规定的范围之内。一个干部的奖惩、升降、调整、培训，除了受考核因素影响以外，还受考核以外诸多因素的影响。因此，不能以为考核后没有或暂时没有动静，就否定考核的积极意义，对此必须加以说明。

3. 关于考核过程的监督问题。考核作为人事管理过程的一个环节，同样离不开监督，否则，方案的实施就会走样，考核的结果就会变形，同样达不到考核的目的。对地委和行署领导班子成员考核的监督，主要由以下几个部分组成：一是考核主体、考核委员会的监督。考核方案要经省委及其职能部门认可，考核的全过程要置于考核委员会的监督之下，严格按方案执行。同时，考核委员会还负责审核考核结果，接受申诉。二是参加评议人员的监督，参评人员可就考核中的诸种问题向考核委员会提出质询，要求答复。三是广泛的民主监督和舆论监督。考核的过程、结果应在一定程度上公开，把对干部的考核作为群众参政议政、监督党和国家机关工作人员的一种手段。

4. 关于考核的间隔时间问题。对地委和行署领导班子成员考核的间隔时间以多少为宜？在处理这个问题时，我们没有采纳年度考核的意见，认为两年考核一次比较合适。主要基于这样的考虑：地委和行署是省委、省政府的派出机构，一般说，随着新一届省委、省人民政府的产生，地委和行署领导班子也应相应变化，变化之前，需要一次综合考核。班子调整后，对其工作情况也需要进行全面了解。也就是说，在省委、省人民政府一届任期之内，至少应对地委和行署领导班子成员进行一次全面考核，相机进行调整补充。这样，在五年之内，一般应对地委和行署领导班子成员考核两次。这无论在考核的力量组织上，还是在人们的心理承受上都具有可行性。当然，如果省委认为有必要，也可以通过这套方案随时对地委和行署领导班子成员进行考核。

县市党政领导班子及其成员工作实绩考核指标体系和评价标准问题研究*

加强对党政领导班子及其成员的工作实绩考核，是中央和各级党委高度重视并积极探索的重大课题，也是当前深化干部制度改革的重点和难点之一。为进一步健全和完善县（市）党政领导班子及其成员工作实绩考核指标体系和评价标准，我们坚持以中央关于实绩考核的一系列重要精神为指导，本着实事求是的原则，深入扎实地开展了关于县（市）党政领导班子及其成员工作实绩考核指标体系和评价标准问题的调查研究，总结了取得的成绩和经验，剖析了存在的问题与不足，研究提出了进一步健全和完善实绩考核工作的新的思路和措施。具体情况如下：

一、我省县（市）党政领导班子及其成员实绩考核工作的现状分析

1995年，中央组织部《关于加强和完善县（市）党委、政府

* 此课题研究开展于2000年，课题组成员：赵文源、胡永继、史正江、靳祖春、雷邦贵、王永、万顺斌。

领导班子工作实绩考核的通知》下发后，湖北省委和省委组织部高度重视，进行了认真学习，并迅速组织专班赴内蒙古、辽宁等地考察。在吃透上级文件精神、吸取外地工作经验的基础上，以宜昌市为主要试点单位，开展课题调研，从而确定了实绩考核的指导思想和总体思路。由于这项工作本身具有的复杂性，有许多问题有待深入研究探索，为慎重起见，我们没有立即在全省推开，而是以襄樊市为重点，开展了深化试点工作。经过5年来的试点和实践，实绩考核作为一项经常性的工作，由县市区推及到乡镇，并逐步走向规范化。

（1）成立工作机构。从市到县均成立了实绩考核办公室，隶属于当地党委、政府，机构挂靠组织部，组织部一名副部长兼任主任，下设副主任、工作人员若干名。

（2）编制下达实绩考核目标。每年初，市实绩考核办公室根据市委、市政府年度工作的整体部署，参照市有关部门的工作指标，统一编制下发县（市）党政领导班子及其成员年度考核目标。

（3）年中督办监控。实绩考核目标下达后，市委、市政府实绩考核办注重发挥主管、监控部门的职能作用，充分利用经济报表、数据统计、信息反馈的功能，加强对目标实施中的监督和管理，以便及时发现问题、改进工作，确保年底实绩考核的准确性。

（4）考核评定。年底，由市实绩考核办牵头，组成专班，深入到各县（市），按照述职测评、个别座谈、调查核实、综合分析的程序，对县（市）党政领导班子及其成员一年来的工作目标完成情况进行集中考核，按一定的赋分权重逐项量化打分，最后综合评定为优秀、合格、基本合格、不合格四个等次。

（5）兑现奖惩。就是依据考核结果进行奖惩：一是通过发放奖金和扣除风险抵押金进行经济奖惩；二是对考核结果进行通报；三是将实绩考核结果作为干部使用的一个参考依据；四是将实绩考核与公务员年度考评相结合。

五年来，实绩考核工作已取得了比较明显的效果和影响，增强了组织工作为经济工作服务的实效性，为客观准确地评价使用干部、推进干部能上能下提供了可靠依据，增强了干部教育管理监督工作的针对性，调动了广大干部踏实工作、争创业绩、开拓进取的责任感、积极性和主动性。但实绩考核毕竟是一项探索性工作，还有许多问题有待深入研究、改进和完善。其问题主要表现在以下几个方面：

1. 年初下达考核指标，过于偏离组织工作职责范围。从干部考察工作来讲，组织部门的职责主要应是考察领导班子和领导干部的工作结果和工作绩效，核查、核准实绩，确保考察的真实性和准确性。这也是中央和各级党委反复强调的加强实绩考核的根本目的所在。至于领导班子和领导干部每年应该做哪些工作、怎么加强对其工作的检查督办，这应属政府部门的事。但从目前干部实绩考核试点情况来看，往往是年初下达考核工作指标，年中检查督办，年终考核指标完成情况，都由组织部门承担，牵扯了组织部门的很大精力，而且引发了诸多矛盾和问题：一是部门间争定指标。有的单位和部门为了将自身工作纳入干部实绩考核范围，搬出种种理由，有的拿出红头文件要求增加考核内容，否则就认为市委、市政府不重视、不支持某项工作。若照顾方方面面，则指标太多不宜考察；若选取重点，又容易引起对市委、市政府“厚此薄彼”的非议。二是指标误导。实绩考核工作毕竟不是工作计划，也不可能包罗万象，只能选取重点指标，一旦考核指标下达，各级领导干部和领导班子就容易产生重考核指标、轻工作计划的倾向，有的甚至只抓“重点”，不及其余，影响了各项工作的全面发展。三是没有突出实绩考核的重点环节，分散了组织工作精力。年初确定并下达考核指标、年中检查督办指标落实情况，花去了大量时间精力，而对年底实绩考核方式方法问题缺乏深入研究探讨，基本上沿用传统考核方法，考核准确性不够。

2. 指标设置还不够科学。一是考核指标重复工作计划，显得多余。年初在制定考核指标时，一般参照上级工作规划部署要求、同级党委政府工作计划以及各部门工作的基本要求等，采取“拿来主义”方式，有选择地确定考核指标，实际上是一种有选择的重复。二是指标内容过多、过繁，重点不突出，难于操作。中央组织部 1995 年下发的《县（市）党委、政府领导班子工作实绩考核试行标准》提出的考核指标包括经济建设、社会发展与精神文明建设、党的建设三个方面、16 项主要内容，合计为近 40 个指标。襄樊市制定《2000 年县（市）区、开发区党政领导班子年度实绩考核目标》时，在反复研究精简的情况下，仍然列出了 3 大项、21 小项、45 个指标的考核内容，操作起来就更为复杂了。如某地对计划生育的考核，把药具应用率、流动人口办证、验证率、“三结合”户数、人口与计划生育统计率这些细枝末节的非重要指标也列入党委、政府的目标体系，既加大了工作量，又不能充分体现实绩考核的作用。三是指标设置不够合理，不能体现效益和质量。表现在经济工作上，重速度、轻效益，重总量、轻质量。如把当年发展民营经济的户数，作为重要考核内容。表现在精神文明建设和党的建设上，就是把该定性的，也勉强定量，如关于领导班子思想建设，将其量化为一年内做了多少读书笔记，写了多少心得体会，发表了多少理论文章等，没有在考察本质上下功夫，导致形式主义。四是目标设置考虑客观条件不够。没有充分考虑各地工作地域、工作基础、外部环境、自然条件等的差异性，不同的县市的目标内容设置大体相当。这样看似量化的东西，实际上并不能体现公平原则。

3. 考核方法手段缺乏创造性和先进性，对实绩的考核不够准确。由于考核指标体系涉及面广，内容复杂，考核组时间精力有限，不可能对每一数据、每一项政绩都深入实地调查、核实，考核时主要采取的还是传统的考核方法，靠听汇报、看统计报表等方式考察其完成指标情况，有些数据只能借助于各部门的检查和统计分析材料获得。而新时期比较科学可靠的考核方法，如政绩审计、实地查看等方法却运用不多。如果提供信息的中间环节过多，提供的信息有误，实绩考核必然不准，有时甚至失真，得出虚假政绩。

4. 评价标准难于确定，评定等级有失公正。襄樊市每年对实绩目标进行考察后，将县市区党政领导班子按评定的等级进行排队，实施奖惩。有的结果不能令人信服，甚至引起异议。比如，有的县市班子被评为“优秀”等次，但该市的实际财政状况却令人担忧，干部职工的工资都难以按时发出；有的县市实绩考核“一般”，但与“优秀”县市比，其实际财政收入、农民负担情况、经济效益指标等又明显较好。出现这个问题，原因主要在于评价标准不够科学，加上考核方法过于陈旧，得出结论便出现较大误差。评价标准问题主要表现在几个方面：一是重显绩、轻潜绩。短期行为容易出政绩，对有些有后劲、有发展潜力的基础性项目，侧重考虑不够。二是重块头、轻效益。县市经济总量大的，最终实绩考核也“突出”，那些小县、小市必然“政绩”也小。三是重横比、轻纵比。重县与县之间的数字比较，而对本地现实与过去缺乏发展性比较。四是重表面、轻内在条件。评价标准没有充分考虑自然环境和外部条件的差异，没有充分考虑到主观努力程度。条件差的地方，领导人员付出的多，但不一定政绩突出。五是赋分权重设定不够合理。比如，有的地方经济发展主要体现民营企业上，有的主要体现在发展集体企业上，如果按照同样权重赋分，不强调地方特色，显然不够合理，也不够准确。又比如，将经济建设、社会发展与精神文明建设、党的建设分别按 50∶25∶25 的权重赋分，对领导班子和班子党政正职来讲，可能比较合理，但对分管不同工作的班子成员来讲就不够合理了。

5. 考用脱节。实绩考核是一年一度地进行，考核结果只是起到一个“存档备案”的作用，没有真正将实绩考核结果与干部的升降去留紧密结合起来。实绩考核归实绩考核，干部调整任免归调整任免。而日常干部考核仍然沿用老办法老模式，这就使实际考核与干部日常考核形成“两张皮”。一方面，实绩考核与领导干部的调整不同步，其结果不能直接运用；另一方面，是因为实绩考核还有很多不科学、不完善的地方，考核结果还不十分真实、准确，致使上级组织在干部调整时，也不敢充分运用。

二、坚持科学求实的精神，进一步厘清思路、改进方法，健全和完善实绩考核指标体系及评价标准

几年来，实绩考核之所以工作上还有阻力，范围上难以全面推开，还没有取得应该达到的效果，一个重要原因就是我们在实绩考核的指导思想和总体思路上还存在偏差，必须予以调整。

对县（市）党政领导班子及其成员实行实绩考核必须确定明确的指导思想：即坚持以邓小平理论和党的基本路线为指导，以江泽民同志“三个代表”重要思想为目标，以《党政领导干部选拔任用工作暂行条例》和《党政领导干部考核工作暂行规定》等中央文件精神为准绳，全面贯彻干部“四化”方针和德才兼备原则，准确把握干部实绩与干部德才的辩证关系，逐步实现干部考察工作的制度化、规范化和科学化。通过实绩考核，为选拔任用、考察评议、培养教育、激励鞭策、检查监督干部的工作提供翔实可靠的依据。

在总结成绩和问题的同时，一定要对当前的实绩考核工作有一个正确全面的估价，对工作思路上的不足要重新进行调整，通过不断地改进，达到健全和完善的目的。实绩考核的总体思路应

当是：坚持将实绩考核与领导班子和干部调整前的全面考核，尤其是与届中、届末的干部考核结合起来进行，变“两张皮”为“一体化”，变一年一度考核为经常化考核。考核由组织部门牵头，有关部门共同参与。平时考察领导班子和领导干部，都要进行实绩考核，考核前，由组织部和考核组按照突出重点指标、准确考核的原则，针对不同班子、不同干部的不同要求确定5—10个便于考察、又具有典型代表性、能反映实质问题的考核指标，进行深入考察。确定考核指标时应以党委、政府的任期目标规划、年度工作计划、各行业部门的定期工作目标以及领导班子和干部岗位职责为主要依据，结合上级要求和本地实际，科学制定工作目标，准确认定干部工作实绩。考核工作要坚持“注重实绩”的原则，选准用好干部，真正建立起能者上、平者让、庸者下的干部工作新机制。

党的十四届四中全会《决定》明确指出：“要根据不同领导职务的不同特点，制定科学的考核体系和标准，对工作实绩进行全面考核和准确评价。”建立科学的、符合客观实际的实绩考核内容和评价标准，是客观、公正、准确考核和评价领导干部实绩的重要依据和前提，是完善干部实绩考核制度的基础性工作。同时，科学的实绩考核内容和评价标准，具有很强约束性和导向性，可以规范领导班子成员的行为，把领导干部的价值取向和行为方式引导到正确的目标上来。因此，必须把科学准确地确定实绩考核的内容和评价标准，作为整个实绩考核中最关键、最基础的工作抓实抓好。为此，必须切实抓好以下几项工作：

（一）研究制定并不断健全领导班子及其成员的岗位职责、任期目标

工作实绩，是指领导班子及其成员在贯彻执行党的路线、方针、政策，履行岗位职责，实现任期目标的实践中所取得的绩效。组织部门实施干部实绩考核，必须在各级党委、政府及其有关部门明确界定党政领导班子及成员岗位职责和任期目标的基础上确定考核的内容和评价标准。建立健全岗位职责规范是一项系统的综合性工作，各级党委、政府要加强领导，抓好落实。

1. 岗位职责和任期目标制定的一般要求

岗位职责和任期目标是实绩考核的参照系。确定岗位职责和任期目标必须遵循以下基本要求：

一是注重岗位职责和任期目标的完整性。党政领导班子的岗位职责和任期目标的设定要坚持全面贯彻党的基本路线，体现以经济建设为中心和“两手抓，两手都要硬”的方针，按照建立社会主义市场经济体制的要求，涵盖经济建设、社会发展和精神文明建设、党的建设的所有方面。同时，又要防止事无巨细，面面俱到。要抓住重点，全面准确地反映县（市）党政领导班子成员的岗位职责和工作目标，使领导班子工作目标具体化、明细化、责任化。在具体制定时，要体现一岗双责，即对负责经济工作的班子成员，既要有经济工作的指标，又要有精神文明建设和执行党的路线、方针、政策，加强思想作风建设和思想政治工作等方面的指标，对负责社会发展和党的建设的领导班子成员，既要有本职岗位的指标，又要有如何以经济建设为中心，围绕经济建设

和改革开放制定服务措施，通过发挥本职工作的作用帮助解决经济工作中的问题和矛盾的指标，使领导干部围绕领导班子总体目标，齐心协力，相互配合，形成工作合力。

二是注重岗位职责和任期目标的客观性。要坚持客观公正和实事求是的原则，从本地的实际出发，根据上级党委、政府的战略决策和本地区党代会、人代会通过的经济社会发展规划，确定班子的岗位职责和任期目标，特别是任期目标要高低适当，难易适中，掌握在“伸手不及，跳则可达”的尺度上。班子成员岗位职责和任期目标要充分考虑工作基础好坏、工作量大小、工作难易等因素，进行合理分布，尽可能使每个成员所承担的工作量大致相同，处于同一起跑线上，对工作量较小的班子成员可以根据能力及特长追加本职工作以外的工作任务，如中心工作，突发性、临时性工作的安排等，来平衡工作量。

三是注重岗位职责和任期目标的确定性。岗位职责和任期目标要明确界定工作范围、工作任务和要求达到的目的效果，对分管和协管同一工作的领导班子成员，要明确划分职责权限，以岗位定目标，以职责定任务，努力做到职位明确，职责明确，目标明确。

四是注重岗位职责和任期目标的实效性。制定岗位职责目标一定要抓住重点，紧扣实质性的目标要求，确定具体指标。对有些工作难以量化且又反映工作水平和实绩的，要对其工作过程提出具体要求。对有些工作重在结果的，就不要对工作过程提出过多要求。比如，计划生育，主要看结果，不要将办了多少班、发了多少证等过程性的东西作为职责目标。

2. 制定岗位职责和任期目标的主要依据

制定岗位职责和任期目标主要依据党章、宪法等赋予县（市）和政府的职责权利，上级党委和政府对县（市）委和政府的工作目标要求，本地党代表、人代会提出的经济社会发展规划和党的建设基本思路，县（市）委、政府的年度工作计划和工作重点，上级临时布置的中心工作等。班子成员的岗位职责和任期目标制定的主要依据是党政领导班子岗位职责和任期目标，领导干部主管工作所涉及的目标，分管部门承担的上级下达的各项工作任务，协助其他班子成员履行的职责和任务，以及县（市）委、政府安排的中心工作和突发性工作任务等。

3. 岗位职责和任期目标确定的基本程序

岗位职责和任期目标按照自下而上、自上而下、上下结合的办法确定。县（市）委、政府的岗位职责和任期目标的基本程序：一是由县（市）委、政府根据上级领导的工作要求，党代会、人代会提出的发展目标要求，在广泛征求基层干部群众意见的基础上，提出基本职责和工作目标；二是经县（市）委书记办公会、市长办公会初审后交常委会集体审议；三是地市党委、政府审议。地市党委、政府组织有关职能管理部门，专家学者进行论证，校正有关指标和目标任务，确定县（市）党委、政府的岗位职责和任期目标。

班子成员的岗位职责和任期目标制定的主要程序：一是由班子成员按照地（市）党委、政府审批确定的班子岗位职责和任务目标，根据自己的分工，确定岗位职责和任期目标初步方案；二是分党务、政务两大系列，由（县）市委书记、县（市）长初审；三是县（市）党委常委进行集体审核和校正，确定每个班子成员的岗位职责和任期目标。领导班子和成员的岗位职责和任期目标，要及时报送地市党委组织部备案。

（二）确定实绩考核的主要内容

明确领导班子及其成员的岗位职责目标是顺利实施实绩考核工作的前提条件，但实绩考核又不可能对其所有的岗位职责目标进行全面考核，而必须是有所选择，突出重点，这就需要组织部门根据其岗位职责目标确定实绩考核的主要指标和内容。

1. 考核指标设置的基本要求

领导班子和领导干部的实绩考核指标和内容主要是根据岗位职责和任期目标分解确定。其基本要求：

一是以经济建设为中心，突出体现“两个根本性转变”的原则。设置的内容要坚持以党的基本路线为指导，坚持以经济建设为中心，选择能适应经济体制和增长方式两个根本性转变的项目，强化对调整和完善所有制结构，完善分配结构和分配方式，提高对外开放水平，促进经济质量增长、经济效益提高等方面内容进行考核。

二是坚持“两手抓，两手都要硬”的原则。在设置考核指标时，既要充分体现以经济建设为中心，又要把党建、精神文明建设作为重要内容列入，切实做到两个文明一起考，两个成果一起要，促使两个文明建设协调发展。

三是突出重点的原则。在全面考虑党政领导班子和领导干部工作的同时，要选择那些能够衡量经济社会发展水平，体现党建工作和精神文明质量、影响本地全局的相关指数和工作任务作为考核的主要内容。在设置能够反映“实绩”的有关指标的同时，还要设置有关能考核工作失误等“败绩”的指标。

四是突出操作性原则。设置考核内容的最终目的是为了考核。因此，在设置考核项目时，要选择那些刚性的、清晰的、具体可考的项目，对那些难以考准考实又不是十分重要的项目内容可以不设。届中考核、届末考核要选择能够进行前后几年纵比和同类地区横比的指标，平时考核主要抓住能够进行纵比的指标。

2. 领导班子实绩考核的基本内容

结合工作实践，领导班子实绩考核主要抓住以下几个方面的重点，从中选择考核指标。

经济建设主要考核项目：

（1）国内生产总值及增长率，人均国内生产总值及增长率；

（2）财政收入及增长率，财政收入占 GDP 的比重；

（3）农民人均纯收入及增长率，城镇人均生活费、实际收入及增长率；

（4）农业四税占财政收入的比重；

（5）工业企业上交税金、资产负债率，工商税收占财政收入的比重；

（6）基础设施建设投资率。

社会发展和精神文明建设考核项目：

（1）人口出生率和计划生育率；

（2）社会治安重大案件破案率，群众满意率；

（3）九年义务教育普及率，青壮年文盲扫除率，科技进步贡献率，农村三级医疗预防保健网点普及率；

（4）“三废”治理达标率，森林和绿地覆盖率。

党的建设考核项目：

（1）领导班子团结情况；

（2）基层组织建设的整体水平；

（3）党员干部违法违纪案件的结案率；

（4）党风廉政建设情况。

在统一设置以上考核项目的基础上，还可以根据考核对象的自然条件、经济基础、特色工作以及中心工作等不同特点设置不同的考核项目。同时，要将领导班子一定时期内的主要工作失职失误情况加以考核赋分。

3. 领导班子成员实绩考核的基本内容

由于各地领导干部的分工不一样，在领导班子成员实绩考核的具体内容设置上应该根据实际情况予以确定。但重点考核的基本项目和内容主要包括：

工交：主要考核全县（市）总资产贡献率，流动资金周转率，成本费用利润率，投放投资额，工业用电量，工业企业上交税金，假冒伪劣产品查处情况，交通基础设施建设情况；

计划：国有固定资产投资额，统计违法案件发生次数，商品零售物价指数；

外经：主要考核外贸出口率，引进利用外资额；

农业：主要考核农业生产率，农民人均纯收入，农业四税财政收入比重，森林覆盖率、水利基础设施建设情况；

财税：主要考核财政收入、税收额度，贷款周转速度，工商税收在财政收入中的比重；

城建环保：主要考核城市基础设施建设投入，文明城市创建情况，环境保护和生态目标责任制的完成情况；

劳动人事保险：下岗职工安置率，养老金发放率；

文教卫：九年义务教育普及率，青壮年扫盲率，师资力量合格率以及教师工资兑现情况，农村三级医疗预防保健网点普及率，全民体质达标率；

计划生育：计划生育率；

党的建设：主要考核领导班子团结状况，基层组织建设状况和党员队伍情况，老干部两费兑现情况，党风廉政建设情况，反腐倡廉情况、立案率、结案率，党的宣传工作情况；

政法：主要考核重大案件的发案率和结案率；

武装：主要考核民兵基层组织建设状况；

科技：主要考核科技进步贡献率：

机关管理：主要考核机关规范管理情况，服务中心、服务基层、服务群众的情况；

信访：主要考核信访处置情况；

群团：主要考核群团组织建设和活动开展情况。

需要强调的是，对领导班子成员进行实绩考核不可能包罗以上所有内容，而要根据分工从中选择5—10个重点指标进行考核。对分管经济工作的干部，同时要注重考核其分管单位领导班子建设、党员干部队伍建设和精神文明建设情况。除考核“政绩”外，还要考核工作失误情况。此外，由于不同时期、不同地域的工作重点有所不同，考核的指标要随之作相应调整。

（三）实绩考核评定标准

1. 制定评定标准的基本要求。评定标准是评价干部实绩的重要依据。制定考核评定标准要充分体现客观公正和定量化原则，以强化考核项目的可比性和可度量性，最大限度地减少实绩评定中的主观随意性。对能够量化的项目，按一定的权重确定赋分标准。对于不能量化需要定性的项目，先按“好、较好、一般、较差”四档进行定性评定，再按各项目的权重转化为定量得分。

2. 领导班子实绩评定标准。总的采取定量百分制方法，考核内容总分为80分，群众测评10分，上级主要领导评价10分。在经济建设、社会发展与精神文明建设、党的建设三个方面，可以根据县（市）委和政府的不同职能，确定合理权重，党委可以按5∶2∶3的比例分解，政府可以按6∶2∶2的比例分解。在具体操作上，严格按《县市党政领导班子工作实绩考核统计表》进行考核。对工作失职造成重大失误的，要根据情况进行扣分。

3. 领导班子成员实绩考核的评定标准。总的采用百分制方法，考核内容80分，群众测评10分，上级主要领导评价10分。主管工作、分管工作、协管工作以及中心工作，都纳入班子成员岗位职责进行考核。考核项目的具体权重由各地市根据实际情况进行确定。对因班子成员外出参加培训或因病、因事缺额，在一段时间内工作需要其他成员代理的，可在考核时从权重上做一些适当调整。

对领导班子和成员所主管的工作有特色、效果显著的可在总分之外给予适当加分。所分管工作受到中央、国家和部级的公开表彰、奖励的加1分，受到省及省级部门表彰、奖励的加0.5分。奖励总分不得超过5分。党政一把手的奖励得分按本班子的平均奖励得分计算，个人受到奖励的按标准另加分，但总加分不得超过5分。同时，对工作中出现的失职失误情况要进行统计并按一定标准给予适当扣分。

三、改进实绩考核办法，提高实绩考核的质量

领导班子和领导干部实绩考核工作，是一项关系全局的探索性工作，政策性强，涉及面广。如何有效地组织实施对领导班子及成员实绩的考核，如何采取有效的方法和手段把领导班子及成员的工作实绩考真、考实、考准，这是实绩考核工作最关键的环节。

（一）考核的组织安排

日常干部调整考核必须考核实绩，考核项目、方法要简便易行；届中和换届考核，既要考核领导班子、又要考核班子成员，考核项目和方法要求更全面、更具体。

1. 实绩考核机关。地市组织部门作为地市党委的干部主管部门，负责县市领导班子及成员的实绩考核工作。这样既便于将组织部门平时掌握的大量信息与干部实绩考核的有关情况结合起来，

保证考察的准确性，又便于坚持考用结合的原则，正确选拔任用好干部，保证干部管理工作的统一性。

2. 实绩考核组的组成。实绩考核应贯穿干部考察的全过程，领导班子届中考察、换届考察和平时干部调整考察等都要进行实绩考察。因此从某种意义上说，实绩考核组等同于干部考察组，但在考察工作的要求上与传统的方法相比又有其特殊性。考核组由地市党委组织部组建并派出，在届中和换届大规模考察时，可以抽调县（市）委办公室、政府办公室、纪委、宣传部、政法委、人事、统计、审计、农业、经贸、财政、税务、计生等部门人员参与考核。要抽调那些党性强、业务娴熟、实践经验丰富、有事业心的干部担任考核工作。

3. 实绩考核人员的素质要求。实绩考核工作综合性强，涉及面广，影响大。全面、公正、客观、真实地考核领导班子和领导干部，考核人员必须具备较高的素质：一是党性强，二是作风正，三是业务素质全面，四是熟悉干部考核业务，五是工作认真负责。要切实加强对考核人员的政治理论、党的方针、政策和有关业务知识的培训，特别要认真学习考核内容和评价标准，从而明确要求、掌握标准、熟悉方法，更好地完成考核任务。在实践中逐步建立起一支政治可靠、业务精通、精干高效的专兼职考核队伍。要建立健全考核工作责任制，建立考察工作失职失误追究制度、考核工作举报制度、考核申诉复查制度等。要明确考核的职责，坚持“谁考核谁负责”，对因主观原因考核失实而错误地使用干部造成影响和损失的，要追究考核人的责任。

（二）实绩考核的基本程序

实绩考核必须坚持科学的考核程序，防止考核的随意性，保证考核的公正性。在实践中，可以按照“由表及里、去伪存真”的认识方法来设定考核程序，一般为一定、二听、三评、四谈、五看、六查、七综合、八反馈。

一是合理确定实绩考核指标（或项目）及内容。考察工作开始前，考核组要针对领导班子及其成员的实际工作及特点，确定重点考察指标，日常考察干部一般以5—10个为宜，届中和换届考察时考核内容可适当增加，便于突出重点，考准考实。

二是听取考核对象的述职报告。在对领导班子和领导干部进行届中、换届等全面性考察时，党政正职领导分别代表县（市）党政领导班子作述职报告，其他班子成员实行书面述职。述职报告的主要内容是：任期工作目标和岗位职责；实现目标所进行的主要工作，以及取得的成绩，存在的主要问题及经验教训（包含重大失误），今后努力方向和工作措施。领导班子及党政一把手在总结和述职时，除考核组成员外，下列人员参加：党委委员、人大常委会、政府、政协全体领导成员、纪委领导成员、人民法院、检察院、党委工作部门、政府工作部门、人民团体的主要领导成员，乡镇（街道）党委、政府的主要领导成员，部分党代表和人大代表。其他班子成员总结和述职时，除考核组成员外，被考核者所分管的部门负责人及相关人员参加。平时对个别干部的调整考察，主要听取本人口头汇报或书面总结即可。

三是组织群众测评。在听取领导班子述职报告的基础上，采用无记名方式进行实绩测评。参加测评人员的范围与听取述职的人员范围相同。平时个别干部调整考察可适当增加或缩小测评范围，灵活掌握。测评主要内容是领导班子和成员的思想政治建设、团结协作、工作作风、廉洁自律、工作失职失误情况，以及一些不宜量化的项目和指标。

四是个别访谈。主要是与参加听取述职报告的同志和基层干部群众进行个别谈话，了解民意，核实问题，弄清实绩的真实程度、实际效果，了解他们对党政领导班子及其成员整体评价、任期目标和岗位职责的完成情况、政治纪律、工作作风、班子建设，以及重大失误等方面的问题。

五是现场查看。主要察看能反映领导班子和领导干部任期工作实绩的主要项目和成果，主要包括城市建设、能源、交通、环境保护、农田水利设施、农业产业化基地及其他重大建设项目等。

六是专项抽查。按照考核内容和标准，查看相关材料，核准数据报表，开展专项调查，抽查和审计有关指标，查看相关实物，甄别政绩真伪。专项抽查的范围主要是社会发展和精神文明建设、党的建设，以及经济建设方面一些不宜物化的结果。专项调查要弄清楚原有工作基础，现在发展和运行状况，取得的成效等。

七是综合分析与鉴别。主要是在收集数据和座谈了解的基础上，进行全面分析，汇总打分，评定等次。

八是反馈意见。考核组向被考核单位的领导班子集体反馈考察情况，肯定成绩，指出问题，提出建议。如果被考核对象有异议，请求复查和解释。

（三）实绩考核的基本方法

实绩考核重在真实准确。为保证考核结果的真实性，在坚持常规考核办法的基础上，更要注重采用现代的手段进行考核。

1. 抽样调查法。在考核中，对有些不能单纯凭报表采集数据的项目，如农民负担、农民人均纯收入等，以及群众关心的热点、难点项目，要采取随机抽样的方法，确定被查单位和个人，通过直接观察、随机询问、明察暗访等途径，了解、印证有关工作完成情况。如农村人均纯收入，可以采取 50 户抽样调查确定，离退休老干部“两费”落实情况采取随机抽样三个以上单位进行调查核实。

2. 实绩审计法。主要是运用经济责任审计的办法，组织审计、统计、财税等部门的专业人员对有关统计数据进行专业审计，以核实相关政绩。如通过查资产，盘家底，看国有、集体资产增减情况；查应纳税金、实交税金等主要经济指标的实现情况，看经济工作实绩；查财政财务收支账，看财政收支是否平衡、社会事业建设费用是否按财经纪律执行到位；查个人在经济工作中的经济行为，看有无违纪违规情况。

3. 实绩公示法。考核组进驻考核单位后，充分运用报刊、广播、电视、办公开专栏以及征求群众意见等形式，将领导班子和成员的岗位职责和任期目标、履行岗位职责、完成任期目标所做的主要工作，及主要成绩向社会公开，组织群众鉴别政绩，辨别是非。

4. 纵横比较法。在实绩考核中，对定量且具有可比性的项目，可采用纵向、横向比较方法进行分析。纵向直接将本年度和前几年相比，将这一届与前几届相比，看增长速度和发展水平。横向与同类县市相应年份的平均水平比，与地市党委、政府及职能部门确定的标准值相比，看其在同类地区中的发展水平和所处位置，根据实际情况确定分值。对定性的项目可以通过在省、地市的所处位次，进行横向、纵向比较，进行立体和动态分析，看位次是前移还是后退，给考核对象下一个准确全面的结论。

（四）考核结果的分析评定

考核结果的分析评定是以考核为基础，运用考核过程中收集核准的有关数据、材料和事实对领导班子和领导干部工作实绩大小的判断和评定。考核结果的分析评定不仅关系到对领导班子及成员的准确评价，对干部的正确认识和使用，而且还关系到党委和组织部门的形象和威信。

对领导班子和领导干部的工作实绩要进行科学分析、辩证把握、客观公正地评价和认定，就必须注意把握好以下几点：

一是注重对工作基础的分析。县与县之间在工作性质上有许多相同点，这决定了实绩考核评定具有共同的标准。由于各地地理位置、自然条件、历史文化背景以及工作基础等方面存在很大的差异，带来了工作量和工作成效的差异，这就决定了实绩考核评定标准具有地区的差异性。所以，实绩考核评定中，在坚持一个标准、一把尺子、一量到底的同时，还要充分考虑到工作条件、客观环境、原有工作基础等方面的差别，采取分类比较的办法，对工作实绩进行实事求是、客观准确地分析评定。

二是注意主观努力程度的分析。一项工作的完成情况，受许多因素影响。在有些自然条件、生产条件恶劣的地区，完成同样一件工作需要付出几倍的努力。在实绩分析评定时，我们绝不能机械地把“块头”“数量”等作为领导班子和领导干部的工作实绩的大小，而那些主观上已付出了很大努力，但由于客观因素影响，一时难以取得明显成效的领导班子和领导干部的工作实绩要给予正确的评价。

三是注重对工作后劲的分析。打基础增后劲的工作往往三五年看不到惊人的政绩，但可以换来长远的、可持续的发展，在实绩分析评定中，要从全局和长远利益出发，对领导班子和领导干部埋头苦干，为经济和社会发展培植后劲，如在基础设施、投资规模、环境改善、产业结构调整、技术改造、设备更新、技术人才储备等方面做了一些规模大、投入多、周期长、见效慢的基础性工作，即使一时看不到明显的成果，也要予以肯定。

四是注重对执行国家政策情况的分析。对实绩的分析评定，要坚持争创实绩与执行政策的统一，经济效益与社会效益的统一，局部利益与全局利益的统一，把严格执行国家政策、遵守法纪法规，作为重要的因素来考虑，对不顾国家利益，不顾全局和长远利益，甚至违反国家有关政策和法令，采取不正当手段取得的“实绩”，不仅不能肯定，还要给予批评教育，甚至纪律处分。

五是注重对重大失误的分析。在分析评定中，不仅要分析实绩，还要分析“败绩”。对因决策失误，造成经济社会重大损失的问题要认真考核；对在突发事件中，因处理不及时造成重大损失的要在实绩报告中加以反映。要认真填写“工作失职失误登记表”。

在进行科学分析、准确评估的基础上，做好实绩档次评定工作。要根据综合得分将领导班子和领导干部的实绩，分为实绩突出、比较突出、一般、较差四个档次，对计划生育、社会治安和农民负担三项，其中之一被一票否决的，班子和党政一把手、分管领导不能评为“实绩突出”。

（五）考核结果的处理运用

干部实绩考核的根本目的在于，充分运用考核结果，加强领导班子和领导干部的教育管理，提高干部队伍建设水平，激发干部队伍活力，为推动经济建设和社会发展服务。因此，必须把实绩考核结果，与领导班子和干部队伍建设紧密结合。在具体处理运用考核结果时，应注意以下几个方面：

1. 做好实绩考核结果材料的整理归档工作，为干部队伍的日常管理提供有力依据。

一是认真撰写实绩考核材料，如实反映领导班子和领导干部实绩。实绩考核材料要写实，各种数据和典型引用要实在，文字语言要严密精炼，尤其是定性语言要准确。要重点抓住最能反映领导班子和领导干部实绩的主要工作、主要指标及领导行为的典型事例和数据，进行分类阐述，使实绩客观公正。对存在的主要缺点和工作中的重大失误，也要实事求是地反映。实绩考核材料的基本内容，应包括被考核对象的自然情况，工作分工和任期目标，完成目标和履行职责采取的主要措施和成效，工作中的失误与不足，民意测验和民主评议情况，实绩考核综合分析，最后得分和等级评定情况等。

二是建立实绩档案，促进实绩考核结果的转化利用。实绩档案，是指在实绩考核管理过程中形成、按照一定原则和方法立卷、能够反映领导班子实绩考核情况、具有利用价值和历史价值的文件材料。主要包括：领导班子和成员述职报告，工作总结，领导班子和领导干部的实绩考核材料，领导班子和领导干部实绩考核登记表，民主测评中形成的有关领导班子和领导干部的综合材料和有关统计资料，受上级部门表彰的有关证书等。实绩档案按干部管理权限管理，考核对象所在的县（市）党委组织部协助搞好有关材料的搜集整理工作。

三是建立实绩考核定期联系通报制度。领导班子和领导干部工作实绩考核是在一定时间范围内的考核，平时对实绩资料的收集工作就显得十分重要。这就要求建立实绩考核联系通报制度，充分发挥各职能部门在实绩考核中的运行监控作用。组织部门要定期召开相关职能部门负责人座谈会，及时收集整理上级部门制定的县（市）级领导班子和领导干部岗位职责和任期目标，以及下达的经济建设、社会发展和精神文明建设、党的建设等工作任务；及时交流沟通有关情况，掌握目标运行动态。实绩考核结束后，要及时通报实绩考核结果，分析领导班子和领导干部存在的问题与不足，使职能部门有针对性地采取整改措施，加强指导促进工作的开展。职能部门要结合本部门的工作职责，加强对领导班子和领导干部履行岗位职责，完成任期目标情况的专项检查督办，及时向组织部门反馈情况，实现“管人”与“管事”相结合、平时监督与实绩考核相结合、动态考核与静态考核相结合，克服只看结果、不看过程，或者只看过程、不看结果，搞“秋后算账”的现象，增强考核工作的实效性。

2. 注重凭实绩选人用人，推动干部能上能下机制的形成。

要坚持考用结合的原则，把实绩作为干部职务升降的重要依据，对那些工作实绩突出、德才兼备、勇于开拓创新的干部给予提拔重用；对有些实绩突出、德才兼备，但因为班子结构、职数等因素的限制，不能提拔的要作为后备干部加以重点培养，条件成熟后，及时提拔到领导岗位。而对那些精神不振，在其位不谋其政，政绩平平，无所作为的干部要坚决采取组织措施，该调整的调整，该诫勉的要诫勉，该降职的降职，该免职的要免职，充分体现“优胜劣汰”，形成良好的用人导向，增强领导干部争先进位的意识。

3. 充分运用实绩考核结果，加强干部的教育管理。

一方面，要把实绩考核过程作为干部教育的过程，通过认真地核实数据、座谈询问、实地调查，把干部引导到说实话、办实事、创实绩的方向上。另一方面，要通过考察，发现领导班子和领导干部存在的问题和不足，督促整改纠正。对领导班子和领导干部存在的潜在性、苗头性、倾向性问题，要及时指出，予以化解，达到防微杜渐的目的。对一些存在明显问题，但没有造成损失和影响的领导班子和领导干部，要通过适当方式反馈考察结果，帮助他们总结经验教训，分析原因，制定措施，限期整改。对那些问题较大，造成影响和损失较为严重的领导班子和领导干部，要运用诫勉谈话、组织整顿等形式进行处理，对失职、渎职者，要依照有关法规进行处罚和给予党纪政纪处分，并在一定范围内通报，达到改正错误、警醒干部的作用。对领导班子和领导干部存在的普遍性问题，要认真研究，制定措施予以整改。

4. 以考核结果为依据，进一步完善干部奖励制度。

只有依据考核结果，对工作实绩突出的领导班子和领导干部实施奖励，对表现较差的领导班子和领导干部进行惩处，才能鼓励优秀者，教育失误者。奖励要坚持精神奖励与物质奖励相结合，以精神奖励为主的原则。精神奖励，主要是采取通报表扬、通令嘉奖、记功、授予先进工作者、劳动模范等形式。物质奖励，主要是采用给予奖金，晋升工资等形式。对实绩一般和表现较差的领导班子和领导干部，可以采用通报批评、扣除奖金、给予一定数额的经济处罚等形式进行惩处，切实把干部的“优”“劣”同“奖”“罚”结合起来，使考核结果在奖罚机制中得到运用，有效地发挥考核结果的作用。

此外，还可以把实绩考核作为一次大的调查研究活动，为上级领导在经济建设、社会发展和精神文明建设、党的建设等方面决策提供依据。

党政领导干部能上能下机制、政策及相关问题研究*

党的十五大明确提出，要加快干部制度改革步伐，尤其要在干部能上能下方面取得明显进展。近几年来，湖北省在推进干部能上能下方面进行了大量探索，取得一定成效。但从总体上来看，这个问题仍然没有从根本上得到解决。究其原因，主要是能上能下的工作机制还没有真正形成。为了深入研究党政领导干部能上能下所面临的难点和问题，我们立足于党的十四届四中全会以来干部制度改革新的实践和新的发展，从思想观念、工作环境到政策制度等各个层面，对干部能上能下的各个环节进行了认真总结和反思，在此基础上，提出建立能上能下机制、完善配套政策的看法和意见。

一、对党政领导干部能上能下工作的基本评估

改革开放以来特别是党的十四届四中全会以来，湖北省各级党委和组织部门十分重视推进干部能上能下工作，按照统一认识、

* 此课题研究开展于2000年，课题组成员：赵文源、武清海、史正江、张其宽、何文、孙再理、鲁海滨。

积极试点、规范制度、稳妥推进的思路，在党政领导干部的“上、管、下”各环节，进行认真的探索与实践，取得一些经验，同时也进一步加深了对这项工作的认识。我们对现阶段干部能上能下工作的基本估价如下：

1. 选拔任用干部工作的民主、竞争程度进一步扩大，但是群众参与程度和发挥的作用仍然不够。

党的十四届四中全会以来，湖北省选拔任用党政领导干部打破单一委任制的传统模式，逐步扩大选任制、考任制、聘任制的适用范围；群众参与干部工作的层面越来越广，使更多的优秀人才进入组织视野，并能够在一定的时机和条件下脱颖而出。特别是不断完善民主推荐、民意测验、民主评议制度，研究制定了《关于选拔任用党政领导干部必须坚持群众公认原则的意见（试行）》等文件，使群众在干部工作中拥有更多的知情权、选择权和监督权。各地在党政领导班子换届时，按照班子职数组织群众进行全额推荐，根据得票率的高低确定考察对象；平时个别调整干部时，推荐县（市、区）党政领导干部和省、市、县从内部推荐直属单位领导干部，一般是在得票率高于 40% 的人选中确定考察对象。在民主评议和民主测评中，对基本称职和不称职票 40% 以上的干部，两年内不得提拔；对不称职票得票率达 20% 以上，经考核确属不胜任现职的干部，予以免职或降职。

另外，从目前党政领导干部“上”的环节来分析，还存在一些与现实要求不相适应的方面。一方面，公开选拔党政领导干部应仍停留在“小批量生产”的阶段，选拔使用干部主要倚重于委任制，依靠组织部门“发现”和上级领导“关怀”。这种任用方式带有较强的封闭性、神秘化色彩，群众参与不够，有意无意中把大批优秀人才排除在组织视野之外。另一方面，贯彻群众公认原则仍停留在摸索阶段，公认主体和客体的整体素质不高，公认结果容易失真，群众意愿得不到应有的重视，由少数人甚至“一把手”拍板用人的问题比较突出，导致“庸达能抑”的现象时有发生。这种情况在竞争上岗中表现尤为明显。

2. 干部考核和监督制度进一步完善，但是运用考核和监督结果推动干部“下”的力度不大。

首先，建立干部考核评价体系，提高识人察人水平。1995 年以来，先后制定下发了《湖北省县（市、区）党委、政府领导班子及其成员工作实绩考核实施细则》《关于加强党政领导干部思想政治素质考察的意见（试行）》等文件，明确规定了干部考核的基本原则、标准体系、程序方法等内容。各地坚持对党政领导干部实行定期考核，并将考核结果作为干部职务升降、级别调整、奖惩兑现的重要依据。宜昌市、襄樊市通过举办实绩考核试点，推行党政领导干部任期（年度）目标责任制，根据实绩和德才素质决定干部的上下去留，产生了较好的社会反响。其次，强化任前监督，有效规避用人风险。《党政领导干部选拔任用工作暂行条例》颁布实施后，针对贯彻执行《条例》中发现的问题，我们将干部工作监督的重心前移，研究制定了《关于选拔任用党政领导加强任前监督的试行意见》，要求各地各部门提拔党政干部必须填写《任前监督表》，认真实施程序监督，防止选人用人失察失误。近两年，各地大力推行党政领导干部经济责任审计制度，在大部分市、县实行干部任前公示制，均取得较好效果。最后，试行选人用人责任制，防止和纠正各种不正之风。领导干部推荐干部人选，坚持署名填写《推荐干部登记表》，对被推荐人负连带责任。在干部考核工作中，考核人员在考核材料上签名，对考核失误、徇私舞弊等行为承担相应的责任。个别地方还在用人失误责任追究制度上进行了初步探索，在一定程度上制约了用人权力过于集中的现象。

但是，从党政领导干部“管”的环节来分析，通过考核和监督，被认定为优秀和称职者一般占绝大多数，特别是党政“一把手”在年度考核中优秀率近乎百分之百，通过考核和监督推动干部“下”的力度不够。主要原因有：一是现行的干部考核标准缺乏刚性约束，特别是对相形见绌者缺乏一套科学合理的界定标准，导致“评优容易评劣难，降过容易降庸难”。二是干部考核方法陈旧落后，重视对干部一般表现的考察，忽视对工作实绩特别是对发展潜力的评价；重视定性评价，忽视定量分析；重视听、看、访、谈等手工操作方式，忽视引进现代人才测评技术；等等。三是干部工作监督失之于软、失之于宽，难以有效地遏止市场经济的等价交换原则对干部工作的影响，少数干部中盛行的“人情风、关系网”成为不称职干部的“保护伞”，严重阻碍了干部能上能下。

3. 干部“下”的渠道进一步拓宽，但是“下”的制度不够系统和规范。

近几年，湖北省在不断完善干部正常解职制度的同时，下大力调整相形见绌的干部，致力于形成能上能下的运行机制。一是大力推行任期制。除对选举产生的领导干部规定任期外，对非经选举产生的党政领导干部也逐步试行任期制，并将任期制与工作目标责任制结合起来，进行严格的年度考核和任期目标考核，根据考核结果决定干部是否连任、提拔、改任、降职或辞退。荆门市自 1995 年实行党政领导干部任期制以来，确定 1500 多名干部的任期目标，对其中 520 名县级干部进行届终考核，根据考核结果提拔 34 人，诫勉 36 人，对 30 名干部予以降职、免职。二是不断完善试用制。近几年随着公开选拔领导干部工作的深入开展，各地各部门把考任制、聘任制干部作为实行试用制的重点对象。襄樊市近 10 年对 9923 名干部执行试用期制度，并在实践中逐步完善政策，形成了比较稳定的机制。三是积极稳妥地调整不胜任现职领导干部。制定《关于认真做好调整不胜任现职领导干部工作的（试行）意见》，规定调整对象主要是指那些思想政治水平、基本业务素质和工作能力与所担任的职务不相称、不能很好地履行职责、失去群众信任的领导干部。对不胜任现职干部分别予以免职、降职、降级、离岗培训、下派锻炼或改任其他职务。近 5 年，湖北省共调整不胜任现职的县级以上干部 200 多名，在社会上引起了强烈反响。

在调查中，我们深深感到，当前在党政领导干部“下”的环节上，存在许多相互关联、相当复杂的问题，有的是工作本身存在不足之处，有的是政策制度上的欠缺，有的则是社会价值观方面的问题。从运行机制来看，主要有以下三个问题：一是“下”的机制还没有完全形成。对选任制、委任制、考任制、聘任制产生的不同类型的干部，没有分类建立“能下”的机制，尤其是干部任期制等正常解职制度还不很健全，导致过分依赖于调整不胜任现职的干部。同时由于考核方面不完备，群众公论有偏差，干部之间互相攀比，也就不能理直气壮地调整不称职干部，无形中加大了工作难度。二是“下”的制度还很不健全。从现行的干部制度来分析，几乎所有重要的干部政策、法规在规定干部“上”的途径的同时，也提出干部“下”的方式。《党政领导干部选拔任用工作暂行条例》为建立辞职、降职制度提供了依据。《国家公务员暂行条例》也有关于辞职、辞退方面的规定，但这些制度在实践中却往往不被重视。《中华人民共和国地方各级人民代表大会和地方各级人民政府组织法》明确规定，可以依法提出对本级人大常委会、政府组成人员、法院院长、检察院检察长的罢免案。《中国共产党章程》也作出有关罢免的规定，但这些明文规定却往往没有付诸实施。三是“下”的配套政策还需统筹考虑。从调查情况来看，相当一部分党政领导干部担心自己被调整下来，“面子丢了，待遇低了，出路没了”。一些主要领导干部即使具有较强的改革意识，但在涉及干部“下”的问题上往往会瞻前顾后，投鼠忌器。正因为能上能下的机制、政策还不够健全，虽然工作力度年年加大，但效果很不明显。

二、推进干部能上能下的几点启示

回顾湖北省近几年推进党政领导干部能上能下的工作实践，可以得出以下几点有益的启示：

1. 扩大民主程度，引入竞争机制，这是实现选优汰劣的重要前提。

在社会主义制度下，人民群众当家作主，既享有民主推选“公仆”的权利，也有要求罢免、弹劾干部的权利。党的十四届四中全会以来，解决干部能上能下问题的一条基本经验，就是扩大民主，充分发动和依靠群众。推进干部能上能下，关键是要把党管干部原则与群众公认原则结合起来，真正赋予人民群众一定的权利。首先，要在党内开展民主政治教育，通过党内外的共同努力，大力肃清封建主义的残余影响，对实际存在的官本位、领导职务终身制给予理性的批判。其次，要真正把“人民群众拥护不拥护、满意不满意”作为衡量干部工作的最高标准，使广大党员和人民群众拥有更多的知情权、参与权、选择权、监督权。最后，要坚持领导干部任职轮换制度，缩短干部任期，给予人们“平均服官”的权利和机会。建立干部能上能下机制，还必须适应社会主义市场经济体制的要求，创造一个公开、平等、竞争、择优的用人环境，通过适度竞争推动干部能上能下，减少干部工作中人为因素的干扰，使干部队伍始终充满生机和活力。

2.“上”“下”统一协调，法规制度配套，这是促进领导干部正常更替的基础环节。

制度问题带有根本性、全局性、稳定性和长期性。从目前情况来看，干部能上能下还没有一套比较完备的制度体系，政策修修补补，工作零打碎敲，效果当然不很明显。按照党的十五大的要求，要在干部能上能下方面取得明显进展，必须在制度建设上下功夫。首先，要牢固地树立“依法治干”的思想。调整不合时宜的思维定势和习惯做法，减少干部工作中的人治因素，做到人随制举，事由法定。其次，要建立科学规范、运行有序的制度体系。推进党政领导干部能上能下，不可能一蹴而就，只能遵循渐进性原则，根据现时的经济政治条件、社会承受能力和干部群众的接受程度，积极稳妥地推进。在能上能下的制度建设方面，也不可能一步到位，必须立足实际，对过去的一些好经验、好做法，要在继承的基础上有所创新、有所发展；对新的实践中产生的新的做法，要认真总结上升为制度规范；对一些法律法规中早有规定但没有普遍试行的制度，要抓紧健全和完善。最后，要建立促进干部“上”与“下”相互配套的制度。能上能下不是单向的流动，而是双向的动态过程。在建立干部能上能下有关制度时，必须把“上”与“下”同时考虑、同步规划，对“能上能下”政策进行配套研究。同时，对选任制、委任制、聘任制产生的不同类型的干部，要分别设计出能上能下的运行模式，通过不同的渠道、不同的手段促进干部队伍新陈代谢。

3. 加强程序监控，强化执纪监督，这是推进能上能下的关键因素。

在推进党政领导干部能上能下的问题上，党内外人士的呼声甚高，但又信心不足，办法不多。我们理应在总结以往经验的基础上，直面现实，厘清思路，加强监督，重在兑现。一方面，要对能上能下工作进行经常化的程序监控，致力于形成一种合力推动、富有效率的工作运行系统。程序监控主要包括质和量两个方面。所谓质的监控，即对各级党委、领导干部和组织部门的选人用人行为进行有效监督，不断提高干部工作水平。所谓量的监控，即对党政领导干部“上下进出”的总体规模和数量进行控制，有效地防止能上能下过程中可能出现的梗阻现象。另一方面，要强化执纪执法监控，确保能上能下阶段性目标的实现。“天下之事，不难于立法，而难于法之必行。”在改革进入攻坚阶段，利益驱动机制作用很强的时候，如果缺乏自上而下的领导力量和监督措施，任何制度都将是一纸空文。因此，必须加强对干部能上能下工作的监督，进一步明确各级党组织和党政“一把手”的职责和权限，不断加大上级对下级的监督力度，逐步形成上下结合推进改革的动力机制。

4. 建立保障制度，维护干部权益，这是干部能进能出的必要条件。

正确对待“下”来的干部，保护“下”的干部合法权益，这是当前亟待研究和解决的现实问题。结合前一段工作实践，我们认为要从三个方面努力：一是进一步解放思想，树立改革创新的观念。长期以来，由于实行计划经济体制以及干部委任制，对干部习惯于一切都包下来，这种做法负面影响很大。当前，推进干部能上能下，必须破除改革过程中出现的新问题。要逐步推进领导职务“非职业”化，引导干部树立新的择业观，逐步使干部能上能下成为一种常态；要量能授职，绩酬挂钩，彻底打破利益分配上的平均主义和特权思想。唯有如此，才能大刀阔斧地开展工作。二是切实尊重“下”来的干部的合法权益，让干部下得顺心顺意。绝大多数干部从领导岗位上“下”来，都是服从组织、服务于党的事业的需要，他们理应享有广泛的民主权利，包括政治权利、教育权利、择业权利等。三是建立社会保障制度，解决干部“下”来后可能遇到的困难。尤其是对现阶段因年龄因素“下”来的干部，要高度重视他们的生活保障问题，切实解除后顾之忧。

综上所述，推进党政领导干部能上能下，发扬民主是前提，健全机制是关键，政策配套是保证。今后一段时期，我们推进能上能下工作，必须立足于发展社会主义市场经济的客观要求，按照十五大提出的干部制度改革的总体目标，逐步建立和完善干部选拔择优机制、更替淘汰机制、考核测评机制、监督控制机制，进一步增强干部队伍活力，提高干部队伍整体素质，为建设中国特色社会主义事业提供坚强的组织保证。

三、党政领导干部能上能下机制的构成及运行

机制原指机器的构造和工作原理，它是结构和功能的统一，反映了事物内部各方面的关系及其运动变化规律。党政领导干部能上能下机制，就是从干部考核、选拔、使用、管理等环节，影响和制约着领导干部“上下进出”的制度体系，这种相互联系、相互作用、完整有序的制度链条，客观上反映了领导干部的成长规律。建立干部能上能下运行机制，就是要按照领导干部的新陈代谢规律，建立起领导人才资源的合理开发和优化配置的正常机制，其根本目的就是，要把干部的“上下进出”逐步纳入法治的轨道，最大限度地减少干部选拔任用、管理监督和新老交替中的

“人治”因素，实现干部工作的科学化、规范化、制度化，增强整个干部队伍的生机与活力。今后一段时期，要抓紧建立完善以下四种机制：

（一）选拔择优机制

这种机制是围绕党政领导干部如何“上”来设计的。为了推进干部能上能下特别是要解决好“上易下难”的问题，首先必须从选拔机制入手，着力提高选拔干部工作水平，为干部“能下”创造便利的条件。

1. 建立领导干部任职资格考试制度。任何地方和部门以委任、选任、聘任的方式选拔干部，都必须由上级党委组织部门采取笔试、面试、现场模拟测试等形式，先对预备考察对象进行任职资格考试，以便对其担任新的领导职务所必备的综合素质包括思想政治素质、业务知识水平、组织领导能力等，作出一个比较全面客观的评价。在考试合格的基础上，才能实施考察、选用等后续工作，否则即应淘汰。组织部门还可以定期组织任职资格考试，对通过考试取得相应的任职资格者进行登记注册，并规定任职资格证书的有效期限。对持证参加竞聘、选拔的干部，在有效期内可以免试入围。同时，还要进一步扩大公开选拔领导干部的范围，从现在起，就要对公开选拔的干部占同期提拔同级干部总数的比例作出硬性规定，并逐年提高比例。建立任职资格考试制度，不仅可以挑选出一批基本素质较好的干部，减少素质和技能因素对干部“能下”的阻力，还可以在“入口处”限制一部分不适宜提拔任职的干部。

2. 完善选举制。选举制是在干部选拔任用工作中贯彻民主和竞争原则的重要实现形式，也是推进干部能上能下的有效途径。由于种种原因，目前我国各级领导机关及其成员虽然大多是经过差额选举产生的，但在干部群众看来事实上是等额选举，绝大多数选举结果是上级“选定”的，投票只是一种形式。没选上的干部不但不会“下”，相反，组织上还要做好安排。从有利于推进干部能上能下的角度来分析，改进选任制，要扩大差额的比例。只要把住了候选人的提名关和考察关，差额面扩大一些不会影响到选任干部的质量。

3. 改进委任制。委任、考任、聘任、选任等干部任用方式各有优劣长短，关键是要因人因事制宜。委任制是长期以来选拔任用干部的主要方式，在具体操作中，虽然存在不少值得改进的地方，但委任制本身是有其优势的，不仅当前而且在今后也必然是一种重要的用人方式。给予这样的判断，我们主张从五个方面进一步加强改进：一要适当降低委任制干部的比例，并把直接委任的重点放在非领导职务层面。二要在委任制中增加考试这个环节，委任干部首先要通过任职资格考试，才能按相应的程序选拔任用。三要把委任制与行政首长负责制结合起来，避免管人与管事脱节。可以设想由行政首长根据任期目标的要求，优化组合行政领导班子。当然这也需要有效的监督，以避免滥用用人权。无论是行政首长还是班子成员出问题，相互之间必须承担一定的连带责任和领导责任。四要普遍实行任前公示制。公示制目前一般在县处级以下干部中实行，根据各地的经验，可以逐步向上拓展，把地厅级干部也纳入公示对象。任前公示的目的不能仅仅局限于及时发现干部的问题，还可以利用这种形式让群众来评价干部能否适应新的岗位。五要实行“票决制”。票决制就是常委会在充分讨论的基础上，对拟任用的干部进行无记名投票，得票率达不到50%的不能任命。这种方式既有利于提高委任制干部的质量，也可以在一定程度中遏制封官许愿、跑官要官等不良现象。

4. 实行试用期制。为了确保人事相宜，对提拔任职的委任制领导干部，应当规定试用期限，试用期满后，根据干部履行岗位职责的情况，作出是否正式任命的决定。对不适合试用岗位的，分别不同情况作出相应安排，如退回原单位、原岗位，或者根据其专长安排到相应的岗位。建立完善试用期制度，关键是要解决“人事相宜”的问题，包括指导思想、考核标准、考核方法等都要紧扣这个问题，不能面面俱到，更不能把试用制作为弥补考察不足的一个环节。

（二）更替淘汰机制

这种机制着重解决干部如何“下”的问题。分析各国的官员更替和淘汰方式，一般来说主要有选举更替、年龄淘汰和法纪淘汰等。而在我国通过选举调整干部的范围较小、比例很低；年龄淘汰主要表现为退休，对职务更替的作用十分有限；法纪淘汰也仅仅适用于严重违纪违法等极端情况。这三种淘汰方式，对于绝大多数党政领导干部来讲，制约作用明显不大。因此，必须建立起适应新形势要求的干部更替淘汰机制。主要包括两种形式：

1. 正常更替机制。这种机制的作用是逐步消除实际存在的领导干部职务终身制，它是解决干部“下”的问题的根本途径。建立正常更替机制也是由“用人贵乘时”和干部队伍新陈代谢规律所决定的。从当前干部工作实际出发，推进能上能下关键是要建立完善党政领导干部任期制，这是正常更替机制的核心制度，同时还要完善配套制度，使干部不到退休年龄、不犯错误也能正常地“下”来，从根本上解决干部职务终身制的问题。

（1）任期制。指对党政领导干部担任某一职务的任届期限和届次作出硬性规定，非因法定事由不可缩短或者延长任期的制度规定。任期制解决了干部不到退休年龄不免职的问题，是对领导职务终身制的又一次革命，因而成为领导干部能上能下机制的重要一环。由于各种原因，目前我国党政领导干部任期制还很不健全，一是对地方党政领导职务没有明确的届次限制；二是对部分直接委任的重要领导职务没有规定任期；三是对现有的规定执行不严，落实不够。根据调查研究的情况，我们认为任期制的对象主要是经过选举产生的党政领导干部，也可以延伸到县以上党委、政府工作部门的正副职领导干部。根据有关法律规定和领导职务的层次特点，实行任期制的县以上党政领导干部每届任期 5 年，连选连任不能超过两届，并且在同一职级任职的最长时间不能超过 15 年。同时要严格执行任期目标责任制，加强任期目标考核工作，运用考核结果确定干部任期届满后的去向。领导干部任期满后，不能提拔、连任的，除按规定退休外，还可以采取多种途径妥善安置，如轮岗交流、离岗培训、改任非领导职务、离职分流、提前退养等。

（2）轮岗交流制度。这是任期制的主要配套制度。对在同一个部门、同一岗位上工作时间超过一定时间的领导干部，必须安排轮岗交流。县以上地方党政领导班子成员及部门党政班子的正副职干部，在同一岗位任职满5年的，必须轮岗或轮换分工，在同一单位任职满10年的必须交流。

（3）改任非领导职务。对任期内表现较好，任期届满后不能提拔，但又未到退休年龄的干部，可以安排改任非领导职务，保留各项待遇直至正式退休。

（4）到龄不提名干部。按照地方党政领导班子换届工作中有关干部提名年龄界限的规定，从严掌握候选人提名人选。地市党政班子成员在换届中，凡年龄满58周岁的不再提名或留任，新提拔的干部年龄不得超过55周岁。县市区领导班子应由50岁左右、40岁左右和35岁左右的干部组成，其中40岁左右干部应占多数。

（5）提前退养制度。领导干部任期届满后，因种种原因不能提拔和交流，如果年龄超过50周岁、任职时间较长，或者身体状况欠佳的，可以安排提前退养。

2. 适度淘汰机制。在干部工作中引入优胜劣汰机制，使不称职、不胜任现职、相形见绌者和严重违纪违法的干部顺利地“下”来，不断拓宽干部“能下”的现实渠道。适度淘汰机制是干部能上能下机制的重要组成部分，其核心制度是调整不称职、不胜任现职领导干部制度。此外，还包括辞退制度、弹劾制度和末位待岗制度等。

（1）调整不称职、不胜任现职干部制度。调整不称职、不胜任现职领导干部，是深化干部制度改革的重点和难点，必须进一步加大力度。不称职、不胜任现职领导干部，是指思想政治素质、组织领导能力、工作作风等方面存在问题，不能或未能履行岗位职责的领导干部。从当前干部队伍的现状分析，干部不称职、不胜任现职的表现主要有六个方面：一是思想政治素质方面存在突出问题；二是组织领导能力差；三是在班子中闹无原则纠纷，严重影响团结或者工作作风存在严重问题；四是有以权谋私行为，存在不廉洁问题；五是工作不负责任，给国家和人民的利益造成较大损失；六是工作实绩差，因主观原因连续两年未完成年度工作目标或未完成任期目标等。凡有上述情形之一者，均应认定为不称职或不胜任现职。当前的主要任务是，在总结经验的基础上，进一步完善调整不称职、不胜任现职领导干部制度。一是建立健全党政领导干部任期目标责任制，逐级制定领导干部岗位责任规范，进一步细化党政领导干部考核指标体系，为准确认定不称职、不胜任现职干部提供标准和依据。二是进一步明确调整方式，调整不称职、不胜任现职干部可以结合定期考核、平时考核进行调整，也可以结合党政领导班子换届进行集中调整，还可以结合竞争上岗等其他改革措施及时调整相形见绌者。三是积极探索不称职、不胜任现职干部的安排渠道，要区别不同情况，采取责令辞职、免职、降职试用、改任同级非领导职务、离岗培训、待岗、离职分流、提前退休等方式，妥善安排不称职、不胜任现职的领导干部。

（2）诫勉制度。对在考核中被评定为基本称职等次的领导干部实行诫勉，一方面可以对干部起到“警示”作用，充分体现我们党关心爱护干部、立足于教育干部的一贯方针；另一方面，也可以为调整不胜任现职干部创造条件。对诫勉期满存在的突出问题没有明显改进，或者产生了新问题的干部，应当启动调整不称职、不胜任现职干部的程序。

（3）末位待岗制度。对在一定范围内（如本县市、本系统）、一定时间内，通过定期考核，工作实绩或综合考评分数在同类同级干部中连续两次排名倒数一、二位的干部，经有关部门考核认定确属相形见绌者，应当安排待岗培训，或者免去领导职务。

（4）辞退和弹劾制度。辞退是指党委组织部门按照干部管理权限，对不称职但不服从组织安排的领导干部，解除其领导职务并同原单位中止一切人事关系的处理方式。对经选举产生的党政领导干部，如工作出现重大失误或确属不胜任现职，本人又拒不辞职的，应由有关机关启动弹劾程序予以罢免。

（三）考核测评机制

选拔任用、更替淘汰领导干部，必须有一个客观的依据。这个依据只能从考核考察中来。因此，建立科学准确的考核测评机制，是推进干部能上能下必不可少的环节。所谓考核测评机制，是指通过建立健全各种考核制度，对党政领导干部的德才表现、是否具备担任某项职务的素质和能力，作出比较全面、客观、准确的评价，为干部的上下进退提供正确依据。这项机制的根本要求，就是要科学、民主、公正，包括考核内容与标准的设定、考核程序与方法的选择、考核测评结果的反馈与运用等。其主要内容包括：

1. 建立考核主体资格制度和考核责任制。考核党政领导干部的主体，主要是党委组织部门及其派出的考核小组。根据形势的发展和干部工作的需要，可以把相关部门的同志特别是一些社会贤达、专家学者吸收进考核小组，也可以委托中立的专门机构进行特殊项目的考评。要建立考核责任制，明确考察责任主体，区分各自的责任。派出考察组的党委、组织（人事）部门，要保证和支持考察组按照《条例》的规定履行职责，对整个考察工作负领导责任。考察组和考察人员，主要对考察材料的真实性、客观性和公正性负责，并在考察材料上署名。各责任主体在考察工作中如有违反考察工作纪律的行为，或不认真履行考察职责，造成工作失误的，要按照有关规定，给予相应的纪律处分或追究工作责任。

2. 实行普遍考核测评制度。邓小平同志曾经指出，考核必须是严格的、全面的、而且是经常的。要以此为指导，建立起经常化的考核测评制度。一是任职考核制度。这种考核目的十分明确，就是要考察特定对象是否具备承担某一领导职务的能力与素质，考核内容既要看工作表现和实绩，更要看是否具备担任拟任职务的能力和素质。二是平时考核制度。这与任职考核不同，它是一项经常性的、定期和不定期的考核，如年度考核、届中考核等。年度考核要改进测评手段，建立起工作对谁负责、谁的评价就起主要作用的制度，并解决好民意失真的问题。三是离职考核制度。考核任期届满的领导干部，主要看完成工作目标的情况，为干部是否可以提拔、连任或岗位调整之后享受什么样的待遇提供参考依据。

3. 深化思想政治素质考察和实绩考核内容。深化思想政治素质考察，要注意把握以下几个方面内容：是否在思想上、政治上与党中央保持高度一致，坚决贯彻执行中央和上级的方针政策；是否认真学习政治理论，发扬理论联系实际的学风；是否具有较强的政治敏锐性和政治鉴别力，在重大政治问题上坚持正确的立场；是否忠实代表人民群众的根本利益，把对上负责与对下负责结合起来；是否模范地执行民主集中制，坚持集体领导，作风民主，与班子成员团结共事；是否做到清正廉洁，不以权谋私。要根据领导干部的不同职级和职务类型，对思想政治素质考察提出具体要求，探索和建立思想政治素质评价标准。要注意考察干部“八小时以外”的表现，主要通过对其社会交往、生活方式、家庭及邻里关系等方面情况的了解，深入考察其道德品质、廉洁状况等。必要时可访谈考察对象身边工作人员、家属和子女所在单位的干部群众，也可以到其原工作地、居住地以及其他经常活动的场所走访。深化实绩考核内容，必须逐步建立实绩考核指标体系和评价标准，抓紧制定和完善党政领导干部岗位职责规范和任期目标责任制。在实绩考核前，要制定出比较具体的考核提纲，以此作为考核标准和依据。要注意运用有关数据和指标衡量考察对象的实绩，通过统计、审计、财政等部门了解有关情况，核实重要数据；通过实地考察、访问群众，了解、印证和核实考察对象某一方面的工作情况。

4. 不断完善考察考核办法。一要改进民主推荐和民意测验工作。要适当扩大参加民主推荐和民意测验人员的范围。考察各级党委、政府领导班子成员，可扩大到所属工作部门及下一级党委、政府的部分副职和群众代表；考察工作部门的领导成员，可扩大到相关部门及下级单位的部分副职和群众代表。具体人员可按一定比例，采用随机抽样的办法确定。对民主推荐和民意测验的结果要作具体分析，对所在单位人数较少、风气不正或因工作大胆负责、敢于批评而造成得票率和满意率较低的，应予以足够重视，防止简单地以票取人。二是实行干部考察预告制。在考察前一两天，通过一定方式，向考察对象所在地区或单位公布考察对象的简要情况、拟任职务，以及考察组的组成情况、考察时间、联系方式等情况，为群众反映情况创造条件。三是对部分职位实行差额考察。差额考察是把竞争机制引入干部考察工作，实现优中选优的有效途径。在公开选拔时，每个职位都应确定两名以上的考察对象；个别提拔任职时，如果几个人选条件相当，应同时进行考察；班子换届调整时，考察人选数应多于班子空缺职数。

5. 建立考核测评结果反馈和运用制度。要将干部的职务升降与考核结果挂钩，考核认定为不称职或者连续两次认定为基本称职的，要调整工作岗位，或予以降职使用甚至辞退。要及时将考核测评结果通过适当的方式反馈给领导班子和干部本人，使干部及时发现自身存在的问题，明确努力方向，真正发挥考核工作对干部的教育激励作用。

6. 建立和试行考任分离制度。将考核权与任用权适度分离，分别由不同的主体来实施。可以考虑在组织部门成立专门的考核机构，负责干部考核工作，建立干部考核档案，供干部任用部门随时调用。这样可以减小“考察即意味着提拔”对干部工作的不利影响，使考核结果更加真实客观。干部任用部门必须以考核材料为主要依据，按照党的干部政策和民主集中制原则决定干部的任免。

（四）监督控制机制

任何机制的运行都需要一个动力系统来推动，党政领导干部能上能下运行机制也不例外。从根本上讲，推动党政领导干部能上能下机制运行的动力来自于经济基础，来自于建立社会主义市场经济体制和建设社会主义法治国家的现实需要，来自于人民群众对改革现行的干部制度的强烈愿望。由于深化干部制度改革，推进能上能下，从某种意义上讲，是领导干部“自己革自己的命”，是对现有利益的改革和调整，很容易受到干扰。因此，也必须建立一个监控系统，确保能上能下各项制度的执行。初步设想是：

1. 明确工作职责。进一步明确各级党委和党政“一把手”在能上能下工作中的职责和权限，加强上级党委对下级的检查监督，强化班子内部的同级监督。各地各部门可以成立一个领导小组，下设办公室，专门负责干部能上能下有关政策的制定、经验推广和指导工作等。领导小组必须重视对能上能下工作的具体指导，一方面要对经常性的工作进行程序监控，另一方面要对党政领导干部“上下进出”的规模和数量进行调控，致力于形成科学、高效的运行系统。

2. 建立巡视员制度。省级以上可聘请一些党性强、作风正、水平高、资历比较老、组织人事工作经验比较丰富的老同志担任巡视员，组织不定期的巡视和抽查，调查了解群众对干部能上能下工作的真实反映，同时采取专项督察等措施，加强对各地各部门推进领导干部能上能下工作的检查评估，督促各地把这项工作真正摆上重要日程。

3. 建立考评监督机制。要把推进能上能下这项重点工作纳入党委工作目标责任制，定期组织考核，对措施不力、动作不大或消极应付的地方和部门主要负责人予以批评教育，对真改革、不怕得罪人的党政负责人要大力表彰。要逐步建立完善领导干部能上能下工作的监督制度，逐步健全监督工作机制。各级党委组织部门要按照干部管理权限，每年对本地本部门推进干部能上能下工作的情况进行认真检查，坚决查处和纠正违反干部人事工作纪律的行为。对违反党的干部政策选拔任免干部的案件，发现一起、查处一起，坚决防止和纠正用人上的不正之风。

4. 构建能上能下工作的社会支持系统。深化干部制度改革需要社会各界的支持。推进能上能下工作的社会支持系统，既包括有关部门和单位，也包括干部本人及其周围的环境。要争取各级党委政府负责同志对这项工作的重视和支持，加强党委、人大、政府、政协之间的协调配合，形成工作合力。要通过各种途径，在全社会广泛宣传推进能上能下工作的重要意义，增进各方面的理解和支持。要大力争取立法机关的支持，同时注意党内政策制度与现行法律法规以及群团组织章程之间的衔接，防止各项规定之间相互抵触。

四、建立党政领导干部能上能下的配套政策

推进干部能上能下，是在维护改革、发展、稳定大局，推进干部队伍新老交替，保证党和国家长治久安等多重价值追求目标下进行的，因此必须特别注意政策配套。考虑到党政领导干部群体素质较高，长期以来为党的事业作出了应有的贡献，从社会公正的角度出发，应该安排好“下”来的干部，落实好各项待遇。制定干部待遇政策，一定要“公正、可行、合理、管用”。既要考虑到待遇政策能够对解决“难下”的问题起到应有的作用，同时也要考虑到国家和社会承受能力；既要考虑到干部的利益，也要考虑到国家的利益。

众所周知，干部能上能下的难点在于“下”。因此，各项配套政策也必须以解决“下”的问题为重点，以适当的利益补偿为核心，坚持“三优先一分开”的原则，即安置政策优先、保障政策优先、利益政策优先、新老分开。由于干部“下”的原因和“下”来后与原单位的关系不同，上述原则在具体实施中的侧重点也应该有所不同。除退休外，干部“下”来不外乎三种情况：一是按照规定任期届满的；二是本人申请辞职离开党政机关的；三是由于不称职等原因被处理或调整的。对第一类干部，政治生活待遇从优，保留原来的待遇不变，只调整岗位工资部分；对第二类干部，在保留住房待遇的基础上，可以试行“工龄买断”，给予一次性补贴，也可以采取其他方式给予适当的经济补偿；对第三类干部，应按照新的职务或岗位重新核定工资和待遇，其中完全脱离了干部序

列的，应取消一切待遇。当前，应该抓紧出台以下几项政策：

（一）安置政策

这项政策不是对任职期间违法乱纪者的处理和照顾，而是对任期届满不能再担任领导职务，但又不到退休年龄的干部的一种安排。这里有两点值得注意：一方面，要体现对干部的合理使用和对人才的关爱，不能不闻不问，而要妥善安排；另一方面，必须改变以往由组织统包统揽的做法。要把原则上组织负责安排，同引入市场机制和个人自主选择结合起来。建立“组织部门协调安排、用人单位积极推荐、个人和岗位双向选择”的干部安置模式。从目前实际来看，主要可以采取两种形式：一是改任非领导职务；二是保留原职级待遇，按一般干部重新安排工作直到退休。

（二）分流政策

这项政策主要针对机构改革中精简下来的干部和不称职、不适合从事领导工作的干部。既可以由干部本人申请离开党政机关到社会上自谋职业，也可以由组织上根据干部本人的专长和特点，作出适当的工作安排。为了推进干部分流，有必要出台下列政策：

1. 党政领导干部离职自谋职业暂行办法。一是允许干部经过批准辞职自谋职业；二是对个人申请的审批程序作出明确的规定；三是按照规定的办法给予适当的利益补偿；四是对自谋职业者，除享受正常的利益补偿外，应给予鼓励支持和相应的优惠政策，以改变干部“能进不能出”的现状。

2. 党政干部专业技术职称评聘办法。考虑到分流的干部除了自谋职业外，不少干部的就业去向是学校、企业等专业性较强的领域。在这些单位，工资和待遇主要是以职称为依据的。但由于目前党政领导干部没有评定职称，这显然不利于党政干部与企事业干部之间的“双向流动”，极大地阻碍了党政干部“能下”。解决这个问题的办法有两种选择：一是在党政干部中重新恢复职称评审制度。这种选择有利有弊。“利”主要表现在可以架起党政干部与专业干部之间的“桥梁”，“弊”主要在于评审标准不好把握，无论是与行政级别相对应，还是以学术成就衡量，都会产生负面影响。这种方法目前难以推行，必须慎重考虑。二是建立一种党政干部与专业干部之间的“换算公式”，能够使党政干部与企事业干部相互承认对方的经历，消除由于从业领域不同造成“零起点”的不公平现象。这种“换算公式”的主要内容是，在综合考虑学历、工作年限、研究成果等因素的基础上，通过一定形式的专业测试、专家鉴定、学术答辩等方式，认定党政干部的专业资格和职称，同时辅以试用期等措施，以保证通过这种“换算公式”获得专业资格和专业职称的党政干部确有真才实学。

3. 鼓励干部流动政策。要采取措施逐步打破干部地域、单位、部门所有制，配合改革户籍管理办法，鼓励干部流动。一是实行《干部手册》制度。对所有党政干部，从进入党政机关起，对干部的职务、级别、任职时间、培训情况、待遇异动情况等逐项登记，干部可持此手册在一定范围内流动。二是出台人才柔性流动政策。允许干部跨部门、跨地区、参加公开选聘，在户口、档案接转等方面给予方便，减少干部流动和再就业的障碍。三是要加快企事业单位人事制度改革的步伐。扩大用人自主权，鼓励和支持企事业单位和其他组织到党政机关通过合法程序招聘干部。

（三）经济政策

这项政策由对在岗干部利益的调整限制和对离职干部利益的补偿两部分构成。利益因素是影响干部“上”“下”的主要因素，通过利益杠杆来推进能上能下，应该是改革的根本选择。

1. 抑制政策。核心是要减少权力的“含金量”，缩小干部“上”“下”之间的利益落差。目前工资制度、住房制度、医疗制度、公务用车制度等凡是与个人利益有关的制度，都与干部身份、职务、级别牢牢挂钩。这种状况，必然导致干部不愿意下来。要尽量减少权力的隐性收益，进一步淡化干部对权力的依恋。党政领导干部的收入应尽可能地显性化、货币化，不能使党政领导干部在收入水平和生活水平上与社会其他阶层特别是广大工农群众的差距拉得过大。

2. 补偿政策。这项政策适用于离开党政机关自谋职业者和不再担任任何领导职务的干部。党政领导干部不再在党政机关、国有企事业单位从业，而“下海”自谋职业，这就意味着干部过去的“年功”不复存在。考虑到干部所作的贡献和基本生活需要，有必要实行一次性补偿政策，具体补偿标准可根据级别、工作年限、工作表现等因素进行测算。对“下”来后仍然属于党政干部序列的干部，由于各种待遇没有多大变化，其损失仅仅限于领导职务的“隐性利益”部分，因此可不给予补偿。对到国有企事业单位工作的干部，由于可以实行相应的“换算”，减小了工资、待遇上的差异，加上目前事实上党政机关与国有企事业单位之间各种待遇差别不大，因此也可以不予补偿。

（四）保障政策

从长远来看，应当逐步建立起与社会主义市场经济体制相适应、统一、规范、完善、有力的社会保障体系。一是建立公积金制度。即每位干部每月按一定比例扣除一定数额的工资，加上国家按照一定的标准给予的补助，一并存入个人账户，当干部离开党政机关时一次性发放给本人。这是一项带有兜底性、普适性的“保险”。二是根据社会经济发展水平，认真研究并落实党政领导干部下来后的最低生活保障标准，同时建立失业保险制度，解除干部后顾之忧。三是加快干部福利保障社会化改革，把干部的住房、医疗、用车等纳入社会化范围，使基本生活条件的供给实现货币化、市场化、社会化。

五、需要进一步研究和解决的几个问题

干部制度改革不是孤立推进的，而是在社会大背景中进行的。党政领导干部能上能下，既是干部制度改革在深层次上的突破，也是一项浩大的社会系统工程。因此，只有从改革的社会系统观出发，研究解决机制之外的一些相关问题，才能使能上能下机制逐步得到完善并有效运作起来。

1. 适应政治体制改革的新形势，建立起干部能上能下的最佳“平台”。

能上能下作为干部制度改革的重要内容，也是政治体制改革系统工程中的一个要素。试图跳出政治体制改革的大背景而孤立地推进是不现实的，也是难以有所作为的。推进干部能上能下需

要一个良好的政治环境，它呼唤着政治体制改革的进一步深化。当前，在发展社会主义民主政治过程中，必须做好以下几个方面的工作：一是加强干部工作立法。把党的干部路线、方针、政策变为国家意志，尽快制定有关干部队伍和领导班子建设的法律法规，加强对干部总量的宏观调控和对干部工作的宏观指导。进一步修改完善《党政领导干部选拔任用工作暂行条例》等现行法规，明确规定党政领导干部上下进出的条件和程序，增强刚性约束。要逐步建立有关干部人事制度改革的法律法规，切实加强对干部工作的全程化管理，促进干部队伍新陈代谢、优胜劣汰。二是大力推进机构改革。从严控制机构编制和领导职数，裁减冗员，保证干部能上能下有实质性的进展，为进一步深化干部制度改革铺平道路。三是逐步改善党对干部工作的领导方式。改善领导方式，首先要进一步健全党内民主制度，特别是要把民主制度引入干部工作的决策阶段，逐步使干部工作走出神秘狭窄的怪圈，保证干部上得正确，下得合理。同时，进一步完善权力运行监督机制，把党内监督、法纪监督和群众监督结合起来，发挥舆论监督的作用，保障人民群众在干部工作中的权利和自由，逐步形成一种充分反映民意、合理集中民智的决策机制，防止滥用选人用人权。

2. 讲究工作策略，减少改革的风险和阻力。

推进干部能上能下是对“官本位”思想和干部终身制的否定，必定会涉及干部的切身利益，一些人为保住既得利益可能会产生抵触情绪。为了有效地减少风险和阻力，在工作中必须讲究一定的策略性。从当前情况看，可以从三个方面来把握：一是结合干部制度改革的特点，循序渐进。推进干部能上能下必须充分考虑到干部制度改革的特点，有领导、有计划、有步骤地实施。现阶段，计划经济体制在干部工作中的烙印还没有完全消除，干部身份和各种待遇对于一般人来说仍有很大的吸引力，这是推进能上能下工作的现实起点。在这种情况下，试图完全清除计划经济体制对干部制度的影响是不现实的，相反，建立一些管用的、灵活的、具有弹性的制度，逐步推进能上能下，则是更明智的选择。二是根据经济发展的周期性，相互促进。经济体制改革和政治体制改革是相互联系、相互促进的，一般来说，经济发展速度越快，政治体制改革的进展就会比较顺利。深化干部制度改革，必须选择社会经济发展的高峰期，借“势”推进。三是激活干部制度改革的原动力，上下联动。在干部制度改革不断深化的形势下，必须从更深的层次挖掘改革的原动力。要逐步改进和完善干部制度改革的推行路径，形成上下结合的动力机制。既要自上而下地整体推进，形成上级带下级、一级抓一级的责任链条，凝聚起一股自上而下的强大“推力”，又要认真听取群众呼声，总结推广基层经验，形成自下而上的“拉力”，不断促进工作创新和机制创新。

3. 社会广泛参与，形成推进干部能上能下的整体合力。

干部能上能下是一项复杂的系统工程，其中许多问题单靠某一个部门解决难度很大，甚至根本无法解决。解决干部能上能下的问题，亟需相关部门乃至全社会共同参与，配合做好有关工作。一是需要人事部门积极配合，尽快完善公务员制度。要明确规定党政领导干部和一般工作人员的任职资格条件等，合理界定能上能下政策的适用对象，对不同类型的干部按照不同程序、不同方式来解决上下进退的问题，在改革中保持干部队伍的稳定。二是需要各类干部培训学校加强对党政领导干部特别是“下”的干部的培训。要建立以第二专业为主要内容的教育培训制度，着重培养领导能力之外的专业知识和技能，提高干部的综合素质和适应能力。现阶段，要重点抓好机关分流干部的专业培训，为其离开党政机关实现再就业创造条件。三是需要各类人才服务机构为“下”的干部及时提供帮助。要积极推介从干部队伍中“下”来的各类人才，促进干部转岗再就业。四是需要政府、社会和用人单位协同一致，尽快建立起干部住房、医疗、失业保障机制。总之，只有改革主体从一元化向多元化转变，形成整体推进改革的合力，才能保证党政领导干部能上能下取得新的实质性的进展。

后备干部备用结合情况研究 *

为总结经验，分析问题，探索规律，预测趋势，进一步加强和改进后备干部队伍建设工作，1987 年下半年，我们采取问卷调查、召开座谈会和查阅文献等方式，组织力量，对湖北省地县两级后备干部备用结合的情况进行了调查。

一

根据中央精神，从 1983 年下半年开始，湖北省各地市县开展了大规模的建立后备干部名单的工作。通过几年的努力，地县两级后备干部队伍建设工作，尤其是在备用结合方面有很大进展，主要表现在以下两个方面。

（一）建立了一支数量可观、结构合理、素质较好的后备干部队伍，为领导班子建设奠定了基础

经过几年的调整、补充，截至 1986 年底，湖北省地县两级后备干部人数达到 1300 名。其中，地级后备干部 221 人，县（市）

* 此课题研究开展于 1987 年，课题报告由史正江执笔。

级后被干部 1079 人，为现班子人数的 1.04 倍。从数量上基本能够满足地、县领导班子建设的需要。

后备干部的结构日趋合理，与领导班子建设相适应、相衔接。年龄上形成了以中青年干部为主体的梯次结构。地级后备干部中，35 岁以下的 28 人，36 至 40 岁的 54 人，41 岁至 45 岁的 112 人，46 岁至 50 岁的 27 人，其主体是 40 岁左右的干部；县级后备干部中，35 岁以下的 521 人，36 岁至 40 岁的 352 人，41 岁至 45 岁的 198 人，46 岁以上的 8 人，其主体是 35 岁左右的干部。文化上形成了以大专以上文化程度为主体的倒宝塔形结构。地级后备干部中，大专以上文化程度的 215 人，占 97.3%，高中、中专文化程度的 6 人；县级后备干部中，大专以上文化程度 913 人，占 84.6%，高中、中专文化程度的 165 人，初中文化程度的 1 人。大多数后备干部经过系统学习和长期实践锻炼，具有一定的专业知识，为地县两级领导班子进一步实现知识化、专业化奠定了基础。职务层次上，形成了以下一层次主要领导干部为主体的菱形结构。地级后备干部中，县及地直局级干部 193 人，占 87.3%；县级后备干部中，乡镇和县直局级领导干部 835 人，占 77.4%，1986 年底至 1987 年初，各地还建立了一批“一把手”后备干部名单，其中，县级党政领导班子一把手后备干部 167 人，平均年龄 40.4 岁，同级副职 138 人，下一层次主要领导干部 29 人，为解决选拔“一把手”困难的问题创造了条件。

后备干部是经过严格程序挑选出来的，绝大多数同志能够贯彻执行党的十一届三中全会以来的路线、方针、政策，具有强烈的事业心和责任感，对改革和现代化建设充满热情，政绩突出，得到了群众的信任。我们对宜昌地区地、县两级后备干部的素质进行了抽样调查，被调查的87名对象中，事业心强或比较强的83人，占95.4%；具有实干精神的84人，占96.6%；遵纪守法、廉洁公正的80人，占92%；原则性强或比较强的75人，占86.2%；民主性好或比较好的81人，占93.1%。

（二）后备干部的备用结合取得了可喜的成绩，为领导班子输送了大批合格人才，增强了班子的活力

据初步统计，1983年至1986年，地县两级后备干部队伍为地县两级党政领导班子分别输送领导干部87人和435人。调查中，我们对荆州、孝感、郧阳、宜昌等5地区1983年至1986年提拔后备干部进入地县党政领导班子的情况进行了统计，表明，5年来备用结合取得了较大的成绩。具体情况见表1。

表1　1983年至1986年五个地区提拔后备干部进入地县党政领导班子情况统计表

项目 人数 时间	地级			县（市）级		
	提拔进班子总人数	其中：提拔后备干部	占总数比例	提拔进班子总人数	其中：提拔后备干部	占总数比例
总计	49	36	73.5%	369	292	79.1%
1983年	26	20	76.9%	92	68	73.9%
1984年	1	1	100%	160	123	76.9%
1985年	9	7	77.8%	61	55	80.7%
1986年	13	8	61.5%	57	46	80.7%

从表1可以看出，1983年至1986年，地县两级后备干部的使

用率保持在75%左右。这说明湖北省后备干部队伍建设工作是富有成效的。

1986年底至1987年初，我们对全省县以上党政领导干部进行了一次民主评议。县级党政领导班子成员中，从后备干部提拔的共435人，被评议的412人，其中，优秀的57人，占13.8%；胜任的262人，占63.6%；基本胜任的71人，占17.2%；不胜任的22人，占5.3%。从非后备干部中提拔的共240人，被评议的216人，其中优秀14人，占6.5%；胜任118人，占54.6%；基本胜任63人，占29.2%；不胜任21人，占9.7%。我们把这两部分干部的表现情况进行比较，发现优秀所占的比例前者比后者高7.3%，胜任所占的比例前者比后者高9%。而基本胜任所占的比例前者比后者低12%，不胜任所占的比例前者比后者低4.3%，这说明，从总体上讲，从后备干部中提拔干部的素质与胜任程度高于从非后备干部中提拔的。

后备干部提拔进入领导班子以后，改变了原班子成员年龄偏大、文化偏低、比较缺乏专业知识的状况，增强了班子的活力，在领导班子中作用越来越明显。

二

备用结合是后备干部队伍建设工作的核心，备用结合的程度如何是衡量后备干部队伍建设工作质量好坏的主要尺度。几年来，各地、市、县委和组织部门在备用结合方面进行了积极的探索和有益的实践，初步积累了一些宝贵的经验。

（一）领导重视，党委一把手把这项工作抓在自己手上

1985年2月，湖北省委主要负责同志在省直单位第三梯队建设工作督促会上指出："加强第三梯队建设，我们的思想一定要实实在在、毫不含糊地站在中央加快'四化'进程这样的高度，坚决做好。""各级党委要把第三梯队建设列入议事日程，第一把手要把这项工作拿到自己手上。"会后，全省各级党委对这项工作很重视，一把手把这项工作真正抓到了手上，分管的同志具体抓这项工作，有的领导同志还亲自带队考核了解后备干部。一些地市县委建立了党委常委分工培养后备干部的制度，为后备干部的健康成长创造了条件。1986年10月下旬，湖北省委召开湖北省第三梯队建设工作会议，传达中央有关精神。这次会议对进一步加强和改进后备干部队伍建设工作起到了重要作用。各地市县委认真贯彻会议精神，进一步统一了思想，在认真总结成绩的基础上，积极探索工作的一些新方法、新路子，推动了全省后备干部队伍建设工作的顺利进行。

（二）树立新的用人观念，把服务经济建设贯穿于备用结合的始终

党的十一届三中全会以来，全党的工作重点转移到经济建设上来，经济体制改革随之在城乡全面展开。工作重点转移和改革不断深入，对干部队伍特别是领导班子建设提出了新的要求。但是，由于长期以来"左"的思想的影响和陈腐观念的束缚，领导班子现状与形势发展不相适应。据统计，机构改革以前，全省地市党政领导班子成员的平均年龄为55.6岁，50岁以上占82.4%；

大专以上文化程度占5.4%。县级党政领导班子成员的平均年龄47.6岁，大专以上文化程度占14%。年龄老化、上下一般粗、文化程度偏低、比较缺乏专业知识成为领导班子突出问题。要改变这种状况，就必须选拔成千上万的优秀中青年干部，充实各级领导班子。为此，各级党委和组织部门在后备干部队伍建设工作解放思想，坚持改革，摒弃陈腐观念：

——坚决摒弃“以阶级斗争为纲”的极“左”观念，坚持后备干部队伍建设为领导班子“四化”建设服务的方向，大胆选拔知识型、管理型干部进入后备干部队伍。现有地级后备干部280人，其中，学理、工、农、医、政法、经济、管理专业的188人，占67%。

——努力打破论资排辈的条条框框，坚持从政绩突出、确有发展潜力的中青年干部中挑选人才。在选拔后备干部的过程中，既坚持了一定的台阶，又不唯台阶，主要看领导能力和经验；既注重德才素质，更注重政绩；既注重现实表现，又注重发展潜力。把德才表现、政绩和潜力作为选人的重要依据。

——注意克服“人要完人”的思想倾向，坚持看干部的主流，看干部的本质，特别是看他们对社会主义现代化建设的态度、事业心和工作能力。几年来，在选人问题上，各地坚持唯物辩证法，采用干部德才素质测评等现代技术和科学手段，认真分析一个干部的优点、缺点及主客观原因，使选人用人建立在科学的基础之上，基本上避免了过去曾出现的“以一个问题否定一个干部，以一次谈话重用一个干部”的片面性。

（三）改革选拔方法，不断拓宽知人渠道，努力搞好备用结合的基础工程建设

后备干部的选拔方法直接关系到后备干部的质量，从而也影响到备用结合。几年来，各地市县把选拔方法的改革作为提高备用结合程度的突破口，致力于提高选拔工作的民主化与科学化程度，重点抓了以下两个方面：

1. 广开知人渠道，建立纵横交错的人才信息网络。

各级组织部门不断解放思想、开阔视野，通过三条渠道发掘、选拔人才：

一是常规渠道网。就是以各级组织部门为网点，形成选拔人才的网络。各地县委组织部门严格按照中央规定的四道程序，通过召开各种会议进行民主推荐。这种方式人多面广、民主程度高，推荐出来的人数多，效果也比较好。1984 年底，湖北省建立的地县两级后备干部名单都是通过这种形式推荐出来的。荆州地区共组织了 4 次大型推荐，参加推荐的有 14330 人次，共推荐出 4112 人次，然后从中确定了地县两级后备干部名单。到目前为止，已有 75 人提拔进入了地县（市）两级领导班子。

二是"伯乐"荐贤网。采取定期或不定期召开各种座谈会、荐贤会、公开招聘、登报求贤等多种形式，由领导集团、民间团体、专家学者和社会民众共同推荐人才。几年来，武汉市召开各种各样的座谈会、荐贤会 9 次，有 300 余人参加了推荐，共推荐出各类人才 1017 人，其中有近 400 人被提拔使用或被确定为县级以上后备干部，极大地丰富了后备干部的人才资源。

三是人才信息网。主要是通过各种信息渠道搜集人才信息，建立人才信息库，使推荐人才的工作经常化。湖北省 15 个地市州都相继建立了人才信息网络，将发现人才的触角伸向社会各个方面，从而拓宽了知人渠道。全省通过人才信息员推荐和新闻媒介发现人才近万名，使后备干部队伍最大限度地网罗了社会各方面的人才。

2. 坚持民主和科学的原则，采取多种形式进行考核。

几年来，湖北省各级组织部门在继续坚持传统有效的干部考核方法的基础上，不断改革考核方法，采取了知识面测验、干部测评、民意调查、专家面试、领导面谈等多种方式考察后备干部人选，按照民主与科学的原则，注重了三结合：一是定性分析与定量分析相结合，努力克服传统考核方法定性分析多，定量分析少的缺点，尽可能对一个干部的德才特点作出较科学的评价。二是考核领导班子与考核后备干部相结合，通过民主评议领导班子等集中考核干部的途径，把后备干部放到群体中比较、鉴别，从而，比较全面、准确地把握后备干部的德才素质。三是组织考核与专家评议相结合，尊重专家的意见，开阔组织部门干部的思路，选好选准人才。

（四）初步建立了后备干部的管理制度，促进和保证备用结合

健全和完善的后备干部管理制度是搞好备用结合的保证。几年来，各地积极探索，在后备干部队伍建设方面，初步形成了一系列的管理制度：

——以民主推荐和考绩为主要内容的后备干部选拔制度。各地在确定后备干部名单时，基本上坚持了群众推荐、组织考核、

党委讨论、上级批准四道程序，注意发扬社会主义民主，注意考核干部的实绩。从而较好地避免了选人问题上的不正之风。

——以提高德才素质为主要内容的后备干部培养制度。根据“缺什么补什么”的原则，因人而异，采取轮岗培训、压担子、下基层锻炼、调上级领导机关工作、送大专院校或党校学习等方式培养后备干部，在培养中提高，在提高的基础上使用，做到培养和使用的统一。1985 年至 1986 年，地县两级后备干部到党政机关担任领导工作的共 598 人次。经过培训，后备干部的素质都有不同程度的提高。

——以择优汰劣为主要内容的后备干部淘汰制度。各地根据后备干部滚动式管理的原则，及时淘汰相形见绌的后备干部，吸收在实践中涌现出来的拔尖人才，及时向领导班子推荐，保持了后备干部队伍的生机与活力。全省地县两级后备干部中，1985 年提拔了 100 人，调整出 41 人，新补充 496 人；1986 年又提拔了 94 人，调整出 111 人，新补充 287 人。这样，做到有进有出，初步形成了人才竞争的可喜局面。

同时，各地还建立了后备干部的目标管理制度、定期考核制度、档案管理制度，并开始探索后备干部的使用制度。各项制度的建立，逐步使后备干部队伍建设“于法周严、于事简便”，保证和促进了备用结合。

（五）主动与其他管理部门协调配合，搞好备用衔接，提高后备干部的使用率

后备干部工作是整个干部工作的一部分，是领导班子建设的

基础工程，要搞好备用结合，青干机构除了自身要抓好选拔、培养、淘汰、使用等各项具体工作外，还应主动与其他干部管理部门密切配合。实践证明，青干机构与其他干部管理部门协调配合的好坏，直接影响到后备干部使用率的高低。

一是协商通气，做到彼此了解，相互沟通。在确定后备干部名单时，青干机构主动征求其他干部机构的意见，互相商讨，共同拟订计划和人选；在调整、配备领导班子时，其他干部机构能认真听取青干机构的意见，青干机构也能主动向其他干部机构推荐人选。这样，两个机构对备和用的情况比较了解，有利于备用结合。

二是相互支持，从事青干工作的同志经常参与领导班子的考核工作，从中了解和掌握领导班子的状况和领导班子中后备干部的状况，有针对性地搞好后备干部队伍建设；其他干部机构积极参与后备干部的选拔、考核、调整、补充工作，对后备干部情况胸中有数。

三是统一管理。青干机构与其他干部机构由一名部长分管，两个机构经常在一起开展活动，互通有无，从而做到在统一领导下既有分工又有合作，共同搞好领导班子建设。

三

几年来，湖北省各级党委和组织部门在建立后备干部队伍、搞好备用结合方面做了大量工作，取得了一定成绩。但是，在整个工作过程中，还存在着一些不足之处。调查表明，影响地县两级后备干部备用结合的因素主要有以下几个方面。

（一）党内外对后备干部队伍建设还存在一些模糊认识，有些领导对这项工作显得不够重视。社会上对后备干部队伍建设的模糊认识归纳起来主要有三个方面：一是认为后备干部队伍建设工作主要是为了解决领导班子“青黄不接”的问题，现在，领导班子“四化”程度提高了，不必再搞这项工作了；二是认为建立后备干部名单不符合社会主义商品经济发展的规律，尤其是没有体现人才竞争的原则，妨碍优秀人才脱颖而出；三是认为随着党政分开和国家公务员制度的建立，今后党管干部的面小了，而且只是向政府推荐重要干部，因而不必再搞后备干部工作了。这些模糊认识在有些领导同志中也同样存在，有些领导人对这项工作不太重视，缺乏紧迫感和自觉性，极少数领导人习惯于按自己的主观意志任用干部，习惯于临时动议，临拉现找，对于按照程序选拔干部，自觉接受群众监督的重大意义认识不足。我们在黄石市对 228 人进行了抽样调查，调查表明，认为“单位领导对后备干部队伍建设工作重视或比较重视的”186 人，占 81.6%；认为“不太重视”的 42 人，占 18.4%。这样，使得湖北省后备干部队伍建设工作不太平衡。

（二）后备干部队伍与领导班子的衔接还不太理想。主要表现在青干部门不能完全做到及时准确地为领导班子建设提供所需要的一切人选。在一定范围内，还存在备而不用、用非所备的现象。通过调查，我们认为其主要原因有如下几点：一是建队初期，对“四化”方针的理解存在一定的片面性。由于片面强调年龄和文凭，使得后备干部队伍中比较缺乏近期进班子的对象。据调查，1986 年从非后备干部中提拔进入地级党政领导班子的 17 名干部中，50 岁以上 11 人；提拔前，大多数在下一层次主要领导岗位上工作两年以上；中专、高中文化程度 8 人，初中以下 2 人；进入班子后，都能胜任工作。情况表明，这些干部尽管年龄偏大，文化偏低，但是有比较丰富的实际工作经验和组织领导能力。然而，建队初期，我们没有把他们列入名单，后来也没有及时补充进来，造成备用结合不够紧密。二是选拔方法的科学化与民主化的程度还不太高，选人的视野比较窄。1986 年从非后备干部中提拔的 43 名地、县两级干部，有 24 人原来在青干部门的视野之外。三是现有的后备干部结构还不尽合理，工作中有的地方过分强调了后备干部本身的“小配套”，而忽视了与班子的“大配套”。1984 年底复核确定的 247 名地级后备干部中，熟悉经济和政法的只有 51 名，占 21%。这几年当班子建设大量需要这方面人选时，我们难以满足。四是培养的措施没有完全落实。有些后备干部的基本素质是比较好的，只要通过一段时间培养，是可以逐步走上领导岗位的。但是，这几年我们对后备干部有计划、有针对性地培养还不够，后备干部的素质与领导班子的需要还有一定差距，因而一时难以用上。

（三）后备干部的管理制度还不很完善，尤其是在使用上还不能保证提拔干部必须从后备干部中选拔。现有的制度规定“今后提拔领导干部应原则上从后备干部中挑选”，这条规定过于原则，加上人们理解上的片面性，就难以避免提拔使用干部的主观随意性。

（四）青干机构与其他机构的配合还不够平衡，有的青干机构没有参与干部问题的讨论，向领导班子推荐人才的渠道不够通畅。

四

适应改革的需要，加强和改进后备干部队伍建设工作，仍然是当前和今后一项迫切任务。

（一）深刻领会党的十三大精神，进一步明确后备干部队伍建设工作的指导思想

党的十三大报告指出："这几年来，新老干部的合作和交替很有成绩，各级领导班子基本上符合党的路线的要求。今后要继续充实、提高，进行适当调整，同时注意稳定。"从我省地县两级领导班子的状况看，也迫切需要进一步提高。

从年龄结构看，全省地、市、州党政领导班子成员年龄超过55岁的44人，县（市）级党政领导班子成员年龄超过50岁158人。随着年龄的自然增长，到1990年，将有一批干部退出或准备退出领导班子。

从文化结构看，湖北省地、市、州党政领导班子成员文化程度在高中、初中以下的102人，县（市）党政领导班子成员文化程度在高中、初中以下的326人，这与时代发展不相适应。

从专业结构看，全省地县两级领导班子中熟悉经济和政法工作的干部仅占班子人数的24.5%，有的单位领导班子成员专业门类还很不齐全，与经济建设和全面改革很不协调。

从胜任程度看，全省参加评议的地县两级领导班子成员中，不胜任现职的成员共56人，占4.7%，需要调整。

后备干部队伍建设是领导班子建设的一个组成部分，领导班

子的调整、补充、提高，迫切需要加强和改进后备干部队伍建设工作，以储备更多、更优秀的人才。实践证明，抓不抓后备干部队伍建设工作，情况不一样；抓的好坏程度不同，情况也不一样。我们对现领导班子中不胜任现职的干部状况进行了分析，全省县级党政领导班子中不胜任现职的共 43 人，这部分干部年纪比较轻，文化程度比较高，但提拔前担任的职务比较低，多数没有在下一层次担任主要领导职务，大部分是 1983—1984 年提拔进入领导班子的。他们之所以被提拔进入领导班子，其主要原因是在机构改革时，后备干部队伍建设工作还没有进入经常化和制度化的轨道，提供不出很多合适的人选，而当时班子调整面比较大，对班子的文化与年龄结构要求过高，在时间紧、任务重的情况下，有些单位只有靠翻干部名册选拔干部。这样，进入班子的干部有的虽然年纪轻、文化程度高、政治素质好，但是缺乏工作经验和组织领导能力，上任以后难以适应工作。1984 年底，建立后备干部名单后，提拔的干部质量比较高；1985 年、1986 年提拔的县级干部中，不胜任现职的 5 人，只占提拔总数的 2.5%。这一正一反两方面的事实说明了建立后备干部名单的必要性。在班子调整、稳定的过程中，如果我们忽视后备干部队伍建设工作，必将重现过去临时动议、临拉现找的状况，影响班子的“四化”建设。

党的十三大报告还指出：“党的领导是政治领导，即政治原则、政治方向、重大决策的领导和向国家政权机关推荐重要干部。”党委既要“向国家政权机关推荐重要干部”，又要加强自身班子建设，就必须事先掌握一批优秀的、可供挑选的人才。党委这种职能的长期性决定了后备干部队伍建设工作的长期性。同时，按照党的十三大关于实行干部分类管理的要求，今后对于不同类别、不同层次的后备干部应该采取不同的方式进行选拔、培训、淘汰、使用，改变过去那种单一的管理办法，这样就加大了后备干部队伍建设工作的难度。

根据党的十三大精神和湖北省实际，今后后备干部队伍建设工作的指导思想是：坚持为政治体制和经济体制改革服务、为领导班子建设服务的方向，更新观念，引进竞争机制，逐步实行公开化，增强工作的民主性和科学性，为优秀人才脱颖而出创造良好的环境。

（二）按照干部分类管理的要求，分层分类建立后备干部名单

后备干部队伍的建设范围应该根据党政分开后党委的职能确定，应该与当前人事制度改革的重点，即建立国家公务员制度相适应。党的十三大报告指出：建立公务员制度以后，“党中央和地方各级党委，依照法定程序向人大推荐各级政务类公务员的候选人，监督管理政务类公务员中的共产党员。”按照这一精神，我们认为，（1）政府系列应该建立县级以上各级政务类和部分业务类公务员的后备对象，具体包括省、市、州、县政府（含地区行署）正副省长、正副市（州）长、正副专员、正副县（市）长的后备干部；省、市、州政府（含地区行署）职能部门一把手和省政府职能部门副职后备干部。（2）党委系列应该建立县以上各级党委班子后备干部和地市以上党委职能部门正副职后备干部。（3）县以上审判机关和检察机关、地、市、州以上群团组织可以建立一把手后

备干部。县以下单位可以不建立后备干部队伍，只掌握一批优秀人才名单，为班子调整做好准备。

（三）适应领导班子充实和调整的需要，确定后备干部队伍人数，完善结构

后备干部队伍的人数不宜过多，也不宜过少。我们对随州市级党政领导班子历史变更的情况作了调查，了解到从1960年至1987年27年时间里，平均每年进班子2.74人、出班子2.78人，如果进1名干部准备3名可供选择的人选，只需要9名左右的后备干部，如果留有余地以防特殊情况，那么有15名左右也就足够了，这大致等同于现班子人数。只要后备干部队伍不断进行择优汰劣，保证后备干部的质量，按1∶1的比例建立后备干部队伍是完全可以满足领导班子建设需要的。

完善后备干部的结构成为一项长期的任务。从这几年情况看，地级后备干部年龄一般应在45岁以下，特别优秀、近期可进班子的可放宽到50岁左右；县级后备干部一般应在40岁以下，特别优秀、近期可进班子的可放宽到50岁以下。在职务层次上，地县两级后备干部应以下一层次的主要领导干部为主要对象，特别优秀的干部，虽然层次较低也可以列入名单。在专业结构上，不追求小范围的配套，而注重大范围的综合平衡。当前，要着重挑选一批懂政法、经济管理的后备干部，不断向领导班子输送，以弥补各级领导班子这方面的不足。

（四）强化竞争意识，增强后备干部队伍建设的生机与活力

强化竞争意识是优化后备干部队伍的结构、增强后备干部队

伍生机与活力的关键。应该以政绩为竞争的主要内容。政绩是一个干部能力、态度和素质的综合的客观反映，因此，也是衡量一个干部能否被重用的主要依据。注重考察干部的政绩，不仅可以保证把人选准选好，减少和避免用人问题上的失误，而且能够激发广大干部献身“四化”建设，致力改革开放，争创一流工作的积极性。要鼓励干部为社会主义现代化建设创造更多的政绩，在改造客观世界的同时，不断提高自身的马克思主义水平。在后备干部队伍建设过程中，应该以政绩作为一个干部“进”“留”“调”的主要依据。首先，后备干部队伍的大门是敞开着的，谁进谁不进，条件是一致的、机会是均等的。通过选拔后备干部的四道程序，我们应该把那些德才表现好，政绩突出，符合“四化”条件的优秀人才列入后备干部名单，而不应该以其他外在因素为依据。其次，一个干部进入后备干部队伍不是进入了坐等提拔的“保险箱”，还需要不断调整，谁继续留在名单里、谁被淘汰，也应该以德才表现、政绩和发展潜力为依据。第三，经过一段时间的培养，后备干部中谁进入领导班子、谁继续留在名单里，同样要看德才表现、政绩和发展潜力。没有客观标准，我们的工作就难以避免主观随意性。

各级党委和组织部门要创造条件，使后备干部队伍建设的落脚点不只是填补干部因年龄过线、提拔使用等原因离开领导岗位以后出现的缺额，而是要为进一步优化班子的素质和结构提供合适的人选，改变后备干部“积压待用、自然消失”的状况，进一步打破领导干部职务的终身制，使政绩突出、德才表现好的后备干部能够脱颖而出。

（五）改革考核方法，增强后备干部队伍建设的科学性

考核工作是衡量干部素质优劣、才能高低、贡献大小，从而为选准干部、用好干部提供依据的重要手段；是培训提高干部，帮助他们扬长避短，激励奋发向上的重要途径；是检验、督促干部认真执行党的路线、方针和政策，模范遵守党纪国法的有效保证。确定是否将一个干部列入后备干部名单，是否调整出去，是否提拔使用，其主要依据是政绩和发展潜力，而了解政绩和潜力的手段就是考核。考核贯穿于后备干部队伍建设的过程之中，贯穿于后备干部选拔的过程之中。考核方法的科学化程度，直接影响知人的深度和选人的民主化程度，也直接影响选拔效果。过去的方法过于单一，在新的形势下必须改革和完善。

一是对于不同层次、不同类别的后备干部采取不同的内容和方法进行考核。其一，对不同层次的后备干部要求采取不同的内容和方法进行考核，如对县级后备干部和地级后备干部的考核内容和方法应该有所区别；其二，对同一层次但不同类别的后备干部也应该采取不同的内容和方法进行考核，如对县长后备干部和县委书记后备干部的考核内容与方法应有所不同；其三，对同一层次、同一类别但担任不同工作的后备干部也应该采取不同的内容和方法进行考核，如对作为分管工业的副县长培养的后备干部与作为分管农业的副县长培养的后备干部的考核内容与方法也不一样。

二是不同时期应该采取不同的内容和方法进行考核。由于各

个时期的要求不一样，因而考核的内容和方式也不尽相同，如选拔后备干部时的系统考核与年度考核的内容和形式就有所不同。

三是对于以不同方式产生的干部的后备干部应该采取不同的内容和方法进行考核。如政府职能机关的活动方式、运行机制的特点是首长负责制。上级首长对部属进行垂直领导，下级对上级直接负责；机关内部各处室的基本职能在于执行政令，并为上级首长提供决策服务；职能处室负责人由上级任免。因此，对其后备干部的考核既要走群众路线，加强民主监督，又要实行首长负责考核制，即由机关首长负责，由干部部门与有关人员组成的班子对本机关的后备干部进行考核，然后提出具体意见。

在实际工作中，我们可以在传统考核方法的基础上采取立体考核办法，多层次、多渠道、多角度、多形式的考核干部。多层次考核主要是综合上级、同级、下级三个层次对干部的评价，有效地避免各层次单独考核时不可避免的片面性，使评价更接近全面；多渠道考核意味着既要通过组织人事部门的渠道了解干部，又要通过民主评议和民主监督等渠道鉴别干部，全面考察干部的德、能、勤、绩；多角度考核干部是指既要从历史的角度看待干部，又要从现实的角度看待干部，既要考察干部的个体素质，又要考察干部在群众和组织中的行为表现，以判断其真实能力；多形式考核主要包括面对面考核和背靠背考核相结合，笔试与面试相结合，定性考核和定量考核相结合，群众评议与专家评估相结合，等等，克服知人不深的问题，选准人才，用准干部。

（六）积极探讨后备干部队伍建设的公开化，加强民主监督

1985 年 4 月至 6 月，襄樊市委组织部在所辖 1 县、1 区、1 厂 3 个单位试行公开推荐、公开考察、公开培养后备干部的办法，经过一段实践，年底又在这 3 个单位进行了反馈调查，在“你对‘三公开’试点评价如何”一栏中，回答“成功”的有 9 人，占 8.6%；回答“基本成功”的有 74 人，占 70.5%；回答“不成功”的有 22 人，占 20.9%。在“你对‘三公开’的得失的看法如何”一栏中，回答“利多弊少”的 64 人，占 60.9%；回答“弊多利少”的 41 人，占 39.1%。大多数人认为试点是基本成功的。

当前，后备干部队伍建设工作的大部分内容和程序是公开的，如公开标准、公开推荐、公开考核以及公开培养，保密的内容主要有两项，一是名单，二是培养方向。不过，保密的实际效果是不理想的。我们对黄石市 30 名后备干部进行调查，其中，没有一个不知道自己是后备干部的。

从襄樊市试行“三公开”的情况以及保密的效果看，实行后备干部队伍建设工作公开化的主要内容是：进一步完善公开选拔的方法，在逐步公开名单的基础上，实行公开培养、公开淘汰、公开使用。实行公开化，一是有利于广泛发扬社会主义民主，拓宽知人渠道，选准人才。二是能够有效防止选拔后备干部过程中的不正之风，有利于群众公开监督、民主监督。哪些人被列入了后备干部名单，哪些人被淘汰出了名单，哪些人被提拔使用，优点是什么，缺点是什么，是否符合条件，群众心里有底。如果尊重了民意，选得准、调得对，群众就服气。否则，群众就会有意见。

三是有利于后备干部成长，名单公开以后必将对后备干部造成一种压力，后备干部只有把这种压力变成动力，积极工作，不断进取，才能取得群众的信任，否则，就会被淘汰。实行公开化，才能使非后备干部与后备干部、后备干部与后备干部的竞争明朗化、具体化。

（七）健全各项管理制度，使后备干部队伍建设工作“于法周严、于事简便”

健全后备干部队伍建设的各项管理制度，是公开监督，民主监督的保证。

——体现社会主义民主，完善后备干部的选拔制度。推荐后备干部应该有一定范围的群众参与，否则，反映不出“民主”。同时，又不能简单地认为参与的人数越多越好。以往推荐后备干部，对民主的范围没有作详细的规定。比如，县级后备干部主要由县级干部和乡（科）级干部推荐，这在一定程度上反映了民主，但是不太科学。今后，除了继续采取传统的推荐方法，还要根据干部分类管理原则，依据不同类别干部的产生形式来确定不同类别后备干部的民主推荐形式。如政务类公务员是选举产生的，应该根据这个特点，由选举产生这类公务员的人民代表推荐后备干部，这样推选出的后备干部具有广泛的群众基础，以后作为候选人也容易通过。选拔后备干部的四道程序体现了民主与集中的原则，应在实践中不断完善。

——实行定向培养，完善后备干部的培养制度。对后备干部不仅要根据本人的特点进行培养，而且要根据班子的需要进行培养，逐个拟定培养计划，建立培训档案，记载实施培养的过程，督促培养措施的落实。在当前，应该把以学历培训为主转为以岗位职务培训为主；把以提高文化、理论、专业水平为主转为以提高实际工作能力为主。逐步实行先培训、后任职的制度，保证培养工作的顺利进行。

——实行择优汰劣，完善后备干部队伍的滚动式管理制度。后备干部滚动式管理的关键是要把优秀人才及时吸收进入后备干部名单，而把相形见绌的调整出去，使后备干部队伍充满生机和活力。目前的问题是要根据领导班子充实提高调整的需要，重新规划后备干部的人数、结构，把那些在实践中政绩平平、发展潜力不大，且与班子建设需要不相符合的对象调整出去。

建党 80 年来干部监督工作主要成就及基本经验*

中国共产党自诞生之日起，就十分重视干部监督工作。80 年来，毛泽东、邓小平、江泽民同志对此做过许多重要论述，党的纲领、章程及有关法规、制度对干部监督问题作出了一系列具体规定，党的各级组织特别是组织部门和纪检监察机关开展了大量卓有成效的工作。

一、80 年来，干部监督工作的历史进程和主要成就

80 年来干部监督工作始终坚持把马克思主义政党监督理论与干部工作实际相结合，着眼于新的实践和新的发展，积极探索适应不同时期形势和任务的干部监督形式，切实加强对广大干部特别是领导干部的监督，大致可以分为三个阶段：

（一）1921 年 7 月—1949 年 9 月

从建党到新中国成立前，干部监督工作紧紧围绕建设一支忠

* 此课题研究开展于 2001 年，课题组成员：赵文源、张兆本、史正江、梅华、雷邦贵、安向荣、孙再理。

诚可靠、富于牺牲精神的革命队伍，正确执行党的干部路线、方针、政策，始终保持干部队伍的革命性和纯洁性，为夺取新民主主义革命的胜利提供了坚强的组织保证。在这一阶段，干部监督工作主要有以下特点。

1. 建党初期就十分重视干部监督工作，逐步建立了革命战争时期的干部监督体制。1921 年 7 月，党的一大通过的《中国共产党第一个纲领》明确提出，党员要接受党组织的“严格监督”。1922 年 7 月，党的二大正式制定了党的章程，首次提出“党的干部”这个概念。1925 年 1 月，党的四大强调了加强组织建设的重要意义，要求“巩固党的纪律”。在第一次国共合作失败的情况下，1927 年 4 月，党的五大在汉口召开，批判了陈独秀的右倾错误，进一步强调要加强党的组织建设，确立了党的建设指导原则为“民主集中制”，决定成立党的中央和省级监察委员会。1928 年 7 月，党的六大决定取消监察委员会，选举产生了中共审查委员会，制定了巡视制度和党内组织报告制度，同时对党的纪律特别是对执行纪律的方法和种类作出了具体规定。1929 年 12 月，古田会议通过了红四军九代会决案，党领导的军队“把支部建到连队上”，进一步严明了组织、财经和群众纪律。1935 年 1 月，遵义会议进一步健全了党内监督制度。1935 年 12 月，瓦窑堡会议制定了新的干部政策，表明与“左”倾建党路线和极端的党内监督方式实现了彻底决裂。1938 年 9 月至 11 月，扩大的六届六中全会制定了正确的政治路线和组织路线，毛泽东同志系统论述了干部队伍建设的基本原则和建设一支宏大干部队伍的重要性，强调要坚持“任人唯贤”的干部路线，阐述了“惩前毖后、治病救人”的方针和爱护干部的正确方式。1945年4月，党的七大胜利召开，党章对民主集中制和党内监督作了更明确的规定，同时也进一步完善了战争时期的干部监督机制。

2. 把巩固党组织、纯洁干部队伍放在组织工作首位，坚持不懈地抓好审查工作。建党初期，为了适应白色恐怖环境和错综复杂的斗争形势，进一步发展和巩固党组织，我们党十分注重审查党员的各种问题。如1927年，“八七会议”要求各级党的委员会下设审查委员会，负责审查所属党员。在阶级对抗和极其残酷的战争环境中，我们党开展了经常性的审干工作，主要审查干部历史问题和现实表现，进而开展锄奸、肃反、处理叛徒、消除阶级异己分子等工作。1940年，中央专门作出了《关于审查干部问题的指示》。为保持革命队伍纯洁性，我党还在一定时期运用大规模的形式，对党员、干部进行全面统一的审查。如延安整风时期，结合整风运动进行的审干工作，实质上是一场反特务运动，采取了“首长负责，自己动手，领导骨干与广大群众相结合”的方针，广泛开展坦白运动，通过调查研究等方式，清查特务分子，根据罪行轻重处理，挫败了敌人的阴谋破坏，纯洁和巩固了党的干部队伍。

3. 结合民主革命时期不同阶段的形势和任务，及时地开展了反腐败斗争。早在土地革命时期，各根据地就卓有成效地开展了反腐败斗争。1932年，中央根据地政权的一些工作人员受剥削阶级“当官发财”思想的影响，使根据地一度出现贪污浪费、化公为私、大吃大喝、大摆阔气、官僚主义等现象，中央工农检察人民委员部发布了关于检查政府机关和地方武装中的阶级异己分子撤职，对情节较重的贪污、受贿分子剥夺政治权利甚至枪决的决定。由于严肃了党纪政纪，加强了对领导干部的监督，中央根据地绝大多数工作人员树立了一切为了群众、艰苦奋斗、勤俭节约、生活上低、工作上高要求的优良作风。解放战争时期，各解放区结合土地改革进行整党，进一步纯洁了党的组织，严明了党的纪律。在党的七届二中全会上，毛泽东同志以史为鉴，及时地告诫全党，要防止资产阶级“糖衣炮弹”的袭击，务必保持谦虚谨慎、戒骄戒躁的作风，务必保持艰苦奋斗的作风。这表明我党在执政之前，就预见到了执政后可能发生的情况，并及早地敲响了反腐败的警钟。

在 28 年民主革命战争中，干部监督工作是十分成功的。绝大多数干部在艰苦条件下能保持坚定的理想信念、顽强的斗争意识、高尚的革命品质，这既是广大干部自我约束的结果，也与党的教育、组织监督、群众监督分不开。

（二）1949 年 10 月—1976 年 11 月

在社会主义革命和建设时期，以毛泽东同志为主要代表的中国共产党人探索和认识执政党建设的基本规律，对在战争年代形成的干部监督模式进行改革，以加强对领导干部的监督，这对于建立和巩固人民政权、推进社会主义建设发挥了重要作用。从新中国成立到“文化大革命”前的一段时期，干部监督工作具有以下特点：

一是健全党内监督检查机构，对党员领导干部进行经常化监督。1949年11月，中央政治局作出《关于成立中央及各级党的检查委员会的决定》。当年底，中央及地方县级以上纪律检查委员会相继成立，各级纪检机关下设工作部门，开展经常性工作。1955年3月，党的全国代表会议通过关于成立党的中央和地方监察委员会的决议。根据决议精神，成立了中央和地方监察委员会，这是一个上至中央、下至城镇街道和农村社队的大监督网络。1962年八届十中全会作出了《加强党的监察机关的决定》，进一步强化了地方各级监察委员会职能，并赋予监督机关一定的相对独立性，形成了一个上下结合、党内外结合的干部监督体系。在“文化大革命”前17年中，党和国家各级纪检监察机关“在同级党委领导下，对广大党员进行遵纪、守法教育，检查和处理了一些党组织和党员违法乱纪案件，支持和保护了一批敢于同坏人坏事作斗争的好同志，清除了少数混进党内的阶级敌对分子和蜕化变质分子”，为新中国成立后各项政治运动和经济建设的顺利开展起到重要保障作用。

二是结合开展群众运动，通过民主监督来解决干部队伍中存在的突出问题。中国共产党执政伊始，毛泽东等党的领导人十分重视干部监督问题，并在实践中创造了群众运动等具体形式。1950年5月1日，针对新党员大量增加、老党员骄傲自满和命令主义、官僚主义等问题，开展了整风运动，整风对象主要是各级领导干部。随后，结合开展“三反”“五反”，成功地进行了新中国成立后的第一次整党运动。1951年至1952年，中央先后作出了

《关于精兵简政、厉行节约、反对贪污、反对浪费、反对官僚主义的决定》《关于在“三反”运动中对共产党员犯有贪污、浪费、官僚主义错误给予党内处分的规定》《关于处理在“三反”斗争中受到行政处分的干部的指示》，同时出台了《中华人民共和国惩治贪污条例》，在全国掀起了一个群众性反腐败高潮。据华北、华东、东北、西南、西北 5 个地区 1952 年 6 月的报告，参加“三反”运动的党员与非党员干部和工作人员 31.2 万人，揭发出贪污腐化分子 12.2 万人，占参加人数的 39%。在贪污分子中党员 2.2 万人，占总数的 16.5%。“文化大革命”前的 17 年中，党通过群众运动和长期的反腐败斗争，进一步加强工人阶级的领导，巩固了人民民主专政，教育提高了广大党员、干部，增强了防止资产阶级思想腐蚀的能力，在保持党政机关清正廉洁方面取得了举世公认的成就。

三是开始注重党内法规和监督制度建设，对领导干部实行依法监督。新中国成立初的第一个五年，中央和中纪委先后作出了《中央关于加强纪律检查的规定》《中纪委关于处理控告、申诉案件的若干规定》，这些法规性文件对于加强党内监督具有重要意义。1956 年 9 月，党的八大提出要逐步系统地制定完备的法律，建立健全社会民主法制；在党的工作中，坚持民主集中制，发展党内民主，加强党同人民群众的联系。1957 年开始的整风运动，对人民内部矛盾采取批评和自我批评的方式，注意运用民主的方式解决领导干部中存在的突出问题。1962 年召开的七千人大会对执政党的建设经验作了进一步总结，提出必须严格执行民主集中制，充分发挥党内民主，维护党的集中和统一；必须坚持批评和自我批评，开展和保护自下而上的批评，加强对党的领导人监督；必须严肃党的纪律，并制定党政干部的“三大纪律、八项注意”。

四是组织部门把干部考察、选拔、教育和管理结合起来，进一步提高干部监督工作质量。全国解放后，适应建立人民政权的需要，党大批量挑选和提拔干部，干部队伍迅速壮大。为了加强对干部工作的监督，保证选拔干部的质量，1953年，中央颁发了《关于今后干部工作方法的通知》，提出把过去大批地迅速地提升干部的方法，改变为稳定干部职务、提高干部能力的方法；对过去大批迅速提拔的干部，进行认真审查和严格教育等可贵观点。1962年，邓小平同志在全国组织工作会议上首次提出“党要管理，一管党员，二管干部”。这次会议强调必须把对干部的考察、鉴定、挑选和教育、监督的经常性工作认真抓起来，用更高的要求来教育提高干部，用更高的标准来挑选干部，对党员、干部予以严格的监督，对不良倾向作严肃斗争。这次会议系统阐述了加强干部监督管理工作的具体意见，比如，要重新考察了解干部，形成经常化的制度；恢复干部的鉴定制度；党委民主生活会必须定期召开，记录上报；对每个干部的思想、工作、生活施以系统监督；在干部工作方面逐步地形成一套比较完整的能上能下、能官能民的制度；必须经常地检查党的干部工作路线和干部政策执行情况，改进现行干部管理制度，等等。这些都说明干部监督和管理工作逐步走上正轨。

然而，在社会主义建设全面展开以后，由于党的工作指导方针曾经出现严重失误，我们的事业遭受严重挫折和损失，干部监督工作受到极坏影响，留下深刻教训。1957年反右扩大化，全国定右派分子45万，后来证明99%以上的搞错了。20世纪60年代初，我们党开始对反右扩大化进行了甄别平反工作，近30万名干部摘掉了右派帽子。“文化大革命”时期，党的各项法规制度遭到严重践踏，本来就不很健全的干部监督制度被破坏殆尽，其教训是极其深刻的。

（三）1976年12月—2001年

1978年12月，党的十一届三中全会胜利召开，决定把全党工作重点转移到社会主义现代化建设上来，从而结束了1976年以来党的工作在徘徊中前进的局面，开始全面纠正“文化大革命”中及以前“左”的错误，实现了党的第三次历史性转折进程。党的十一届三中全会以来，在改革开放新形势下，以邓小平、江泽民同志为主要代表的中国共产党人，全面推进党的建设新的伟大工程，大力加强干部队伍建设，不断规范干部监督工作，取得巨大成就。

一是结合落实党的干部政策，继续做好干部审查工作。1976年12月至1978年，在党中央领导和老一辈无产阶级革命家支持下，全党揭批“四人帮”的同时进行拨乱反正，重新确立党的实事求是思想路线，把“四人帮”颠倒的干部路线纠正过来，冲破重重阻力开始平反冤假错案，落实党的干部政策。从粉碎“四人帮”到20世纪90年代初10多年里，各级党委组织部门根据“有反必肃，有错必纠”的精神，把干审工作的主要精力放在平反“文化大革命”中冤假错案、平反“反右扩大化”冤假错案、审查干部的历史问题、逐步落实干部政策和知识分子政策上，付出了艰苦努力，得到干部群众和社会各界的支持肯定。1957年“反右扩大化”案件在1978年全面复查清理，到1980年基本结束，复查人数占总数的97%以上。“文化大革命”中的冤假错案，从1977年开始平反，到1978年基本结束。同时，干审机构还进行了核查清理“文革”中“三种人”、重新登记党员等工作。十一届三中全会以来，干审工作对保护和调动干部积极性，教育广大党员干部群众，保证党的工作重点转移，都发挥了应有的作用。

二是加强党内法规建设，进一步健全干部监督制度体系。党的十一届三中全会之后，我们党将党内法规制度建设提高到最重要位置，及时制定和颁发《关于党内政治生活的若干准则》《中央纪委关于对党员干部加强党内纪律监督的若干规定（试行）》等重要法规。特别是近10年来，党建立了数以百计的党内监督制度，其中大部分涉及对领导干部监督的内容。在廉政纪律方面，比较重要的制度有：1993年中央纪委印发的《关于党政机关县（处）级干部违反廉洁自律“五条规定”行为的党纪处理办法》；1995年中央纪委印发的《关于党政机关县（处）级以上领导干部廉洁自律补充规定的实施和处理意见》《关于国有企业领导干部廉洁自律“四条规定”的实施和处理意见》，同年4月中办、国办印发了《关于党政机关县（处）级以上领导干部收入申报的规定》《关于对党和国家机关工作人员在国内交往中收受礼品实行登记制度的规定》；1996年中央纪委、监察部作出《关于保护检举、控告人的规定》；1997 年中央印发《中国共产党党员领导干部廉洁从政若干准则（试行）》，并颁布《中国共产党纪律处分条例（试行）》，这是历史上第一次全面系统地制定党纪处分条例；1998 年中央作出《关于实行党风廉政建设责任制的规定》；1999 年中办印发《县级以下党政领导干部任期经济责任审计暂行规定》；2001 年中央纪委作出《关于省、地两级党委、政府主要领导干部配偶、子女个人经商办企业的具体规定（试行）》，并印发《关于各级领导干部接受和赠送礼金、有价证券和支付凭证的处分规定》。在领导班子和领导干部管理方面，主要制度有中国共产党地方委员会工作条例、关于提高县以上党和国家机关党员领导干部民主生活会质量的意见、关于民主评议党员的规定、关于领导干部报告个人重大事项的规定等。各级党委及组织部门在对领导干部日常监督管理工作中，普遍实行谈话制度、诫勉制度、离任审计制度、廉政鉴定制度等。在组织人事工作方面，主要制度有：《深化干部人事制度改革纲要》《党政领导干部选拔任用工作暂行条例》《关于对违反〈党政领导干部选拔任用工作暂行条例〉行为的处理规定》《关于加强组织部门干部监督工作的若干意见（试行）》。以上制度和法规性文件的颁布实施，使党内监督有章可循、有法可依，进一步加大了对领导干部和干部选拔任用工作“两个有效监督”的力度，促进了干部监督工作制度化、规范化。

三是深入开展反腐败斗争，切实加强对领导干部的用权监督。党的十一届三中全会以来，中央及时把反腐败斗争作为关系执政党生死存亡的重大问题，提到重要议事日程。特别是党的十三大以后，全党按照从严治党的方针，深入持久地开展反腐败斗争，提高领导干部拒腐防变能力，取得了令人鼓舞的阶段性成果。1988 年，党中央、全国人大、国务院、中央纪委、中央组织部先后发出《关于惩治贪污贿赂罪的补充规定》《关于党和国家机关必须保持廉洁的通知》《国家行政机关工作人员贪污贿赂行政处分暂行规定》《中国共产党纪检机关案件检查工作条例》等重要法规制度，从而在市场经济条件下掀起了新一轮反腐败斗争的浪潮。10 多年来，党员领导干部廉洁自律工作由点到面全面展开、由治标到治本深入发展，各级党政领导干部努力做到自重、自警、自省、自励，遵守政治、组织、经济工作和群众工作纪律的自觉性明显增强。10 多年来，各地各部门加大对领导干部的用权监督力度，在制止领导干部子女经商办企业、清理不符合规定配备小车和私房、制止公款吃喝、禁止公费出国（境）旅游等方面取得了一定的成效，行业不正之风也得到一定程度遏制，群众反映比较强烈的一些问题逐步得到解决。10 多年来，各级党委及纪检监察机关不断加大反腐败斗争力度，严肃查处违法违纪案件，重点查办了党政领导机关、行政执法机关、司法机关、经济管理部门和县处级以上领导干部严重违法违纪案件。10 多年来，各级党委组织部门不断加大对领导干部监督的力度，把干部监督的关口前移，加强事前防范，做到领导干部的权力行使到哪里，党组织的监督就实行到哪里；同时在有关部门配合下，及时查处了一批违反党的原则选拔干部重大案件，及时处理和调整了违法乱纪的领导干部，从而增强了干部监督的权威性，维护了组织部门的形象和威信。

四是逐步加强对干部选拔任用工作的监督，坚决防止和纠正选人用人上的不正之风。改革开放后，针对封官许愿、伸手要官、搞亲亲疏疏等用人上的不正之风，1986 年中央下发《关于严格按照党的原则选拔任用干部的通知》，开始加强对干部选拔任用工作的监督。党的十三大以后，我们党实行干部分类管理，提出要“管少、管精、管活”，把管人和管事结合起来等措施，为加强干部选拔任用工作监督创造了有利条件。党的十四大以后，我们党更加重视对选拔任用干部工作的监督，干部监督工作重点相应发生了变化，组织部门干部监督机构开始实行“两个有效监督”，即对选拔任用干部实行有效监督、坚决防止用人上的不正之风，对各级领导干部重点是县以上领导干部实行有效的监督，坚决遏制和克服干部队伍中存在的消极腐败现象。1994 年，中央组织部下发了《关于坚决防止和纠正选拔任用干部工作中的不正之风的通知》，明确提出了干部工作不正之风的具体表现和处理方法。1995 年中央颁发《党政领导干部选拔任用工作暂行条例》以来，各级党委在学习、宣传、贯彻《条例》方面做了大量工作，并进一步健全了干部选拔任用工作监督的措施办法。中央组织部对部分省区市和中央国家机关贯彻执行《条例》的情况进行了检查，促进干部工作逐步走上规范化、制度化的轨道。1997 年 5 月，中办下发《关于对违反〈党政领导干部选拔任用工作暂行条例〉行为的处理规定》。各级党委认真贯彻执行《条例》及《处理规定》，在积极推进干部制度改革的同时，坚决查处用人上的腐败现象，有效遏制干部工作中的不正之风，在社会上产生了良好反响。

二、80年来干部监督工作的基本经验

（一）加强干部监督，必须以思想教育为基础，强化自我监督，增强各级领导干部接受监督的自觉性

80年来干部监督工作实践证明：加强经常性思想教育，是干部监督工作一项重要内容，也是做好监督工作的基础。加强对干部特别是领导干部监督，首先要对广大干部严格教育、严格要求，增强其自我约束、自我监督的意识和能力，教育广大干部树立马克思主义世界观、人生观、价值观，防止和克服拜金主义、享乐主义、极端个人主义，努力增强抵御各种腐朽思想侵蚀能力。

我们党一贯重视学习马克思主义理论，通过加强思想教育，配合党内监督手段，有效地解决党员干部在党性党风方面存在的突出问题。1929年，毛泽东同志在红军第九次代表大会决议案中提出了思想建党原则，强调对党员干部加强思想教育的同时，不排除采取必要的组织处理手段。1937年，在延安召开的苏区代表会议强调，要加强党的马克思列宁主义教育，“在实际工作的过程，在工作中的错误与弱点的纠正中，个别地，具体地教育干部。”这都体现了把思想政治工作与干部监督手段相结合的思想。1941年至1945年的延安整风运动，是一场思想教育运动，同时也是一场审干运动。1941年，中央革命根据地处于日本侵略者经常“大扫荡”和国民党军队包围封锁之中，80万普通党员和中下层干部当中大

多数出身于农民和小资产阶级，拖着“尾巴”进党。因此，中央决定从思想、政治、组织、作风上全面巩固党，有计划、有步骤地开展一次马克思主义教育，并结合整风进行审干运动，反击日本奸细、国民党特务的阴谋破坏。战争时期，正是由于加强了思想政治教育，广大党员干部树立了牢固的马列主义思想、共产主义信念和大公无私精神，才会为人民的解放事业前仆后继，也才会涌现出方志敏、杨靖宇等一批又一批杰出的英烈。

新中国成立初期，我们党利用党校等阵地，有计划地组织党员、干部学习马列主义、毛泽东思想，并结合整党整风运动，开展马列主义、社会主义教育运动，这对于提高领导干部的思想政治素质、增强拒腐能力，产生了积极而深远的影响。改革开放初期，在发展商品经济条件下，由于忽视了对党员干部的教育管理，同时干部监督手段软化，一时间党内不正之风蔓延。中央及时认识到问题的严重性，从党的十二大结束到 1987 年进行了整党，通过学习马克思主义基本理论，解决理想、信念和信心问题，同时惩治了少数领导干部搞特殊化等腐败问题。党的十三大提出了从严治党的方针，强调必须用纪律约束党员干部，教育广大党员干部特别是领导干部过好权利关、金钱关，经得起执政与改革开放的考验，做到“拒腐蚀，永不沾”。党的十五大以来，我们党围绕提高领导水平和执政水平、增强拒腐防变和抵御风险能力这两大历史性课题，进一步加强党内监督，开展县以上领导班子和领导干部“三讲”教育、警示教育、农村“三个代表”重要思想学习教育等活动，对领导干部坚持以教育为主、预防为主，把严格教育、严格管理、严格监督有机统一起来，增强自重、自省、自警、自励意识，强化法纪观念和监督意识，有效地提高了各级领导干部思想政治素质和拒腐防变能力。

干部监督工作作为党的建设新的伟大工程的一个子系统，与党的作风建设特别是思想作风建设密切相关。历史上党什么时候加强思想教育，抓好作风建设，干部监督工作就能取得实效，什么时候忽视思想教育和作风建设，也会反作用于干部监督工作。因此，要在保持干部监督工作相对独立性的基础上，把干部监督与马克思主义思想教育、干部队伍作风建设特别是领导作风建设有机结合，找准结合点，抓住有利时机，共同推进，互相促进。

（二）加强干部监督，必须以事前防范为主要措施，强化组织监督，对干部进行经常性的严格审查和考察

组织监督以干部行使权利过程中的表现为主要监督内容，以事前防范、事后追责为基本途径，以实施组织调查和组织处理为主要手段，是对领导干部实施有效监督的形式之一。在较长一段时间内，组织监督的主要方式就是审查干部。审干作为一项经常性工作，其目的一方面是考察和发现干部的长处和短处，更好地培养提拔使用和选配干部；另一方面是清查混入党内的反革命分子、叛徒、特务及腐化分子及其他坏分子，把他们及时清除出党，维护党的肌体和干部队伍的健康。

我们党从战争年代开始，创造了一整套严密的审查干部方法，对于预防干部队伍腐化变质，防止阶级敌人的渗透和破坏，起到了重要作用。比如，1940年《中共中央关于审查干部问题的指示》

提出，为了统一而有计划地审查、配备和提拔干部，中央决定在各区党委、各地委和县委组织部及军队各政治部之下建立干部科，由组织部长兼任干部科长，负责考察、配备、处理、淘汰干部等工作。当时，干部监督工作的主要任务就是审干，既审查干部的历史问题和现实表现，又考察干部的政治信仰、阶级觉悟、革命品质，强调政治上的绝对忠诚和纪律上的绝对服从。这是在复杂的阶级斗争中作出的正确选择，否则夺取新民主主义革命和社会主义革命的胜利就会成为泡影。新中国成立后，为巩固人民民主专政，我们党就充分认识到加强党内监督的重要性和紧迫性，在社会主义改造和社会主义建设初期，中央先后作出了关于审查干部、镇反、肃反、清理“中层”“内层”问题等重要决定和指示，各地毫不迟疑地清除了一批蜕化分子和各种坏分子，纯洁了干部队伍，使一切干部都毫无例外地受到了考验，并发现、考察和培养了大批积极分子，有力地促进了干部监督工作。粉碎“四人帮”后，审干工作的主要任务是落实干部政策，组织部门干审机构还进行了核查清理“文化大革命”中“三种人”、重新登记党员等工作。

在审干工作中，我党坚持“有反必肃、有错必纠”的原则，注意保护干部，调动了绝大多数干部的积极性。比如，20 世纪 50 年代反右运动，错误地把对敌斗争策略运用到党内和人民内部，采取大鸣、大放、大字报、大辩论，搞先放后收、“钓鱼战术”，实践证明是不成功的，对后来的干部监督工作产生了不利影响。针对反右扩大化，20 世纪 60 年代初，我们党就开始对右派分子进行了甄别平反工作。“文化大革命”结束后，调动各方面力量，用10多年时间，开展了平反冤假错案工作，同时对干部历史遗留问题进行了审查鉴定，使大批错受批判和处理的干部得到妥善安排。1989年之后，中央专门成立了干部考察小组，对全国县以上干部进行了一次较为全面的考察，根据考察结果对干部进行调整。这些组织措施得到了广大干部的支持和拥护。

多年的实践证明，加强组织监督，除了加强上级监督、同级监督之外，还必须进一步强化组织部门的监督职能，发挥组织部门对领导干部日常管理监督的作用。要把组织部门在干部工作方面的丰富经验转化为组织监督的优势，通过经常性干部考察、管理、离任审计等措施，加强对领导干部获取权力、使用权力、交接权力等过程的监督，同时要加强对干部选拔任用工作的监督，坚持党管干部原则，认真贯彻任人唯贤的干部路线和德才兼备的干部标准，把坚持党的基本路线、德才兼备、实绩突出、群众公认的干部选拔到各级领导岗位上来；对那些思想政治素质较低、作风飘浮、纪律涣散、政绩较差、群众不信任的不称职干部，要及时调整职务，以便对领导干部实施更及时、更有效的监督。

（三）加强干部监督，必须充分发扬党内外民主，强化民主监督，不断提高干部监督实效

加强和改进干部监督工作，必须解决好执政党监督的动力机制问题。从我们党80年历史来看，干部监督工作的主要动力来自于党内民主，同时也必须把群众监督、法律监督、民主党派监督和舆论监督有机结合起来，调动各方面参与干部监督的积极性，

形成干部监督的整体合力。

长期以来，我们党注重发扬党内民主，坚持以民主集中制为主线，不断强化党内监督。早在1927年，党的五大就确立了党的建设指导原则为“民主集中制”。在战争时期，各根据地党政机关和军队都建立了一系列的民主制度，保证上下平等、官兵一致，为开展党内健康的思想斗争创造了条件。延安整风运动是发扬党内民主、开展积极思想斗争的典范。新中国成立初期，党内民主生活基本上健康正常，形成一整套党内民主制度，进一步强化了领导班子内部监督和下级对上级的监督。从1958年反右一直到“文化大革命”时期，由于党的根本组织原则遭到严重破坏，党内民主生活无法正常化，干部监督体系形同虚设、分崩离析，这方面的教训是极其深刻的。改革开放后，被林彪、“四人帮”破坏的民主集中制和党的优良传统得到重新恢复和发扬，干部监督工作迅速加强和健康发展，取得了显著成绩。事实证明，发扬党内民主是实施有效监督的基础和前提。建立、发展和完善党内民主机制，是党依靠自身力量解决党内矛盾，维护党的先进性纯洁性，保证党的政治领导胜利实现的基本立足点，是党自我约束、自我完善的基本途径。

我们党在坚持民主集中制的前提下，通过发扬党内民主促进带动党外民主，依靠人民群众加强干部监督，也创造出不少经验。毛泽东同志关于执政党监督的宝贵经验就是发动群众、依靠群众。比如，“三反”运动是一场集中的、持续时间较长的群众性反腐败运动，不仅有效地强化了执政党的自我监督意识，同时在全社会形成了一个具有强大威慑力的监督网络，为完成“三大改造”

历史任务创造了良好的社会环境。在新中国成立前后一段时期逐步发展完善起来的监督模式，是一种党政群相互联系，渗透在党务、行政、财经及各种社会政治、经济、文化领域内的全面监督。1955年，根据党的全国代表会议决议，成立了党的中央和地方各级监察委员会。据湖北省原宜城县1954年《设置人民监察通讯员情况统计表》记载，该县在财经、政法、文教三大系统10个归口单位共设立人民监察通讯员65人，当年揭发检举违法违纪案件126件。1962年监督工作总结报告还记载，全县177个大队绝大多数成立了监察委员会，在1372个生产队中建立1136个监察委员会，一些单位还设立了党风监督哨，聘请了监督员。再比如，20世纪60年代中期我们党特别强调干部"三同"制度、干部参加集体劳动制度、领导蹲点制度等，这些措施明显表现出群众监督的特点，收到良好效果。改革开放后，随着社会主义民主政治的发展，新时期干部监督工作进一步扩大群众参与和公开透明程度，既加强各级党组织和纪律检查机关对党员干部的监督，又切实加强人民群众、各民主党派和无党派人士、新闻舆论对干部的监督，既使广大群众有条件、有机会监督党员干部，又切实赋予他们在干部工作中的知情权、参与权、选拔权、监督权，通过建立党内和党外、自上而下和自下而上相结合的监督制度，真正达到准确使用干部、及时教育干部、有效保护干部的目的。

（四）加强干部监督，必须严肃查处违纪违法行为，强化法纪监督，维护党的纪律和制度的严肃性

干部监督工作具有很强的法制性。我们党通过制定党内规章

制度，严明党的政治、组织、群众和经济纪律，把党内监督方面的关系及其实施程序都通过制度形式确定下来，并把一些重要的规章制度上升为法律法规，因而使监督行为成为一种法治行为，大大增强了干部监督工作的严肃性、稳定性和权威性。

在残酷的战争条件中，严明纪律是取得革命胜利的重要保证，也是干部监督工作的主要手段。在建党早期，就制定了非常严格的组织纪律。比如，1930 年在闽西召开的第一次工农兵代表大会上通过的裁判条例，其中有“政府工作人员惩办条例”。此条例规定，政府工作人员中如有“怠工放弃职责者；侵越职权者；行动乖张为群众所厌恶者；违反决议者”应当撤职，如果有“侵吞公款至 300 元以上者；受贿至 50 元以上者；将内部秘密报告敌方者；乱烧乱杀者；假政府名义私打土豪据有者”，一律执行枪决。在当时环境中，干部不仅不拿群众一针一线，而且还经常把个人钱物、家庭财产自觉地贡献给革命，甚至出现管药的病死、管饭的饿死等现象。这其中固然有高尚的理想信念在起着支撑作用，但也不可否认“铁的纪律”的威慑力。

新中国成立后，我们党开始加强社会主义法制建设，同时进一步严肃党的纪律，树立执政党的形象和威信。比如，结合“三反”“五反”开展的整党工作，最彻底最有效地惩办了党员干部中的严重违法乱纪行为，仅地方县委以上干部犯有严重错误受到行政上撤职、撤职查办、逮捕法办的共 4029 人，其中省级 25 人，地委级 576 人。这些措施都深刻地教育了广大干部，增强了防止思想腐蚀的能力，使党的队伍更加纯洁，人民民主专政更加巩固。

改革开放20多年来，以邓小平、江泽民同志为主要代表的中国共产党人都十分重视党的监督制度建设。党的十一届三中全会后，在总结历史经验教训的基础上，把加强党内制度建设摆在突出位置，使长期混乱和废弛的党规党法逐步恢复起来。1980年8月，邓小平同志发表了具有历史意义的《党和国家领导制度的改革》，强调“对各级干部的职权范围和政治、生活待遇，要制定各种条例，最重要的是要有专门的机构进行铁面无私的监督检查。”以党的十一届五中全会通过的《关于党内政治生活的若干准则》为标志，党内监督制度和党内生活逐步走上正常化轨道。党的十四届四中全会明确提出，“要完善党内监督制度，制订党内监督条例”。1997年，中央颁布《中国共产党纪律处分条例（试行）》，这是党的历史上第一次全面系统地规定党纪处分种类、方法和程序。随后，根据形势发展和监督任务变化，党中央、中央纪委、中央组织部及时出台了一系列干部监督制度和法规，查处了一批大案要案，进一步严肃了党纪党法，凝聚了党心民心。

干部监督工作的实践证明，无论是发扬党内民主还是党外民主，都要靠纪律和制度作保障。在健全社会主义法治的前提下，还必须依据党内法规和有关法律，建立一套操作性强、便利、管用、真正有约束力的具体制度和措施。只有通过健全法制，用党纪党规和具体制度来规范约束广大干部行为，才能使干部监督工作逐步实现经常化、制度化、规范化的目标。

（五）加强干部监督，必须顺应时代要求，改革干部监督模式，逐步完善干部监督体制和运行机制

在发展社会主义市场经济条件下，党执政的环境和干部行使权力的方式与从前相比有着很大不同，迫切要求干部监督工作更多地依靠“法治”，建立起制度化、网络化、全程化的监督机制。

在干部监督体制方面，早在1927年党的五大上就开始了对党的执行机关与监督机关之间关系探讨，此后党内监督机构与同级党委的关系几经调整变化，一直处于实践检验之中。新中国成立前的28年中，我们党先后成立了中央和省级监察委员会、中央审查委员会、中央党务委员会及中央苏区省县监察委员会。党的七大党章提出党的中央委员会认为有必要时，得设立党的中央及各地党的监察委员会。为加强对干部的监督审查，各级组织部门配备了干部科，在审干运动和反腐败工作中，有时还联系和借助情报部门、保卫部门的力量，设立过控告局、突击队等临时机构，为新中国成立后建立干部监督体系奠定了良好基础。1949年底，成立中央及地方县级以上纪律检查委员会。1955年，成立党的中央和地方各级监察委员会。1962年9月党的八届十中全会提出进一步加强党的监察机关，规定各监察委员会的委员和候补委员要列席同级党委会的全体会议，地方各级监察委员会有权不通过同级党委，向上级党委、上级监察委员会直到党的中央直接反映情况，检举党员的违纪行为。由此可见，在新中国成立前就开始奠基、新中国成立后逐步完善起来的传统监督模式，是一种党政群相互联系，渗透到社会各个领域，覆盖到各条战线的大监督体系，

这是人民民主的高度体现。改革开放后，干部监督机构迅速得到重建和加强。1979 年 1 月成立了中央纪律检查委员会，明确了新时期党的纪律检查委员会的基本任务。1992 年底，各级党委纪检机关和政府监察部门合署办公，为更好地实施干部监督提供了坚强的组织保证。与此同时，组织部门的监督力量也进一步加强，根据中央组织部的指示精神，各级党委组织部门把干部调查审理机构更名为干部监督机构，建立了干部监督信息中心，并进一步加强与纪检机关、执法部门、审计部门、社会治安等部门的联系，逐步建立了相对完善的干部选拔任用工作监督网络体系，干部监督工作逐步走上了党内监督、法律监督、群众监督、舆论监督相结合的路子。

在监督工作运行机制方面，从干部监督工作的实践来看，如果说毛泽东同志关于干部监督的动力机制主要在于“发动群众”，那么新时期干部监督的成功之处就在于“制度建设”。在新的历史时期，党的干部监督工作坚持以马列主义、毛泽东思想和邓小平理论为指导，建立健全了干部监督制度体系，保证了干部监督机构相对独立地开展工作，坚持做到依法办事、照章办事，坚决摒弃了“左”的一套做法，防止片面化、简单化、绝对化；坚持以正面教育为主，不准借机整人；坚持依靠群众，但又不走“政治运动”的老路；坚持“惩前毖后，治病救人”，既严肃认真地对待历史问题，又不遗余力地充分保护干部。实践证明，这些措施既有力又有效，同时得到了广大干部群众的理解、支持和拥护。

切实加强干部选拔任用工作监督问题研究*

加强干部选拔任用工作监督，是深化干部人事制度改革的重要内容，也是防止和纠正用人上的不正之风、提高选人用人质量的迫切需要。本报告在对当前干部工作监督的主要做法、基本经验、存在的问题及其原因的分析总结基础上，提出了加强监督的总体构想与对策措施。

一、干部选拔工作监督的主要做法与基本经验

近年来，湖北省各级党委认真贯彻中央精神，采取有效措施，不断加大干部选拔任用工作监督力度，取得明显成效。主要做法是：

（一）从教育入手，不断增强各级党委和领导干部监督意识。围绕贯彻执行《党政领导干部选拔任用工作暂行条例》（简称《条例》），把思想教育放在首位，不断增强各级领导干部、组织人事干部和广大群众的监督意识。采取多种形式深入持久地学

* 此课题研究开展于2001年，课题组成员：赵文源、张兆本、史正江、雷邦贵、孙再理、郑传宝。

习《条例》，增强纪律意识。同时，组织各级领导干部认真学习《中国共产党纪律处分条例（试行）》《关于对违反〈党政领导干部选拔任用工作暂行条例〉行为的处理规定》等重要法规文件，对照《条例》检查总结干部工作，进一步增强依法治干、依法用人的法律意识。在县以上领导班子和领导干部中开展“三讲”教育，省委出台了《关于加强和改进干部工作的几点意见》，提出进一步扩大民主、加强监督，不断提高选拔任用干部工作质量的措施。

（二）切实加强制度建设，促进干部工作监督的规范运作。近两年，根据干部工作中出现的新情况，中央组织部又先后下发了《关于加强组织部门干部监督工作若干意见（试行）》《关于坚决防止和查处干部选拔任用工作中的不正之风和违纪违法行为的通知》等重要文件。为贯彻中央文件精神，湖北省委把制度建设作为加强干部工作监督的重要措施，先后制定了《关于贯彻〈党政领导干部选拔任用工作暂行条例〉的若干意见》《关于加强对党政领导干部选拔任用检查监督的试行意见》《关于对选拔任用党政领导干部加强任前监督的试行意见》等10多项监督制度，并建立了具有较强操作性的配套措施，逐步完善选人用人权力运行监督的程序和办法，使干部监督工作有章可循、有据可依。

（三）加大检查惩处力度，有效防止和纠正用人上的不正之风。近年来，不断加大对《条例》贯彻执行情况的检查、监督和惩处力度，充分发挥检查监督的惩戒功能、警示功能和防范功能。一是坚持一级抓一级，搞好定期检查，一旦发现苗头，及时督促整改，把不正之风消除在萌芽状态。二是开展经常性检查。组织部门在检查工作时，一般都要听取下级党委贯彻《条例》情况汇报。在调整班子、考察干部时，认真了解干部选拔任用工作情况。对反映用人问题的群众举报，及时调查核实，并随机抽查下级党组织贯彻《条例》情况。三是敢动真格，坚决纠正违规现象。

（四）构建干部监督网络，逐步形成干部监督整体合力。一是注重提高同执纪执法部门联系的协作程度。组织部门定期召开联席会议，各成员单位每两个月向组织部门通报一次干部监督信息，重大问题及时通报，提高了干部监督信息的时效性，保证信息资源共享。二是注重提高组织部门内设机构监督职能的整合程度。在明确干部监督机构主要职责的同时，对干部任免、考核机构所承担的监督职责进行界定，各干部工作机构监督职责明确、分工合理、协调运作。三是注重提高社会群众监督的整体效能。组织部门设立群众举报、投诉电话，并指派专人接待和受理举报。各地还按照“高标准、高层次、高级别”要求，建立专兼结合的干部监督巡视员、督查员、信息员队伍，利用他们作风过硬、公道正派、深入群众的优势，更好地发挥群众监督效能。

（五）以改革创新为动力，积极探索干部工作监督的新途径。在监督制度方面，把领导干部监督与干部工作监督结合起来，大力推行领导干部经济责任审计制、干部任前公示制、党委讨论干部票决制等；在监督程序方面，试行干部选拔任用工作纪实制度，以加强同步监督，并为事后监督提供原始依据；在监督机构方面，一些地方成立干部工作监督办公室、干部监督工作委员会，职位适当调配，职能更加强化，既接受组织部门领导，又保持相对独立性。这些有益的探索，对加强干部工作监督具有重要意义。

总结近年干部监督的实践经验，可得出一些有益启示：

一是深化干部人事制度改革，扩大民主公开程度，是有效加强干部工作监督的基础和前提。以民主为基本趋向的干部人事制度改革，使干部选拔任用方式发生了深刻变化，工作监督也必须及时跟进，对监督手段和方法进行民主化的改进。

二是坚持依法治干，大力推进制度创新，是干部工作监督实现规范化、制度化的必由之路。发展社会主义市场经济和民主政治，必然要求干部工作监督逐渐摒弃“人治”的办法，更多地依靠“法治”手段。

三是坚持以党内监督为主，逐步加强外部监督，促进内外监督有机统一，是改进干部工作监督重要手段。干部工作监督主要是一种党内监督和自我约束，同时又是一种民主监督，必须在充分发扬党内民主的基础上，发动党组织之外力量加强，干部工作监督。

四是着眼于事前防范、源头治腐，实行干部选拔任用全程监督，是进一步提高干部工作监督时效的有力措施。近年来，干部工作监督实现了由事后追惩向任前监督、由罪错问题监督向权力运行监督的转变。进一步加强和改进干部工作监督，必须与深化干部人事制度改革相结合，与干部的培养教育、选拔任用、日常管理相结合，实行任前、任中和任后监督并重，将监督贯穿于干部工作的始终，真正从源头上筑起一道反腐败的坚固防线。

二、干部选拔任用工作监督中存在的突出问题及原因

当前，干部工作监督存在的问题主要有以下四个方面：

（一）在加强程序监督的同时，对用人标准监督不到位。用人程序监督，主要是指在干部选拔任用过程中，对能否坚持正确的操作程序等情况监督；用人标准监督，主要是指对选拔任用干部能否坚持“四化”方针和德才标准等情况进行监督。从对各地执行《条例》的检查结果来看，选拔任用干部基本上达到了按规定程序办事的要求，极少出现操作程序不到位和程序监督不力的问题。但是，在程序监督得到加强的同时，却忽视了对用人标准的监督。如有的机械地理解、片面地执行“四化”方针和德才兼备标准，选人用人求全责备，死抠学历、资历、任职年限、学习培训时间等硬指标，凡不符合其中任何一条要求就不提拔使用等。

（二）在加强检查监督的同时，群众监督与社会监督不到位。从监督的力度来看，上级党委对下级党组织及组织部门选拔任用干部的检查监督力度有所加大，但下级对上级的监督，特别是广大干部群众对干部选拔任用工作的监督仍是一个薄弱环节。主要表现为监督热情不高，监督范围有限和监督反馈渠道不畅等问题。

（三）在加强组织部门内部监督的同时，相关机关和职能部门的外部监督不到位。近年来，为加强干部监督工作，组织部门把原来的干部调查审理机构更名为干部监督机构，相关工作职能由以审查干部历史遗留问题为主，转变到监督干部现实问题为主，并把干部选拔任用工作监督列为重点。在组织部门内部监督得到

加强的同时，外部监督效果却不够理想，如人大、政协、纪检、监察机关和公检法、信访、审计部门对整个干部工作监督还不到位。主要表现为监督职责不够明确，监督行为不够主动。

（四）在强化用人自主权的同时，对用人主体的责任界定与监督约束不到位。随着干部人事制度改革的深化，选人用人权由过去高度集中统一，转变为现在放管结合、分层负责，各级党委用人自主权得到强化，具体到干部选拔任用各个环节，相关部门及参与人员分别享有相对独立的干部推荐权、考察权、任免权等，但其责任与监督未能同步强化。名义上层层负责，实际上层层都不负责。表现为责任主体不明确，主体责任不具体，责任追究难落实。

产生干部选拔任用工作监督中存在的四个“不到位”问题，主要是体制、机制、制度及人的因素等共同作用的结果，概括起来主要有以下五点：一是选人用人主体权大责小，这是导致监督不严、监督乏力的根本原因。目前选人用人权力过分集中在少数人手中，甚至把党管干部原则曲解为党委书记管干部，把干部的升降任免系于一身。负责选拔任用干部工作的单位和个人，所承担的责任不明确或非常有限，一旦出了问题，“板子”打不着任何人。二是干部工作监督制度不配套，这是监督失序、惩处不力的主要原因。有些制度可操作性不强，原则的、笼统的规定多，具体的、量化的规定少，缺乏应有的刚性，给执行者留下了很大的“自由裁量”空间。现行制度的系统化程度不高，一些惩处性制度散见于其他法规制度中，责任性制度还在探索阶段，有关监督检查的程序性制度尚未出台，各项制度之间耦合程度差，难以发挥整体功能。三是干部工作监督体制不顺，这是影响监督效力的重要因素。从组织部门来看，干部监督机构责任重大，但是手段有限、力量不足，对上级领导和直接领导不敢监督，对同级不便监督。从纪检机关来看，不仅缺乏足够的力量监督同级党委，而且对同级组织部门和下级党委的监督存在困难。从民主监督、舆论监督、社会民主人士的监督来看，由于干部工作的保密性及其操作过程中的排他性，一般很难参与其中，无法监督选人用人行为，监督工作焦点主要集中在选拔对象上。四是少数领导干部思想政治素质不高，在一定程度上阻碍了干部工作监督的深化。五是干部人事制度改革整体推进不够，也是影响干部工作监督的重要因素。干部工作的基础性制度建设，尤其是干部选拔任用制度改革，对干部选拔任用工作监督具有直接影响。从目前来看，干部人事制度改革还需要在整体推进、系统配套上下功夫，特别是要在进一步扩大民主、强化竞争、加强监督上下功夫。

三、加强干部选拔任用工作监督的总体思路和主要措施

新时期，干部选拔任用工作监督要坚持以邓小平理论、“三个代表”重要思想和党的十五届六中全会精神为指导，认真贯彻党的干部路线、方针、政策，按照“用好的作风选人，选作风好的人”的要求，以扩大民主为取向，以改革创新为动力，努力构建一个法制完备、纪律严明、组织健全、职责明确、渠

道畅通、制约有力的干部选拔任用工作监督体系，真正从源头上防止和纠正选人用人上的不正之风与腐败现象。具体讲，就是要进一步增强干部选拔任用工作监督实效性，在实践中坚持做到“六个统一”。

（一）坚持权利与责任的有机统一

1. 建立健全干部推荐责任制。其主要内容为：领导干部必须严格按照《条例》规定的干部任用条件和任职资格进行推荐，推荐必须填写推荐表，负责地写出本人签名的推荐材料，说明推荐理由，承诺推荐责任。领导干部推荐的人选不符合群众公认原则或在群众推荐中没有达到应有规定比例（票数）的不能列为考察对象。此外，还包括单位推荐的责任要求、参加民主推荐的人员的责任要求、民主推荐组织者的责任要求等内容。

2. 建立完善考察责任制。其主要内容包括：负责考察工作的组织人事部门及其负责人的责任、考察组成员的责任、审查部门及审查人员的责任、参与考察谈话人员的责任要求等。其中最重要的是明确考察组成员的责任要求，考察人员必须严格遵循考察工作的基本程序，遵守考察工作纪律，坚持原则，公道正派，不准向被考察对象讨好许愿，不准向无关人员泄露干部考察情况，不准隐瞒或歪曲事实真相，对考核材料和考核结论的真实性、公正性负责。参加干部审查的纪检、监察、公检法、信访、审计、计生等单位和具体人员要对所审查干部的表现情况真实性负责，所形成的文字材料经领导签名后加盖公章，送交组织人事部门。

3. 建立干部任用决策责任制。其核心内容是党委（党组）讨论决定干部的责任要求。必须明确规定，党委（党组）讨论决定干部，要严格按照《条例》规定的程序和办法进行；要逐步推行常委和委员讨论决定干部票决制；不准以书记办公会、少数人研究或者圈阅等形式，代替党委（党组）会集体讨论决定干部任免，不准临时动议，不准个人决定干部任免，或者个人改变党委（党组）会集体作出的任免决定；要保守工作秘密，不准跑风漏气等。

4. 建立选人用人失误责任追究制度。首先，要对干部选拔任用工作失误情况作出明确界定。凡在任职前已发现有经济或其他问题，按规定不能提拔而提拔的；任职后在规定的时间内，造成重大工作失误或不能胜任本职工作的；在干部选拔任用工作中不按规定程序办事，搞程序变通的；选拔者不符合任职条件和资格，通过弄虚作假或其他非法手段任命的，一律视为选拔任用工作失误。其次，要认真做好失误责任追究。对干部选拔任用工作出现的失误，应根据实际情况和责任轻重，依照《条例》《处理规定》《通知》和干部选拔任用责任制有关规定，严肃惩处有关责任人。处分形式可分为三种：（1）一般处分，包括批评、责令检查、通报批评、诫勉等。对于法人责任主体，通常情况下只给予一般处分，包括批评教育、责令检查、通报批评、取消荣誉和受奖资格，最严厉的处分形式是对领导班子进行组织调整乃至解散领导班子。对自然人责任主体的一般处分形式还包括解除职务、调整工作等。（2）纪律处分，可以分为党纪处分和政纪处分。根据责任人的不同身份，党、政纪处分可以单独施行，也可以并用。（3）刑事处分。责任人的责任过错触犯刑法的，依照有关法律给予刑事处分。

一般情况下，给予刑事处分的，应同时给予党、政纪处分。

5. 健全干部工作检查监督制度。具体包括：（1）自查制度。各级党委（党组）每年要对自身执行条例，履行干部选拔任用工作责任制情况进行全面检查，作为年度工作总结重要内容。领导干部个人在年度考核中也要总结检查自己在这方面的情况。党委（党组）民主生活会要把本级组织执行条例、落实责任制的情况进行通报。（2）上级检查制度。上级组织部门和纪检部门在联合检查条例贯彻执行情况时，同时检查责任制落实情况，认真分析存在的问题，帮助下级组织制定整改措施。（3）调查核实制度。组织部门和纪检部门在收到实名来信或来访反映、检举违反责任制的情况，应当在一个月内组成联合调查组核实，并将情况向检举人通报。（4）社会监督制度。要广开言路，认真听取社会各界对干部选拔任用工作的意见建议，受理对组织和干部个人的检举，让群众来监督干部选拔任用工作责任制执行情况。

（二）坚持程序监督与标准监督的有机统一

1. 健全干部选拔任用工作程序性制度。要结合推进干部选拔任用制度改革，建立完善有关工作程序制度。要规范领导干部、党组织、群众推荐干部制度和个人自荐制度，特别是对领导干部推荐人选，要作出详细规定。要根据《党政领导干部考核工作暂行规定》的要求，吸收考察预告制度、差额考察制度、考察结果通报制度等改革成果，细化干部考察工作程序，建立干部考察工作流程。要建立健全全委会讨论任用党政主要领导干部制度、常委会讨论任免干部无记名投票表决制度、任前公示制度等，规范干部任免决策程序，尤其是规范“一把手”的用权行为。要尽快制定《选拔任用干部工作监督条例》，明确干部工作监督的基本原则、程序方法，监督主体和客体的权利义务，包括监督机关的职责、权限以及运作方式，干部群众对干部工作的知情权、质询权、评议权等。

2. 分层分类制定干部素质标准，增强用人标准监督的可操作性。要把党的干部标准同群众公认原则和凭实绩用人的要求结合起来，遵循导向性、层次性、可行性、稳定性原则，建立客观公正的领导干部岗位素质标准。建立各级各类领导干部素质标准应着力从四方面入手：（1）内容细化。如领导干部政治品德素质，其内涵和要素可分解为理论素养和政治信念、思想作风和工作作风、从政道德和为人品质、群众观念和廉政意识等方面；业务素质方面，既要有共性的要求，也要有适应不同领导岗位的要求，如科技型、法律型、经济型的内容。（2）标准量化。领导干部素质标准既要有定性评价，又要有定量标准。如在考察领导干部的德、能、勤、绩、廉时应该划分不同的等次，每一等次赋予不同的分值。这样，干部考察就便于量化比较，选优汰劣。（3）条件硬化。就是规定领导干部素质标准的基本要求，如学历、年龄、经历等方面必须具备的基本要求。（4）结构优化。配备领导班子应该按照结构优化的要求，从总体上设计班子成员的素质结构，在性格、气质、性别、年龄、地域、专业等方面合理配置。

3. 强化用人标准监督意识，努力在用人标准监督与用人程序监督的结合上下功夫。不断增强干部监督的主动性、责任感，正确地履行监督职责，行使好监督权力。在贯彻《条例》推进干部人事制度改革过程中，对用人程序和用人标准严格把关、严格监督，检查用人程序同步检查用人标准，既把用人标准监督贯彻于用人程序监督的全过程，又把二者统一于干部选拔任用工作的全过程。

（三）坚持内部监督与外部监督的有机统一

1. 实行目标管理，增强责任意识。着眼改变外部监督部门体制不顺、目标不明、责任意识差、监督手段弱等突出问题，从理顺体制入手，可考虑建立起指导协调各部门监督的组织领导机构，对各部门实行目标管理，以此增强各职能部门参与干部选拔任用工作监督的主动性。当前，要在组织部门内部监督职能得到强化的同时，采取有效措施，充分发挥人大、政协、纪检、监察、公检法、信访、审计等部门监督和舆论监督等外部监督的作用。

2. 明确监督职责，加强协调运作。要根据各监督主体的地位、权限、职责、工作特点及规律，明确划分其监督职责范围和工作任务。党委的主要职责是：对选拔任用干部监督负全面责任，对选拔任用干部工作中的违纪违规等现象进行研究，作出处理决定。人大的主要职责是：充分行使监督职能，对党委提名需由人大任免通过的干部，依法实施监督。纪检（监察）部门的主要职责是：负责受理有关党政领导干部选拔任用工作中违纪行为的检举、申诉；对违反《条例》规定情节严重的和组织部门移交需要给予党纪、政纪处分的有关问题，核实处理。组织部门的主要职责是：负责对下一级党委（党组）及组织（人事）部门选拔任用党政领导干部的工作情况进行经常性检查监督，对违反《条例》的行为提出制止、纠正和处理意见、建议；负责同纪检机关监督职能部门联系通报制度的具体实施工作，通报有关情况，发现问题及时处理；负责受理有关党政领导干部选拔任用工作的检举、申诉，提出处理意见或建议；负责向同级党委和上级组织部门反映本地条例执行的情况。审计机关的主要职责是：根据有关政策法规，对拟选拔的干部进行离任审计；根据上级指示和群众反映，对在任干部执行财经纪律等情况依法进行审计，并将审计结果及时客观地报告组织人事部门。群众监督的责任是：通过合法渠道，客观公正地向有关部门检举、申诉干部中存在的违法乱纪现象，检举组织人事部门在选拔任用干部中的违纪违规现象。新闻舆论监督的责任是：对一些社会影响大、典型性强的问题进行跟踪监督和适当公开，教育大多数干部群众。

3. 拓宽监督渠道，形成监督合力。各级组织部门要与其他有关职能部门加强协调和沟通，搞好内外配合，建立健全监督网络，形成监督整体合力，产生监督叠加效应。一方面，要进一步完善干部监督联系会制度，加强组织部门与执纪执法等部门的联系与沟通，定期召开联系会议，及时了解干部选拔任用工作存在的问题及监督工作开展情况，提出意见建议。另一方面，要加强监督信息上报与反馈工作，采取设立举报电话、举报信箱，建立群众来信来访接待和信息反馈制度等形式，及时了解和查处干部选拔任用工作中的各种违纪违法现象。同时，建立以计算机信息处理技术为基础，以组织部门干审机构为依托，横向密切联系组织人事、纪检、监察、审计、信访及公检法等职能部门，纵向直接贯通各级组织部门的干部选拔任用监督信息网络系统，按照广泛收集、统一管理、归口分类的原则，实现信息资源共享。

（四）坚持党内监督与群众监督的有机统一

一方面，要扩大干部选拔任用工作中的民主。要完善民主推荐制度，适当扩大民主推荐、民主测评和民主评议范围，尽可能广泛征求和收集干部群众的意见和看法。要把民主推荐作为选任干部的必要程序。要改进干部考察方法，实行考察预告制、差额考察制和考察结果反馈制度，丰富干部考察内容和方式。讨论决定干部，要充分发扬党内民主，不能以“一把手”或其他领导的意志为转移。要探索试行旁听制，上级组织部门和同级纪委可以派人列席讨论干部的党委会（常委会），加强对决策环节的有效监督。

另一方面，要不断加大群众监督力度。要扩大群众参与干部选拔任用工作监督的范围。要把干部监督工作政策交给群众，让群众了解党对干部的要求，了解选拔任用干部的依据、标准、程序，坚持走群众路线，充分发扬民主，广泛听取群众意见，让人民群众了解、监督选人用人的全过程。要拓宽群众监督的渠道，增强群众监督的信心。引导群众通过信访、举报、申诉等多种形式，行使自己的民主权利。有关部门、单位对群众反映的问题，要认真对待，核查落实，同时注意反馈调查结果，给群众一个满意的答复。要注意维护群众的合法权益，为举报人保守秘密，严惩打击报复者，弘扬正气，使群众消除顾虑，大胆监督。

（五）坚持任前监督与任后监督的有机统一

一方面，要抓好任前监督。在选拔任用干部过程中，坚决按《条例》办事，严把推荐、考察、讨论决定等重点环节，实行干部选拔任用工作责任制，把好干部“入口关”，把任前监督真正落到实处。另一方面，要加强任后监督。努力改变当前干部工作重提拔任用轻任后监督的现象，在被选用的干部走上工作岗位后，认真抓好跟踪管理。一是加大考核力度。定期组织干部考核工作，要求被考核对象作好述职报告，同时实行干部政绩公示和群众听证制度，对干部任职后德能勤绩廉等方面的情况作出客观公正的评价。二是运用谈话、诫勉等办法，及时帮助教育干部改正自身存在的问题，防患于未然。三是实行经济责任专项审计制度。四是进一步完善干部任期制、轮岗交流和异地任职制度，为干部公正行使权力创造条件。

（六）坚持思想教育与制度约束的有机统一

坚强干部工作监督，教育是基础，制度是根本。要把思想教育放在干部选拔任用监督工作的首位，作为重要的预防措施和实施监督的基础工程来抓。一方面，要对各级党员干部进行选人用人监督重要性教育、政治理论和党性教育、干部工作政策教育、重大案例警示教育等，使监督主体变不愿监督、不敢监督为主动监督、勇于监督，使监督客体变害怕监督、抵制监督为欢迎监督、主动请求监督；另一方面，对广大群众进行积极的引导和教育，通过舆论宣传、保护群众合法权益和推行奖励措施等途径，引导广大群众积极参与干部工作监督。同时，要严格执行制度，增强监督制度的约束力。一方面，建立健全关于干部选拔任用程序、标准、工作责任和检查监督等一系列完整的制度体系，使干部选拔任用监督工作有章可循、有规可依；另一方面，要加大制度执行力度和用人失误惩处力度，对因监督失职而造成选人用人失误的责任主体，要视其情节和性质轻重，给予批评教育或党纪政纪处分，违反法律法规的要移交司法机关处理。通过采取上述措施，把思想教育与制度约束有机地结合起来，以此推动和促进干部选拔任用监督取得实实在在的成效。

吸引留住用好专业技术人才的政策及相关问题研究 *

加快社会主义市场经济建设进程，奠定实现社会主义现代化的坚实基础，必须有一支数量充足、结构合理、素质优良的专业技术人才队伍为支撑。本课题以政府、用人主体和人才市场三个层面为纬，以吸引、留住、用好专业技术人才建设的三个关键环节为经，对人才队伍建设取得的成就，存在的问题及原因，以及相关政策进行了分析研究。

一、近年来吸引、留住、用好专业技术人才的主要经验和成效

（一）人才总量明显增加。2000 年全国人才队伍共有 4113.04 万人，其中专业技术人才 2887.42 万人，占 70.21%，从业人员人才密度增长到 1999 年的 170 人 / 万人口。

（二）人才素质有所提高。高级职称人才总数 2000 年比 1999

* 此课题研究开展于 2001 年，课题组成员：赵文源、张兆本、史正江、张治平、徐江桥、赵光辉。

年增加 4.8 万人，中级职称人才增加了 8.7 万人。研究生、本科、专科学历人才较 1999 年分别增长了 0.1%、0.8%、1.4%。

（三）人才门类逐步齐全。新中国成立 50 多年来，我国已经形成了门类齐全的专业技术人才梯队，拥有了一批高知型、复合型人才队伍，人才队伍结构趋于合理。

（四）人才市场渐成体系。全国各省、地市、县都设立了各类人才服务和中介机构，基本形成了人才交流、交易、服务网络。“九五”期间，以国家、省级人才市场为核心，地市县人才市场为支撑的人才市场体系逐步形成，并开始向信息化、网络化方向发展。人才合理有序流动局面初成，并开始向多种形式适度扩散，人才推荐评价和人事代表服务手段不断健全，社会化服务功能进一步加强，人才市场主体的到位率明显提高。

（五）人才环境不断改善。1997 年中央组织部召开全国知识分子工作座谈会后，各地工作力度逐步加大。湖北省从 1996 年开始，每年召开一到两次知识分子工作领导小组会议，研究专业技术人才队伍建设的重大问题，明确年度工作重点，确定重点课题，组织课题攻关和深入研究，并制定了一系列吸引、留住、用好专业技术人才宏观管理措施。

二、吸引、留住、用好专业技术人才存在的主要问题及原因

我国专业技术人才队伍的现状和发展趋势在适应市场经济和世界经济发展要求方面总体是好的，但是，在吸引、留住、用好

专业技术人才方面还存在一些较为突出的问题，具体表现在：

（一）宏观管理调控不到位

1. 布局不够平衡。一是各省市不平衡。东部沿海发达省市多，西部省市少。经济发展越慢人才流失越严重，人才流失越严重经济发展越慢。二是城市和农村不平衡。相比之下，城市、中心人才多，农村、基层人才少。湖北省基层人才总量只占全省总数的 17.8%，乡镇从业人员人才密度为 11.6%，只有全省平均值的 25%。三是各产业不平衡。一般产业人才多，重点产业人才少。

2. 结构不尽合理。一是能级结构不合理，中、初级人才多，高级人才少。二是年龄结构不合理，年纪大的多，年轻的少。湖北省 55 岁以下高级人才不足总数的 0.14%。三是专业结构不合理。传统专业技术人才多，高精尖专业人才少。

3. 优势转化不足。一是人才总量优势转化为经济发展优势效益不高。二是高新技术优势转化为高新产业优势效益不高，培训体系优势转化为支柱专业优势效益不高。以湖北为例，在高等院校和科研单位中，有众多的博士点、硕士点、博士后流动站，形成水平较高、较为完备的高层次人才培养体系，但在支柱产业却感到人才紧缺，比如“武汉·中国光谷”人才缺口就相当大。

4. 配套改革不全。一是整体合力尚未形成。党政系统从事人才工作的部门还未形成强有力的工作合力，整体效能不明显；组织部门的工作渠道基本沿袭分系统和地区管理模式。二是人事管理相对滞后。一些人事管理方式依然在旧模式下运行，用工关系、行政关系、工资关系、户籍关系以及养老保险关系等，基本沿用计划经济条件下的工作方式，在操作层面上滞后。三是中介服务机构不够规范，基本沿用计划经济时的分口管理模式，中介机构独立性质尚未完全确定。

（二）用人主体机制不灵活

1. 人才利用率不高。一是用人主体竞争机制不全。以学历和资历取人，或者过分依赖“特殊照顾”，吸引、留住、用好人才停留在待遇上，没有真正形成优胜劣汰的竞争机制，没有把现有人才利用好。二是用人主体激励机制不全。在人才资助上，主要按传统申报科研项目的方式下拨科研经费，优秀中青年专业技术人才难以得到资助。人才激励机制不健全，激励力度不够，形式单一，主要为荣誉性表彰。三是用人主体评价体系不全。现行职称聘任的任职资格评价，大部分采用评审形式。而在评审中，重学历轻能力，重资历轻创新的问题较为突出。

2. 工作条件不善。一是用人主体提供工作条件困难。二是用人主体科技成果转化困难。有 50.6% 的专家认为科技成果转化难，用人主体因受到工作条件的制约，无力进行转化。三是用人主体提供生活待遇困难。

3. 激励机制不灵活。一是利益分配上的平均主义仍然存在，尚不能体现专业技术人才的自身价值，按生产要素分配原则受到很大阻力。二是重奖政策难以落实。各地出台了不少对专业技术人才实施重奖的办法，但实际工作中难以落实，政策执行缺乏连续性，而政府的重奖行为又局限于极少数人，激励效果不明显。三是过去国有企业政治地位高、福利待遇好的优势逐渐丧失，工资待遇低、包袱重等劣势凸显。

4. 知识更新不快。一是用人主体重使用轻培训，不愿花时间和财力组织优秀专业技术人才参加学习教育。二是培训内容散，培训体制乱，培训质量低，并且现有人才参加培训的渠道不足。

5. 思想政治工作不力。表现为用人主体对思想政治工作的新情况缺乏研究，缺乏针对人才特点和个性的方法手段。此外，有的没有把吸引、留住、用好专业技术人才摆上重要议事日程。

（三）市场配置效果不明显

1. 市场发育不全。一是市场主体没有完全到位。人才管理体制的改革相对滞后于经济体制改革，市场体系发育不完善，人才市场所必需的各种统计、分析和评价指标体系尚未完全建立，适应社会主义市场经济发展需要和时代发展趋势的人才市场体系尚未形成。二是集聚人才的载体没有完全到位。企事业单位是吸引、留住、用好专业技术人才的重要载体，但现阶段在人才需求上主要依靠政府推动，用人主体显得消极被动。三是市场管理不到位，人才中介机构多，缺乏竞争、规范和监督。

2. 市场功能不全。一是通过信息配置人才的功能不全，存在着信息技术和手段落后、信息资源不能共享等问题，未能充分发挥人才调整引导作用。二是多种市场配置人才的功能不全，集市式市场仍占主导地位。三是高效优质服务的功能不全。现有的人才市场多被动等着人才上门找工作，习惯于借助行政职能，政事不分，政社不分，创新能力差，在经验积累、服务手段、操作规范程度、工作效率、员工素质等方面均不能适应要求。

3. 市场机制不全。首先，现有人才体系上流动机制不全。条块分割、所有制分割和行业分割，“一次分配定终身”，流动率极低。其次，调控机制不全。人才市场信息化水平不高，人才市场信息不够全面、灵敏，没有发挥网络优势，政府和用人主体难以迅速有效、合理地配置人才资源。再次，开发机制不全。对吸引、留住专业技术人才没有规划，措施无力，按部就班、安于现状。

与全国的状况相比较，各地在吸引、留住、用好专业技术人才工作方面都存在着以上共性问题，其深层次原因主要有：

1. 专业技术人才意识不浓。从党政领导层面上讲，一般号召较多，制定切实可行的政策措施少；提出工作要求较多，下大力督促检查落实较少；从表面上、形式上分析解决问题较多，而在遵循吸引、留住、用好专业技术人才基本规律，有针对性解决存在的深层次、关键性问题较少。从用人主体讲，有些只注重短期经济效益，不重视科技创新和提高劳动者素质，企业发展并没有真正转移到依靠科技进步和提高劳动者素质的轨道上来。从社会层面讲，“官本位”意识仍然较强。

2. 宏观管理体制不畅。目前，专业技术人才的宏观管理职能分别由组织部、人事、劳动、科委承担，缺乏一个统揽全部专业技术人才的强有力的宏观管理机构和办事机构。

3. 人才聚集机制不活。一是科研单位人事制度改革缺乏突破。对专业技术人才技术职务实行终身制，难以真正体现竞争择优原则，因而挫伤了专业技术人才的积极性。二是专业技术职称制度改革不到位。现有专业技术职称仍沿袭计划经济体制下指标控制办法，对科研单位专业技术职称实行指标管理。另外，专业技术职称评定各自为战，缺乏一个社会化的专业技术职称评定中心，且职称评定方式缺乏科学方法。三是专业技术人才待遇不合理。四是市场配套机制不完善。

4. 高新技术产业不强。一是投入不足、投入分散，制约了科技产业化的规模和效益的提高。二是企业没有成为技术创新的主体，导致高新技术产业的源头缺乏有效支撑体系。三是对外开放不够。

5. 社会保障体系不全。主要是科技人才社会保险覆盖面窄，专业技术人才社会保险水平低、社会保障缺乏制度支持。

三、吸引、留住、用好专业技术人才的对策研究

（一）要明确吸引、留住、用好专业技术人才的指导思想和工作目标

当前和今后一个时期，吸引、留住、用好专业技术人才的指导思想是：以马列主义、毛泽东思想和邓小平理论为指导，按照江泽民同志“三个代表”重要思想要求，发挥社会主义制度优势，加强党委、政府对人才工作宏观管理，遵循人才成长规律，重视发挥市场对人才资源配置的基础作用，通过体制创新、政策创新、观念创新，吸引、留住和用好人才，使专业技术人才队伍建设与改革开放和社会主义现代化事业相适应。

其工作目标：要进一步营造尊重知识、尊重人才、鼓励创

新和创业的社会氛围，创造完善有利于人才脱颖而出和人尽其才的政策与法治环境，逐步建立适应社会主义市场经济体制要求，符合专业技术人才成长规律的人才分类管理体制，建立市场配置人才资源与政府宏观调控相结合的运行机制；健全在党委领导下，党政有关部门各司其职、密切配合、协调一致的工作制度。努力建立一支规模宏大、结构合理、素质优良的专业技术人才队伍，为实现我国新世纪发展的宏伟目标，提供坚定的人才保证。

（二）要树立吸引、留住、用好专业技术人才的正确观念

一是树立人才资源是第一资源的观念，克服“见物不见人”和重使用轻培养的倾向。人才是知识、技术、能力的根本，是生产力的核心，是世界上唯一可反复开发的取之不尽用之不竭的资源，具有能动性、创造性和可重复开发性。二是树立科技进步和发展相促进的观念。谁拥有人才优势，谁就拥有发展优势；谁拥有发展优势，谁的人才优势就会更加突出。三是要树立专业技术人才由政府定位、市场配置、用人主体使用的观念。政府要把与计划体制相适应的人事制度调整到与社会主义市场经济体制相适应的人事管理制度上来，把传统的人事工作调整到整体性人才资源开发上来。四是树立用得其所就是重用，不拘一格用好人才的观念。要立足于用好现有人才，靠发挥现有人才的作用来吸引、留住外来人才，让外来人才觉得在这里可以充分发挥作用、创造价值，让另觅高枝的人才合理、自由、宽松流动。五是树立全社会尊重知识、尊重人才的观念。吸

引、留住、用好人才是一个动态的可变的、有能动性的系统工程，要在党委、政府的统一领导之下，各部门各司其职，相互协调配合，社会各方面大力支持，调动多方面的积极性、主动性和创造性，形成全社会都关心、爱护、理解、信赖人才的良好环境。

（三）要确定吸引、留住、用好专业技术人才的基本原则

一是系统性原则。吸引、留住、用好专业技术人才要系统化、规范化，使人才战略发挥最佳的效能，应明确战略指导思路、战略目标、战略重点、战略对策等，形成一套完整的体系。将每个方面、每个环节的具体工作从整体上进行考虑和把握，使各项工作及制度相互配套、相互衔接，形成一套完整的工作体制和机制。二是时效性原则。在经济建设、社会发展和专业技术人才资源这个有机整体之中，专业技术人才的规模扩大、素质提高、结构与布局调整都要以满足经济发展现实需要为立足点。要采取“不求所有，但求所用”的“柔性流动”方式用好人才。三是激励性原则。要将事业激励作为吸引、留住和用好人才的第一方式，为人才培育优良的创业环境，有效激励人才智力能够得以最充分应用，人才价值得以最大实现。四是优化型原则。要遵循市场经济规律，通过优化配置，使专业技术人才到最能发挥作用的地方，去最大限度地发挥作用。五是合理性原则。吸引、留住、用好专业技术人才要实事求是，提出的思路措施除了有效、合法、切合本地实际，更要合理，尤其要充分尊重专业技术人才自身的特点和规律。

四、吸引、留住、用好专业技术人才的几点政策建议

（一）政府：把解决结构性、机制性矛盾作为主攻方向，强化党委、政府吸引、留住、用好专业技术人才的宏观调控能力

1. 从实施科教兴国的战略高度，不断完善和认真贯彻落实吸引、留住、用好专业技术人才的宏观调控政策。一是根据人才的总量、结构以及人才的地区行业分布状况，研究制定有关政策，逐步形成有效的人才宏观调控机制。对在实践中证明切实可行、已经比较成熟的政策，适时提出立法建议。国家要根据大型开发投资项目的需要，保留对部分高级人才直接配置和使用的权力。各地要结合经济结构战略性调整目标和西部大开发战略的实施，对关系国家安全和国家经济命脉的重要领域的人才，各类高新技术人才，以及信息、金融、财会、外贸、法律和现代管理等专业人才，提出吸引、留住、使用的导向及宏观政策。二是制定人才流动政策，取消吸引、留住人才的各种限制。

2. 建立落实吸引、留住、用好专业技术人才的工作体系和工作机制。党政一把手要亲自抓专业技术人才工作，真正交几位知心专家朋友，听取他们的意见和建议。党委组织部门要成为“知识分子之家”，拓宽工作渠道，要大胆探索突破分系统和地区管理模式，加强与高新技术产业和民营科技企业、非公有制经济组织领域的优秀人才联系沟通，增强工作覆盖面。有关部门各司其职，密切配合，充分调动各方面积极性，把各种力量凝聚起来，把各

项政策协调起来，把各种优势集成起来，形成上下结合、横向配合、同心协力、齐抓共管的工作合力，加强对人才政策法规执行情况的监督检查。制定吸引、留住、用好专业技术人才战略规划，建立吸引、留住、用好专业技术人才与社会经济发展之间良性循环的关系。通过政策引导、资本融入、技术扶持等配套措施的健全和完善，为充分发挥专业技术人才的技术优势提供良好载体，使优秀人才在重点单位、重点岗位上发挥作用。改革、建立完善学科基金制度、科技奖励制度、科研成果效益提成制度，科技与知识产权保护制度、重奖有突出贡献人才制度等，形成公平竞争、重点支持、择优奖励的工作机制。

3. 大力推进干部人事制度和职称制度改革，从人事管理体制上为吸引、留住、用好专业技术人才提供最优服务。进一步结合公务员录用制、事业单位聘用制、企业全员劳动合同制的推行，彻底打破专业技术人才单位所有、部门所有，打破地域、户籍、身份等诸多限制，破除人才流动的障碍和壁垒，实现个人自由流动。逐步建立符合社会主义市场经济要求、能够充分发挥各类专业技术人才作用的分类管理体制。完善配套户籍、档案等制度改革和辞职、辞退制度，确保个人依法辞职权利，保障人才合理有序流动。要淡化计划体制下命令式行政手段，按社会需求和专业技术人才的流向，以人才资源的市场配置启动自然资源和其他资源的优化配置。要科学评定职称，打破身份、所有制、地域、岗位、系列等限制，实行评聘分开，逐步建立与社会主义市场经济体制相适应的社会化评审模式。

4.贴近实际，针对特点，做好新形势下思想政治工作。加强对专业技术人才特别是党员专家的政治理论培训，引导专业技术人才特别青年人才树立正确的世界观、人生观、价值观。要从专业技术人才群体的思想实际着眼，推动思想政治工作内容、形式、方法和机制创新，提高思想政治工作的针对性有效性，充分利用广播、电视、网络、报刊等新闻媒体，大力宣传优秀专业技术人才的先进事迹，创造良好的舆论环境和社会氛围。

（二）用人主体：落实用人单位的自主权，充分发挥用人主体在吸引、留住、用好专业技术人才方面的积极性和创造性

1.提供发展机会，支持柔性流动。要实行专业技术人才自由进出。提倡引进智力，可以通过调入、聘用、兼职、讲学、联合办学、短期工作、劳务输出、项目合作等灵活多样的人才流动方式引进人才，鼓励创办、联办经济实体、科研机构或承包租赁企业、从事技术开发、技术转让、技术入股、科技咨询等。对于关系经济发展社会进步的重大攻关项目，可以采取“高薪悬赏”的招标办法，面向全社会引进。充分利用海外人才资源，鼓励人才流动传播知识、转化技术、交流信息、提供各种讲学机会、投资和贸易机会，鼓励他们竞争各类技术改造项目。

2.改革分配制度，健全激励机制。要使知识的价值、技术的价值、人才的价值在分配上得到体现。通过按劳定酬、按任务定酬、按职责定酬、自主决定内部分配制度以及技术入股、知识产权等生产要素参与分配等方式，建立一流人才、一流业绩、一流报酬的竞争激励机制，逐步形成重实绩、重贡献，向优秀人才和

重要岗位倾斜，自主灵活的分配机制。完善科技成果奖励制度。对成绩特别显著、贡献特别突出，创造巨大的经济效益和社会效益的优秀科技人才，由同级政府重奖，鼓励企事业单位对技术创新和科技成果转化作出突出贡献的专业技术人才，根据单位效益给予重奖。支持企事业单位和民营企业对专业技术人才实行预期奖励，即根据专业技术人才的贡献，将一定数额预期奖金为专业技术人才个人累计存储，以激励专业技术人才多作贡献。逐步建立政府主导、社会参与、多元化的优秀人才激励机制，使奖励项目多元化、奖励形式多样化、奖励载体多元化，进一步发挥重奖的激励作用，创造轰动效应。

3. 改善工作条件，营造优越环境。用人主体要集中用好各类科技基金，加快科技基础设施建设。高新技术企业要实行动态管理、定期评优、保持先进的投入，促进人才队伍发展。要大力推行重大建设项目、科研项目招标制度，将人才、项目、资金紧紧地结合在一起，围绕重点领域、重大项目，通过项目实践进一步吸引、留住、用好人才。要营造自由宽松的环境，包括创业文化环境、法制环境、学术交流环境、优越的人居环境和方便高效的工作环境。

4. 促进成果转化，发展地方经济。各用人主体特别是科研院所、高校等知识、技术、人才密集地，要将自己的科研项目、技术和人才优势转化为经济社会发展优势，同时也为科研开发和人才激励提供经费支持。转变科研成果转化的观念和机制，将做学问、搞研究、写论文与开发产品结合起来，与转化为现实生产力结合起来，保护开发者的权益，为成果转化提供启动资金。有条件的地方可以建立科研成果开发转化基地和实行特殊鼓励政策。

（三）人才市场：完善开放灵活的人才市场配置机制，充分发挥市场机制在吸引、留住、用好专业技术人才方面的优势和作用

1. 建立完善机制健全、运行规范、服务周到、指导监督有力的人才市场体系。建立全国专业技术人才及项目信息库、各种类型的人才中介机构，形成由各种类型专业技术人才市场构成的多层次、跨地区的人才市场网络。要完善开放灵活的人才市场配置机构，培育形成与其他要素市场相贯通的网上人才市场，发展区域性人才市场，规范基础性人才市场，发展专业性人才市场、推动高级人才市场的建立和发展，扶持企业高级经理人才市场、人才大市场和劳动力市场的发展，支持规范的竞争。要完善人才市场布局，在人才市场建立区域性人才信息网络，提高人才市场信息化、社会化服务水平，实现人才市场由集市型向信息化转变，逐步实现全国联网、信息共享。制定外资进入人才服务领域的准入制度和国际人才交流办法，鼓励国内外著名的“猎头”公司设立分支机构。

2. 把由政府操作的人才资源调配职能转向市场，强化人才市场配置功能。逐步使用人单位成为吸引、留住、用好专业技术人才的主体，引导人才合理流动和优化配置。利用市场信号调控人才流向和社会收入水平，使人才配置趋于合理，结构趋于优化，效益不断提高。要大力推进和发展人事代理功能，拓展人事代理范围，创新代理业务。将原来政府人事部门负责的大学生创业、非公有制单位人员职称评审、跨地区调动等服务型、辅助性工作承担起来，建立

人事代理服务网络。同时，瞄准市场需求，尝试择业咨询、求职培训和执业资格培训、职业生涯规划等业务，逐步完善以委托招聘、人才引进、信息代理、档案托管、职称评定、薪酬咨询、人才评价、人员培训等内容多样、面向多种所有制的人才市场服务功能。要统一规范人才市场信息工作，定期收集、分析、发布人才市场信息，建立“优秀人才信息资源中心”，根据各地产业政策特点，在全国大战略下确定自己的需求规划和不同需求重点，为本地重点建设、重点项目、重大科研课题提供人才信息。推行人才信息库、人才信息网络建设，畅通人才供需信息渠道，强化人才结构的整合与人才流转的调节力度。加强人才市场管理，建立健全人才市场许可证制度和年审制度，制定人才中介服务标准和评价指标，规范人才中介服务和人事代理行为，提高人才信息和人才资源的利用率。建立品牌市场，制定服务标准，提高人才市场竞争力，尽可能多抢占市场份额。加大人才市场自身改革力度，使其服务机制、用人机制、分配机制更有利于提升竞争能力。

3. 要不断完善人才评价体系。探索建立指标合理、手段先进、操作性强的专业技术人才素质、业绩二元评价体系，针对科学研究、工程技术、科学管理、教育和文化艺术等各个领域、行业、层次的专业技术人才成长的不同特点、规律和关键性问题，制定不同标准的评价体系，加强对人才评价机构和工作人员的资质管理，完善人才资格评价体系，对责任重大、社会通用性强、关系公共利益的专业技术岗位实行准入控制，积极推进职工资格的国际互认。

国有企业集团党建工作的调查与研究 *

企业集团党的建设工作作为新时期党建工作的一个崭新课题，受到普遍关注。如何适应形势，总结经验，剖析问题，改进、完善、规范企业集团党建工作，成为当前基层组织建设的一项重要任务。最近，我们采取召开座谈会、问卷调查等方式，对湖北省（重点是武汉市、荆门市）国有（含国有控股）企业集团党建工作进行了调查和研究。

一、关于课题研究的对象和范围

为更好地进行研究，我们对本课题所研究的企业集团作如下界定：

1. 在所有制性质上，只研究国有或国有控股的企业集团，即总体上企业集团属国有或国有控股，子公司可以是国有、集体或私人控股等混合所有制形式；

---

* 此课题研究开展于 1998 年，课题组成员：余兵、裴大新、宋远骆、周友坤、史正江、黄贵新、黄杰、王松烈、李林林、王卫华。课题报告由史正江执笔统稿。

2. 在经营区间和范围上，由于目前跨国经营的企业集团较少，成分较为复杂，本课题只研究跨地区、跨行业、跨所有制的企业集团；

3. 在层级结构上，只研究集团与一级子公司之间的关系，集团与子公司的子公司的关系不作研究；

4. 在企业形式和规模上，只研究产权比较明晰、权责比较明确、政企基本分开、运行比较规范、经济规模比较大的企业集团。

二、企业集团党建工作的基本特点

以资本为纽带，组建企业集团是企业改组的一种重要形式，它可以优化产业结构，优化资源配置，使企业在短时间内迅速扩大规模，实现规模经济效益，降低成本，增强市场竞争能力。近年来，湖北省认真贯彻中央关于“抓大放小”和“三改一加强”的深化国有企业改革的方针，积极实施大公司、大集团战略，组建了近 800 家企业集团，其中进入全国试点企业集团行列的 7 家，列入省级重点集团备选企业的 20 家。目前全省企业集团实力不断增强，质量和控制力得到提高，为经济发展注入了新的活力，成为全省经济的重要支柱。截至 1997 年底，列入省级重点集团 20 家备选企业拥有资产 1071.42 亿元，实现销售收入 457.97 亿元、利税 44.62 亿元、利润 11.35 亿元，分别占全省国有企业的 41.9%、38.8%、44.9%、30.8%。

国有企业集团的组建形式主要有以下三种：一是部分有实力的国有企业，通过投资、兼并、收购、控股、参股等方式建立子公司组建而成。二是政府以一家实力较强的企业为核心，将若干个企业的资产全部授权其管理经营而成。三是若干个经济实力较强的企业，基于扩大和增强竞争力的共同需要，实行“强强联合”组建而成。

在发展企业集团的过程中，湖北省各级党组织采取了一些行之有效的措施加强党的工作，既继承了国有企业党建工作好的传统，又结合企业集团实际探索了党建工作的新途径、新方法，取得较好效果。

（一）同步建立健全党的组织，及时理顺党组织隶属关系

各地在组建企业集团之初，就同步考虑集团党组织设置。在构建集团行政体制的同时，同步建立健全集团党的组织，基本上做到了集团党组织与行政组织同步建立，党的工作同步开展，党的关系及时理顺。如武汉市 1997 年实行工业局改制，撤销一轻局、纺织局、电子局、机械局等工业局，组建轻化纺、机电和国有资产经营公司等三大国有控股集团公司。在此过程中，市委对党的工作十分重视，市委组织部及时参与进来，使三大控股集团及其党组织正式成立的文件同步下达，关系同步接转，机构同步设置，工作同步运行。

企业集团组建以后，通过兼并、收购、参股或新建，子公司的数目不断增加，这些子公司既有跨地区的，也有跨行业的，还有跨所有制的。集团党委重视子公司的党建工作，注意做到经济组织延伸到哪里，党的组织就设置到哪里。武商集团近几年大力开展多元化经营，相继开发、兴建了一批新项目、新商场，形成

了新的经济实体和经济增长点。集团党委坚持每新建一个经济组织，同步考虑建立党的组织；在研究行政干部时，同步研究党务和政工干部。华信房地产公司从1992年成立至今，下属的全资、合资企业全部建立了党组织，无一空白点，并且根据宜专则专、宜兼则兼、专兼结合的原则，配齐配强了党务干部。

综合全省的情况，企业集团党组织设置形式主要有两种：一是健全核心企业党委，代行集团党委职能，集团内部党的工作全部由核心企业党委领导。此种形式的集团约占40%。二是成立集团党委，所属子公司和集团机关党的工作全部由其领导。此种形式的集团约占60%。在处理集团与子公司之间党组织隶属关系上，对于和集团总部在一个地区的子公司，其党的工作归集团党委领导，关系处理得比较顺；对于跨地区的全资公司或控股公司，党组织的领导关系则主要采取双重领导模式，并且通过协商确定主管方和协管方，双方配合，齐抓共管，也取得了较好效果。

（二）坚持党对企业集团的政治领导，充分发挥党组织的政治核心作用

国有企业集团的发展给加强和改进企业党建工作提供了良好契机。一方面，企业集团及子公司按照建立现代企业制度的要求，大多进行了公司制改造，建立了比较规范的股东会、董事会、监事会，初步理顺了企业的领导体制。另一方面，由于企业集团规模较大，内部结构复杂，单靠行政一条线管理难度较大，因此各企业集团都加强了党组织建设，加大了党的工作力度。在班子配备上，党委书记兼任董事长的比例较高，同时

还普遍实行党政领导交叉任职，党委成员多数进入董事会、监事会，有的进入经营管理层，为党组织发挥政治核心作用提供了基本条件。如武汉市被调查的10户企业集团，总共67名党委成员中，进入董事会的37人，进入监事会的10人，进入经营管理层的33人。

总的来看，多数国有企业集团民主集中制原则坚持得比较好，民主决策程序比较规范，一个人说了算的现象较少。许多企业集团明确了集团党组织参与重大问题决策的内容、途径和方法，健全了党政联席会议、行政领导向党组织报告工作、党政领导磋商通气等制度。猴王集团对党委参与重大问题决策的程序作出明确规定：对需要决策的问题，先由党政主要领导提出或委托有关职能部门提出方案；方案提出后，党委常委先进行研究，达成共识后，通过党委会进行集体讨论，形成集体意见；将党委意见提交总经理办公会讨论，最后作出决策。集团党委还注意坚持和完善职代会审议重大决策的制度，每年集团党委会、经理办公会研究制定的各项重大决策，都坚持提交职代会审议讨论通过后再实施。武商集团党委对重大决策起到把关作用，行政对经营项目等事宜的决定，要报党委讨论，从中选取最佳方案。决策后，党委起到了“铺路石”作用，组织党员实施决策方案。

大多数企业集团都能够把坚持党管干部原则同改进管理办法结合起来，同保证董事会和总经理的用人权结合起来，建立比较规范的干部管理程序。对企业中层干部的任用，比较普遍的做法是：由经理提名或党委推荐，经组织人事部门考察后，召开党委

（扩大）会或党政联席会讨论，最后由经理根据多数人意见进行任免。葛化集团对干部的管理任用，采取分层次负责的方法，一是对全资、控股子公司的厂长（经理），由公司行政领导提名，集团党委组织部考核，经集团公司党政联席会讨论批准聘任；其副职则由公司提名，集团党委组织部考核，经集团公司党政联席会讨论批准聘任。二是对主体子公司中层干部的任用，直接由集团管理。

（三）注重选配好领导班子，造就高素质的经营管理队伍

各地在组建企业集团时，一是注意选配好国有企业集团公司领导班子，尤其强调选准配强党委书记、董事长和总经理。“一肩挑”的配强专职副书记，保证这些“一把手”都有较高的素质。荆门市委规定国有企业集团公司组建时，领导班子的配备均由市委组织部和市经贸委进行严格的考核和审查后，提交市委常委会讨论决定。二是加强对企业集团领导人员的教育培训，不断提高素质。武汉市委近年来通过多种形式培训国有企业领导人员1800多人次。武商集团投入100万元，将48名经营管理人员送到武汉大学进行了为期一年的脱产学习。宜昌市委举办市属重点企业集团中层干部培训班，请中央党校和中央国家机关的专家学者到宜昌为企业领导人员讲课。1998年针对企业干部培训中存在的“人员难抽调、经费难保证、计划难落实”的实际，与湖北省经济管理干部学院联合开办企业工商管理业余培训班，采取“集中授课、分散自学、统一考试”的灵活方式，每期学习时间为一年，准备分两批将市、县近3000名企业领导

人员全部培训一遍。三是建立健全对集团领导人的激励保障和监督约束机制。在建立激励保障机制方面，一些地方建立企业领导人任期目标责任制，采取年度考核、任期届满全面考核的方法，兑现奖惩。宜昌市对市属170家重点企业的领导人员实行了年薪制。荆门市纪委和组织部门对市属8家重点企业集团实行“挂牌保护”，制止一些部门向企业滥摊派、滥集资、滥收费，同时还加强对集团领导班子成员监督，积极探索既有上又有下、既有内又有外的比较完备的监督机制。宜昌猴王集团对集团领导实行三条线的监督：正常的生产性开支由总会计师控制，职工福利等非生产性开支由财务总监控制；集团审计处负责对企业效益进行审计，可随时突击审查；对群众来信来访反映或党委发现的问题，由纪检监察部门负责调查处理。葛化集团成立由党委副书记任组长的效能监察领导小组，小组成员包括纪检、监察、审计、财务、工会等部门负责同志，在集团范围内对所有子公司生产经营全过程监察，其主要目的之一就是对领导干部在生产经营中有意无意的疏漏及时指出、限期改正，对有经济问题苗头的干部，防微杜渐，把情况及时向党委反映，以便适时、恰当地处理，教育和挽救干部。干部的任免使用，必须有效能检查小组的意见。

（四）加强集团党组织自身建设，积极探索党组织活动的新路子

企业集团党委都十分重视加强自身建设，党组织比较健全，党务工作机构比较完善，党务政工干部队伍基本保持了相对稳定的状态。在此基础上，许多企业集团在围绕生产经营开展党组织

活动方面进行了有益的探索。一是抓“龙头”，加强核心企业党的建设，通过其典型示范效应带动紧密层企业和松散层企业的党建工作，对子公司的党建工作统一部署、统一检查，推动整个集团党的建设。武汉汉商集团提出“打铁先要自身硬”，在集团党组织实施“强身工程”，提高党组织战斗力、辐射力。二是紧贴中心，围绕企业生产经营开展党的工作，把党建工作同企业生产经营有机融合在一起。一些集团党委在企业年度或阶段性工作计划时，制定与之相结合的企业党建工作目标及任务，努力使党建工作渗透到企业经营管理的各个环节和改革发展的全过程，做到目标同向、工作同步、效果同出、成绩同奖。三是适应集团在外地设立子公司和销售网点多的特点，加强对外出党员管理，做到“形散神不散”。湖北建机集团近几年派往外地销售公司的人员增多，其中不少是党员，集团党委坚持“三个必须”制度，即党委的文件、活动的安排都必须给驻外销售公司寄去；党委负责人或政工干部定期到驻外公司巡视工作，必须一并了解党员情况；党员从外地回来后必须集中时间进行政治学习。四是不断探索企业集团党建工作规范化的新路子。一些企业集团注意适应建立现代企业制度的要求，通过建立健全有效的工作制度和运行机制，推进企业集团党建工作规范化。湖北宜化集团党委在基层党组织和党员中开展“创一流工作业绩，创一流党建水平”活动，把党建工作与经济工作融为一体，对企业管理人员实行“一岗双责”，签订双重目标责任书，把生产经营和党建工作同步规划、同步考核、同步奖惩，实行规范化和量化管理，使党建工作由虚变实、由软变硬，具体实在，富有成效。

三、企业集团党建工作的新情况、新问题

企业集团是现代单体企业与社会化大生产矛盾发展的产物，它作为现代企业组织结构的创新，随着社会主义市场经济体制的建立和完善，政治体制改革的逐步深化，企业集团党建工作遇到了许多新情况、新问题。主要表现在以下六个方面。

（一）企业集团的内在扩张性和产权、投资主体的多元化，给企业党组织设置和隶属关系带来了新问题

企业集团具有很强的内在扩张性。一方面，通过资本积累，凭借自己的技术、资金和管理优势，向相关产品、相关产业发展，实现内部扩张；另一方面，通过资产购并、重组，将别的企业拿过来，实现外部扩张。企业集团跨地区、跨行业、跨所有制发展的态势，使企业资本结构、产权和投资主体处于不断变化之中，从而给党组织的设置和隶属关系带来了两个问题。

一是党组织设置不合理。（1）有的企业集团子公司党组织设置与其职工人数、经济规模不相适应。该设党委的只设党总支，该设党总支的只设党支部。这主要是由于党员分布“三多三少”（老企业党员多，新企业党员少；传统工厂制企业党员多，新经济组织如股份制、合资企业党员少；三线企业等党员多，新兴高科技企业党员少）的现象造成的。（2）党组织设置的规格、层级不合理。有的企业集团要依托核心企业运作，集团党委与核心企业党委合二为一，两块牌子一套班子和办事机构，致使集团党组织

与紧密层企业党组织形不成合理的层级规格，集团党组织的领导、指导、调控和指挥功能弱化。

二是党组织属地管理原则，这对产权和投资主体单一的企业，不失为一种合适的做法。但企业集团跨地区兼并、收购、托管、重组，产权和投资主体多元化后，就必须适应建立现代企业制度的要求，在遵循一般属地管理原则的基础上，确立起管党组织与管资产、管人与管事相结合的原则，否则，就会形成管理混乱、多头管理或“两不管”的组织管理“真空”。这种情形在亏损困难企业表现尤其突出。如武汉造纸厂是一家拥有千余职工的亏困企业，原由武汉轻纺化集团控股，后被沙市区一家公司兼并，轻纺化集团因不控股，想把该厂党组织关系转出去，但控股方党组织不愿管，所在城区党委不想接，这样，就出现了下级组织找不到上级党组织的情况。

（二）企业集团资产运作、人员管理和生产经营的自主性，给完善企业现行领导体制和管理体制提出了新要求

企业集团具备独立的法人资格，是真正的市场主体，在资产运作、人员管理、生产经营等方面更具有自主性。与之相适应，现行领导、管理体制亟待改革。

一是集团外部领导体制没有完全理顺。比如，有的地方党委将集团董事长、党委书记、总经理作为同一层次干部进行管理，同一张纸任命，不符合建立现代企业制度的要求。

二是集团内部领导体制设置不合理。（1）部分企业集团党政工、董事会、监事会不健全，没有形成相互制约的法人治理机构，“新

三会”与“老三会”的功能发挥都不同程度地受到制约。（2）一些企业集团与子公司之间领导体制有待改进。集团对全资、控股、参股子公司应以资本的控制力为基准区别对待，建立相对应的管理机制，有些该直接管理的没有管好。如有的集团对全资子公司因地域遥远实行松散式管理体制，而不是直接、紧密、强有力的管理体制。

三是集团领导班子配置不合理。从集团领导班子任职结构看，班子成员配置缺乏统一规范，有的集团主要负责人担任党委书记、董事长、总经理三职或兼集团总部、核心层、重要的紧密层企业三个层次的职务于一身。在集团组建初期或过渡时期，这种职务安排有利于统一领导和高效运作。集团运行正常后，继续保持这种职务安排，则不能对主要负责人形成必要的监督、约束。从党委成员来源结构看，集团党委对子公司党委书记的角色安排不顺，为了便于决策，有的集团党委成员大都由紧密层子公司的行政领导担任，而党委书记多不是集团党委成员，不利于集团党委政治核心作用的发挥。

（三）企业集团母子公司之间关系的复杂性，要求规范党组织参与企业重大问题决策的内容、途径和程序

企业集团母公司与子公司之间的关系比较复杂，从资本结构上可分为三种：（1）全资型，即子公司资产全部由母公司投资，一般是母公司的核心（龙头）企业。（2）控股型，即子公司资产由母公司控股（占总股本的50%以上）和相对控股（虽不占总股本的50%以上，但是最大的股东），一般是母公司的重要紧密层企业。（3）参股型，即子公司资产中有一部分是母公司股份，但母公司不控股，一般是母公司的松散型（配套成员）企业。这种

复杂的资本和利益关系中，集团必须根据集权与分权适当的原则，按照“主辅结合”的办法对企业重大问题决策，才能充分发挥集团化管理和市场竞争的优势，取得布局效益、时间效益、规模效益。具体来说，决策形式有四种：（1）母公司为主决策；（2）母公司商子公司决策；（3）子公司商母公司决策；（4）子公司独立决策。集团党委、子公司党组织要切实加强党对企业的政治领导，坚持党管干部原则、履行好干部管理职能，积极参与生产经营重大问题决策，充分发挥政治核心作用。必须根据集团具体情况，对上述四种形式决策的内容进行细化、量化，作出明确界定，对参与决策的途径和程序进行规范。

（四）企业集团行业的多样性和管理的多层性，对企业领导人员的素质提出了更高要求

随着企业集团多元化经营步伐加快，经济规模不断扩大，专业化分工不断提高，涉及行业和管理的层次越来越多，搞好集团的战略管理、内部资源优化、经营风险控制等，与单个企业都有很大不同，这就对企业集团领导人员的素质提出了新的更高要求。由于我国企业集团发展刚刚起步，总体上看，企业领导人员的集团化管理水平还比较低，不适应集团发展要求。具体表现在：一是经济理论功底弱。部分企业领导人员对集团经营管理基础理论知之甚少。一方面，在把握经营方向、投资领域等重大问题决策上时有失误。有的过分追求多元化经营，认为多元化经营使企业“不把所有的鸡蛋放在一个篮子里”，可以规避经营风险，有利于稳定发展。因而，有些企业集团在主业不强、不优的情况下，盲目涉足房地产、餐

饮、广告宣传等领域，反而加大了经营风险。另一方面，组建企业集团是一项系统工程，关系到资本重组、产业重组、组织重组、管理重组、品牌重组等企业经营管理的方方面面，有的领导人在组建集团后无所适从，仍然按照过去的工作方式方法管理企业。二是政策水平低。有的企业集团在处理国家、集团、个人三者利益关系，集团与成员企业之间利益关系和集团与成员企业所在地政府利益关系时，不能较好地坚持互利互惠共同发展的原则、以丰补歉的原则和为集团增强后劲的原则，过分强调集团本部利益、眼前利益和局部利益，在一定程度上影响了企业集团整体功能的发挥。三是驾驭市场经济的能力不强。包括多种行业的管理能力、运营集团资本的能力、成本监控能力和选人用人水平比较低。造成这种局面原因是多方面的，比较显性的原因是少数集团领导人员或者直接从政府主管部门领导岗位到企业集团任职，缺乏企业管理经验和能力，自身先天不足；或者从单个小企业的厂长（经理）直接担任大集团领导，面对的是一个新的领域，显得不适应。更深层的原因是部分企业集团领导人员素质不高且又肩负重任，后续教育也跟不上，没有完成好角色嬗变。优胜劣汰法则失灵，合法权益得不到保障，部分集团企业领导失去提高素质的内在动力；激励不够的同时，权力失控又造成部分集团领导人员权力滥用和权力懈怠，也影响到企业领导人员更新能力和素质。

（五）企业集团用工灵活性和子公司所有性质的多样性，加大了党员教育、管理和发展工作的难度

企业集团用工较为灵活，一般对员工采取合同聘用制，合同

期通常为一至二年，企业职工处于频繁流动状态。加之在企业集团下岗分流、减员增效的改革中，下岗、待岗、退岗职工越来越多，流动党员也日益增多，给党员教育管理增加了难度。一是流动党员管理难。主要是身份难辨，关系难转。其原因，从党员自身看，有的是因为跳槽到企业来，抱有“留退路”的心态而不愿表明身份，有的党员因为怕承担义务、履行职责而不愿意表明身份。武商集团所属武汉广场招收千名员工，其中不少是党员。一年来，广场党支部通过多种途径“找出”40多名党员，还有一批党员至今仍然没有表明身份。从企业党组织角度分析，有少数党组织怕麻烦而不愿意接收流动党员。有的集团子公司对于招聘人员中的党员，一概不管不问，甚至遇到党员找上门要求把组织关系转来，也遭到拒绝。二是非公有制子公司（包括外方控股、私人业主控股）党员教育难。这类企业的党员，都具有双重身份。作为党员，他们要讲党性，时时刻刻按照党章要求行事；作为雇员，他们又必须服从企业的各项管理规则。这种双重身份，增加了企业集团党组织加强党员教育管理难度。“三新”企业党建工作基础薄弱，党员分布少，缺少必要氛围，企业职工主动申请入党和向组织靠拢的少，即使组织物色到合适人选，试探性接触后，反应也很冷淡。

（六）企业集团行业的多样性、地域的分散性，加大了党建工作宏观指导的难度

企业集团党委具有双重职责：一方面，作为基层党组织，要自觉地接受地方党委的领导、管理和监督，加强自身建设；另一方面，作为企业集团政治核心，又负有管理指导子公司党组织的

职责。党的十五大召开后，“四跨”企业集团必将得到快速发展，集团党委宏观指导责任更加重大，难度也更大。一是难在思想认识统一上。有的人认为集团公司和子公司都是独立法人，集团公司与子公司的关系有别于传统行业主管部门与企业或大型企业分厂的关系，都是党的基层组织，应该共同接受地方党委领导，集团党委不能对子公司党组织在加强党的建设和党的工作上进行宏观指导。有的人认为虽然集团公司主体是国有或国家控股的，但有些子公司资产主体是非公有制的。集团党委对混合所有制子公司实行宏观指导名不正言不顺，不合时宜。还有的对跨地域子公司宏观指导也提出非议。这些模糊认识，直接影响企业集团宏观指导力度和党组织政治核心作用发挥。二是难在功能建设上。当前集团党委宏观指导功能发挥不够，其原因包括疏于制定集团党建工作中长期规划、集团党委力量单薄、工作指导乏力等。三是难在政策法规供给上，集团党建工作由于没有现成经验可以借鉴，在实践中单兵突进，摸着石头过河，有关配套政策法规没有跟上来。

四、加强和改进企业集团党建工作的几点建议

（一）提高认识，加强对企业集团党建工作领导力度

与推行大企业、大集团发展战略相适应，各级党委和组织部门要提高认识，把企业集团党建工作作为搞好企业集团的重要措施来抓，摆在突出位置。一是加大领导力度。建立企业集团党建工作责任制，明确党委书记负第一责任。党委各职能部门要分别

制定集团党建工作中长期规划，进行有效指导，形成加强企业集团党建工作领导合力。二是加大宏观指导力度。开展企业集团宏观、中观、微观等不同层次理论研究，解决集团党建工作与集团公司这种新的经济组织形式相融合遇到的问题，增强理论指导前瞻性和针对性。要多视角加强对企业集团党建工作进行宣传，形成良好舆论环境。三是加大督查落实力度，保证中央和省委关于企业集团党建工作的方针政策落到实处。要深入调查研究，注重总结经验，并注意借鉴其他不同类型国有企业党的建设经验，不断提高国有企业集团党的工作水平。

（二）科学地建立、设置企业党组织，理顺隶属关系

组建企业集团公司，必须本着有利于促进企业改革和发展，有利于加强党的领导和发挥党组织政治核心作用的原则，同步建立党的组织。一是要以规范企业集团组建形式为突破口和前提，来解决好企业党组织设置问题，为企业党建工作整体上台阶打下坚实基础。组建新的企业集团必须以企业自身为主体，以资本为纽带，按照市场经济和现代企业制度要求运作，防止搞新的拉郎配。二是国有企业集团应设立集团党委，负责领导整个集团党组织的工作。要坚持党组织同经济组织同步设置、同步调整、同步完善的原则，首先组建企业集团党委和党务部门，解决好有组织管事、有人办事的问题。要及时调整、组建、加强子公司党组织，使企业党建工作与集团发展协调。要根据集团与子公司规模、党员人数，分别设立党委、党总支、党支部，形成不同层级。那些集团党委与核心企业党委相互重叠，合二为一的，要尽快分离，

集团公司党委必须独立运行。要加强党组织设置基础性工作，注重新组建企业、新兴行业企业、新经济组织企业党员发展工作，采取得力措施，逐步解决“三新”企业党员少的问题。三是国有企业集团公司党委的隶属关系，按照“谁授权谁管理”的原则，集团公司由哪一级政府授权经营，就由哪一级党委管理。要以资本的控制力为基准，确立子公司党组织隶属关系。集团全资、控股企业党组织一般隶属于集团党委管理，需要由属地党委管理的，由企业和地方党委协调。非控股企业党组织一般以属地管理为主，集团管理为辅。对跨省级区域、跨国家部门的特大型企业集团，建议中央组织部加强领导、指导、协调，并实行统一管理。

（三）加大企业集团干部人事制度改革力度，全面提高干部队伍素质

企业集团管理幅度宽，管理层级多，资产结构繁杂，运行方式独特，决定了其干部人事制度有别于传统工厂制企业以及单个公司制企业，要体现党管干部原则和现代企业制度要求，建立严密有序的干部人事制度。要坚持层级管理原则，按照组织管理层级合理划分集团公司党委与子公司党组织干部管理权限，避免不同层级干部集中统一管理后，对低层级干部管理流于形式。要规范干部管理程序，包括提名程序、任免程序等，通过党委会、董事会提出、确定总经理人选，并依照法定程序任免，尽快解决集团党委书记、董事长、总经理同一文件任命的问题。要实行分类、多元管理制度，即对全资控股子公司主要干部实行直接管理，对非控股企业干部实行间接管理，对地域遥远的全资、控股子公司

也可实行集团党委和所在地党委双重管理，一般以直接管理为主。

在加强企业干部人事制度改革的同时，要采取得力措施，全面提高干部队伍素质。要突出抓好董事长、党委书记素质的提高工作，按照缺什么补什么的原则改善集团干部队伍素质教育内容，重点是经济理论、宏观经济政策、资本运营、成本监控等。强化正面激励，全面推行年薪制，维护领导干部合法权益，增强企业集团领导干部提高素质的内在动力。同时，要加大监督约束力度。

（四）规范国有企业集团党组织参与重大问题决策的内容、途径和程序

国有企业集团公司党组织参与重大问题决策的范围，一般指集团公司提交股东会、董事会审议决定的问题，具体范围按照中发〔1997〕4号文件的有关规定执行。各企业集团要根据各自实际，对母公司为主决策、母公司商子公司决策、子公司商母公司决策、子公司独立决策等四种决策形式的内容进行细化、量化，对党组织参与决策的途径和程序予以规范，形成制度，严格执行。党组织要注意不断提高参与企业重大问题决策的水平。董事会、总经理在对重大问题决策前，应将准备讨论的问题报告党组织；党组织书记、董事长或总经理事前要进行商讨，在形成主导意见的基础上，适时召开党委会或党委扩大会讨论，提出党委的意见和建议，以书面形式通知股东会、董事会或经理。决策中，股东会、董事会或经理中的党委成员和党员，要积极做好工作，把党委的意图体现到决策过程中去。当党组织发现重大问题决策脱离实际，不符合党和国家的方针政策、法律法规时，应及时提出意见；如

得不到纠正，党组织要负责向政府有关部门反映并向上级党组织报告。重大决策的执行情况，应向党组织通报。

（五）切实加强对企业集团下岗职工党员的教育和管理

一是加强对下岗职工党员的教育。要教育下岗党员与党组织保持密切联系，参加党组织活动，遵守党的纪律，积极参加培训，在带头再就业和带领职工再就业中发挥先锋模范作用。二是企业下岗职工仍由企业党组织管理。下岗职工党员较多的企业，可在企业下岗职工再就业服务中心单独建立党组织，实行集中管理。短期外出务工经商的下岗职工党员，应办理《流动党员活动证》。下岗职工党员再就业时，要及时接转党组织关系。对于下岗后一时未能就业、生活困难的党员，党组织应给予关心和照顾，帮助他们克服困难，实现再就业。总之，要使每个下岗党员都能参加党组织生活，接受党组织的教育、管理和监督。三是企业党组织要建立下岗职工党员登记制度、专人联系和教育培训制度、查验《流动党员活动证》制度等，加强对下岗职工党员的教育、管理和监督。

（六）探索企业集团党建工作运行机制，提高企业党组织工作效率

要明确集团和子公司党组织的地位、职责、作用以及相互间的关系，增强集团党委在党建工作中的领导地位、指导地位、调控地位，形成强有力的政治核心地位。企业集团党委的主要职能是：（1）保证党和国家路线方针政策在本集团公司的贯彻执行；（2）参与企业集团重大问题的决策；（3）坚持党管干部原则，

按照干部管理权限和有关法律规定做好干部管理工作；（4）负责本公司机关党员干部的教育管理；（5）协助有关地方党委抓好紧密层企业的党的工作和思想政治工作。要加强集团党建工作的制度建设，包括党委会、董事会联席会制度，集团党委参与重大问题决策制度等，充分发挥好党组织在集团生产经营中的政治核心作用。要探索集团组织活动方式方法，对不同子公司党组织活动要坚持原则性与灵活性相结合，集团党委对子公司党组织开展活动既要有刚性要求，也应根据子公司所处行业不同进行分类指导。企业集团党的工作，要注意抓好核心企业党的建设，形成经验，为紧密层企业树立榜样。要从实际出发，着眼于集团的发展和坚持党的领导，制定好企业集团党委工作的目标和计划，创造适应和促进企业集团发展的党的工作方式方法，增强企业集团党的工作时效性。

附录三：

钟怡祖文集

《钟怡祖文集》收录的30篇文章，多数以“钟怡祖”署名，也有直接以单位署名的，如“中办调研室政治组”“中办调研室一组”，还有以“新华社特约评论员”署名的，皆为集体创作。我查阅了有关资料，以“钟怡祖”署名发表的第一篇文章，是1994年5月24日《人民日报》的《普及现代科学知识的重要读物》。“钟怡祖”为中办调研室综合一组，即“综一组”谐音。后来，综合一组更名为政治组、一组，但“钟怡祖”的笔名一直沿用下来。

2001年初，我从湖北省委组织部调到中办调研室政治组（一组）工作。全组着眼于提高执笔能力，着眼于为党多做工作，结合文稿实践，利用工作间隙，撰写并发表了大量文章，形成了一个写作高潮。两年间，我们发表文章20多篇，其中，署名“钟怡祖”的8篇、署名“新华社特约评论员”的7篇。

2003年初，我调到六组工作。2005年初，我回一组主持工作，5月担任组长。我们继承和发扬组里的好传统，又分批撰写了大量文章，形成了新的写作高潮。一是结合保持共产党员先进性教育活动，推出了“七论”；二是针对党员教育管理中的问题，写出了“先锋时评系列笔谈”10篇短评；三是结合学习宣传《中华人民共和国公务员法》，推出了“五论”；四是起草了关于和谐思维、民族精神、自主创新的3篇文章；五是结合学习《江泽民文选》和党的十六届六中全会精神，撰写了7篇文章。其中，公开发表20篇。

“钟怡祖”的文章，得到了中央领导的肯定和广大读者的认可，也得到了理论界、新闻界的好评。2007年8月，我们撰写的《构建社会主义和谐社会：从点题到破题》的评论，荣获全国优秀新闻作品年度最高奖——第十七届中国新闻奖一等奖。

至于我在撰写这些文章过程中的作用，我是有自知之明的。前一个时期，我是参与者，起草了7篇文章的初稿，参与了其余文章的讨论和修改；后一个时期，我是具体组织者，主持文章的设计、讨论、修改完善，也承担部分文章初稿起草任务。

正是基于与“钟怡祖”的这种感情和缘分，我将这两个时期集体创作并公开发表的部分文章整理结集，取名《钟怡祖文集》。

高度重视党风建设*

2001年9月24日至26日，中国共产党在北京胜利召开了十五届六中全会。全会审议并通过的《中共中央关于加强和改进党的作风建设的决定》，以“三个代表”重要思想和江泽民同志在建党80周年大会上的重要讲话为指导，从战略和全局的高度，全面分析了进入新世纪党面临的新形势新任务，深刻阐述了在新的历史条件下加强和改进党的作风建设的极端重要性和紧迫性，明确提出了加强和改进党的作风建设的指导思想、总体要求、主要任务和具体措施。会议指出，在新的发展阶段，加强和改进党的作风建设的指导思想和总体要求是：坚持马克思列宁主义、毛泽东思想、邓小平理论的指导，按照“三个代表”重要思想，紧紧围绕经济建设这个中心和改革发展稳定的大局，坚持党要管党、从严治党，以进一步密切党同人民群众的联系为核心，以保持党的先进性、纯洁性和增强党的创造力、凝聚力、战斗力为目标，发扬优良传统，加强思想教育，推进制度建设，解决突出问题，努

---

* 本文原载《时事报告（大学生版）》2001年第2期，作者署名为钟怡祖。

力把党的作风建设提高到一个新的水平。会议强调，要在推进党的思想建设、组织建设的同时，把加强和改进党的作风建设放在更加突出的位置，切实抓紧抓好。这是在新世纪我国进入全面建设小康社会、加快推进社会主义现代化新的发展阶段后，党中央作出的一项重要战略决策。党的作风建设必将以此为标志，进入一个整体推进、与时俱进的新阶段。

党的作风状况关系党的形象，关系人心向背，关系党和国家的生死存亡。高度重视作风建设，是我们党区别于其他政党的显著标志。应当看到，现在，党的作风总体是好的。党的十一届三中全会以来，我们重新确立了解放思想、实事求是的思想路线，形成了社会主义初级阶段的基本路线，制定了一系列符合我国国情和人民利益的大政方针，党的精神面貌焕然一新，涌现出了一大批孔繁森、李润五式的优秀共产党员和领导干部。可以这样说，改革开放以来我国取得的举世瞩目的成就，同广大党的干部为党和人民的事业发挥忘我奋斗和无私奉献的先锋模范作用是密不可分的。

但是，我们也应当看到，党的作风建设方面也存在一些亟待解决的问题。主要是在一些地方、部门和领导干部中，教条主义、本本主义滋生，形式主义、官僚主义盛行，弄虚作假、虚报浮夸严重，独断专行、软弱涣散问题突出，以权谋私、贪图享乐现象蔓延。这些问题，严重侵蚀了党的肌体、损害了党群关系和干群关系，在人民群众中造成了很坏的影响。固然，看不到党的作风的主流，悲观失望，是错误的。但是，看不到问题的严重性，丧失警惕，不下大力气抓紧解决，则是危险的。因此，我们一定要增强忧患意识，充分认识在新形势下加强和改进党的作风建设的极端重要性和紧迫性。

第一，加强和改进党的作风建设，是全面贯彻和实践“三个代表”重要思想的迫切需要。“三个代表”是我们党的立党之本，执政之基，力量之源，是我们加强新时期党的建设的基本方针。“三个代表”的精髓是与时俱进，本质是执政为民，核心是保持党的先进性。全面贯彻“三个代表”的要求，必须要有充分体现党的性质和宗旨的优良作风作保证。全党同志特别是领导干部只有始终站在时代的前列，毫不动摇地从我国社会主义初级阶段的实际出发，从不断发展变化的国际情况出发，自觉地把思想认识从那些不合时宜的观念、做法和体制的束缚中解放出来，从对马克思主义错误的教条式的理解中解放出来，从主观主义和形而上学的桎梏中解放出来，克服当前一些党员干部中存在的理论脱离实际、思想落后于时代等不良作风，以与时俱进的思想观念和优良作风，创造性地开展工作，才能全面正确地贯彻执行党的基本理论、基本路线、基本要求，团结和带领全国各族人民完成党在新世纪的三大历史任务。

第二，加强和改进党的作风建设，是开创改革开放和现代化建设新局面的必然要求。当前我们所处的国际环境发生了深刻的变化。世界多极化、经济全球化、信息网络化，给我们带来了难得的机遇，也提出了严峻的挑战。在国内，随着改革开放的深入和社会主义市场经济的发展，社会经济成分、组织形式、就业方式、利益关系和分配方式日益多样化，新事物新问题层出不穷。随着党和国家事业的发展，党的队伍状况发生重大变化，新党员大幅度增加，干部队伍新老交替不断进行，一大批年轻干部走上领导岗位。这些深刻变化既带来机遇，也带来挑战。

面对复杂的国内外环境，党要团结和带领全国各族人民创造性地推进改革开放和社会主义现代化建设，实现中华民族的伟大复兴，必须按照“三个代表”的要求，全面推进党的建设新的伟大工程，切实解决党风方面存在的突出问题，坚决克服党内一些人脱离群众、固步自封等倾向，努力培育符合时代发展要求的新的作风。只有这样，我们党才能在世界形势深刻变化、各种矛盾错综复杂的环境中始终走在时代前列，在应对国内外各种风险考验的历史进程中始终成为全国人民的主心骨，在建设中国特色社会主义的历史进程中始终成为坚强的领导核心，带领全党和全国人民克服改革开放和经济建设中的各种艰难险阻，完成党在新世纪的三大任务和历史使命。

第三，加强和改进党的作风建设，是党永远立于不败之地的重要保证。我们党已经连续执政五十多年。长期执政给党的自身建设，尤其是作风建设提出了一系列新的课题。世界政治历史表明，长期执政，容易使执政者因循守旧，不思进取，贪图安乐，滋长不正之风和腐败现象，严重脱离实际，脱离群众。20 世纪最后 10 多年，国际局势风云变幻，一些多年执政的党相继失去政权。这些政党和国家出问题，原因固然是多方面的，但一个很重要的原因，是其领导集团内部出现了严重的腐败现象，脱离了人民群众，导致了人心向背的变化。历史和现实都告诉我们，马克思主义执政党的最大危险，就是脱离群众。所以，我们一定要从关系党和国家生死存亡的高度，深刻认识加强和改进党的作风建设的重要性、必要性和紧迫性，坚决地、全面地贯彻六中全会精神，把加强和改进党的作风建设作为一项重要工作切实抓好，努力把党的思想作风、学风、工作作风、领导作风和干部生活作风提高到一个新的水平，永葆党的先进性，增强党的凝聚力和吸引力。

当前和今后一个时期，党的作风建设要解决的重点问题和突出问题，就是《决定》中指出的“八个坚持、八个反对”，即：坚持解放思想、实事求是，反对因循守旧、不思进取；坚持理论联系实际，反对照抄照搬、本本主义；坚持密切联系群众，反对形式主义、官僚主义；坚持民主集中制原则，反对独断专行、软弱涣散；坚持党的纪律，反对自由主义；坚持清正廉洁，反对以权谋私；坚持艰苦奋斗，反对享乐主义；坚持任人唯贤，反对用人上的不正之风。这“八个坚持、八个反对”既全面覆盖了党的思想作风、学风、工作作风、领导作风和干部生活作风，又很鲜明、很响亮、很好记。

党的十五届六中全会通过的《决定》是指导今后党的作风建设的行动纲领，它标志着我们党对在新的历史条件下加强自身建设的规律有了新的认识。中国共产党人有决心按照“八个坚持、八个反对”的要求，紧紧围绕保持党同人民群众的血肉联系这个核心问题，推进党的作风建设，使党的作风有新的明显进步，使党群关系和干群关系有明显改善，使广大党员和人民群众看到实效，增强信心。

党员领导干部的生活作风是一个严肃的政治问题 *

近年来，江泽民同志一再强调，领导干部要有一个好的作风。2001 年年初江泽民同志又提出，要认真总结我们党加强作风建设的历史经验和新鲜经验，抓住当前思想作风、工作作风、领导作风、学风和干部生活作风等方面存在的突出问题，通过全党的共同努力，认真加以解决，切实把党的作风建设提高到一个新的水平。在深化改革和加快现代化建设的进程中，党员领导干部的生活作风建设作为党风建设的一个重要方面，关乎党的队伍的整体形象和战斗力，必须高度重视，切实抓紧抓好。

一、党员领导干部的生活作风问题不容忽视

生活作风，是人在日常生活中形成的生活态度和行为模式，是人的思想品质、道德观念、文化素养和行为方式等在日常生活中的综合反映，受世界观和人生观的支配。党员干部的生活作风

* 本文原载《党建研究》2001 年第 9 期、《组织人事报》2001 年 9 月 13 日，作者署名为钟怡祖。

虽然不直接体现在领导干部行使领导职责的过程中，但却比较具体地体现在日常生活中，为广大人民群众所直接感受和接触。当前，党员领导干部的生活作风总体上是好的，在广大人民群众中起到了表率作用。但社会上一些腐朽堕落的风气也不同程度地侵蚀到领导干部队伍中，使得一些党员领导干部受到了影响和冲击，出现了一些问题。概括起来主要表现在：物质生活上表现为享乐化，信奉“以健康为中心，潇洒一点，舒服一点”的生活观念，过分在意票子、车子、房子，不愿过艰苦生活，生活待遇上“寸土必争”，工作上则得过且过；文化生活上表现为消极化，革命意志消沉，精神萎靡不振，沉溺于歌厅舞场，迷恋于求神拜佛，甚至道德败坏，找“三陪”、包“二奶”；社会生活上表现为庸俗化，奉行实用主义原则，极力编织自己的关系网，热衷于“傍大款”，而对违法违纪行为不制止、不斗争，采取宽容、包庇的态度，甚至在公开场合乱说话，随意传播小道消息，严重违反党的纪律；家庭生活上表现为逐利化，大搞裙带之风，“一人得道，鸡犬升天”，利用职权支持、怂恿家属子女收受贿赂、牟取私利，而对人民群众的疾苦、利益却麻木不仁，漠不关心，等等。这些问题归结起来，就是表现在党员领导干部生活作风上的拜金主义、享乐主义和极端个人主义。

党员领导干部的生活作风，是党的作风体系中的一个重要方面，从一个侧面反映着党及其成员的面貌，与党员领导干部的学风、思想作风、领导作风、工作作风等一起构成党的整体形象。领导干部的生活作风的好坏，关系到党员领导干部队伍的形象和战斗力，绝不是个人的小事，而是一个重大的政治问题。

党员领导干部的生活作风好坏，关系到党的性质和根本宗旨的具体实践。一个人的生活作风如何，反映了一个人在实际生活中的精神追求和价值取向，是其世界观、人生观、价值观的现实表现。对于领导干部来说，不同的生活作风可以充分反映出不同的思想情操和道德品质。从更大的意义上说，一个政党的领导成员在现实生活中所表现出来的生活态度和行为方式，其实质反映了这个政党的政治主张、根本宗旨和阶级本质，是这个政党顺应还是背离时代潮流、具有先进性还是落后性的具体体现。江泽民同志深刻指出："我们党所以赢得人民的拥护，是因为我们党在革命、建设、改革的各个历史时期，总是代表着中国先进生产力的发展要求，代表着中国先进文化的前进方向，代表着中国最广大人民的根本利益，并通过制定正确的路线方针政策，为实现国家和人民的根本利益而不懈奋斗。""三个代表"的实质就是先进性和代表性，就是与时俱进和全心全意为人民服务。当前，极少数党员领导干部在生活作风中所表现出来的拜金主义、享乐主义和极端个人主义倾向，严重违背了党的性质和根本宗旨，割裂了党同人民群众的血肉联系，背离了时代发展的潮流。是否重视这个问题，这是关系到能否实践好"三个代表"的严肃的政治问题。

党员领导干部生活作风的好坏，关系到"以德治国"方略的实施。依法治国与以德治国并举，是新时期我们党的基本治国方略。实施以德治国的途径是通过大力倡导健康文明的社会公德、职业道德、家庭美德，在全体人民中形成普遍认同和自觉遵守的行为规范，在全社会形成团结互助、平等友爱、共同前进的人际关系。实施以德治国的基本方略，关键在党，首先在党的各级领导干部。党员领导干部是社会主义现代化建设的领导中坚，在社会生活中处于公众“聚焦”的地位，有着重要的表率作用。追求消极腐朽的生活方式，是道德观念落后和败坏的表现，既严重影响了党员领导干部在社会生活中的形象，又对整个社会风气起到了很坏的引导作用，严重阻碍了以德治国方略的实施。因此，党员领导干部必须高度重视生活作风问题，提高道德修养，严肃生活态度，在道德观念和文化生活上充分体现出党的先进性。要以自身的先进行为来引导人民群众投身于社会主义精神文明建设，为社会生活奠定良好的思想道德和行为规范基础，顺利地推进、实施以德治国的基本方略。

党员领导干部的生活作风好坏，甚至关系到党和国家的生死存亡。党的三代领导人在革命、建设和改革的各个时期都高度重视包括领导干部生活作风在内的党的作风建设。特别是建立新中国、开始社会主义建设之后，党中央一而再、再而三地提醒全党同志，要始终十分警惕党执政后地位的变化可能带来的影响，切实加强党的作风建设，始终坚持党的性质和宗旨，始终不脱离群众，始终保持蓬勃的生机和旺盛的生命力。新中国成立以来特别是改革开放以来，一些触目惊心的事例一再告诉我们，一些领导干部在困难和危险面前是英雄，但在糖衣炮弹面前却打了败仗；而这种败仗又往往是从生活作风上打开缺口的。如成克杰、胡长清等人由高级干部堕落为腐败分子的过程，就是从生活腐化开始的。可以说，领导干部生活作风上的腐败，既是腐败现象的一个方面，又是造成更大腐败的一个重要原因。为此，江泽民同志曾多次语重心长地告诫全党，我们党和政府的宗旨是全心全意为人民服务，这就决定了各级领导干部必须清正廉洁，始终同人民群众同甘共苦，息息相通。不解决好反腐倡廉的问题，改革、发展、稳定就没有坚强的政治保证，党和政府就会严重脱离群众，就会丧失民心，就有亡党亡国的危险。因此，领导干部的生活作风问题，关系到改革和建设的大局，是事关党的生死存亡的重大政治问题。

二、党员领导干部不良生活作风产生的主要原因

当前，党员领导干部在生活作风方面存在的种种问题，既有深刻的社会现实原因，是社会大变革、时代大转折的历史转型期出现的现象；又有一定的主观原因，是一些党员领导干部不注意加强学习、不加强主观世界改造、放松对自身要求所带来的后果。同时，思想教育不够、组织监督不严、制度管理不健全，也是导致个别党员领导干部在生活作风方面出问题的一个重要原因。

从社会现实大背景来看，任何思想行为模式都有一定的继承性。我们党的领导干部在生活作风方面存在的种种问题，有着一定的历史和社会根源。我国是在政治、经济、文化比较落后的基础上走向社会主义道路的。两千多年的漫长封建历史残留下来的封建传统宗法观念、等级观念、特权观念、家长制作风以及闭关自守、盲目排外、人身依附、当官做老爷等，不可能在很短的时

间内消除。一些干部容易自觉不自觉地成为封建残余思想的俘虏。同时，当前我们正处在由计划经济向市场经济过渡的社会转型时期，社会的宏观结构、微观基础、社会关系、价值观念、文化及心理结构等都面临全方位的变革。各种社会思潮和外来文化对人们的道德观念产生了前所未有的、全方位的冲击，容易使一些干部感到失去了行为规范的“参照物”，导致日常行为失范。特别是西方资产阶级思潮和腐朽生活方式，披着五颜六色的所谓“新潮”“现代”的华丽外衣涌进来，对社会风气产生了不良影响，也侵蚀了一些意志不坚定的领导干部。

马克思主义认为，任何事物的变化、发展，外因都只是提供了一些必要的条件，而内因才是起决定作用的根本因素。党员领导干部在生活作风方面出现问题，其主要根源还是在于领导干部自身，在于他们不讲学习、不讲政治、不讲正气，放松了主观世界的改造，没有树立坚定的理想信念和正确的人生追求。

此外，对党员领导干部的日常生活缺乏有力的思想教育、缺乏严格的组织监督、缺乏有效的制度管理，也是导致生活作风出问题的一个重要原因。党的根本宗旨不仅要体现在领导干部的日常工作中，也要体现在领导干部的日常生活中，体现在领导干部的一言一行中。当前，我们存在一个比较突出的误区，就是把对领导干部教育、管理和监督的重点放在了他们的工作环节中，没有延伸到领导干部的八小时之外，他们的“生活圈”“社会圈”成为盲点、空白，这就容易导致那些自我约束意识能力差的干部放松对自己的要求，生活作风出现“滑坡”。新的形势和领导干部队伍建设的现状，迫切要求我们下大功夫，抓好对领导干部在生活作风方面的思想教育，认真研究加强对领导干部日常生活进行管理、监督的具体措施和办法，制定出切实有效的规章制度，增强对党员领导干部日常生活的外部约束力，使他们进一步明确什么可为、什么不可为，行为举止有规有矩，在群众中树立党员领导干部的良好形象。

三、积极探索加强党员领导干部生活作风建设的有效途径

加强新时期党员领导干部生活作风建设，必须把生活作风建设放在党的作风建设的突出位置，纳入党的作风建设系统工程中，按照“三个代表”的要求，全面加以改进；同时，要在全面加强党的作风建设过程中，注意抓住和把握生活作风的特点和存在的实际问题，有重点、有针对性地加以解决。

针对党员领导干部生活作风方面存在的突出问题，当前应着重抓好以下三个环节的工作：

一是加强经常性的思想教育。这是帮助领导干部养成良好生活习惯、生活方式和生活态度的有效形式。各级党组织要克服在干部思想教育问题上的误区和局限性，在加强对领导干部进行思想作风、工作作风、领导作风和学风教育的同时，把对干部进行生活作风教育纳入干部的日常教育工作中，切实扩大干部教育工作的领域和覆盖面，使思想教育工作贯穿于干部工作和生活的全过程、全方位，促进干部的全面成长。

在开展教育的过程中，要注意把握生活作风的特点，着重抓好党员领导干部的利益观教育。要把利益观教育与党员领导干部在现实生活中遇到的实际问题结合起来，有针对性地开展教育。对于党的领导干部来说，无论是革命、建设还是改革时期，“吃苦在前、享受在后”都是必须坚守的原则，因为这是由我们党全心全意为人民服务的根本宗旨决定的。由于我们党处在执政地位并长期执政，一些领导干部逐渐产生了一种错误的思想倾向，他们把党和人民赋予的职权，把自己的地位、影响和工作条件，看成是自己的所谓“既得利益”。他们不是用这些职权条件来为党和人民更好地工作，而是用来为自己捞取不合理的、非法的私利，甚至把这些东西看成是谁也碰不得、动不得的私有财产，想方设法地去维护和扩大这种所谓“既得利益”。这是十分危险的。我们党是中国工人阶级的先锋队，是全心全意为人民服务的，绝不允许搞剥削阶级政党及其统治集团所追求的那种既得利益，也绝不能成为那样的既得利益集团。党员领导干部必须坚决按照“三个代表”的要求，始终保持党与人民群众的血肉联系，时时刻刻把人民的利益放在首位，为党、国家、民族、人民的利益不懈奋斗，对个人的名利地位看得淡一些，这样才能弘扬正气，经受住改革开放和发展社会主义市场经济的新考验。

二是严格自律。党员领导干部在建设有中国特色社会主义事业中所处的地位、所肩负的重任决定了他们在领导工作和社会生活中都必须时刻严格要求自己，增强自律意识，做好自律表率。在生活作风上做到自律，最主要的一点就是要管住小节。加强自律，必须从小事抓起，防微杜渐。一要“慎微”“慎独”。党员领导干部不能因为处在工作时间之外而放松对自己的要求，不能因为处在组织监督视野之外而随意放纵自己。要坚持以共产主义道德观来划清是非、善恶、荣辱、美丑界限，管住管好自己吃、住、行等方面的生活小节，保持严谨的生活态度、生活作风，培养高尚的道德情操，切实增强抵制各种诱惑和腐蚀的自觉性和免疫力。二要纯洁“社交圈”“生活圈”。必须慎重对待日常交际和朋友来往，择善而交，择洁而居，远离“三教九流”，不干有损领导干部形象的事情。三要管住身边人。党员领导干部要树立以人民利益为重的观念，切不可把党和人民给予的地位和权力，当作为自己和家庭成员谋取私利的手段。既要管住自己，又要管住管好自己的配偶和子女，还要管住管好身边的工作人员，这是党对领导干部的一项政治要求，也是新形势下抓好党员领导干部生活作风建设的重要手段之一。

三是加强管理和监督。要加大管理的力度。继续坚持执行好领导干部报告个人重大事项制度、收受礼品登记制度和收入申报制度等提出的各项规定、要求，把近来中央制定的一系列党风廉政建设规章制度认真落实到党员领导干部日常生活中去，规范领导干部日常行为。同时，积极探索新的行之有效的管理办法，把八小时之外的主要表现情况作为党员领导干部的述职内容，纳入群众评议的范围，并坚持德、位统一的原则，把好领导干部选拔任用中的生活作风关，进一步扩大组织和群众监督的覆盖面，逐步建立起适合党员领导干部特点的生活作风管理制度和约束机制。

要加大社会舆论监督的力度，从当前干部监督的实践来看，社会舆论监督的效果比较好，对党员领导干部的触动也比较大，要站在党和国家事业发展全局的高度，从积极的方面充分认识舆论监督对促进党风廉政建设的重要作用，逐步开放新闻舆论对党员领导干部八小时之外活动的报道，增加透明度；适时加大新闻舆论对党员领导干部日常生活的监督，增加曝光度，为党员领导干部养成严谨的生活作风营造良好的社会环境。要充分发挥家庭在干部监督中的关键作用。领导干部的配偶，要做一个深明大义的“贤内助”，以党和国家的事业为重，舍小家顾大家，对领导干部多支持、少拖累，多理解、少埋怨，多关心、少苛求，创造一个干净纯洁的环境；要注意维护领导干部的形象，少说偏话、少打招呼，防止一些别有用心的人利用“夫人路线”或“公子路线”，对领导干部拉拢腐蚀。

总之，党员领导干部的生活作风问题，是一个严肃的政治问题。加强党员领导干部的生活作风建设，根本在领导干部自身，要切实做到“四管”：管住自己的脑，不为私利而分神；管住自己的嘴，不随意乱说乱吃；管住自己的腿，不去不该去的场所；管住自己的手，不拿不该拿的东西。切实做到不为风云变化所乱，不为色情所迷，不为物欲所动，真正成为廉洁奉公的模范，成为改革开放和现代化建设的坚强领导力量。

用好的制度和作风选人*

党的十五届六中全会通过的《中共中央关于加强和改进党的作风建设的决定》，把选人用人作为加强和改进党的作风建设的重要内容，强调要“用好的作风选人、选作风好的人”。这是《决定》对干部选拔任用工作提出的新要求。选人用人问题，事关党的事业兴旺发达和国家长治久安。邓小平同志讲的“关键在党、关键在人”，在很大程度上说的就是选人与用人。我们一定要认真学习六中全会精神，按照江泽民同志关于“三个代表”的要求，加大干部人事制度改革的力度，努力形成和完善干部能上能下的机制，用制度保证优秀人才的脱颖而出和健康成长。同时，大力加强组织人事部门的作风建设，用好的作风保证建设高素质干部队伍战略任务的完成。

一、用好的制度和作风选人是落实“三个代表”重要思想的迫切需要

“三个代表”是我们党的立党之本、执政之基、力量之源，是

---

* 本文原载《党建研究》2001年第10期，作者署名为钟怡祖。

我们加强新时期党的建设的基本方针。“三个代表”的精髓是与时俱进，本质是执政为民，核心是保持先进。把“三个代表”的要求落实到建设一支高素质的干部队伍中去，理所当然地要求在选人用人上既要有好的制度，也要有好的作风。没有好的选人用人制度和作风，就不可能真正选出有好的作风、符合“三个代表”要求的优秀人才。

用好的制度和作风选人，是党在深刻总结干部人事工作正反两方面经验基础上得出的重要结论。我们的干部制度建设和作风建设，与我们党 80 年的历程一样，也经历了一个曲折发展的过程。在长期革命、建设和改革的实践中，我们党在选人用人上形成了一系列好的制度和作风，这是党在 80 年奋斗进程中历经磨难而不衰、千锤百炼更坚强的重要原因。但也要看到，我们党的干部制度和党的作风建设也遭受过十年“文化大革命”这样的严重破坏。正反两方面的经验表明，什么时候我们坚持了用好的制度和作风选人，我们的事业就顺利发展；什么时候在选人用人上背离了好的制度和作风，我们的事业就遭受重大挫折。应当指出，我们的干部选拔任用制度，总的来说是好的。但是，也应当看到，计划经济体制弊端的影响还没有完全消除，有些地方仍不适应形势和党的事业发展的要求。特别是用人上的不正之风屡禁不止，在一些地方和部门还相当严重。比如，有的跑官要官、买官卖官，甚至弄虚作假骗官；有的任人唯亲、封官许愿、拉帮结伙等。这些用人上的不正之风和腐败现象，严重损害党的形象，败坏党的作风，人民群众反映强烈。认真总结历史经验教训，加快干部人事制度改革步伐，完善制度，健全机制，坚决纠正和防止用人上的不正之风，是时代的呼唤，是群众的期盼。

用好的制度和作风选人，也是我们面临的形势和任务的迫切要求。从国际形势来看，我们正面临着前所未有的全球范围经济、科技的激烈竞争。这种竞争，从根本上说，是人才数量和质量的竞争，也是人才成长和发挥作用机制的竞争。世界范围的人才竞争，特别是西方发达国家对发展中国家优秀人才的争夺，已经达到白热化的程度。从国内来看，党已确定了新世纪的三大历史任务和“十五”发展目标，组织人事工作要为实现党和国家的宏伟目标提供组织保证和人才支持，没有大量优秀的领导人才、科技人才和经营管理人才，我们的目标就难以实现。要缩短同世界发达国家生产力水平的差距，实现社会生产力的跨越式发展，必须建立和完善使优秀人才脱颖而出、健康成长的机制和一整套办法；必须制定和完善培养人才、吸引人才、留住人才，使人才充分发挥作用的政策和措施。因此，无论是应对深刻变化的国际环境，处理各种错综复杂的矛盾，还是保证新世纪党和国家现代化建设目标任务的完成，都迫切需要把选人用人作为加强和改进党的作风建设的重要内容，切实抓紧抓好。

二、大批德才兼备优秀人才脱颖而出要靠好的制度

选贤任能，从根本上说，要靠好的制度。因为领导制度、组织制度问题更带有根本性、全局性、稳定性和长期性。好的制度能够使优秀人才脱颖而出，不好的制度压抑人才，挫伤人才积极

性。所以，邓小平同志一再强调，各级党委和组织部门要“勇于改革不合时宜的组织制度、人事制度，大力培养、发现和破格使用优秀人才，坚决同一切压制和摧残人才的现象作斗争。”只有建立健全好的选人用人制度并严格执行制度，才能使选人用人工作制度化和规范化，避免用人上的随意性和盲目性。

改革开放特别是党的十三届四中全会以来，在党中央正确领导下，干部人事制度改革力度不断加大，党政干部制度改革、企事业单位人事制度改革都取得了新的突破；在扩大民主、完善考核、推进交流、加强监督方面都取得了显著成效；在干部制度创新和干部工作法规建设方面，也都取得了明显成效。特别是2000年《深化干部人事制度改革纲要》下发和全国干部人事制度改革经验交流会召开后，干部人事制度改革进入了一个全面规划、整体推进的新阶段。社会各界和人民群众对这些年的干部人事制度改革给予了积极评价。但是也应当清醒地看到，干部人事制度改革与建设社会主义民主政治、发展社会主义市场经济的要求还有差距，有些制度还没有完全体现出社会主义制度的优越性和时代要求，还存在一些弊端。比如，干部能上能下的渠道还不够畅通，优秀人才脱颖而出和更新交替的机制不够健全；干部工作中的民主程度还有待进一步提高；选拔任用中失察失误的情况时有发生，等等。因此，必须认真总结这些年用好的制度选人的新经验新办法，进一步加快干部人事制度改革的步伐，通过完善制度，加强监督，健全机制，做到任人唯贤，从源头上防止和治理用人上的不正之风。

用好的制度选人，必须不断扩大干部工作中的民主，落实群众对领导干部选拔任用工作的知情权、参与权、选择权和监督权。扩大民主，是政治体制改革的基本要求，也是干部人事制度改革的基本方向。近年来，各地认真贯彻群众公认原则，坚持走群众路线，不断扩大群众对干部选任工作的参与程度，在落实“四权”方面探索创造了一些好的做法和制度。如民主推荐、民意测验、民主评议、任前公示、考察预告、差额考察、票决制、试用期制等，对选准用好干部起到了重要作用。当前的重点，是要通过完善相关制度，努力实现干部人事工作的科学化、民主化和制度化。要改革和完善选举制度。应逐步扩大差额选举范围，改进候选人的提名方式，创造条件使选举人对候选人有更多的了解，完善差额选举的具体办法。要健全选人用人的决策机制。党委（党组）讨论决定任用干部，要在充分酝酿、协商和讨论的基础上，集体决定，做到多数人不赞成的不提名，未经组织人事部门认真考察的不讨论，集体讨论时多数人不同意提拔任用的不通过，并逐步推行无记名投票表决制度。对地（市）、县（市）党委、政府领导班子正职的拟任人选，要逐步做到分别由省、市党委常委会提名，党的委员会全体会议审议，进行无记名投票表决。在全会闭会期间，可由党委常委会议作出决定，但在常委会议作出决定前必须征求全委会成员的意见。

用好的制度选人，还必须完善监督制度，加强对选拔任用工作的监督。要认真执行并进一步完善党政领导干部选拔任用工作制度，对干部的推荐提名、考察考核、讨论决定等各个环节实行全过程监督。要把监督关口往前移，把对干部选拔任用工作有关制度执行情况的检查经常化、制度化，对违反有关规定的行为严肃查处。应加强程序性制度的建设，逐级建立并完善干部选拔任用工作责任追究制度。按照权责一致的原则，明确干部选拔任用工作中推荐、考察、决定等各个环节的责任主体和责任内容，对因选人用人失察失误造成严重后果的要追究责任。对在干部任用上搞以权谋私、权钱交易、受贿卖官的，一经发现就要抓住不放，坚决查处，严惩不贷。

三、选贤任能必须要有好的作风作保证

党的十五届六中全会《决定》，之所以把选人用人作为加强和改进党的作风的重要内容，其中重要的原因是选贤任能本身就体现着党的优良作风。当前，党的干部队伍又处在一个整体性新老交替的重要时期。用什么样的作风来选人，选什么样作风的人，是一个事关党的政治路线由什么样的人来执行的大问题。这是因为，党的基本理论、基本路线、基本纲领和各项方针政策，要靠广大干部带领群众去贯彻落实，干部的作风不过硬，一切都无从谈起。历史经验和实践都已表明，必须用好的作风来选人，才能选出作风好的人。选贤任能，历来不容易。各级党委和组织部门，要按照六中全会精神和中央的要求，坚持解放思想、实事求是的思想路线，打破论资排辈、求全责备、迁就照顾和凭个人好恶等陈旧落后观念的束缚，不拘一格选人才。要树立良好的思想作风和工作作风，以坚强的党性和高度的政治责任感为党和人民把好

选人用人关。

在新形势下，坚持正确的选人用人作风，反对不良的选人用人作风，必须做到“五个坚持”“五个不准”：

坚持任人唯贤，不准任人唯亲。坚持任人唯贤，是党的宗旨和立党为公的原则在干部人事工作中的体现，也是实现党的路线、纲领的组织保证。坚持任人唯贤，就必须反对任人唯亲，必须按照德才兼备的原则和干部队伍“四化”方针来选人，选群众公认、实绩突出的人。当前在选人用人上存在的一个突出问题，是一些领导干部凭个人好恶，只选与自己有关系的人以及在小圈子中选人，这是任人唯亲的典型表现。因此，要把坚持任人唯贤还是搞任人唯亲，作为衡量一个领导干部政治上、作风上是否合格的一条重要标准。

坚持五湖四海，不准搞团团伙伙。选人用人坚持五湖四海，是维护党的团结、坚持正确的干部路线的基本要求。我们的干部来自五湖四海，都是为了一个共同的目标走到一起来的。因此，选人用人必须反对“以人划线”和“以地域划线”，反对以同学会、老乡会、校友会等为名，搞团团伙伙，甚至在党内搞什么“义结金兰”“拜把子”一类的封建活动，把党内关系、干部之间的关系庸俗化。

坚持公道正派，不准拉关系、徇私情。公道正派是用人的基本准则，也是对领导干部和组织人事干部的基本要求。现在一些地方跑官要官、打招呼说情风很盛，一些人不是把心思用在苦干实干上，而是用在拉关系、找门子、跑路子上，有的甚至谋官害命。这些现象的存在，反映出用人上的不正之风还相当严重。因此，各级领导干部和组织人事部门必须坚持公道正派的用人作风，按原则、按标准用干部，出以公心用干部，用一身正气来抵制跑官要官等不正之风。

坚持集体讨论，不准个人或少数人说了算。党管干部，具体到一个地方和单位来说，就是要坚持“集体领导、民主集中、个别酝酿、会议决定”的原则，充分发挥党委常委会、全委会的作用。领导班子成员特别是一把手要增强贯彻民主集中制的自觉性，凡属重要的人事任免，都必须由党委（党组）集体讨论，不准以书记办公会、领导圈阅等形式，代替党委（党组）会集体讨论决定干部任免，决不允许少数人或个人说了算，把集体领导当陪衬，把集体讨论当形式。

坚持按程序办事，不准搞临时动议。严格按程序办事，是依法办事、严格按制度行事的必然要求，是保证选好人用好人的重要措施。而临时动议，则是用人上随意性、个人说了算的典型表现。严格按程序办事，就是无论是委任、选任还是考任、聘任，都要按照干部选拔任用工作的有关规定进行。如《党政领导干部选拔任用工作暂行条例》规定了干部选拔任用必须经过民主推荐、考察、酝酿、讨论决定等程序。我们一定要坚持按《条例》规定的程序办事，对违反《条例》规定程序使用干部、搞临时动议的，应严肃查处。

用好的作风选人，必须把干部作风方面的表现作为选任干部的重要依据，以树立正确的用人导向。应提拔重用那些作风好、实绩突出、群众拥护的干部；教育那些脱离群众、搞形式主义和官僚主义、不思进取的人；查处那些任人唯亲、拉帮结伙、跑官要官、以权谋私的人。为此，必须改进干部考核的方式方法，注重对干部思想政治素质包括道德品质的考察，不能只重才而轻德，特别是要把干部在作风方面的表现考察清楚，并作为是否任用的一个重要依据。

坚持好的选人制度与好的选人作风，这二者辩证统一，相辅相成，互相促进。没有好的制度和机制，干部工作就会出现随意性、盲目性，就难以体现科学化和规范化。没有好的作风，就难以推进选人机制、选人制度的创新，一些改革措施就难以形成好的制度，有了好的制度也落实不了，甚至使好的制度在执行中走形变样，选人用人就难以体现公正、公平。因此，只有把二者结合起来，用好的作风来保证好的制度的坚持和完善，并把好的作风规范化、制度化，才能保证建设一支高素质干部队伍任务的完成。

把党的作风建设放在更加突出的位置 *

党的十五届六中全会是在我国进入全面建设小康社会、加快推进社会主义现代化的新的发展阶段，在我们党大力推进党的建设新的伟大工程的关键时期，召开的一次具有重要现实意义和深远历史意义的会议。

全会以邓小平理论和党的十五大精神为指导，按照“三个代表”的要求，围绕在新的历史条件下建设一个什么样的党和怎样建设党这个基本问题，围绕提高党的领导水平和执政水平、提高拒腐防变和抵御风险能力这两大历史性课题，专题研究加强和改进党的作风建设问题，审议并通过了《中共中央关于加强和改进党的作风建设的决定》。这是党中央根据党的作风状况和要求作出的重大决策和部署，它标志着我们党对在新的历史条件下加强自身建设规律的认识达到了一个新的水平。

重视作风建设是我们党的一个很大的特点和优势。六中全会《决定》和江泽民同志在全会上的重要讲话，从战略和全局的高度，

* 本文为新华社 2001 年 10 月 2 日刊发的通稿，作者署名为新华社特约评论员。

全面分析了进入新世纪党面临的新形势新任务以及党的作风状况，深刻阐述了在新的历史条件下加强和改进党的作风建设的极端重要性和紧迫性，强调要在推进思想建设、组织建设的同时，把加强和改进党的作风建设放在更加突出的位置，切实抓紧抓好。之所以这样强调，是因为在党的作风建设中存在着“不适应”和“不符合”的问题。“不适应”的问题，主要表现在进入新世纪，我们党面临着国际环境发生重大变化带来的考验、国内环境发生重大变化带来的考验、党的队伍状况发生重大变化带来的考验。这“三个重大变化”带来的考验，说到底是我们党在新的历史条件下，如何经受住改革开放和发展社会主义市场经济的考验，如何保证党能顺应世界进步潮流、始终站在时代前列。而目前，在这方面既有思想观念的不适应，也有领导方式、工作方法和制度建设等方面的不适应、“不符合”的问题。而党的作风建设，在一些方面同我们党的状况发生的变化不相符合，同党所承担的任务和群众的期望不相符合。如果不坚决和抓紧加以改变，听任不良作风侵蚀党的肌体，损害党群关系和干群关系，就会产生不容忽视的离心力和破坏力。

正是基于这样的认识，六中全会强调，党的作风建设已到了非下大力气抓不可、非抓出成效不可的地步。《决定》要求全党同志要对党的作风现状有一个清醒的、全面的认识，既看到党的作风总的是好的，也看到作风方面存在一些亟待解决的问题，从而进一步增强忧患意识和责任意识，深刻认识加强和改进党的作风建设，是全面贯彻党的基本理论、基本路线、基本纲领和实践“三个代表”重要思想的迫切需要，是开创改革开放和现代化建设新局面的必然要求，是党永远立于不败之地的重要保证。

作风是一个党的性质、宗旨、纲领、路线的重要体现。作风建设是党的建设新的伟大工程的重要组成部分。作风建设与思想建设、组织建设是相互联系和相互促进的。抓住了作风建设，就抓住了新形势下全面推进党的建设的一个十分重要的环节，抓住了提高党的领导水平和执政水平、提高拒腐防变和抵御风险能力的一个十分重要的切入点。有的同志形象地说，如果讲党的思想建设是灵魂、根本，党的组织建设是基础、保证，那么党的作风建设就是形象、力量。大量事实说明，一个地方的工作特别是基层工作，成在干部作风，败也在干部作风；群众对干部的评价，敬佩的是作风好的干部，不满的是作风差的干部。所以，《决定》把执政党的作风问题，提到关系党的形象、关系人心向背、关系党和国家生死存亡的高度来认识，确实抓住了重点，切中了要害，是非常正确的。

《决定》在全面总结党的作风建设的历史经验，广泛吸收各地区各部门在作风建设方面新鲜经验的基础上，明确提出了加强和改进党的作风建设的指导思想、总体要求、主要任务和具体措施。《决定》体现了江泽民总书记“三个代表”的重要思想和“七一”重要讲话精神，体现了党要管党的原则和从严治党的方针，体现了我们党与时俱进、开拓创新的理论品质，既有很强的思想理论性和现实针对性，又具很强的操作性。当前和今后一个时期，党的作风建设要解决的重点问题和突出问题，就是《决定》中指出的“八个坚持、八个反对”，即：坚持解放思想、实事求是，反对因循守旧、不思进取；坚持理论联系实际，反对照抄照搬、本本主义；坚持密切联系群众，反对形式主义、官僚主义；坚持民主集中制原则，反对独断专行、软弱涣散；坚持党的纪律，反对自由主义；坚持清正廉洁，反对以权谋私；坚持艰苦奋斗，反对享乐主义；坚持任人唯贤，反对用人上的不正之风。这“八个坚持、八个反对”既覆盖了党的思想作风、学风、工作作风、领导作风和干部生活作风等五方面的建设，又通俗易懂，很鲜明、很响亮、很好记。

党的十五届六中全会着重研究党的作风建设问题，既是贯彻落实十五大精神的进一步展开，也是为迎接十六大召开所作的重要准备。六中全会在我们党的作风建设特别是执政以来作风建设的历史上具有里程碑意义。全会通过的《决定》，是指引我们在新的发展阶段加强和改进党的作风建设的纲领性文件。只要我们按照《决定》的部署和江泽民总书记的要求，上下齐心，领导带头，真抓实干，督促检查，狠抓六中全会精神的贯彻落实，党的作风就一定会有新的明显进步，党群关系和干群关系一定会有新的明显改善，党的作风建设也一定会以六中全会为标志，进入一个整体推进、与时俱进的新阶段！

思想作风建设是第一位的 *

党的十五届六中全会《决定》明确指出，加强和改进党的作风建设，必须把思想作风建设摆在第一位。这是对新的发展阶段党的作风建设的一个重要定位。确立这个定位的科学依据是，在党的作风建设中，思想作风是起决定性作用的。在当前的国内外形势下，要开创党和人民事业的新局面，首先是全党同志必须具有知难而进、开拓进取的精神。

党的十一届三中全会前后，我们党开创改革和社会主义现代化建设的历史新时期，就是首先从重新确立解放思想、实事求是的思想路线、思想作风入手的。现在回过头去看，如果没有邓小平同志领导我们坚持贯彻解放思想、实事求是的思想路线，大力弘扬知难而进、开拓进取的思想作风，就不会有今天党和人民事业发展的大好局面。

实践永无止境，解放思想、实事求是也永无止境。正如六中全会《决定》所指出的，世界在变化，我国改革和建设在推进，

---

* 本文为新华社 2001 年 10 月 8 日刊发的通稿，作者署名为新华社特约评论员。

人民群众的伟大实践在发展，迫切要求我们进一步解放思想，实事求是。党要始终站在时代前列和实践前沿，党的思想理论才能发展，党的事业才能前进。现在，一些党员干部不认真学习领会和贯彻党的理论和路线方针政策，不注意汲取群众创造的新鲜经验，不尊重客观规律，思想严重脱离实际。有的习惯于单凭老方式老办法想问题、做工作，缺乏主动性和创造性；有的习惯于凭主观意志办事，盲目蛮干，随意性和片面性严重。这种精神状态和思想作风，都是同解放思想、实事求是的思想路线、思想作风格格不入的，不首先解决这个问题，党的作风建设的加强和改进都无从谈起。

解放思想、实事求是的一个重要问题，是如何正确对待马克思主义。六中全会《决定》提出了“不断推进马克思主义中国化”的任务，其目的就是要求全党同志根据形势和任务的发展变化，既要坚定不移地坚持马克思主义基本原理，又要坚定不移地坚持马克思主义基本原理与当今时代和当代中国的实际相结合，从而为丰富和发展马克思主义不断做出中国共产党人的贡献。马克思主义的基本原理始终闪烁着伟大真理的光芒，始终是指导我们认识世界、改造世界的强大思想武器。但是，不能把马克思主义变成教条，变成禁锢和阻碍人们思想发展的桎梏。马克思主义具有与时俱进的理论品质。只有始终把坚持与发展、继承与创新结合起来，不断推进马克思主义中国化，我们才能自觉地把思想和行动从那些不合时宜的观念、做法和体制的束缚中解放出来，从对马克思主义错误的和教条式的理解中解放出来，从主观主义和形而上学的桎梏中解放出来。

进一步解放思想、实事求是的一个根本要求，就是要一切从实际出发，毫不动摇地贯彻以经济建设为中心、坚持四项基本原则、坚持改革开放的基本路线，按照实践是检验真理的唯一标准，坚持用“三个有利于”判断各方面工作的是非得失；就是要按照马克思主义的实践观点和发展观点，研究新情况，解决新问题，正确认识和妥善处理生产力与生产关系、经济基础与上层建筑的矛盾，不断把各项改革推向前进。在这个过程中，必须坚决克服各种错误思想倾向的干扰。现在影响我们正确贯彻党的基本路线、正确推进各项改革的，既有来自右的方面的干扰，也有来自“左”的方面的干扰。在新的历史条件下，继续推进马克思主义中国化和推进各方面改革，需要不断突破一些不合时宜的传统观念、传统体制的束缚，尤其要注意克服“左”的思想观念。六中全会《决定》重申了邓小平同志关于“要警惕右，但主要是防止‘左’”的思想，目的在于提醒全党同志吸取历史经验，密切结合当前实际，坚持有“左”反“左”，有右反右，提高全面贯彻党的基本理论、基本路线、基本纲领的自觉性和坚定性。

在新形势下坚持解放思想、实事求是，把各项改革推向前进，必须突出一个创新、弘扬一个学风、创造一个环境。突出一个创新，就是要以宽广的眼光观察当今世界和当代中国，坚持勇于追求和探索真理的革命精神，以与时俱进的思想观念和奋发有为的精神状态，不断推进理论创新、制度创新和科技创新。弘扬一种学风，就是必须大力发扬理论联系实际的马克思主义学风，坚决纠正轻视理论、忽视学习的错误倾向，坚决反对照抄照搬、照本宣科的本本主义倾向，不断提高运用理论解决实际问题的能力。创造一个环境，就是必须在全党进一步造成鼓励解放思想、实事求是的生动局面。现在有一种说法，叫作“思想守成无成本，解放思想有代价”。一方面，这说明一些党员干部的头脑中存在明哲保身的思想，不求有功、但求无过；另一方面，也说明一些地方和部门还没有造成一种鼓励人们解放思想、勇于创新的环境。全党都要在这方面共同努力，坚持在解放思想中统一思想，用创新精神学好创新理论，以思想观念的与时俱进，推动党和人民的事业不断开拓奋进。

核心问题是保持党同人民群众的血肉联系 *

党的十五届六中全会《决定》把保持党同人民群众的血肉联系，作为新形势下加强和改进党的作风建设的核心问题，要求“全党必须始终不渝地贯彻党的群众路线，广泛深入地动员和组织群众，把党的方针政策落到实处，坚定不移地维护和实现最广大人民的根本利益”，具有非常重要的现实意义。

我们党是以马克思列宁主义、毛泽东思想、邓小平理论为行动指南的中国工人阶级先锋队。党的性质、宗旨和指导思想，决定了党的一切工作必须以最广大人民的根本利益为最高标准，必须立党为公、执政为民，全心全意为人民服务。密切联系群众是党的优良作风和政治优势。党的 80 年奋斗历程和基本经验充分说明，人民群众是我们党的力量源泉和胜利之本。什么时候党的群众路线执行得好，党群关系密切，我们的事业就顺利发展；什么时候群众路线执行得不好，党群关系受到损害，我们的事业就遭

* 本文为新华社 2001 年 10 月 9 日刊发的通稿，作者署名为新华社特约评论员。

受挫折。失去了人民群众的拥护和支持，党的事业和一切工作就失去了根基。六中全会郑重地告诫全党：马克思主义执政党的最大危险，就是脱离群众。越是执政的时间长了，越要注重作风建设；越是改革开放和发展社会主义市场经济，越要拒腐防变。

应当肯定，我们党同人民群众的关系总的是好的，党的理论、路线、纲领和大政方针是深得民心的，改革开放以来我们国家举世瞩目的成就就是党带领人民群众取得的。但是，我们也应清醒地看到，一些领导机关和领导干部脱离群众的问题还相当严重。正如《决定》指出，当前影响群众路线贯彻落实的突出问题是形式主义、官僚主义。形式主义的要害是，贪图虚名，不务实效，劳民伤财。官僚主义的要害是，脱离实际，脱离群众，做官当老爷。官僚主义引发形式主义，形式主义助长官僚主义，已经成为影响我们事业发展的一大祸害。

从实际情况看，当前官僚主义的主要表现是：一些干部高高在上、架子很大，下基层也吆五喝六、官气十足，他们同群众的关系不是“鱼水关系”，而是“油水关系”，甚至是“水火关系”；有的饱食终日、无所用心，群众的疾苦不过问，群众的意见听不进，干群矛盾相当突出；还有的不讲科学、胡乱决策、盲目蛮干，群众形容他们是“先拍脑袋决策，再拍胸脯保证，后拍屁股走人”。作为官僚主义孪生兄弟的形式主义，其主要表现形式是：有的忙于应酬和迎来送往，没有时间和精力去抓工作；有的陷于文山会海，简单地以会议落实会议，以文件落实文件，看似轰轰烈烈，实际上没有多少实际效果；还有的心浮气躁，贪图虚名，追名逐利，哗众取宠，热衷于搞所谓的“形象工程”“政绩工程”。在一些形式主义严重的地方，已经发展到欺上瞒下、弄虚作假、虚报浮夸的地步。广大群众对一些部门和干部的形式主义、官僚主义反映非常强烈，甚至到了不能容忍的地步。

如何有效地克服形式主义、官僚主义？六中全会《决定》从加强教育、提高觉悟，深入群众、深入实际，勤政为民、真抓实干，健全制度和改进领导方法五个方面，作了深刻阐述，提出了明确要求。当前应着重抓好三个重点环节：

一是对党员干部深入进行群众观点和群众路线的教育。群众观点是马克思主义的基本观点，群众路线是我们党的根本工作路线。要教育广大干部特别是各级领导干部，无论是作计划，还是办事情，都要以群众“拥护不拥护”“赞成不赞成”“高兴不高兴”为检验标准，切实做到在任何时候任何情况下，与人民群众同呼吸共命运的立场不能变，全心全意为人民服务的宗旨不能忘，坚信群众是真正英雄的历史唯物主义观点不能丢。

二是勤政为民，真抓实干。各级干部特别是领导干部，要进一步增强事业心和责任感，深入实际，深入群众，体察民情，了解民意，认真倾听群众的呼声，反映群众的意愿，摸清群众想什么、盼什么、最不满意的是什么，扎扎实实地为群众解决生产生活中的实际困难。要善于集中群众的智慧，使我们的决策措施和各项工作更加符合群众的要求和客观实际。要珍惜民力，科学决策，把钱用在刀刃上，集中力量办大事。切不可为追求所谓的“政绩”，滥用民力，重复建设，劳民伤财。

三是健全密切联系群众的制度。造成干部脱离群众的原因，固然是多方面的，但其中重要的一条，是联系群众的制度不健全、不完善。为此，必须改进领导方式和工作方法，精简会议，压缩文件，腾出时间，深入基层。要改进干部考核制度和考察方法，从制度上防止虚报浮夸、“数字出干部”的不良倾向，鼓励干部真正扎下去、摸实情、办实事。要拓宽联系群众的渠道。时代在前进，形势在变化，联系群众也要有新的内容和载体，研究和探索新的方法，以进一步密切与人民群众的血肉联系，增强党的凝聚力和战斗力。

选贤任能是作风建设的关键*

党的十五届六中全会《决定》强调，要“用好的作风选人、选作风好的人”。这是《决定》对干部选拔任用工作提出的新要求，也是《决定》的一个显著特点。《决定》之所以把选人用人作为加强和改进党的作风建设的重要内容，一个重要的原因是选贤任能本身就体现着党的优良作风，同时选贤任能又是加强和改进党的作风建设的组织保证，并对党的作风建设起着重要的导向作用。

千秋大业在用人。古往今来，国以人兴，政以才治。对于我们党的事业来说，选什么人、用什么人的问题，是一个事关党的事业兴旺发达和国家长治久安的关键问题，是我们党在新世纪应对新的挑战、实践“三个代表”重要思想的必然要求。邓小平同志所说的“关键在党、关键在人”，在很大程度上说的就是选人与用人。改革开放特别是党的十三届四中全会以来，在党中央的正确领导下，干部人事制度改革力度不断加大，党政干部制度改革、企事业单位人事制度改革都取得了新的突破，一大批德才兼备的

* 本文为新华社 2001 年 10 月 11 日刊发的通稿，作者署名为新华社特约评论员。

优秀人才被选拔到各级领导岗位，为改革开放和现代化建设提供了有力的组织保证和人才支持。但是也应当看到，现在，在一些地方和部门，选人用人上的不正之风相当严重，跑官要官、任人唯亲、封官许愿、拉帮结伙等不正之风屡禁不止，甚至搞贿选、买官卖官、害命谋官的案件也时有发生。这严重损害了党的形象，败坏了党的作风，干部群众反映强烈。纠正用人上的不正之风，已成为时代的呼唤，群众的期盼。因此，抓住选贤任能这个问题，也就抓住了作风建设的一个关键。

当前，我们党的干部队伍又处在一个整体性新老交替的重要时期。用什么样的作风来选人，选什么样作风的人，是一个事关党的政治路线由什么样的人来执行的大问题。党的基本理论、基本路线、基本纲领和各项方针政策，要靠广大干部带领群众去贯彻落实，干部的作风不过硬，一切都无从谈起。历史经验和实践都已表明，必须用好的作风来选人，才能选出作风好的人。什么是好的作风？这就是《决定》提出的“五个坚持、五个不准”，即坚持任人唯贤，不准任人唯亲；坚持五湖四海，不准搞团团伙伙；坚持公道正派，不准拉关系、徇私情；坚持集体讨论决定，不准个人或少数人说了算；坚持按程序办事，不准临时动议。这“五个坚持、五个不准”是我们党几十年干部工作的经验总结。各级党委及其组织部门只有按照这个要求去办，才能够全面深入地考察干部，客观公正地评价干部，准确无误地识别干部，以坚强的党性、优良的作风为党和人民把好选人用人关。

用好的作风选人，最重要的还是要选作风好的人。六中全会

《决定》对该用什么人、不用什么人作出了明确规定。《决定》强调指出，对那些认真贯彻执行党的路线方针政策、开拓进取、实绩突出、清正廉洁、群众拥护的干部，要委以重任。对那些脱离群众、脱离实际、搞形式主义和官僚主义的人，作风漂浮、弄虚作假的人，因循守旧、不思进取的人，不顾大局、任人唯亲、跑官要官、以权谋私的人，不仅不能提拔使用，而且要严肃批评教育，直至作出组织处理和纪律处分。这就为我们在干部选拔任用工作中更好地做到选贤任能指明了方向。我们一定要按照《决定》的要求，坚持德才兼备原则和干部"四化"方针，坚持正确的用人导向，把干部作风方面的表现作为选拔任用的重要依据，在全党造成一种让坚持党的优良作风的干部能够奋发工作、让搞不正之风的人没有市场的局面。

要选好人、用好人，还必须把好的作风制度化，用好的制度选人。选贤任能，从根本上说，要靠制度。因为"领导制度、组织制度问题更带有根本性、全局性、稳定性和长期性"。好的制度能够使优秀人才脱颖而出，不好的制度压抑人才，挫伤人才的积极性。只有建立严密的规则，才能形成正常的秩序和基本的公正，才能使选人用人工作走上制度化和规范化，减少用人上的随意性和盲目性，克服用人上的不正之风。因此，必须把选人用人上好的作风用制度规范下来，才能保证这些优良作风不断得到发扬光大。

《决定》总结这些年来干部人事制度改革的经验，对进一步促进选人用人的科学化、制度化作出了新的规定，即扩大民主、完善考察、加强监督、健全机制。要坚持扩大干部工作中的民主，落实群众对干部选拔任用的知情权、参与权、选择权和监督权；坚持公开、平等、竞争、择优的原则，促进干部奋发工作、能上能下；加强对干部选拔任用工作的监督，完善干部考核制度和方法，逐步建立干部选拔任用工作责任追究制度，对用人失察失误造成严重后果的要追究责任等。这些制度已经或正在实践中显示出巨大的威力。这对于从根本上防止出现“吏治腐败”、进一步推进干部制度创新都是至关重要的。当然，好的制度也要靠好的作风来保证，没有好的作风，好的制度也难以得到坚持。因此，坚持好的选人制度与好的选人作风，是辩证的统一，二者相辅相成、互相促进。只有把二者结合起来，用好的作风来保证好的制度的坚持和完善，并把好的作风制度化，才能保证建设一支高素质干部队伍任务的完成。

保持清正廉洁是作风建设的紧迫问题*

党的十五届六中全会《决定》，把“坚持清正廉洁，反对以权谋私”，作为当前和今后一个时期党风建设的突出问题，强调这是直接关系人心向背和党的执政地位巩固的大事，要求“必须围绕为人民掌好权、用好权这个根本问题，坚持标本兼治、综合治理，注重从源头上预防和解决腐败问题，进一步推进党风廉政建设”。这既深刻揭示了保持干部清正廉洁的极端重要性，体现了我们党深入开展反腐败斗争的坚定决心，也反映了全国亿万人民的心声，具有重大现实意义和很强的针对性。

党的十三届四中全会以来，以江泽民同志为核心的党中央坚持一手抓改革开放，一手抓惩治腐败。特别是从1993年党中央作出关于加大反腐败斗争力度的决定以来，反腐败斗争不断深入，集中力量查办一批有影响的大案要案，毫不手软地惩治腐败分子，包括一些地位很高的人，在社会上产生了极大的震动，增强了全党全国人民反腐败斗争的信心。现在，有些领域如建筑领域、金

---

* 本文为新华社2001年10月14日刊发的通稿，作者署名为新华社特约评论员。

融领域、政府采购领域中案件高发的势头已经得到一定程度的遏制，领导干部廉洁自律工作和纠正部门不正之风工作也取得了进展，中央制定的一系列从源头上治理腐败的制度和改革措施，已经和正在发挥越来越重要的作用。

当然，我们也要清醒地看到，目前腐败现象在某些领域和某些方面，仍然很严重、很顽固，是广大群众最不满意、对党群关系影响最严重的问题。如果任其蔓延，必然严重损害党群干群关系，使我们党失去民心，甚至有亡党亡国的危险。因此，我们必须深刻认识反腐败斗争的长期性、艰巨性和紧迫性，既要树立持久作战思想，又要抓紧当前工作，坚持一靠教育、二靠制度，标本兼治，综合治理，特别要注重依靠体制创新和加强制度建设，逐步铲除腐败现象滋生蔓延的土壤，真正从源头上预防和解决腐败问题。

保持党员干部的清正廉洁，必须加强理想信念和廉洁从政的教育。《决定》强调，党员干部要坚定共产主义的远大理想，坚定建设有中国特色社会主义的信念，牢记全心全意为人民服务的宗旨，正确对待权力、地位和自身利益，做人民的公仆。为此，必须对党员干部加强马克思主义理论的教育，加强思想、政治和道德的教育，加强世界观、人生观、价值观的教育，大力宣传清正廉洁、克己奉公、敢于同腐败现象作斗争的党员干部的模范事迹。同时，深刻剖析典型腐败案件，有针对性地进行警示教育。要通过各种形式的深入教育，使广大党员干部在思想上解决好“参加革命是为什么、现在当干部应该做什么、将来身后留点什么”的问题，树立正确的权力观、地位观和利益观，讲修养、讲道德、讲廉耻，自觉抵制各种剥削阶级腐朽思想的侵蚀，增强拒腐防变的能力。

加强艰苦奋斗教育，反对享乐主义，对于抵制各种腐朽思想侵蚀，保持干部的清正廉洁具有十分重要的意义。艰苦奋斗是我们党的优良传统，也是一种强大的精神力量。在党的80年的伟大历程中，我们依靠艰苦奋斗的精神，树立正气、凝聚人心，团结和带领亿万人民战胜了无数艰难险阻，创造了革命和建设的非凡业绩。但新中国成立后，特别是改革开放以来，一些领导干部抵挡不住金钱、美色的诱惑，丢掉了艰苦奋斗的本色，追求享乐，结果滋长了以权谋私的腐败作风，甚至走上了犯罪道路。成克杰、胡长清、慕绥新、马向东等一些曾身为领导干部的人就是从追求金钱、享乐开始堕落为腐败分子的，而赖昌星的小红楼也是依靠金钱、美色的诱惑把许多干部拉下了腐败的泥坑。大量事实表明，艰苦奋斗是清正廉洁的本原，而享乐主义是滋生腐败的诱因。党员干部能否保持艰苦奋斗的生活作风不是小事，而是严肃的政治问题。我们必须按照《决定》的要求，从反对腐败、保持党和国家政权永不变质的政治高度，教育党员干部发扬不畏艰难、奋力拼搏、克己奉公、甘于奉献的革命精神，以共产党人的高风亮节和人格力量，影响和带动群众，促进政风和民风好转。

保持党员干部的清正廉洁，必须加强对权力运行的监督。这是我们党总结历史特别是总结执政50多年来经验教训得出的重要结论。作为执政党，如何掌握和运用好权力，是最严峻的考验。

无数事实证明，不受制约的绝对权力往往容易导致腐败。因此，《决定》突出强调，要建立健全党内民主监督的程序和制度，健全定期报告工作制度和廉洁从政制度，从中央到各省区市党委都要逐步建立巡视制度，把下一级领导班子特别是主要负责人的廉政勤政情况作为重要内容进行监督。要改革和完善党的纪律检查体制，纪律检查机关对派出机构实行统一管理，保证其有效履行职能。保证权力沿着制度化和法制化的轨道运行，是防止以权谋私的根本措施。《决定》围绕建立结构合理、配置科学、程序严密、制约有效的权力运行机制，进行了大胆的探索，制定出了一些改革力度大、操作性很强的制度和措施。这对于防止权力滥用和从源头上治理腐败必将发挥十分积极的作用。

认真落实党风廉政建设责任制，是保持党员干部清正廉洁、遏制腐败现象蔓延的有力措施。《决定》要求党的各级组织和领导干部必须旗帜鲜明地反对腐败。要严肃查处各种违法违纪案件，严厉惩治一切腐败分子。要集中力量查处大案要案，不管涉及谁，不论职位多高、权力多大，都要一查到底，依纪依法严肃惩处，绝不手软，以党风廉政建设和反腐败斗争的实际成果取信于人民。

作风建设的根本问题是加强制度建设 *

突出制度建设在党的作风建设中的重要作用，是党的十五届六中全会的一个显著特点。《决定》鲜明地把“推进制度建设”写进加强和改进党的作风建设的指导思想，强调从源头上预防和治理各种不良作风，必须“一靠教育，二靠制度”。这为我们从根本上解决作风建设中存在的问题指明了方向。

邓小平同志曾经指出，“领导制度、组织制度问题更带有根本性、全局性、稳定性和长期性”“制度问题不解决，思想作风问题也解决不了”。历史和现实的经验教训也说明，一些领导干部犯错误，固然与他们的思想作风和个人素质有关，但制度方面的漏洞更严重。胡长清在反省犯罪原因时谈到，制度监督对他来说，就像“牛栏里关猫，进出自由”。制度好，可以使坏人无法肆意横行；制度不好，可以使好人无法充分做好事。当前，在一些地方、部门和领导干部中存在的教条主义、官僚主义、形式主义和以权谋私、贪图享乐等作风方面的问题，既有思想教育不到位的因素，

---

* 本文为新华社 2001 年 10 月 16 日刊发的通稿，作者署名为新华社特约评论员。

也有制度的保证作用没有发挥好的原因。在制度方面存在的主要问题是：有的制度切实可行，但在一些地方和部门没有得到很好坚持和执行，造成有禁不止、有令不行；有的老办法不管用，新制度又没有建立起来，致使实践起来无规可循、无矩可蹈；有的制度建立了，但还不完全适应新形势新情况新任务的要求，需要进一步健全和完善。这些问题，在一定程度上助长了不良作风的滋生和蔓延。

六中全会《决定》对加强制度建设浓墨重彩，全文共有30多处谈到制度建设问题，特别是把这些年来各地各部门在作风建设中的好经验好做法用制度的形式固定下来，分别写进了“八个坚持、八个反对”之中，为推进党的作风建设制度化做出了很大努力。比如，在理论学习方面，提出学习制度化是加强学习的有力保证，要建立学习领导责任制和学习考核制度；在调查研究方面，要建立健全调查研究制度，制订和落实调研计划；在联系群众方面，提出健全联系群众的制度，拓宽反映社情民意的渠道，等等。《决定》强调加强的各项制度，概括起来，主要是两个大的方面：一个是健全加强党外监督的制度，一个是健全加强党内监督的制度。

加强党外监督，主要是进一步发展人民民主，建立健全各方面监督的制度，以利把邓小平同志提出的党要接受监督、党员要接受监督、党的各级领导干部特别是主要领导干部都要接受监督的思想真正落到实处；要积极推行政务公开、村务公开、厂务公开和民主评议、质询听证等民主监督形式，让群众依法行使知情权、参与权、选择权和监督权，把人民赋予的权力置于人民的监督之下，保证办事依法、公开、公平和公正；要进一步加强法律监督，充分发挥民主党派监督和舆论监督的作用，全方位推动党风廉政建设。《决定》还特别针对那些容易产生滥用权力的关键岗位和薄弱环节，尤其是经济领域权力过于集中的某些部门，强调要改革行政审批制度，推行和完善部门预算、国库集中收支、政府采购、招投标等制度，建立结构合理、配置科学、程序严谨、制约有效的权力运行机制，以保证权力沿着制度化和法制化的轨道运行，从根本上防止以权谋私，把预防腐败寓于决策之中。这些制度措施的贯彻执行，有利于保持党风优良、政风廉洁，有利于保持党同人民群众的血肉联系，有利于增强党的凝聚力、战斗力和号召力。

加强党内监督，发展党内民主，充分发挥广大党员和各级党组织的积极性主动性创造性，是党的事业兴旺发达的重要保证。加强党内监督，首先要建立健全党内自我约束、自我完善、自我监督的制度。《决定》在这方面提出了新的要求。比如，要求建立有效机制，以保证基层党员和下级党组织的意见及时反映给上级党组织；建立健全党内民主监督的制度和程序，健全定期报告工作和廉洁从政情况的制度；提出抓紧制定中国共产党党内监督条例，改进和完善党的纪律检查体制；等等。这些制度和机制，在于保障党员充分享有党章规定的批评权、检举权、申诉权和控告权等权利，为党内监督提供制度保证和法律依据。发扬党内民主是进一步发展人民民主的有利条件，只要把党内监督和党外监督结合起来，反腐败工作就会事半功倍，党的作风就会朝着更加优良的方向发展。

六中全会《决定》突出制度建设在加强和改进党的作风建设中的重要作用，充分体现邓小平党建理论和江泽民“三个代表”要求，贯彻了党要管党和从严治党的方针。我们一定要认真学习，深刻领会，按照《决定》的要求，牢牢把握健全制度这个根本问题，强化法治观念和制度意识，提高同各种违反制度的行为作斗争的自觉性和坚定性，通过制度约之以典章、规之以法纪，以更规范、更严肃、更有效的制度，从根本上进一步加强和改进党的作风建设。

勇于理论创新的马克思主义光辉文献 *

江泽民同志在庆祝中国共产党成立80周年大会上的重要讲话，站在历史的、时代的和战略的高度，以伟大的无产阶级革命家的政治气魄，以卓越的马克思主义者的理论勇气，对关系党和国家前途命运的一系列重大问题作了系统、科学、精辟的阐述。讲话高屋建瓴，气势磅礴，总揽全局，内涵深刻，是对马列主义、毛泽东思想和邓小平理论的继承、运用和发展，是指导我们全面推进改革开放和社会主义现代化建设事业、全面推进党的建设新的伟大工程的纲领性文献，是中国共产党人继往开来、进入新世纪的宣言书，具有很强的理论性、针对性和指导性。

一、通篇贯穿着“三个代表”重要思想的主线

讲话的第一部分，以“三个代表”的新视角，对我们党80年的奋斗业绩和基本经验进行了新的总结，得出了新的启示，使我们党对革命、建设和改革规律的认识提高到了一个新的水平。

---

* 本文原载《党建研究》2001年第8期，作者署名为中央办公厅调研室政治组。

江泽民同志坚持辩证唯物主义和历史唯物主义的立场、观点和方法，按照“三个代表”的思路，把我们党成立、发展、壮大的80年，放到中国历史特别是近代史的长河中去考察，放到世界发展进步潮流中去认识，概括出我们党领导人民奋斗的九个方面主要业绩。这些新的概括，纵贯80年革命、建设和改革的各个阶段，涵盖政治、经济、文化和外交等各个领域，使我们党80年的奋斗历程如同一幅逶迤而又气势磅礴、雄浑而又绚丽多彩的画卷，展现在世人面前。

在总结我们党80年光辉业绩的基础上，讲话把我们党80年的基本经验概括为三条：必须始终坚持马克思主义基本原理同中国具体实际相结合，坚持科学理论的指导，坚定不移地走自己的路；必须始终紧紧依靠人民群众，诚心诚意为人民谋利益，从人民群众中汲取前进的不竭力量；必须始终自觉地加强和改进党的建设，不断增强党的创造力、凝聚力和战斗力，永葆党的生机和活力。这三条经验极为宝贵，反映了中国革命、建设和改革的客观规律。坚持马克思主义为指导，坚定不移地走自己的路，是最基本的经验；坚持群众观点和群众路线，是我们党不断取得事业成功的根本保证；坚持和加强党的建设，是办好中国一切事情的关键所在。

讲话的第二部分，集中对“三个代表”的科学内涵、精神实质和相互关系，作了全面、系统、深入的阐述，使这一思想形成了比较系统、比较完整的理论体系，为我们全面推进建设有中国特色社会主义伟大事业提供了强大的思想武器。

讲话对“三个代表”重要思想作了全面而深刻的阐述，把实践标准、生产力标准、社会进步标准和人民利益标准有机统一起来，围绕先进性、一贯性、代表性等基本范畴展开，回答了“三个代表”是什么、为什么和怎么办的基本问题，形成了一个具有系统性、科学性的理论体系。这是对马克思主义理论的一个重大发展，是马克思主义基本原理与中国具体实际相结合的一次新的飞跃。如同毛泽东同志创立的新民主主义理论对于指导中国革命取得胜利、邓小平同志提出的建设有中国特色社会主义理论对于指引我国社会主义事业进入蓬勃发展的新时期一样，江泽民同志关于“三个代表”的重要思想形成科学的理论体系，是马克思主义在当代中国发展的又一重要里程碑，必将对于我们全面地、创造性地推进社会主义现代化建设事业，产生重大而深远的影响。

讲话的第三部分，按照“三个代表”的要求，提出了加强和改进党的建设的主要任务，进一步回答了在新世纪建设一个什么样的党和怎样建设党这个基本问题。

围绕在新的历史条件下如何解决提高党的执政能力和领导水平、提高拒腐防变和抵御风险能力这两大历史性课题，讲话进一步明确了党的建设的目标，就是要使我们党在世界形势深刻变化的历史进程中始终走在时代前列，在应对国内外各种风险考验的历史进程中始终成为全国人民的主心骨，在建设有中国特色社会主义的历史进程中始终成为坚强的领导核心。针对党的队伍、党所处的地位和环境、党所肩负的任务发生的重大变化，讲话提出了按照“三个代表”要求，全面加强党的思想建设、组织建设和作风建设的五大任务：即坚持党的解放思想、实事求是的思想路线，大力发扬求真务实、勇于创新的精神，创造性地推进党和国家的各项工作；坚持党的工人阶级先锋队性质、不断增强党的阶级基础和扩大党的群众基础，不断增强党的社会影响力；坚持民主集中制，建立健全科学的领导体制和工作机制，保持并不断增强党的活力；坚持干部队伍“四化”方针和德才兼备原则，深化干部人事制度改革，建设一支高素质的干部队伍；坚持党要管党的原则和从严治党的方针，对党员干部严格要求、严格教育、严格管理、严格监督，坚决克服党内存在的消极腐败现象。

讲话的第四部分，以“三个代表”的思想为指导，进一步明确了党在新世纪的历史任务和奋斗目标，为全党和全国各族人民指明了前进的方向。

新的世纪，我们党肩负着三大历史重任：要继续推进现代化建设，为到本世纪中叶基本实现社会主义现代化而奋斗，实现中华民族的伟大复兴；要结束祖国大陆同台湾分离的局面，完成祖国统一大业；要维护世界和平与促进共同发展，共创人类美好的未来。事业更伟大，任务更艰巨。讲话按照“三个代表”的重要思想，描绘了新世纪我国发展的宏伟蓝图，对做好全党全国的各项工作进行了总体设计，进一步明确了新的任务和目标，同时还提出了加强政治、经济、文化和国防建设，做好内政和外交工作的基本要求，号召全党同志坚定信心、脚踏实地，为实现党在现阶段的基本纲领而奋斗。

二、通篇体现了马克思主义与时俱进、勇于创新的精神

创新是一个民族的灵魂，是一个国家兴旺发达的不竭动力，也是一个政党永葆生机的源泉。理论创新既是社会发展的强大动力，又是社会进步的重要标志。伟大的变革需要伟大的理论，实践的发展又要求理论不断创新。江泽民同志的重要讲话，站在时代前列，立足新的实践，把握时代特点，运用马克思主义基本原理，坚持解放思想，实事求是的思想路线，科学回答了现实中的重大问题，提出了许多新思想、新观点，处处体现了勇于创新、善于创新和不断创新的精神。

关于衡量政党先进性的标准问题。讲话明确提出“看一个政党是否先进，是不是工人阶级先锋队，主要应看它的理论和纲领是不是马克思主义的，是不是代表社会发展的正确方向，是不是代表最广大人民的根本利益”的判断标准，提出“我们党要始终成为中国工人阶级先锋队，同时成为中国人民和中华民族的先锋队”的重要思想，把党的先进性、阶级性同广泛的群众基础统一起来，科学地回答了党的性质问题。

关于增强党的阶级基础和扩大党的群众基础、提高党的社会影响力问题。讲话明确提出民营科技企业的创业人员和技术人员等六种新的社会阶层中广大人员“也是有中国特色社会主义事业的建设者”的重要论断，强调“能否自觉地为实现党的路线和纲领而奋斗，是否符合党员条件，是吸收新党员的主要标准”；在发

展社会主义市场经济的条件下，“不能简单地把有没有财产、有多少财产当作判断人们政治上先进与落后的标准，而主要应该看他们的思想政治状况和现实表现，看他们的财产是怎么得来的以及对财产怎么支配和使用，看他们以自己的劳动对建设有中国特色社会主义事业所作的贡献”；应该“把承认党的纲领和章程、自觉为党的路线和纲领而奋斗、经过长期考验、符合党员条件的社会其他方面的优秀分子吸收到党内来”。这样就进一步回答了在新时期如何壮大党的队伍、如何扩大党的社会影响的重大问题。这是马克思主义党建学说的重大发展。

关于群众观点和群众路线问题。讲话提出，最大多数人的利益是最紧要和最具有决定性的因素，必须坚持尊重社会发展规律与尊重人民历史主体地位的一致性，坚持为崇高理想奋斗与为最广大人民谋利益的一致性，坚持完成党的各项工作与实现人民利益一致性的重要观点，这是马克思主义群众观点和党的群众路线的新发展。

关于不断提高全体人民的素质、努力促进人的全面发展问题。讲话强调不断提高全体人民的思想道德素质和科学文化素质，不断提高他们的劳动技能和创造才能，充分发挥他们的积极性、主动性、创造性，始终是我们党代表中国先进生产力发展要求必须履行的第一要务，是推动先进生产力发展的决定性力量。同时强调，我们党重视人的全面发展，要把推进人的全面发展，同推进经济、文化的发展和改善人民物质文化生活统一起来，开创生产发展、生活富裕和生态良好的文明发展道路，这充分体现了马克思主义关于建设社会主义新社会的本质要求。

关于进一步加强和完善党的领导体制问题。讲话强调要改进党的领导方式和执政方式，既保证党委的领导核心作用，又充分发挥人大、政府、政协、人民团体等方面的职能作用，建立健全科学的领导体制和工作机制。这是坚持和健全民主集中制的新要求，是对政治体制改革内容的新表述。

关于总结党的历史经验问题。江泽民同志在讲话中，把我们党的经验归结到一点，“就是把马克思主义的基本原理同中国革命和建设的具体实际相结合，走自己的道路”。讲话在强调这条最基本的经验后，又着重指出密切联系人民群众和加强、改进党的建设这两条重要经验，更全面更深刻地反映了我们党领导革命、建设和改革不断取得胜利的客观规律，具有很强的现实性和针对性。

关于坚持党的最高纲领和最低纲领相统一的问题。讲话明确提出，我们是最低纲领与最高纲领的统一论者。强调既要树立共产主义的远大理想，更要脚踏实地地为实现现阶段的基本纲领而奋斗。这对于我们坚持党的基本路线不动摇，自觉贯彻执行党在现阶段的各项方针政策，具有重大意义。

关于世界发展主题问题。讲话提出要建立以互信、互利、平等、协作为核心的新的安全观，努力营造长期稳定、安全可靠的国际和平环境。同时指出，“世界各种文明和社会制度，应长期共存，在竞争比较中取长补短，在求同存异中共同发展”。这反映了我们党对当今世界发展趋势的深刻认识和正确把握。

此外，江泽民同志的重要讲话，还在许多方面提出了新思想、新观点和新论断。比如，关于社会主义初级阶段是整个建设有中国特色社会主义很长历史过程的初始过程的新判断；关于毛泽东思想和邓小平理论既体现了马克思列宁主义的基本原理，又包含了中华民族的优秀思想和中国共产党人的实践经验的新论述；关于坚持什么样的文化方向，推动建设什么样的文化，是一个政党在思想上精神上的一面旗帜的新概括；关于科学技术是先进生产力的集中体现和主要标志的新论断；关于加快建立有利于留住人才和人尽其才的收入分配机制，从制度上保证各类人才得到与他们的劳动和贡献相适应的新要求；关于不断增强党的创造力、凝聚力和战斗力，永葆党的生机和活力的新表述；等等。这一切都是在新的历史条件下，对建设有中国特色社会主义和党的自身建设伟大实践的新总结、新概括，是对马克思主义理论的丰富和发展。

三、通篇着眼于实现党的基本路线和历史任务的重要使命

进入 21 世纪，我们党肩负着更加光荣而神圣的使命，这就是要完成三大历史重任，实现中华民族的伟大复兴。为了完成这一使命，讲话强调必须坚持把党的最高纲领和最低纲领统一起来。当前，就是要按照建设有中国特色社会主义经济、政治、文化的要求，努力实现“十五”期间的发展目标，不断推进建设有中国特色社会主义伟大事业。必须坚持把推进经济、文化的发展和改善人民物质文化生活，同推进人的全面发展结合起来。既要着眼于人民现实的物质文化生活需要，又要着眼于促进人民素质的提

高；既要继续推进经济体制改革，发展社会主义的经济，使人民过上好日子，又要继续推进政治体制改革，发展社会主义民主政治，保证人民当家作主；既要尽快使全国人民都过上殷实的小康生活，并不断向更高水平前进，又要使人们的精神世界更加充实、文化生活更加丰富多彩；既要着眼于现实的发展，不断满足人民现实生活的需要，又要坚持实施可持续发展战略。必须坚持把继续推进现代化建设，同完成祖国统一、维护世界和平与促进共同发展统一起来。

江泽民同志指出："认识真理是不断前进的过程，改造世界也是不断前进的过程。我们要始终不渝地追求真理、为真理而奋斗。"时代在前进，事业在发展，新情况、新矛盾、新问题层出不穷。因循守旧、固步自封、无所作为，必然断送我们的前程；锐意进取、大胆实践、与时俱进，才能开辟一片新天地。只要我们坚持以江泽民同志"七一"重要讲话为指导，按照"三个代表"的要求，勇于创新、善于创新、不断创新，就一定能够克服前进道路上的艰难险阻，完成新世纪光荣而神圣的历史使命，把我们的祖国建设成为富强民主文明的社会主义现代化国家，对人类作出新的更大的贡献。

巩固和加强党执政的根本基础 *

党的执政基础是否巩固，关系到党的生死存亡。中国共产党作为中国工人阶级的先锋队，其性质和宗旨决定了党必须坚持立党为公、执政为民。党要巩固自己的执政地位，带领全国人民实现新世纪的三大任务，实现中华民族的伟大复兴，就必须按照“三个代表”要求，不断发展生产力，不断提高人民群众的物质文化生活水平，不断增强党的阶级基础和扩大党的群众基础。而始终保持与人民群众的血肉联系，是党执政的最根本的基础。

一、保持党与人民群众的血肉联系，是执政党建设的基本经验和现实要求

人民群众是我们党的生存之本、力量之本、执政之本、胜利之本。保持党与人民群众的血肉联系，是保持党的先进性的基本要求，也是巩固党的执政地位的必要条件。党的十五届六中全会《决定》指出：“马克思主义执政党的最大危险，就是脱离群众。

* 本文原载《党建研究》2002 年第 7 期，作者署名为钟怡祖。

人民群众是我们党的力量源泉和胜利之本。失去了人民群众的拥护和支持，党的事业和一切工作就无从谈起。”这既是对执政党建设经验的深刻总结，也是对执政党建设规律的深刻揭示。人心向背，是决定一个政党、一个政权兴亡的根本因素，党风、政风廉洁，是赢得民心、实现社会安定繁荣的重要一环。这是历史唯物主义的必然结论，古今中外无数史实特别是20世纪后半叶世界社会主义运动的历史充分证明了这一点。

20世纪80年代末、90年代初，东欧剧变，苏联解体，某些国家和地区原先执政的老党、大党纷纷下野。究其原因，有很多条，但一个重要原因是，丧失民心，失去人民群众的支持。以苏共为例，有个民意调查机构就“苏共代表谁”做过一个社会调查，其结果显示：认为苏共代表全体劳动人民的只占7%，认为代表工人的占4%，认为代表全体党员的也只占11%。如果这个调查是全面的、真实的，那就在一定程度上说明苏共已背离了代表大多数人民根本利益的基本宗旨，丧失了共产党的先进性，它的垮台就不是偶然的。以上教训表明，马克思主义执政党如果脱离群众，不代表群众的利益，党执政的根基就会动摇，就会垮台。马克思主义执政党要巩固党的执政地位，必须加强党与人民群众的血肉联系，夯实这个最根本的基础。

中国共产党对执政后的党群关系高度重视，党的三代领导核心对此都作过深刻的论述，指出了执政后党脱离群众的危险是大大增加了，而不是减少了；强调党执政的时间越长，越容易产生脱离群众的倾向。党的十一届三中全会以来，由于我们党实行了正确的理论和路线方针政策，经济发展，社会稳定，人民生活水平有了显著提高，广大人民群众得到了看得见、摸得着的实惠，他们从心眼里拥护党、支持党。以江泽民同志为核心的第三代中央领导集体，围绕在新的历史条件下建设一个什么样的党和怎样建设党这个基本问题，提出了“三个代表”重要思想，并采取了一系列重大措施，加强和改进党的作风建设，密切了党群关系。但也应当看到，随着改革的深入和对外开放的不断扩大，我们党也遇到了许多过去没有遇到过的新情况新问题，一些党员干部的思想作风、工作方法和领导方式还不适应形势的发展和变化；改革中遇到的一些深层次矛盾还未能有效解决，特别是在就业、分配、社会保障、廉政等方面出现了诸多问题；社会困难群体的工作、生活问题突出，城镇贫困人口增加，农民增收缓慢，贫富差距呈不断扩大趋势，社会不稳定因素增加；有些地方党组织的凝聚力、战斗力下降，个别地方甚至出现了党群关系的对立；等等。这些问题如不解决或解决得不好，势必影响改革开放和现代化建设的进程，影响党的形象和整个国家的稳定与发展。必须从巩固和加强党执政的根本基础的政治高度，认真研究和切实解决这些问题，不断密切党群干群关系。

二、保持党与人民群众的血肉联系，广大干部必须牢固树立正确的权力观、地位观、利益观，切实改进作风

党群关系的关键是干群关系问题，干部是干群矛盾的主要方面。总的来说，我们干部队伍的整体素质是好的，改革开放以来

所取得的成就是与他们的工作和奉献分不开的。但是，对当前干部队伍中存在的问题也绝不能低估。党的十五届六中全会《决定》指出："在一些地方、部门和领导干部中，教条主义、本本主义滋长，形式主义、官僚主义盛行，弄虚作假、虚报浮夸严重，独断专行、软弱涣散问题突出，以权谋私、贪图享乐现象蔓延。这些问题，归根到底都是脱离实际、脱离群众的，其消极影响和后果不可低估。"对于党员干部来说，如何对待人民群众，是一个根本的政治立场和世界观问题。要保持党同人民群众的血肉联系，就必须按照"三个代表"重要思想和六中全会《决定》提出的"八个坚持、八个反对"要求，首先抓好干部特别是各级领导干部的作风建设，增进与人民群众的感情，把群众呼声作为"第一信号"，把群众的冷暖放在心上，坚持一切为了群众，一切依靠群众，努力为群众办实事，努力实践"三个代表"，以良好的作风和形象赢得群众的信任和支持。只有干群关系好转了，党群关系才能好转。

改进干部的作风，最根本的是要教育广大干部树立正确的世界观、人生观、价值观以及正确的权力观、地位观和利益观。江泽民同志在"七一"重要讲话中指出："所有党员干部必须真正代表人民掌好权、用好权，而绝不允许以权谋私，绝不允许形成既得利益集团。"2002 年初，在中央纪委第七次全会上的讲话中，他再次强调了这个问题。全体党员干部要牢固树立正确的权力观，正确对待权力，始终牢记党的宗旨，真正代表人民掌好权、用好权。树立正确的地位观，最重要的是各级干部必须摆正同人民群众的关系，在思想上、行动上、作风上做到立党为公、执政为民。作为领导干部来讲，要摆正自己同群众的关系，绝不能以“父母官”自居，高高在上。必须认识到，党来自人民，植根于人民，人民群众是我们的力量源泉和胜利之本。离开了人民群众，我们将一事无成。广大干部必须切实做到在任何时候任何情况下，与人民群众同呼吸共命运的立场不能变，全心全意为人民服务的宗旨不能忘，坚信群众是真正英雄的历史唯物主义观点不能丢。树立正确的利益观，最重要的就是各级干部必须不断强化人民群众的利益高于一切的意识。党除了最广大人民的利益，没有自己特殊的利益，党的一切工作必须以最广大人民的根本利益为最高标准。党的性质决定了我们想问题、办事情、作决策，都要把人民群众的根本利益作为出发点和落脚点，把人民满意不满意、赞成不赞成作为各项工作的最高标准，绝不能去搞那些损害群众利益的“形象工程”“政绩工程”“路边工程”。

树立正确的权力观、地位观、利益观，改进作风，不仅要解决为人民服务的意识问题，还要进一步改进领导方式和领导方法，实现领导方式和领导方法的创新，提高为人民服务的本领和成效。一些地方党群关系和干群关系出现这样那样的问题，有相当一部分是一些干部的领导方法不适应、工作作风不深入或工作方法简单粗暴等引起的。突出表现在：一是本领不够用。面对新形势新任务，一些同志往往感到“老办法不管用、新办法不会用，硬办法不敢用、软办法不顶用”，对于党群关系、干群关系中出现的新情况新问题不知所措，对于带领群众发展生产、共同富裕感到无能为力，难以满足群众日益增长的物质文化生活需要。江泽民同志指出："领导干部必须牢固坚持领导就是服务的观点，同时必须掌握为人民服务的本领。"（江泽民：《论党的建设》第485页）没有为人民服务的观点，不可能全心全意为人民谋利益。没有为人民服务的本领，也难以真正实现为人民谋利益。这两个方面是紧密结合的。二是方法不适应。有的干部高高在上，不深入基层，不深入群众，官僚作风严重，习惯于凭老经验办事；有的干部不善于也不愿意做耐心细致的思想政治工作，不善于及时发现和解决一些苗头性、倾向性的问题，习惯于用行政手段、强迫命令开展工作，工作方法简单粗暴，导致一些矛盾激化，干群关系紧张甚至对立。因此，切实改进和创新领导方式和领导方法，提高服务本领，是新形势下密切党群干群关系的迫切要求，也是密切党群干群关系的重要环节。改进领导方法和工作方法，最根本的是要坚持一切为了群众、一切依靠群众、从群众中来、到群众中去的群众路线，这也是党的根本工作路线，党的生命线。保持党同人民群众的血肉联系，必须把党的群众路线维护好、坚持好、贯彻好，这是我们党巩固执政地位，始终立于不败之地的根本保证。

三、保持党与人民群众的血肉联系，必须按照"三个代表"要求，把最广大人民群众的利益实现好、维护好、发展好

"三个代表"重要思想，最根本的是代表最广大人民群众的根本利益。正如江泽民同志在"七一"重要讲话中深刻指出的，80年来我们党进行的一切奋斗，都是为了实现好、维护好和发展好

最广大人民的利益，始终保持党同人民群众的血肉联系。在社会不断发展进步的基础上，使人民群众不断获得切实的经济、政治、文化利益。

要把人民群众的经济利益实现好、维护好和发展好。不断提高人民群众的生活水平，是实现党的宗旨的必然要求，也是人民群众的共同愿望。因此，要诚心诚意为群众谋利益、办实事。最根本的任务，是要坚定不移地坚持以经济建设为中心，抓住机遇，加快发展，把经济搞上去，把人民群众的生活水平提高起来。这是我们党执政 50 多年来的一条基本经验。虽然经过 50 多年的发展，特别是经过 20 多年的改革开放，到 20 世纪末，我国已经实现了现代化建设的前两步战略目标，经济和社会全面发展，人民生活总体上达到了小康水平，并开始实施第三步战略目标。但是，我国现在还处在社会主义初级阶段，也就是不发达的阶段，人口多、底子薄，地区发展不平衡，生产力不发达的状况没有根本改变，相当一部分群众的生活还比较困难，有的还没有解决温饱问题。因此，各级干部必须把群众的生活、群众的疾苦真正放在心上，珍惜民财民力，帮助群众发展生产，不断改善群众生活。当前，特别是要千方百计地增加农民收入，切实减轻农民负担，进一步完善城镇社会保障体系，帮助城镇贫困群体、农村贫困地区和受灾地区群众等困难群体，切实安排好他们的工作和生活。他们的困难解决不好，不仅会挫伤他们的积极性，而且可能影响人民团结和社会安定，甚至影响改革开放和现代化建设大局。正如江泽民同志指出的："只有把关心群众、服务群众的工作切实做好了，我们才能始终保持与人民群众的血肉联系，才能无往而不胜。”

要把人民群众的政治权利实现好、维护好和发展好。共产党执政就是领导和支持人民掌握管理国家的权力，实行民主选举、民主决策、民主管理和民主监督，保证人民依法享有广泛的权利和自由。把人民群众的政治权利实现好、维护好和发展好，最根本的是要大力发展社会主义民主政治，推进人民民主进程。当前要进一步完善人民代表大会制度和共产党领导的多党合作与政治协商制度，从制度上保证人民当家作主权利的落实；要积极稳妥地发展基层民主，保证人民群众直接行使民主权利，依法管理自己的事情；要集中民智、尊重民意，努力实现决策的科学化、民主化；要扩大干部工作中的民主，认真落实群众对干部选拔任用的知情权、参与权、选择权、监督权。要拓宽反映社情民意的渠道，各级干部要能够及时化解民忧、消除民怨，并建立健全化解各种矛盾和纠纷的快速反应机制。

还要把人民群众的文化利益实现好、维护好和发展好。建设有中国特色的社会主义，必须坚持物质文明与精神文明的共同进步。发展社会主义市场经济、加入世界贸易组织，为加快我国的经济发展，丰富活跃人民群众的文化生活提供了条件，但同时给我国的精神文明建设带来了许多新情况、新问题。受一些腐朽、颓废、落后的东西影响，一些人道德沦丧，一些地方黄赌毒盛行，封建迷信沉渣泛起等，这些都是对人民群众文化利益的严重侵犯，是与社会主义制度不相容的。因此，我们党要代表好人民的根本利益，必须坚持“两手抓、两手都要硬”，实现精神文明与物质文明建设的协调发展。各级党组织和党员干部必须认识到，实现社会主义现代化，不仅经济、科技要发展，而且社会道德水准、文化水平、党风民风建设都要相应提高和加强。任何时候都不能以牺牲精神文明为代价去换取经济的一时发展。要切实加强思想道德建设，以科学的理论武装人，以正确的舆论引导人，以高尚的精神塑造人，以优秀的作品鼓舞人，培育有理想、有道德、有文化、有纪律的公民，提高全民族的思想道德素质和科学文化素质，促进人民物质和精神生活的全面发展。当前，要全面抓好《公民道德建设实施纲要》的贯彻落实，使“爱国守法、明礼诚信、团结友善、勤俭自强、敬业奉献”成为每一个公民的自觉行动；要努力发展教育科技事业，繁荣社会主义文化，使人人都有受教育的机会和享受文化成果的充分权利。我们只有把群众的文化利益实现好、维护好和发展好，才能得到广大群众的更加拥护和支持，使党执政的基础更加巩固。

强化“核心” 推动“中心”*

——浙江省加强改善党的领导推动经济社会发展的调查

浙江省地处我国东南沿海长江三角洲南翼，地理位置优越。但是，在20世纪50、60年代，国家投资和重点建设项目较少，国有经济基础比较薄弱；这里山川秀丽，风景优美，但地下矿藏相对匮乏，很难与其他资源大省相提并论；虽为鱼米之乡、丝绸之府，但陆地面积较小，人均耕地只有0.55亩，有“七山一水两分田”之说。就经济发展条件而言，浙江并没有特别明显的优势。

然而，改革开放特别是1998年浙江省第十次党代会以来，浙江以惊人的速度发展，迅速跨入了经济大省行列。全省国内生产总值和人均国内生产总值，分别由1978年的124亿元和331元，增加到去年的6700亿元和14550元，在全国的排位均上升到第四位；去年财政总收入达到856亿元，三年翻了一番，跃居全国第五位；城镇居民人均可支配收入和农村居民人均纯收入分别达到

* 本文原载《人民日报》2002年6月19日，作者署名为中共中央办公厅调研室一组、全国农村“学教”活动办公室联合调查组。

10465 元和 4582 元，均居全国第三位。浙江已成为全国经济发展最快，以公有制为主体、多种所有制经济共同发展最为活跃的省份之一。

干部群众说，这几年是浙江经济发展最快的时期，也是党的建设得到全面加强的时期，人们“心齐、气顺、劲足、实干”，今后的发展步伐还会更快。浙江快速发展的根本原因在哪里？一些省市县负责同志认为，最重要的经验，就是党的建设要按照“三个代表”要求，紧紧围绕党的基本路线来进行，联系党的中心任务来展开，朝着党的建设目标来加强，强化党的领导这个“核心”，推动经济建设这个“中心”。

一、一个基本共识：坚持和加强党的领导，必须改善党的领导

在新的历史条件下，如何坚持和改善党的领导，是执政党建设面临的重大课题，也是浙江省委近几年来思考最多的一个问题。他们感到，面对复杂多变的国内外环境，特别是“四个多样化”的发展趋势，要团结和带领全省人民继续推进建设有中国特色社会主义伟大事业，就必须始终坚持和加强党的领导。而要坚持和加强党的领导，就必须努力改善党的领导。不改善就不能加强，就难以肩负起领导改革开放和现代化建设的重任。形势逼人，不进则退。基于这样的认识，近几年来，他们在加强和改善党的领导方面，进行了积极有益的探索。

一是坚持用“三个代表”重要思想总揽全局，切实强化党的

思想政治领导。省委深刻认识到，“三个代表”是我们党的立党之本、执政之基、力量之源，是加强和改进党的建设、推进我国社会主义制度自我完善和发展的强大理论武器。在充满希望和挑战的新世纪，要开创现代化建设的新局面，就必须以“三个代表”重要思想为根本指针，统领各项工作。近几年来，他们把用“三个代表”重要思想武装全体党员干部，摆在党的建设的首要位置来抓，坚持做到“四个突出”，即：突出抓好各级党委理论学习中心组的学习，突出抓好各级领导干部的脱产理论培训，突出抓好学习考核、检查交流等制度的落实，突出抓好理论与实际、学习与运用的结合。通过学习，第一，强化了政治意识，切实把党的基本理论、基本路线、基本方针和各项政策法规，贯彻到经济建设和各项工作中去，防止和排除各种错误思想、错误倾向的干扰，坚持正确的发展方向；第二，强化了大局意识，自觉做到服从大局、服务大局、维护大局，旗帜鲜明批评和纠正“上有政策、下有对策”现象，凡是中央作出的重大决策和重要部署，浙江都坚决贯彻执行，并结合实际创造性地开展工作，保证中央政令在浙江畅通无阻；第三，强化了责任意识，坚持党要管党、从严治党的方针，聚精会神地抓好党的建设。党委“一把手”切实把党建工作抓在手上，市、县委书记认真履行第一责任人的职责。省委围绕党建工作经常出题目、下任务、带头搞调研，并坚持每年召开一次专题性全委会，集中研究解决党的自身建设的重点问题。

二是坚持抓大事、谋战略，“总揽全局、协调各方”，切实改进党的领导方式和方法。省委坚持管大事、谋全局、把方向、出思路、抓关键，把主要精力放在抓重大决策、全局指导和战略重点上。近几年来，他们制定和实施了一系列事关全局的战略决策和举措，比如：

——针对农业和农村经济进入新阶段后出现的新情况新问题，省委提出大力发展效益农业，引导农民面向市场，调整种养结构和海洋渔业结构，率先实行粮食购销市场改革，积极推进农业产业化经营，促进了农业增效、农民增收和农村繁荣。

——针对浙江工业化进程中出现的新情况，浙江省委提出了经济发展要从量的扩张向质的提高转变的方针，坚持依靠体制创新和科技创新，加快技术改造和工业园区建设，着力培育主导产业和骨干企业，涌现了东方通讯、镇海炼化、娃哈哈等一批优势企业和名牌产品，提高了国民经济整体素质和竞争力。

——针对浙江人多地少、资源贫乏的状况，浙江省委作出了进一步扩大对内对外开放，以大开放促进大发展的重大决策，努力改善发展环境，深化外贸体制改革，强化外贸出口优势，以出口主体多元化带动出口产品、出口市场和出口方式多元化，拓展经济发展空间。全省外贸出口连续3年大幅增长，2002年1—4月份同比增长21.2%。

——针对浙江生产力发展的要求，浙江省委不失时机地提出了推进城市化的战略，初步改变了过去“村村都像小城镇，城镇都像大农村”的状况，城市化步伐大大加快，城市在区域发展中的作用和辐射功能日益增强。

——针对浙江高等院校数量少、规模小、结构不合理的问题，浙江省委提出实施科教兴省战略，突破高等教育瓶颈，鼓励社会力量参与办学，调整高校布局，在发挥好浙江大学龙头作用的同时，在杭州、宁波、温州新规划和建设了5个高校园区。

——针对领导干部面临执政、改革开放和发展社会主义市场经济的新考验，省委把加强党员领导干部的思想教育，特别是党风廉政教育放在更加突出的位置来抓，树立了范匡夫、毛泽平、张家明、朱缀绒等一批“干净干事”的先进典型。同时，加强警示教育，有力推动了党风廉政建设，使反腐败斗争走上了标本兼治、加大治本力度的轨道。

在制定和实施这些决策的过程中，浙江省委总揽全局、协调各方，做到总揽而不包揽，协调而不代替，既保证了党委的领导核心作用，又充分发挥了人大、政府、政协以及人民团体和其他方面的职能，有力地推动了经济社会的发展。

三是坚持选拔与培养并重，切实改善各级领导班子结构。各级领导班子是实施党的领导的主体。要改善党的领导，就必须改善领导班子结构，提高干部队伍整体素质。这几年，他们坚持用好的作风选人、选作风好的人，突出抓了三方面的工作：

——抓选拔，在优化领导班子结构上下功夫。到去年底，全省11个地级市党政领导班子成员中，45岁以下的占到了1/4，88个县（市、区）党政领导班子成员中，40岁以下的占到了1/3。同时，党政领导班子的知识结构和专业结构也有了明显改善，整体活力大大增强。

——抓培养，在提高干部素质上下功夫。3年多来，全省共选调了8500多名中青年干部到省市两级党校学习，还选派了164名优秀年轻干部赴国外进行经济管理知识培训；同时，选调优秀大学生到基层培养锻炼，选派文化程度较高的机关优秀干部到基层挂职，并从基层选拔部分年轻干部到省级机关锻炼。

——抓改革，在完善机制上下功夫。深化干部人事制度改革，积极推进干部工作的科学化、民主化和制度化。进一步完善民主推荐、民意测验、民主评议、任前公示等制度。2002年3月，省委十届八次全会，对9名拟任和推荐上来的市地党政“一把手”及省直部门正职人选，首次实行无记名投票表决。同时，加大调整不称职、不胜任现职干部力度，截至2001年底，全省共调整不称职干部945名，其中厅局级4名，县处级199名，科级742名。

二、一条重要经验：围绕中心抓党建，抓好党建促发展

前些年，个别地方一度出现了就党建抓党建、就经济抓经济，党建工作与经济工作“两张皮”的现象。这个问题引起浙江省委高度重视。他们认为，经济建设是全党工作的中心，发展是解决一切问题的关键，如果离开中心、离开发展抓党建，党建工作就没有出路，党的先进性就不能很好体现。几年来，他们紧紧围绕提前基本实现现代化这个奋斗目标，积极探索党建工作和经济工作同步发展、同步加强的路子。

第一，农村基层组织建设紧紧围绕率先基本实现农业现代化的目标来推进，把农业增效、农民增收、农村稳定作为工作的出发点和落脚点。浙江农村工业化起步较早，赢得了改革的先发优

势。但进入20世纪90年代后，农业和农村经济结构性矛盾日益凸显出来。为此，省委提出农村基层党的工作要紧紧围绕率先基本实现现代化的目标来进行，推动结构调整和发展效益农业，实现农业增效和农民增收。在全国农村“三个代表”重要思想学习教育活动中，他们按照中央的要求，明确提出要把“干部受教育”的成效，体现在“农民得实惠”的具体行动中。整个“学教”活动必须结合农村实际，狠抓固本强基，力促富民强村，出台《关于进一步促进农业增效、农民增收的若干政策意见》等7个专题文件。省市县各级领导干部下农村、进农户，深入研究农村经济结构调整中的突出问题，帮助一乡一村理清发展思路，一家一户落实致富措施。省委主要负责同志先后6次到联系点——全省25个经济欠发达县之一的淳安县进行调研指导，还带着行李深入到离县城60公里的偏远山村蹲点，与农民同吃同住，共商发展茶桑、脱贫致富大计，帮助开通了村民盼望多年的2.5公里机耕路。2001年淳安县农村经济总收入增长16.3%，农民人均纯收入净增325元。“学教”活动如春风化雨，强化了农村基层干部执政为民、服务群众的意识。群众说，现在干部围着群众转，真听意见、真访群众、真办实事。宁波市鄞州区湾底村的干部结合建立健全“干部经常受教育、使农民长期得实惠”的机制，把“人民第一”“创业万岁”8个大字刻在石碑上作为座右铭，立在村口让群众监督。据对全省182.9万多名群众的抽样调查，群众对“学教”活动满意率平均达到97%以上。

第二，企业党的建设紧紧围绕生产经营这个中心来进行，通过发挥党组织的重要作用，推进企业改革和发展。在发展社会主义市场经济的条件下，如何加强党对企业的领导、充分发挥企业党组织的作用？企业党建工作的立足点和着力点在哪里？浙江的同志们按照“三个代表”的要求积极探索，明确指出，要把实践党的基本路线、促进企业的改革发展作为企业党建工作的立足点，紧紧围绕企业生产经营这个中心开展党建工作。这几年，他们围绕深化国有企业改革、转换经营机制、建立现代企业制度加强党的建设，把企业党组织的政治核心作用贯穿于深化改革、扭亏解困、维护稳定的工作中，有力推进了企业“三改一加强”的工作。目前，全省97%的企业已完成改制，82%的企业建立了新型劳动关系。在温州、台州、宁波等沿海城市，再就业已不再是难题。近两年来，他们又在部分国有大中型企业开展了“三讲”教育，国有企业党的建设得到了进一步加强。

改革开放以来，浙江省非公有制经济异军突起，目前已占据半壁江山。全省非公有制经济组织已发展到180多万个，从业人员770多万人，创造的产值占全省国内生产总值的47%。如何加强非公有制企业党的建设，是一个事关大局、十分紧迫的问题。浙江省委高度重视这项工作，省委负责同志亲自带队进行专题调研，召开全省非公有制企业党建工作座谈会，制定下发《关于加强非公有制企业党建工作的若干意见》。目前，在全省非公有制企业中，党员总数达到了18.31万名，党组织总数达到了15928个，在有3名以上党员的非公有制企业中，应建已建的比例达94.8%。

非公有制企业的党组织和广大党员，坚持以经济建设为中心、以加强精神文明建设为重点开展党建工作，把党建工作渗透到企业生产经营全过程，渗透到企业日常管理各个环节，渗透到企业文化建设各个领域。杭州传化集团党委是浙江省在非公有制企业中建立的第一个党委。党组织在生产经营上当助手，在精神文明建设中唱主角。党委书记参与企业最高决策机构，党委委员、党支部书记参加集团中层干部会议和列席经营班子工作会议，党员则通过“早知道”制度对集团的重大决策和发展规划进行酝酿。这样，党组织既能监督企业执行党的路线方针政策和国家的有关法规，又可以及时反映职工群众的意愿，维护职工的合法权益，使党组织的帮助、促进、监督作用在企业发展中得到充分发挥。

第三，社区党建工作紧紧围绕推进城市化进程来加强，把强化服务、为经济社会发展创造良好环境贯穿始终。浙江省把社区党的建设作为党的基层组织建设的一个重点，积极探索加强社区党建工作新路子。2001 年，省委制定了《关于加强城市社区党建工作的意见》，并专门召开会议进行部署。各地积极实践，初步形成了以街道党工委为核心、以居民区党支部为基础、以社区全体党员为主体、辖区内所有党组织参与的区域性党建工作新格局。杭州市下城区努力扩大社区党建工作覆盖面，使党建工作向新的经济社会组织延伸，向社区单位及党员延伸，丰富了新时期社区党建工作的内容和形式，巩固了党在城市工作的组织基础和群众基础。宁波市在全市社区组织开展“一人一岗”活动，找到了发挥社区党员作用的有效载体，出现了“思想疙瘩有人解、家庭困难有人帮、邻里纠纷有人劝、事故隐患有人抓、环境绿化有人护”

的喜人局面。全市城区以党员为骨干的服务志愿者已达8万多人，各类志愿者服务队400多支，推出服务项目20余个。“有困难找党员”，已成为社区最响亮的口号；社区党务工作，已成为许多人向往的工作岗位。1999年海曙区招聘15名居委会党支部书记和主任，报名的竟然有77人。32岁的赵枫，大学文化，原在一家国有企业担任团支部书记、办公室主任。经过竞争，他担任了万安社区党支部书记。调查中问其为什么这样选择，他充满激情地说：“社区党建工作是充满希望的朝阳事业！”

三、一个根本动力：与时俱进，开拓创新

创新是时代的主题。党的建设只有与时俱进、不断创新，才能适应新的形势和任务的需要。调研期间，我们下企业，走农村，进社区，访党员，问群众，看到不少新事，听到不少新话，发现许多亮点。深深感到，浙江党的建设之所以能够保持生机与活力，关键在于他们能够和着时代的节拍前进，坚持在继承中探索，在探索中创新，在创新中发展，把创新渗透到党的建设各个方面。

（一）观念创新力求有新的突破。浙江省委针对新时期党的建设出现的新情况新问题，以及“四个多样化”发展带来的一些疑虑和困惑，组织全省党员干部开展大讨论，引导大家从解放思想入手，从观念创新破题，解“扣子”、换“脑子”，在解放思想中统一思想。比如，在如何看待非公有制经济组织党建问题上，他们提出破除在非公有制经济组织中开展党建工作疑虑重重的畏难

情绪，树立坚定不移、理直气壮抓工作的观念，积极主动做好党建工作；破除在其他社会阶层中发展党员会影响党的先进性的思想，树立用全新的视角认识党的先进性，不断增强党的阶级基础、扩大党的群众基础的观念。大讨论带来了思想大解放，新观念开辟了新天地，全省上下出现了勇于探索、勇于创新的风气。乐清市委提出做到“三个跳出来”：即从姓“资”姓“社”的思想包袱中跳出来，从农村党组织单一建在村上的格局中跳出来，从单纯论“名分”讲“身份”发展党员的束缚中跳出来，党建工作出现了崭新的气象。一些在非公有制经济组织中做党务工作的同志深有感触地说，过去在这里做党务工作，感觉不自在，说话底气不足，工作腰杆不硬。现在认识到，非公有制企业党建工作是推进党的建设新的伟大工程的重要组成部分，非公有制企业也是党组织和党员实践“三个代表”的重要舞台，从而增强了做好非公有制经济组织党建工作的责任感和使命感。

（二）内容创新力求更加丰富。如何在新的形势下不断丰富党建工作的内容？浙江省各级党组织从“三个代表”重要思想中找到了答案，这就是把“三个代表”重要思想贯穿于党的建设的各个领域、各个环节，使党建工作内容更具鲜明的时代特征。一是把党建工作目标与发展先进生产力的要求相结合，把是否促进了经济社会发展，作为衡量党建工作做得怎么样、党的先进性发挥得怎么样的根本标准。二是把党的思想政治工作与先进文化建设相结合，把党建工作的目标、任务，体现在文化建设的过程之中，通过各种文化载体和渠道，传播渗透到各个层次和领域。浙江万里学院党委把“三个代表”要求，贯穿于学校建设之中，创新办学体制和办学理念，创造了既不同于一般国立学校，又不同于民办学校的“万里模式”，被教育部确定为全国公办学校实行新的管理模式和机制改革的试点。三是把完成党的各项工作任务与实现和维护群众利益相结合，把群众的满意作为第一标准。为此，全省普遍开展了“串百家门、记百家情、解百家难、连百家心、办百家事、致百家富”为主题的“民情日记”活动，着力解决基层反映强烈的一些突出问题。比如，宁波市海曙区开通24小时便民服务热线，电话号码为“81890”（谐音“拨一拨就灵”）。自2001年8月以来，共解决市民求助事项12000多件，群众满意率达99%。这条服务热线已成为宁波市社区服务的第一品牌。

（三）机制创新力求更加完善。省委把创新和完善党建工作运行机制，作为党建工作创新的重要措施来抓，凡是有利于加强党的建设的新措施、好办法，都满腔热情地鼓励和支持，并以制度的形式固定下来。一是完善领导责任制。强化“三个合力”，即党政合力、上下合力和部门合力，从省委、市委到县乡党委，上下贯通，步调一致，形成党委统一领导，组织部门牵头抓总，有关部门各司其职、齐抓共管的格局。二是完善工作机制，建立健全一系列规章制度，使党建工作有章可循。三是完善党建工作督促检查机制，健全督查体系，改进督查方式，加大督查力度；量化党建工作考核标准，运用好考核结果，发挥好考核效能。机制的不断创新和完善，使党建工作逐步走上规范化、制度化的轨道。

（四）手段创新力求更加有效。浙江省各级党组织把原则性与灵活性有机结合起来，积极创新党建工作手段，使之更加灵活多样、切合实际。一是创新活动载体。他们在继续抓好农村“三级联创”、企业“四有一促进”、社区“凝聚工程”等载体基础上，积极探索群众喜闻乐见、便于参与的活动载体。比如，宁波浙东建材集团党委结合企业特点，提出塑造“钢筋混凝土精神”，要求党员做“钢筋”，干部做“石子”，科技人员做“水泥”，把全体员工凝聚起来，共同开创企业的新局面。二是借鉴运用其他社会科学领域的最新成果。如借鉴现代人际沟通理论，用“信”“情”“理”来做人的工作，相互信任、相互理解，以情激励人、以情凝聚人，以理服人、以理育人。富阳、乐清等县市在党务工作者中开展了“三心”教育活动，即以热心、耐心和信心，满腔热情、扎扎实实地做好党务工作。三是引进现代化管理手段。建立党建工作调研网络和信息网络，对党的组织、党员数量及其分布和构成等各种信息及时跟踪、及时传递、及时处理，有效地提高了决策的准确性和科学性。杭州富通集团是一家大型民营企业，他们针对分支机构多、人员分布广、党员流动大的实际，建立了党建工作网站，实行网上管理，形式灵活，方便快捷，收到了很好效果。

四、一个有效方法：整体推进，重点突破

浙江省委运用系统工程的观点抓党的建设，他们站高一步、想远一步，既注意通盘运筹，从整体上推进；又注意区别轻重缓急，每个时期每个阶段突出一个重点，集中力量突破，实现了整体推进与重点突破的良性互动。

一是从整体思路上拓展。党的十五大以后，省委按照推进党的建设新的伟大工程的总目标，对全面加强党的建设进行了部署。2000年春天，江泽民同志提出“三个代表”重要思想后，省委明确提出，要拓展党建工作的思路，把“三个代表”贯彻于党的建设各方面，体现于各环节，延伸到各领域，渗透到各层次。要求各级党组织和广大党员干部，坚持“发展是硬道理”的观点，牢记立党为公、执政为民的要求，努力当好发展先进生产力、发展先进文化、维护和实现最广大人民根本利益的代表，使党的建设始终充满生机与活力。

二是从重点领域突破。省委清醒地认识到，抓党的建设同抓其他工作一样，没有重点突破，就没有全面工作的整体推进。他们在扎实抓好面上工作的同时，从2000年开始，每年集中精力研究解决一个重点领域党的建设的问题，力求取得突破。前年，他们重点研究了非公有制经济组织党建工作问题，提出了全省非公有制企业党组织设置、基本原则和活动方式，使非公有制企业党的建设取得突破性进展；2001年，他们突出抓了城市社区党建工作，全省初步形成了以党建为龙头、文化为主线、服务为重点的城市社区党建工作新格局；2002年，又根据社团组织越来越多、分布范围越来越广的实际，把社团党建工作列入重点研究解决的课题。通过这些重点领域党建工作的突破，有力地推进了党的建设新的伟大工程，使全省党建工作呈现出全面加强、蓬勃发展的良好局面。

三是从重要环节切入。2001年，党的十五届六中全会作出加强和改进党的作风建设的《决定》之后，省委把作风建设放在党的建设更加突出的位置来抓，把加强思想教育和制度建设作为重要环节，把转变领导机关和领导干部的作风作为切入点，切实解决“不适应”“不符合”的问题。对县以上领导班子和领导干部，主要是要求他们解放思想、更新观念，防止和克服教条主义、形式主义、官僚主义；对县以下领导班子和领导干部，主要是要求他们强化党的宗旨意识和群众观念，防止和克服脱离群众、损害群众利益的问题，真心实意为群众办实事办好事；对国有企业领导班子和领导干部，主要是要求他们增强自律意识，规范经营行为，维护职工利益，推动国有企业的改革发展。

四是从点到面全面推进。省委常委普遍建立了党建工作联系点，经常到点上解剖“麻雀”，以取得指导面上工作的主动权。在工作指导上，他们坚持区别对待、分类指导。注意抓先进地区、先进行业、先进单位，发挥示范引领和带动作用；突出抓中间，促其上水平、上台阶；着力抓后进，分析原因，解决问题，促其尽快改变面貌。比如：在农村，省委每年抓 17 个社会主义现代化新农村示范点、16 个乡镇示范点；在非公有制经济组织，每年抓 20 个党建示范企业；在社区，总结推广杭州市上城区、下城区和宁波市海曙区的经验。同时，对处于后进状态的村镇、企业和社区，进行具体指导和帮助。

浙江省委深刻认识到，先进文化是人类文明进步的结晶。发展先进文化是实践“三个代表”的内在要求，也是加强党的建设的重要内容。他们在带领干部群众建设经济强省的同时，作出了建设文化大省的重大决策。他们把握发展社会主义先进文化的根本要求，坚定不移地用邓小平理论和“三个代表”重要思想武装党员干部、教育人民群众，并结合浙江实际，总结概括出了“自强不息、坚韧不拔、勇于创新、讲求实效”的“浙江精神”，把它作为凝聚和激励全省人民提前基本实现现代化的强大动力。

浙江有着深厚的文化积累和文化传统，浙江人“既能睡地板、又能当老板”的吃苦耐劳精神被广为流传。但是，在经济发展的初始阶段，一些人不讲信用，见利忘义，“假冒”产品一度损害了浙江人的形象。比如，1990年国家八部委曾联合到温州柳市对低压电器打假，在杭州武林广场火烧温州鞋，全国一些城市的商场还拒绝温州产品入场。对此，他们痛定思痛，明确提出要把深厚的文化底蕴与现代意识和时代精神结合起来，在继承吃苦耐劳传统美德的基础上，加强诚信教育，建立信用制度，完善信用监管，树立“信用浙江”新形象。温州市委、市政府从1993年开始，组织开展了以“质量立市”为核心的“二次创业”，在此基础上，这几年又加大市场经济秩序整顿和质量管理力度，同时设立群众监督网，加强信用体系建设。近年来，温州产品又重新获得了广大消费者的青睐，有7个产品获得了中国驰名商标；通过ISO9000产品质量体系认证的企业达1000多家，占全省的1/4；最近全国评出的皮鞋免检产品，温州就拿了14个。

江泽民同志2002年5月31日在中央党校省部级干部进修班毕业典礼上的重要讲话，在浙江干部群众中引起了强烈反响。大家联系浙江这些年的发展变化，更加深刻地认识到，发展是硬道理，是我们党执政兴国的第一要务。只有加快发展，把保持党的先进性和发挥社会主义制度的优越性，落实到发展先进生产力、发展先进文化、维护和实现最广大人民的根本利益上，才能从根本上反映人民的愿望，把握社会主义的本质要求。他们决心按照“三个代表”的要求，总结好、运用好这次农村“学教”活动的成功经验，进一步强化党的领导这个“核心”，推动经济建设这个“中心”，以与时俱进的思想观念、奋发有为的精神状态，全面推进改革开放和现代化建设事业，以优异成绩迎接党的十六大召开。

让干部经常受教育　使农民长期得实惠*

2002年6月24日，全国农村“三个代表”重要思想学习教育活动总结表彰会议在杭州召开。以此为标志，历时一年半的全国农村“三个代表”重要思想集中学习教育活动基本结束。

这次学习教育活动，是把江泽民同志“三个代表”重要思想贯彻落实到农村基层的重大举措，是在我国农业和农村经济进入新的发展阶段、遇到不少新情况新问题的背景下，我们党为解决好农业、农村和农民问题着手进行的一项重要的基础性建设，是加强和改进党对农村工作的领导、加强农村基层组织建设的一次有益探索。一年多来，各级党委按照中央的部署和要求，着眼于提高广大农村基层干部的整体素质，着眼于解决当前农村存在的突出问题，着眼于维护和发展广大农民的根本利益，精心组织，狠抓落实，使学习教育活动扎实推进，步步深入。学习教育活动的成功实践证明，党中央关于在农村开展“三个代表”重要思想学习教育活动的重大决策是非常英明的，完全正确的。“三个代表”

* 本文为《人民日报》2002年6月25日刊发的社论。

重要思想一旦被广大干部群众所掌握，就会变成巨大的精神力量和物质力量。

“让干部受教育、使农民得实惠”，是中央提出的学习教育活动的基本要求。这一基本要求，言简意赅，内涵丰富，深刻地揭示了教育干部与实现农民群众根本利益之间的内在联系，是在农村贯彻“三个代表”要求的具体体现。农村基层干部是党的农村政策的执行者和农村各项工作的组织者，是团结带领农民群众致富奔小康的骨干力量。“农民得实惠”需要通过“干部受教育”来实现；实现、维护和发展好农民群众的根本利益，是我们党在农村全部工作的出发点和落脚点，“干部受教育”最终要体现在“农民得实惠”上，并以农民群众是否满意来检验。坚持把干部受教育与群众得实惠统一起来，不仅是农村，同时也应当成为其他领域基层党组织开展工作的基本要求。

“让干部受教育、使农民得实惠”，也是这次学习教育活动的生动写照。学习教育活动中，各级党组织通过采取集中培训与分散自学相结合，正面教育、自我教育为主与听取群众意见、接受群众监督相结合，学习与实践相结合等办法，使广大农村基层干部普遍受到了一次深刻的“三个代表”重要思想教育，政策理论水平有了新的提高，群众观念进一步增强，思想和工作作风有了新的转变。同时，注意引导干部把解决思想和工作作风中的突出问题与解决农村改革、发展、稳定的突出问题和广大群众关心的热点问题结合起来，为农民群众办了大量实事好事，维护了农民群众的切身利益，促进了农村的各项工作，使干部学习提高的过程成为实现、维护和发展农民群众根本利益的过程，成为密切农村党群干群关系的过程。学习教育活动也因此受到了广大农民群众的普遍欢迎，得到了社会各界的广泛好评。

学习教育活动为“干部受教育、农民得实惠”开了个好头，但也要看到，这项活动毕竟只有一年多的时间，具体到一个单位则只有几个月。在有限的时间内解决的问题往往是有限的。学习实践“三个代表”重要思想是一项长期任务，实现、维护和发展农民群众的根本利益是一个永恒主题。这方面需要做的工作很多，其中一项重要的基础性工作，就是要切实加强农村基层组织建设。要坚持以“三个代表”重要思想为指导，把新时期农村基层组织建设同发展先进生产力、发展先进文化、维护和实现农民群众的根本利益结合起来，形成常抓不懈的工作机制，让干部经常受教育，使农民长期得实惠。

把“三个代表”重要思想的学习实践不断引向深入，是“让干部经常受教育、使农民长期得实惠”的基本前提。当前，一项十分重要而紧迫的任务，就是要组织好基层干部认真学习江泽民同志“5·31”重要讲话精神。要按照“三个代表”的根本要求，紧紧抓住坚持与时俱进这个关键，教育干部自觉地把思想认识从那些不合时宜的观念、做法中解放出来，不断有所创造、有所前进；紧紧抓住保持党的先进性这个核心，教育干部始终把发展作为第一要务，在带领群众建设社会主义新农村的伟大实践中体现先进性；紧紧抓住坚持执政为民这个本质，教育干部始终把群众呼声作为第一信号，把群众需要作为第一选择，把群众利益作为第一考虑，把群众满意作为第一标准，善谋富民之策，多办利民之事，始终保持与人民群众的血肉联系。

“让干部经常受教育、使农民长期得实惠”，一个带有根本性的措施，就是要把学习教育活动中创造的好经验、好做法制度化、规范化，运用到农村基层组织建设的经常性工作中去。要把干部受教育与农民得实惠有机结合起来，教育干部时刻心系群众，关心群众，经常深入群众，解决群众生产生活中的实际问题。坚持把理论武装放在首位，组织引导干部联系实际学习理论，身体力行“三个代表”。把坚持正面教育、自我教育为主与认真听取群众意见、接受群众监督结合起来，建立健全干部走访群众、群众评议干部和民主生活会制度，不断提高基层组织解决自身问题的能力。把思想、组织、作风建设有机结合起来，并把制度建设贯穿其中，整体推进。始终围绕农村改革、发展和稳定的大局开展党建活动，促进农村的各项工作，保持党建工作的正确方向。建立严格的责任制，坚持领导干部联系点和督促检查制度，坚持上下结合、齐抓共管，深入开展以创建“五个好”村党支部、“六个好”乡镇党委和农村基层组织先进县为基本内容的“三级联创”活动，形成层层抓落实的工作机制。

“让干部经常受教育、使农民长期得实惠”，关键是建设一支高素质的农村基层干部队伍。要建立健全农村基层干部学习培训制度，在继续抓好用“三个代表”重要思想武装农村基层干部的同时，切实加强市场经济知识、法律法规知识和先进适用技术培训，不断提高农村基层干部的政策水平、依法办事的能力和带领群众调整结构、发展经济、增加收入的本领。继续把作风建设作为重点，教育干部牢固树立宗旨意识和群众观念，诚心诚意为群众谋利益。切实做好新形势下的群众工作，坚持相信和依靠群众，注重农民群众的思想教育和技术培训，调动和保护好他们的积极性，组织带领农民群众通过自己的辛勤劳动实现其根本利益。

“让干部经常受教育、使农民长期得实惠”，必须抓紧研究解决农村基层组织建设中的一些难点问题，使“有人管事、有钱办事”的要求真正落到实处。要教育引导村党支部和村委会成员进一步增强民主法制观念和党的观念，积极探索和建立党支部领导下的村民自治运行机制。要加大对农村基层干部队伍后备人才的培养力度，加强农村党员队伍建设，积极做好在优秀青年农民中发展党员的工作，多渠道解决好一些地方村级组织建设后继乏人的问题。要从管理和经营好集体资产、组织好生产服务和资源开发等方面入手，不断壮大村级集体经济实力，切实解决一些村集体经济薄弱的问题，增强村级组织为群众办事的能力。

实现“让干部经常受教育、使农民长期得实惠”是一项十分艰巨的任务。各级党委特别是领导干部，一定要以高度的政治责任感、与时俱进的精神状态和求真务实的工作作风，切实抓好各项工作任务的落实。让我们紧密团结在以江泽民同志为核心的党中央周围，高举邓小平理论伟大旗帜，全面贯彻“三个代表”的要求，乘势而上，再接再厉，用学习实践“三个代表”重要思想的新成果，迎接党的十六大召开。

加强和改进党对农村工作领导的成功实践 *

最近，我们与有关部门的同志组成联合调研组赴四川省和重庆市，就农村“三个代表”重要思想学习教育活动，进行了为期10天的专题调研。调研组先后到两省市的11个市、县，深入乡村实地考察，召开省市县乡主要领导和村干部、党员、村民代表共150多人参加的座谈会18次，广泛听取了干部群众的意见。调查中，耳闻目睹的一切使我们深切地感到，这次学习教育活动取得了令人欣喜的成绩，为整个农村发展和农民生活带来了巨大变化，广大基层干部群众衷心拥护，反响强烈。他们普遍认为，这次活动主题鲜明、方法得当、措施有力、效果显著，是改革开放以来农村开展的最广泛、最深刻、最有影响的思想教育活动之一，是新世纪新阶段加强农村基层组织建设的一次有益探索，是加强和改善党对农村工作领导的一次成功实践。

学习教育活动确实使干部受到了教育，农民得到了实惠，为

---

* 本文原载《理论前沿》2002年第15期，作者署名为中央办公厅调研室一组、全国农村“学教”活动办公室联合调查组。

整个农业和农村工作注入了生机和活力。一是农村基层干部受到了一次生动、深刻的马克思主义自我教育，学习实践“三个代表”的自觉性大大提高。二是农民群众得到了诸多实惠，勤劳致富和建设社会主义新农村的积极性空前高涨。三是农村基层组织建设大大加强，凝聚力和战斗力明显提高。学习教育活动的深入开展，为加强农村党的建设提供了良好机遇。四是农村各项工作全面推进，两个文明建设协调发展。

一、学习教育活动积累了丰富经验，是新世纪加强农村党的建设和全面推进农村工作的有益探索

从调查情况看，这次学习教育活动之所以取得了出人意料的明显成效，得到广大干部群众的广泛认同和一致拥护，关键在于中央确定的学习教育活动的指导思想明确，方针政策正确，工作措施符合实际，反映了时代发展和社会进步的要求，反映了新世纪新阶段农村党的建设和农业、农村发展的客观规律。其成功经验概括起来说，就是：“抓住一个主题”“坚持两个结合”“强化三项措施”。

（一）抓住一个主题，就是确立“三个代表”重要思想的学习教育主题，始终用党的理论创新的最新成果提高广大基层干部的素质

江泽民同志“三个代表”重要思想是新形势下加强党的建设和推进各项工作的根本指针，也是解决农业、农村和农民问题的金钥匙。其核心是先进，关键在代表，本质要求是与时俱进。这次学习教育活动取得成功的首要原因，就是确立了“三

个代表”重要思想这一教育主题，立足于用党的理论创新的最新成果武装广大基层干部的头脑，要求他们学好“三个代表”，当好“三个代表”，实践“三个代表”，这样就使学习教育活动站在了思想理论的制高点，有了正确的前提和科学的保证。在调查中我们看到，两省市把“三个代表”重要思想的学习贯穿于整个学习教育活动的全过程，体现在每个阶段、每个环节的工作中。在学习培训阶段，普遍采取了指导组领学、领导干部讲学、宣传典型促学、参观考察助学、集中讨论帮学等多种方式搞培训、抓学习、强素质，较好解决了“三个代表”重要思想入脑入心的问题。在对照检查阶段，根据群众提出的意见和建议，继续有针对性地抓好学习，按照“三个代表”的要求，检查思想和工作上存在的差距，找准问题，分析原因，明确努力方向。在整改阶段，坚持理论联系实际，把学习“三个代表”重要思想的成果转变为整改的具体措施，落实到整改的实际行动和效果上。正是抓住了用先进理论武装干部头脑这一主题，教育基层干部努力回答为什么“代表”、能否“代表”、如何“代表”的问题，增强了干部用“三个代表”重要思想武装头脑、指导工作的紧迫感和自觉性，为学习教育活动的顺利开展创造了良好的基础和前提。

（二）坚持两个结合，就是把干部的正面教育、自我教育与群众的参与相结合，把理论学习与解决实际问题相结合，调动干部和群众两方面的积极性，增强学习的针对性和实效性

把干部的正面教育、自我教育与群众的参与有机结合起来，

是这次学习教育活动不同于以往学习教育活动的一个突出特点。这次学习教育活动一开始，就注意吸取过去的经验教训，特别是借鉴了“三讲”教育的成功经验，提出了正确的原则，要求既要坚持正面教育、自我教育为主，不搞政治运动，不搞人人过关，又要坚持走群众路线，发动群众积极参与，把干部的自我学习教育与群众的帮助和监督有机结合起来。两省市在学习教育活动中，认真贯彻中央要求，在学习培训之前，大力宣传学习教育活动的原则和政策，打消了干部怕挨整、怕过不了关的思想顾虑。同时广泛开展摸底调查，了解群众对学习教育活动的意见和建议。在学习培训和对照检查阶段，一方面通过理论学习，提高干部的思想认识；另一方面通过发动群众，帮助干部找问题、查原因，研究解决问题的办法。在整改提高阶段，干部运用学习的成果制订整改措施，并通过整改承诺公示制等做法，接受群众的监督，以群众满意不满意为标准，检验学习教育活动的效果。这样就调动了干部学习和群众参与两方面的积极性，使学习教育活动变成干部依靠群众、学习群众、服务群众的过程和群众理解干部、帮助干部、监督干部的过程，形成了干群团结互助、良性互动的机制，从而大大提高了学习教育的效果。

坚持理论学习与解决实际问题相结合，是这次学习教育活动的又一显著特点。这次学习教育活动特别强调了学习教育要紧密联系干部的思想和工作实际，把学习理论与解决思想和实际问题统一起来，切实解决干部自身和农村工作中存在的突出问题。在学习教育活动开展中，明确提出要“让干部受教育、使农民得实惠”，要通过学习解决实际问题，努力做到推动农村经济发展、增加农民收入有新进展，减轻农民负担切实见成效，基层干部思想、工作作风明显改进，精神文明建设和民主法制建设进一步加强。

（三）强化三项措施，就是要强化组织领导、督促检查和宣传引导，为学习教育活动的顺利开展提供保证

一是强化组织领导，层层落实责任制，形成了齐抓共管的工作格局。中央要求各级党委要切实加强对学习教育活动的组织领导，强调这是保证学习教育活动达到预期目的的关键所在。两省市正是按照中央这一要求，强化组织领导措施，把学习教育活动列入党委的重要议事日程，党委书记亲自抓，层层建立责任制；各级领导普遍建立学习教育联系点，直接示范带头抓；党委组织部门牵头，有关部门通力协作，齐抓共管，形成了合力。四川省委主要负责同志多次开会强调，要把学习教育活动作为事关全局的大事来抓，切实做到“认识到位、措施到位、工作到位、落实到位”。他率先垂范，先后8次深入学习教育活动联系点，指导和帮助联系点开展学习教育活动。在其带动下，地（市）委书记高度重视负总责，县（市）委书记、乡镇党委书记认真履行第一责任人和直接责任人的职责。重庆市委主要负责同志主持召开专题研究学习教育工作的会议10多次，多次深入实地调查研究，通过抓好联系点的工作，带动和指导全市的学习教育活动。全市在村级学习教育活动中，共建立市级党员领导干部联系点24个，区县党员领导干部联系点1342个，带动全市18万名机关干部进

村入户，指导学习教育活动。这种“一把手”亲自抓，各级领导层层负责，有关部门齐抓共管的工作格局，有利于最大限度地动员各种力量和资源，保证重点工作的顺利进行，体现了举全党之力抓全局大事的精神，为学习教育活动的成功提供了强有力的政治和组织保证。

二是强化督促检查，完善抓落实的制度和机制。这次学习教育活动，针对过去一些工作中重决策部署、轻督促检查，从而导致工作落实不到位的现象，借鉴“三讲”教育加强巡视、督查的成功经验，强调要加强督促检查，确保学习教育活动各项工作任务的落实。两省市按照中央要求，结合本地实际，进一步完善和强化督促检查措施，普遍组建督查、督导和指导组。四川省组织了 10 万多名干部参加督查和驻村指导工作。重庆市抽调机关干部 45622 人，组成三级督查指导体系，各级督查指导人员始终坚持沉下去，在第一线“住督”“住导”。两省市都采取了自上而下和自下而上相结合、明查与暗访相结合、定点定期检查和随机抽查相结合等多种方式，加强和完善督查指导工作，及时发现问题，提出改进意见，问题严重的，责令限期纠正或重新补课。通过这些强有力的督促检查措施，进一步完善抓落实的机制，保证了学习教育活动各项任务高质量、高水平的完成。

三是强化宣传引导，形成强大的声势和良好的社会舆论氛围。学习教育活动开展以来，在中央和全国各地逐步加大对“三个代表”重要思想宣传力度的同时，两省市也通过建立宣传网络体系，改进宣传方法，利用各种媒体，采取多种形式，强化

“三个代表”重要思想的宣传教育。在村级学习教育活动中，两省市都采取逐级召开动员会，组织宣讲团深入基层宣讲；利用党员电化教育、黑板报、宣传栏、文艺表演等群众喜闻乐见的形式宣传学习教育活动；通过在新闻媒体上开辟宣传专栏和刊发各类文章，广泛宣传“三个代表”重要思想学习教育活动，形成报纸天天有报道、电视天天有图像、广播天天有声音的浓厚氛围。同时他们始终坚持正面引导，注重典型宣传。四川省资阳市注意用身边事教育身边人，集中宣传了郭秀明、张玉芳等一批先进典型。重庆市万州区在村级学习教育活动中，把学习全国先进与本地典型有机结合，掀起了“远学郭秀明、近学李光新”的热潮，使广大基层干部受到了学习实践“三个代表”重要思想的生动教育。正是通过这种广泛生动的宣传教育活动，极大地促进了“三个代表”重要思想在全社会的普及和深入，起到了动员群众、教育群众、引导群众的积极作用，形成了多年来少有的强大声势，为学习教育活动的顺利开展营造了良好的社会舆论环境。

二、学习教育活动的深刻启示

大量事实表明，在全国农村开展“三个代表”重要思想的学习教育活动，非常必要和及时，意义重大而深远，它为新世纪新阶段加强党的建设，加强和改进党对农村工作的领导，有效解决农业、农村和农民问题，创造了极为有益的经验，提供了深刻的启示。

第一，“三个代表”重要思想的学习和实践应当继续深入，坚持下去必有好处。这次农村“三个代表”重要思想学习教育活动集中解决了当前农村存在的一些突出问题，使农村的各项工作得到全面推动，形成了多年来少有的良好发展势头。但在一些地方，工作发展还不平衡，一些深层次的问题有待进一步解决，学习和实践“三个代表”还是一项长期的任务。广大基层干部群众强烈要求，集中学习教育活动虽然告一段落，但不要以一般的总结来结束这项工作，而应乘势而上，以新的形式继续深入学习和实践“三个代表”重要思想，巩固和扩大学习教育的成果。学习教育活动的实践充分表明，“三个代表”重要思想具有强大的生命力，把这一重要思想的学习和实践深入、持久地开展下去，不断提高基层党员干部学习实践“三个代表”重要思想的自觉性和坚定性，必将全面促进农村基层组织建设，把党对农村工作的领导提高到一个新水平。

第二，建立使干部长期受教育的机制，努力培养学习型干部、形成学习型工作方式。

当今世界，科学技术突飞猛进，知识更新日益加快，面对知识经济的兴起和知识社会的到来，如何不断提高干部队伍素质，改进和完善党的领导方式和工作方式，已成为亟待解决的新课题。这次学习教育活动的成功经验告诉我们，通过干部的集中学习教育，特别是善于及时运用党的理论创新的最新成果武装干部，建立干部长期受教育的机制，形成善于学习的学习型干部和善于用学习的成果来推动工作的学习型工作方式，是建设学习型政党和学习型社会的必然要求，有利于发挥我们党思想建党的优势，使广大党员干部不断提高政治思想水平和业务工作能力，从而始终把握思想理论的制高点，在高水准的思想境界上达到思想的高度统一，在思想统一的前提下达到行动的统一，不断增强团结，齐心协力地把各项工作顺利推向前进。

第三，把理论联系实际的学风制度化，形成学以致用的风气。

把理论学习与解决实际问题结合起来，是这次学习教育活动取得明显成效的关键环节。学习教育活动的经验告诉我们，干部的学习教育特别是农村基层干部的学习，不是一般意义上的知识学习，而是为解决问题、推动工作的应用性学习。只有从解决实际问题、推动具体工作出发，安排学习的内容，确定学习的方式，运用学习的成果，检验学习的效果，才能增强学习的针对性、实用性和吸引力，从根本上提高学习的效果，达到学习的目的。

第四，下大气力重点抓好干部作风转变，建立和完善密切联系群众的机制。

基层干部的作风问题，是当前广大群众反映最强烈的问题，也是这次干部受教育要解决的突出问题。改进干部的作风，核心问题是密切联系群众。这次学习教育活动中，为了进一步落实六中全会精神，四川、重庆两省市普遍建立领导干部联系点制度，机关干部深入基层、驻村指导工作的制度，调查研究、听取群众意见、接受群众监督的制度，一些地方还创造了基层干部密切联系群众的有效经验和做法，受到广大群众的普遍好评。大家反映，干部作风明显转变，同群众的联系进一步密切，是这次学习教育活动最显著的成效之一。把这些制度和做法进一步完善，形成一整套有效的密切联系群众的机制，并长期坚持下去，必将从根本上促进党风政风的好转，大大推进党的建设新的伟大工程，进一步增强党组织的创造力、凝聚力和战斗力。

用制度巩固学习教育活动成果 *

全国农村“三个代表”重要思想集中学习教育活动已基本结束，如何继续深入学习和实践“三个代表”重要思想，进一步巩固和扩大学习教育活动成果？带着这一课题，我们赴四川省和重庆市进行了专题调研。根据两省市开展学习教育活动的好经验好做法，建立一整套让干部经常受教育、使农民长期得实惠的有效机制，我们认为应当主要从以下几个方面着手。

一、建立健全农村基层干部定期学习培训制度，形成干部经常受教育的学习机制

把干部的集中学习教育制度化。在这次学习教育活动中，四川、重庆两省市结合本地实际，认真贯彻中央的要求，突出“三个代表”重要思想的主题，集中时间，分层培训，采取灵活多样的学习方式，收到明显成效。实践证明，这种集中时间、集中精力的学习教育活动，力度大、影响广、效果好，不失为一种提高

* 本文原载《党建研究》2002 年第 8 期，作者署名为全国农村“学教”活动办公室综合组、中央办公厅调研室一组联合调查组。

基层干部队伍素质、解决突出问题的有效方式。

建立农村基层干部定期培训制度。四川省成都市龙泉驿区和雅安市天全县在学习教育活动中，举办各种培训班，组织干部学习市场经济知识、法律知识、村级管理和农村适用技术，使学习的针对性、实效性大大提高，广大基层干部真正学到了亟须、管用的知识和本领。通过定期培训，使农村基层干部能及时“充电”，不断更新知识，提高管理能力和带领群众发展致富的本领。

建立农村基层领导班子集体学习制度。四川省天全县建立村党支部一月一次的理论学习制度，定时组织党员干部学习党的理论路线方针政策。重庆市璧山县乡镇驻村干部坚持每月一至两次对村干部进行领学、助学。这种定期的集体学习制度，对于提高村干部的理论政策水平和实际工作能力大有好处。

建立健全干部学习培训的激励约束和保障机制。两省市在学习教育中建立基层干部学习培训的考核制度，把学习培训的考核结果纳入干部任用考察和年度考核之中，作为干部升降奖惩、评选先进的重要参考，真正把基层干部的培训作为一项重要的基础性建设，为基层干部的学习培训提供必要的资金和物质保证。

二、以转变干部作风为切入点，建立健全密切联系群众的有效机制

建立和完善以领导干部联系点为主的干部深入基层的制度。密切联系群众首先必须深入基层、深入群众。这次“学教”活动在这方面创造了许多好的做法，其中最为有效的是各级领导干部

建立联系点制度。领导干部联系点的建立，带动了广大机关干部下乡驻村、蹲点调研。广大干部和农民群众在一起，从而同群众缩短了居住距离，增进了感情，受到了广大农民群众的普遍欢迎。应该借鉴“学教”活动经验，把领导干部建立联系点、部门包村、机关干部驻村蹲点等深入基层、深入群众的好做法制度化，并长期坚持下去。

建立健全广泛听取群众意见的制度。密切联系群众必须善于倾听群众的意见。重庆市各区县广泛开展“进百家门、察百家情、排百家难、解百家忧”等活动，在村级学习教育活动中，乡村干部3次大规模走访农户直接征求意见，每次走访群众的入户率均达到80%以上。四川省龙泉驿区在学习教育活动中，开展以“连心队、连心夜、连心桥”为内容的“三连”活动，党员干部深入群众家中与群众面对面地交心谈心，广泛听取群众对生产生活和干部作风转变等方面的意见，为解决好群众关心的突出问题提供了客观依据。把这些好的做法完善固定下来，长期坚持下去，对密切党群干群关系、调动农民群众的生产积极性具有重要意义。

建立为群众办实事办好事的制度。密切联系群众，最根本的是要为群众多办实事。两省市在“学教”活动中着眼于让群众得实惠，从群众最需要的事情做起，从群众最不满意的事情改起，做了大量得人心、暖人心、稳人心的好事，理顺了群众情绪，密切了干群关系。实践证明，办实事对群众的“胃口”、解群众的忧愁、得群众的支持。各级党委和政府应当认真总结借鉴这方面的好经验，建立经常为群众办实事的制度，把每年为群众办几件实事列入全年工作计划，作为领导干部履行岗位职责和年度考核的重要内容，认真执行，并向群众公开，接受群众监督。

改进新形势下群众工作的机制和方法。密切联系群众，还必须善于做群众工作。“学教”活动中，两省市广大基层干部积极适应形势的变化，转变政府职能，改进领导方法和工作方式，从习惯依靠行政手段指挥转变到按客观规律办事、依法办事；从习惯强迫命令转变为说服教育、示范引导、提供服务；从习惯领导个人说了算转变为民主表决大家说了算，大大提高了群众工作的水平。

完善机关服务和方便群众办事的制度。两省市在“学教”活动中为了解决长期以来机关存在的“门难进、脸难看、事难办”等突出问题，推行机关“首问负责制”、岗位承诺制、“佩证上岗制”等改善服务的措施，约束干部行为，规范机关工作秩序，提高了服务水平。应当把这些群众欢迎的做法进一步制度化、规范化，使之成为机关干部的日常行为规范和广大群众经常得实惠的重要机制。

建立改进干部作风的激励和监督机制。为调动农村基层干部改进作风的积极性，四川省进行了积极探索。大部分市、县建立了定期表彰农村基层干部的制度，对连续两次获表彰的优秀干部，授予“最佳基层干部”称号，颁发奖金，属村干部的，按条件按程序补充为乡镇公务员。有的规定，每次换届时县级党政领导要有不少于三分之一的人来自乡镇主要领导或有过乡镇领导工作经历，等等。这些做法有力地促进了基层干部改进作风、深入群众、扎根基层。重庆市一些地方还建立了重大政绩公示制度，完善对干部政绩的考核和评议制度，凡属上报的重大政绩、数字等都要公开，让群众来评议，接受群众监督，以遏止虚报浮夸等不良风气。这些强有力的监督措施，为促进干部作风转变提供了制度保证。

三、以改革创新的精神，探索建立健全农村基层党组织建设常抓不懈的工作机制

改进农村干部选拔任用制度，选好配强基层组织领导班子。在“学教”活动中，两省市为加强乡村领导班子建设，拓宽选人视野，改进选拔方式。四川省在村“两委”换届中有3万多名政治素质好的致富能人进入村班子，全省还下派4008名机关干部到村任职。重庆市下派397名县级机关干部到乡镇任职，下派882名县乡机关干部到村任职。这些做法拓宽了乡村干部的来源，大大加强了乡村两级领导班子建设，提高了农村基层领导班子的整体素质。

完善村级事务管理运行制度，理顺村“两委”关系。四川省成都市、雅安市等地方，积极推行村“两委”工作集体讨论、民主决策，党支部书记、村委会主任“一肩挑”，党支部成员和村委会成员按照规定的选举程序交叉任职等办法，进一步理顺了“两委”关系，规范了“两委”工作，增强了村党支部班子特别是党支部书记的群众基础和工作基础。

建立农村基层干部后备制度，发展壮大农村党员队伍。四川省雅安市积极探索发展党员、培养干部的新方法，开展把党员、

干部培养成致富能手，把致富能手培养成党员、干部的“双向培养”活动，有效地解决了农村基层干部队伍后继乏人问题。

丰富“三级联创”的活动内容，完善农村基层党组织建设的工作载体。在“学教”活动中，两省市注意把学习教育活动与“三级联创”结合起来，积极推动农村基层组织建设，积累了有益的经验。当前，各级党委应按照“三个代表”要求，丰富“三级联创”的内涵，提升“三级联创”的标准。要逐步把县（市、区）部门、乡镇站所纳入到“三级联创”考核体系中，形成工作合力。

四、强化责任意识和督促检查，完善推进工作的落实机制

层层建立领导责任制。四川、重庆两省市党委书记担任学习教育活动领导小组组长，到学习教育联系点动员、推动，把学习教育活动紧紧抓在手上，逢会必讲，下基层必抓，同时要求各级党委逐级明确职责，细化任务，地、市委书记负总责，县、市委书记为第一责任人，乡镇党委书记和县市部门主要负责人为直接责任人，形成了一级抓一级，一级带一级，一级促一级，层层抓落实的责任机制。

形成部门配合、齐抓共管的工作格局。两省市各级党委都成立了“学教”活动领导小组办公室，组成专门的工作队伍。与此同时，动员和组织市、县各有关部门，积极参加学习教育工作，形成了党委统一领导，学教办具体负责，各有关部门协调配合、齐抓共管的工作格局和体制，为“学教”活动顺利开展提供了有

力的组织保证。

强化督促检查。两省市普遍建立了督查、督导、指导网络，不间断地派出督查组、巡视组、督导组，采取自上而下和自下而上相结合、明查与暗访相结合、定点定期检查和随机抽查相结合等多种方式，深入到县、乡、村进行大力度的督促检查。

实践证明，建立领导责任制、形成齐抓共管的工作格局、强化督促检查，是学习教育活动抓落实的有效措施，确保了整个活动不折不扣地贯彻了中央的要求，取得了明显成效。在今后的各项工作中，都应当借鉴这些抓落实的好制度好经验，进一步完善抓落实的机制，量化标准，细化要求，硬化措施，强化责任，以科学严密的考核体系、严格高效的督查机制来保证各项工作制度和任务落实。

坚持理论创新和实践创新的光辉文献 *

党的十六大报告是一个坚持用理论创新指导和推动实践创新的光辉文献。创新是十六大报告最鲜明的特色，也是出现频率最高的词汇之一。特别是十六大报告把创新提到我们要长期坚持的治党治国之道加以强调，充分说明了创新在我们党和国家事业中的极端重要性。我们要紧紧抓住创新这个治党治国之道，去深刻理解和把握十六大确立的党的指导思想的新飞跃、思想路线的新拓展、实践经验的新概括、发展战略的新谋划和党的建设的新举措。

指导思想的新飞跃：报告把“三个代表”重要思想确立为我们党必须长期坚持的指导思想，使我们党实现了指导思想的与时俱进，这是十六大的历史性决策和历史性贡献。

我们党是一个始终坚持用科学理论指导的党。党的事业是不断向前发展的，党的指导思想也必然是与时俱进的。十六大报告

* 本文原载《组织人事报》2003年1月2日，作者署名为钟怡祖。

顺应时代和实践的发展变化，深刻阐述了“三个代表”重要思想的历史地位和重要作用，明确指出：“三个代表”重要思想是对马克思列宁主义、毛泽东思想和邓小平理论的继承和发展，反映了当代世界和中国的发展变化对党和国家工作的新要求，是加强和改进党的建设、推进我国社会主义自我完善和发展的强大理论武器，是全党集体智慧的结晶，是党必须长期坚持的指导思想。始终做到“三个代表”是我们党的立党之本、执政之基、力量之源。从江泽民同志在广东高州讲话中提出“三个代表”，到2001年“七一”讲话全面阐述“三个代表”的科学内涵，到十六大把“三个代表”重要思想确立为我们党必须长期坚持的指导思想，我们党实现了指导思想上的一次新的飞跃。

应该指出，以江泽民同志为核心的第三代中央领导集体所进行的理论创新和实践创新，是全面而系统、深刻而伟大的创新，其中最重要、最具根本性、最集中体现创新精神的，就是提出了“三个代表”重要思想，并确立为我们党必须长期坚持的指导思想。这是决定我们党、国家、民族前途和命运，影响中国历史进程的伟大创新。正如党的七大把毛泽东思想确立为党的指导思想，推动了新民主主义革命的伟大胜利，党的十五大把邓小平理论确立为党的指导思想，推动了中国特色社会主义事业的全面发展一样，党的十六大把“三个代表”重要思想确立为党必须长期坚持的指导思想，必将极大地增强全党的凝聚力和向心力，动员全党同志统一思想，凝聚力量，开拓进取，推动我们党和国家的事业在新世纪不断向前发展。

在新世纪新阶段，始终坚持把“三个代表”重要思想作为我们党的指导思想不动摇，“关键在坚持与时俱进，核心在坚持党的先进性，本质在坚持执政为民”。具体说，就是要做到“四个必须”，达到“四个新”的要求：必须使全党始终保持与时俱进的精神状态，不断开拓马克思主义理论发展的新境界；必须把发展作为党执政兴国的第一要务，不断开创现代化建设的新局面；必须最广泛最充分地调动一切积极因素，不断为中华民族的伟大复兴增添新力量；必须以改革的精神推进党的建设，不断为党的肌体注入新活力。报告提出的全面贯彻“三个代表”重要思想的根本要求和具体要求，体现了解放思想与实事求是的统一、理论创新与实践创新的统一、总结过去与谋划未来的统一，凝结着实践的硕果，闪耀着真理的光辉，我们要认真领会，坚决落实，始终做到在思想上不断有新解放，理论上不断有新发展，实践上不断有新创造，把“三个代表”重要思想贯彻到社会主义现代化建设的各个领域，体现在党的建设的各个方面，使我们党始终与时代发展同步伐，与人民群众共命运。

思想路线的新拓展：报告把解放思想、实事求是和与时俱进联系起来，坚持、丰富和发展了党的思想路线，标志着我们党对思想路线认识的进一步深化。

我们党对思想路线的认识是一个不断丰富和发展的过程，这个过程本身就是解放思想、实事求是、与时俱进的过程，是一个积累经验、探索规律、追求真理的过程。毛泽东同志是我们党的正确思想路线的创立者和倡导者，他领导我们党总结了革命斗争的经验教训，克服了党内曾经盛行的把马克思主义教条化、把共产国际指示和苏联经验神圣化的错误倾向，逐步在全党形成和确立了实事求是的思想路线，这对党的思想路线的形成和发展具有开创性意义，它指引我们取得了中国革命的伟大胜利。邓小平同志在新的历史条件下丰富和发展了党的思想路线。他针对党内当时“左”的指导思想尚未从根本上得到纠正、“两个凡是”又成为禁锢人们思想新的枷锁的状况，强调在坚持实事求是的同时，必须把解放思想提到突出的位置，强调只有解放思想才能实事求是，坚持实事求是，才是真正的解放思想。党的解放思想、实事求是思想路线的确立，指引我们党在拨乱反正的基础上开创了改革开放和社会主义现代化建设新局面。进入新世纪，面对新情况，江泽民同志进一步丰富和发展了党的思想路线。他针对党所处的历史方位、面临的环境、肩负的任务以及党员队伍的重大变化，站在时代和战略的高度，总结党的历史经验，结合世纪之交我国改革和建设的新实践，在十六大报告中鲜明提出：“坚持党的思想路线，解放思想、实事求是、与时俱进，是我们党坚持先进性和增强创造力的决定性因素。”把解放思想、实事求是和与时俱进联系起来，突出了与时俱进的重要地位，进一步拓展了党的思想路线的内涵，标志着我们党对思想路线的认识达到了一个新水平。

十六大报告指出：“与时俱进，就是党的全部理论和工作要体现时代性，把握规律性，富于创造性。能否做到这一点，决定着党和国家的前途命运。”这表明，把与时俱进同解放思想、实事求是一道作为党的思想路线的组成部分，深刻反映了我们党所主张的解放思想、实事求是不是一时一事、一劳永逸的，而是要体现整个党的事业、党的工作的发展过程，是必须始终不渝、一以贯之地加以坚持的。与时俱进同解放思想、实事求是相互贯通，密不可分的。一方面，解放思想、实事求是推动与时俱进，另一方面，与时俱进又使解放思想、实事求是不断进入新的境界。不解放思想，教条主义盛行，墨守陈规，因循守旧，就不能做到与时俱进；同样，不实事求是，不从特定的环境和条件出发，不尊重客观规律，也不能做到与时俱进。与时俱进体现了继承和创新的统一，体现了解放思想和实事求是的统一。

实践经验的新概括：报告科学总结了我们党带领人民建设中国特色社会主义必须坚持的基本经验，深化了对什么是社会主义、怎样建设社会主义，建设什么样的党、怎样建设党这两大问题的认识。

实践创新是理论创新的基础和前提。十三年改革开放和现代化建设波澜壮阔的实践，呼唤从理论的高度进行新的总结和新的概括，以指导新的实践。报告在全面总结十三届四中全会以来取得的重大历史性成就的基础上，从改革发展稳定、内政外交国防、治党治国治军的战略高度，精辟概括了这十三年的基本经验，也就是"十个坚持"。报告指出，这十条"是党领导人民建设中国特色社会主义必须坚持的基本经验。这些经验，联系党成立以来的历史经验，归结起来就是，我们党必须始终代表中国先进生产力的发展要求，代表中国先进文化的前进方向，代表中国最广大人民的根本利益。这是坚持和发展社会主义的必然要求，是我们党艰辛探索和伟大实践的必然结论”。十条基本经验的归纳，具有很强的概括力、说服力和感召力，这是我们党在新的历史条件下探索什么是社会主义、怎样建设社会主义，建设什么样的党、怎样建设党这两大问题的最新成果。

联系改革开放以来20多年的发展进程，我们党坚持和发展了党的基本理论，制定了党的基本路线和基本纲领，在实践的基础上，十六大又形成了基本经验。这样，进入新世纪新阶段的中国共产党就有了“四个基本”。这“四个基本”都是我们党宝贵的精神财富。实践创新是理论创新的出发点和归宿。在全面建设小康社会、加快推进社会主义现代化的新的发展阶段，只要我们始终不渝地坚持党的基本理论、基本路线、基本纲领和基本经验，就一定能继往开来，与时俱进，不断开创中国特色社会主义事业新局面。

发展战略的新谋划：报告提出了全面建设小康社会的奋斗目标，丰富和发展了邓小平关于实现现代化的战略思想，为我国在新世纪新阶段的发展描绘了宏伟蓝图、指明了前进方向。

“二十一世纪头二十年，对我国来说，是一个必须紧紧抓住并且可以大有作为的重要战略机遇期。”这是报告提出新的奋斗目标的立论依据。从国际看，在人类进入新世纪之际，世界多极化和经济全球化趋势在曲折中发展，科技进步日新月异，综合国力竞争日趋激烈，和平与发展成为世界潮流。这对我们提出了严峻的挑战，同时也提供了难得的历史机遇和发展空间。从国内看，我们党确立和形成了基本理论、基本路线、基本纲领和基本经验，取得了发展的根本保障。20多年的改革开放，促进了生产力的快速发展，我们的综合国力大大增强，奠定了发展的坚实基础。报告指出，全面建设小康社会的新阶段，“是实现现代化第三步战略目标的承上启下的发展阶段，也是完善社会主义市场经济体制和扩大对外开放的关键阶段”。只要我们抓住机遇，争取主动，聚精会神搞建设、一心一意谋发展，就一定能够实现跨越式发展，实现全面建设小康社会的目标。

全面建设小康社会，“必须把发展作为党执政兴国的第一要务”“用发展的办法解决前进中的问题”。报告中的这些新论断，是对邓小平同志“发展是硬道理”思想的深化和拓展，是马克思主义发展观在当代中国的理论创新。生产力的先进性、文化的先进性和人民根本利益的保持和实现，要靠发展；继续解决我国经济和社会生活中存在的矛盾和问题，提高我们抵御各种风险的能力，实现第三步战略目标，要靠发展；解决台湾问题，完成祖国统一大业，要靠发展；反对霸权主义、强权政治，履行我们维护世界和平与促进共同发展的国际责任，不断增强我国在国际事务中的作用，也要靠发展。报告强调，要把保持党的先进性和发挥社会主义制度的优越性，落实到发展先进生产力、发展先进文化、维护和实现最广大人民的根本利益上来，并且断言，紧紧把握住这一点，就从根本上把握了人民的愿望，把握了社会主义现代化建设的本质，就能使“三个代表”重要思想不断得到落实，使党的执政地位不断得到巩固，使强国富民的要求不断得到实现。这进一步启迪我们，只要我们抓住机遇，加快发展，就抓住了解决前进中一切矛盾和问题的关键，就抓住了执政兴国的核心问题。

报告强调，“全面建设小康社会的目标，是中国特色社会主义经济、政治、文化全面发展的目标，是与加快推进现代化相统一的目标。”完成这个新的奋斗目标，“发展要有新思路，改革要有新突破，开放要有新局面，各项工作要有新举措。”由此，报告提出了经济建设和经济体制改革、政治建设和政治体制改革、文化建设和文化体制改革等各方面工作的新目标、新思路、新措施，形成了新世纪新阶段建设中国特色社会主义的完整战略部署。特别需要指出的是，报告第一次把发展社会主义民主，建设社会主义政治文明，作为全面建设小康社会的重要目标，强调发展社会主义民主政治，最根本的是要把坚持党的领导、人民当家作主和依法治国有机统一起来，要着重加强制度建设，实现社会主义民主政治的制度化、规范化、程序化。实现和发展人民民主，既是推进中国特色社会主义的重要手段，更是建设中国特色社会主义的重要目标。把物质文明、政治文明和精神文明并提，强调要不断促进三者的协调发展，反映了我们党对社会主义本质和社会主义建设规律认识的深化。

党的建设的新举措：报告对新世纪新阶段加强和改善党的领导、推进党的建设新的伟大工程作出了新的部署，是我们党坚持以改革的精神加强和完善自己、进一步解决两大历史性课题的行动指南。

十六大报告通篇体现了“两个伟大”：中国特色社会主义伟大事业，党的建设新的伟大工程。伟大事业需要伟大工程来支撑，伟大工程必须紧紧围绕伟大事业来进行。加强和改进党的建设，是实现党在新世纪各项任务的根本保证。报告提出了加强和改进党的建设"四个一定要""三个始终是"的总体要求和六个方面的任务，进一步回答了建设什么样的党、怎样建设党这个重大问题，为我们在新世纪新阶段全面推进党的建设新的伟大工程指明了前进的方向。

报告在关于党的建设的一系列重要论述中，极富新意的是把加强党的执政能力建设作为加强和改进党的建设的一个重要内容。这不仅是从一个方面、一个角度来考虑党的建设，而且从执政兴国的战略高度和宏观层面来谋划党的建设。报告提出要不断提高"五种能力"，是对党的各级组织和领导干部的一个与时俱进的新要求，是党的建设的一项重要任务。以加强党的执政能力建设为红线，我们就可以把党的建设的各项任务贯通起来。

——加强党的执政能力建设，必须把思想理论建设摆在更加突出的位置，深入学习贯彻"三个代表"重要思想，提高全党的马克思主义理论水平，不断深化对共产党执政规律、社会主义建设规律和人类社会发展规律的认识。这是提高党的执政能力的带根本性的问题。

——加强党的执政能力建设，必须坚持和健全民主集中制，不断增强党的团结统一，不断增强党的凝聚力和战斗力。没有党的团结统一，形成不了合力，出不了生产力，也就难以执政。这是党的建设的一条重要经验。

——加强党的执政能力建设，必须建设一支能够担当重任、经得起风浪考验的高素质的领导干部队伍，特别是培养造就大批治党治国治军的优秀领导人才，把各级领导班子建设成为坚持贯彻“三个代表”重要思想的坚强领导集体。各级领导干部特别是高中级干部，要带头学习和实践“三个代表”重要思想，成为勤奋学习、善于思考的模范，解放思想、与时俱进的模范，勇于实践、锐意创新的模范。这是加强党的执政能力建设、确保党的事业兴旺发达和国家长治久安的根本大计。

——加强党的执政能力建设，必须深化干部人事制度改革，努力形成广纳群贤、人尽其才、能上能下、充满活力的用人机制，把优秀人才集聚到党和国家的各项事业中来。这是加强党的执政能力建设的一个关键问题。

——加强党的执政能力建设，必须切实做好基层党建工作，把党的基层组织建设成为贯彻“三个代表”重要思想的组织者、推动者和实践者，并不断增强党的阶级基础和扩大党的群众基础，为党的肌体注入新的活力。这是加强党的执政能力建设的基础性的工作。

——加强党的执政能力建设，必须同加强和改进党的作风建设结合起来，着力解决党的思想作风、学风、工作作风、领导作风和干部生活作风方面的突出问题，深入开展反腐败斗争，维护党的队伍的纯洁性，使我们党永葆生机和活力。

我们坚信，只要按照十六大报告作出的新部署和提出的新要求来加强和改进党的建设，就一定能建设成为符合“三个代表”要求的党，与时俱进、开拓创新的党；一定能始终成为中国特色社会主义事业的领导核心，带领广大人民团结奋进，实现中华民族的伟大复兴，共同创造我们的幸福生活和美好未来。

先进性教育和先进性建设是永葆党的先进性的根本途径 *

——一论加强党的先进性建设

胡锦涛同志2005年1月在新时期保持共产党员先进性专题报告会上的重要讲话，第一次鲜明地把党的先进性建设作为党的建设的一个带根本性的重大课题提到全党面前。《讲话》深刻论述了党的先进性建设是关系马克思主义政党生存发展的根本性问题，也是马克思主义政党自身建设的根本任务。《讲话》还科学总结了我们党加强先进性建设的历史经验，明确提出了新的历史条件下加强党的先进性建设的基本任务。这个《讲话》具有重大的理论和实践意义。

引人注目而又耐人寻味的是，胡锦涛同志的重要讲话，集中论述的是党的先进性建设，而发表讲话的目的是要推动全党开展先进性教育活动。这就提出了一个先进性教育与先进性建设的关系问题。

* 本文原载《党建研究》2005年第6期，作者署名为钟怡祖。

我们知道，先进性是马克思主义政党的根本特征，也是马克思主义政党的生命所系、力量所在。党的先进性既不是与生俱来的，也不是一劳永逸的。保持党的先进性，既要重在建设，又要重在加强对党员的思想教育。先进性建设也好，先进性教育也好，其共同目的都是要使我们党始终保持马克思主义政党的本色，始终不脱离人民群众，始终保持蓬勃的生机和活力。按照马克思主义的观点，自发的工人运动不能产生科学社会主义，工人阶级的社会主义意识只能从外面灌输进去，通过灌输赋予自发的工人运动以自觉的性质。同样，党员的先进性也不是自发产生的，也必须通过加强党内马克思主义理论和无产阶级思想教育，不断提高党员的思想觉悟，才能不断把党员教育和锻炼成为坚定的共产主义战士。实践表明，党的先进性建设的成果（这里主要指的是党的与时俱进的指导思想），只有通过先进性教育，才能变为广大党员的自觉行动；而经过先进性教育，提高了广大党员的先进性，又会有力地促进党的先进性建设。这就是先进性教育同先进性建设的内在统一性。

高度重视并不断加强先进性教育和先进性建设，是我们党从小到大、由弱到强，从挫折中奋起、在战胜困难中不断成熟的一大法宝。革命战争年代，我们党把一支有着各种非无产阶级思想、农民和其他小资产阶级占主要成分的队伍，建设成为一支团结统一、纪律严明、英勇善战的工人阶级先锋队，靠的正是这个法宝；执政以后，我们党团结和带领全国各族人民，在社会主义道路上艰辛探索，克服重重困难，历经磨难而不衰，千锤百炼更坚强，靠的还是这个法宝；进入新世纪新阶段，在实现推进现代化建设、完成祖国统一、维护世界和平与促进共同发展这三大历史任务的进程中，要把我们党建设成思想上政治上组织上完全巩固、始终站在时代前列带领人民团结奋进的坚强领导核心，仍然要靠这个法宝。

高度重视并不断加强先进性教育和先进性建设，也是我们党永葆先进性的内在要求，它们都贯穿于和体现在我们党的建设各个方面。体现在党的思想建设上，就是要不断弘扬解放思想、实事求是、与时俱进的思想路线，持续推动实践基础上的理论创新、制度创新、科技创新、文化创新和其他各方面的创新；就是要用党的与时俱进的指导思想武装全党，使广大党员特别是党的各级领导干部坚定对“三个代表”重要思想的信仰，坚定对建设中国特色社会主义的信念，坚定对全面建设小康社会、实现中华民族伟大复兴的信心。体现在组织建设上，就是要使各级党组织不断提高创造力凝聚力战斗力、始终发挥领导核心作用和战斗堡垒作用，使广大党员不断提高自身素质、始终发挥先锋模范作用。体现在作风建设上，就是要使全体党员特别是党员领导干部把发扬党的三大作风同体现时代特征的优良作风结合起来，坚持务实、廉洁，勇于开拓、创新，不断把党的执政为民的理念转化为造福于民的实践。体现在制度建设上，就是要加强以坚持和完善民主集中制为中心内容的党内制度建设，完善党的组织制度和领导制度，不断增强党的活力和团结统一。

加强先进性教育和先进性建设，必须把经常性教育与适当的集中教育结合起来，这是我们党在实践中得到的一条重要经验。革命战争年代，我们党在加强经常性教育的基础上，开展了延安整风这场马克思主义思想教育运动，为夺取抗日战争和解放战争的胜利、建立新中国提供了有力的思想保证。在改革开放和发展社会主义市场经济的新形势下，面对复杂多变的国际形势，面对党肩负的任务和党员队伍发生的重大变化，我们党在加强经常性教育的基础上，先后在县处级以上党员领导干部中开展了“三讲”集中教育活动，在农村基层干部中开展了“三个代表”重要思想学习教育活动。这两次集中教育活动，都收到了很好的效果，对于解决党员干部党性党风方面存在的突出问题，始终保持党员干部的先进性，始终保持改革开放和现代化建设的正确方向，都起到了重要的推动作用。

党内多年的思想教育特别是这次集中的先进性教育活动的实践都表明，面向广大党员的思想教育活动，唯有坚持正面教育、自我教育才是最有效的。这是因为，任何教育只有转化为自我教育，才能真正达到教育的目的。同样，任何批评也只有转化为自我批评，才能真正达到批评的效果。正如毛泽东同志所说的，外因是变化的条件，内因是变化的根据，外因通过内因而起作用。因此，对党员的思想教育，要把着眼点放在启发党员的自觉性，把立足点放在调动党员的主观能动性，把着力点放在激励党员自己发现问题，自己分析问题，自己解决问题，从而使他们不断提高自身素质，增强保持先进性的自觉性、坚定性，在全面建设小康社会、加快推进社会主义现代化的伟大实践中，更好地发挥先锋模范作用。

目前正在全党深入开展的保持共产党员先进性教育活动，覆盖各行各业、各条战线的6800多万名党员，是改革开放20多年来涉及党员人数最多、规模最大的一次正面教育、自我教育活动。各地各部门按照中央的统一部署和要求，始终注重在正面教育、自我教育上下功夫。特别是按照中央的部署和要求，组织和引导广大党员对照党章、结合各自的工作实际，开展先进性教育具体要求大讨论，在民主讨论基础上，认真制定具有时代特征、岗位特点的保持共产党员先进性的具体要求，这就在实际上把党员正面教育、自我教育引向了规范化、制度化。

比如，有的省提出，省级党员领导干部保持先进性，要在五个方面带好头，“在政治上带好头、在发展上带好头、在作风上带好头、在团结上带好头、在廉洁上带好头”。又比如，有的党政机关强调，保持共产党员先进性，要以强化立党为公、执政为民意识为重点，以解决作风问题为突破口，以树立科学发展观和正确政绩观为重要内容。再比如，有的国有企业，提出了以增强主人翁荣誉感和责任感为前提，以促进企业生产经营为目标，以岗位成才、岗位建功为重要内容的保持先进性的具体要求。还有一些地方的离退休党支部提出“经常学习、按时活动、发挥余热、模范带头、保持本色”的先进性建设具体要求。这种先进性具体要求大讨论，把保持党的先进性的普遍性要求同特殊性要求结合起来，使先进性标准由模糊变得清晰，由抽象变得具体，不仅为加强对党员的分类教育管理奠定了基础，而且使广大党员在先进性教育活动中分析评议有标尺、整改提高有方向，在日常工作生活中自我定位有坐标、言行举止有准则。

不断推进党的先进性教育和先进性建设，是加强和改进党的建设、不断提高党的执政能力的长期任务和永恒课题。唯物辩证法告诉我们，在一定的时空条件下，落后的东西曾经先进过，先进的东西也会变为落后。一个政党过去先进，并不等于现在先进；现在先进，也不等于永远先进。因此，我们既要扎实搞好集中教育，又要努力形成长效机制，把先进性教育和先进性建设作为一项长期任务来抓，永不自满，永不懈怠，不断把马克思主义中国化推向前进，把党的建设新的伟大工程推向前进，把中国特色社会主义伟大事业推向前进。

用党的与时俱进的指导思想武装全党 *

——二论加强党的先进性建设

以实践“三个代表”重要思想为主要内容的保持共产党员先进性教育活动，实质上就是在新世纪新阶段，用党的与时俱进的指导思想武装全党，使6800多万名共产党员和340多万个基层党组织，在全面建设小康社会的历史进程中，同步同向地实现与党俱进。这对于加强党的执政能力建设和先进性建设，都是至关重要的。

江泽民同志在党的十六大报告中精辟地指出：“贯彻‘三个代表’重要思想，关键在坚持与时俱进。”又说：“与时俱进，就是党的全部理论和工作要体现时代性，把握规律性，富于创造性。能否始终做到这一点，决定着党和国家的命运。”江泽民同志的这些重要论述，深刻地揭示了贯彻“三个代表”重要思想、使我们党的理论和党的领导始终保持先进性的根本途径。先进生产力的发展要求、先进文化的前进方向、最广大人民的根本利益，在革

* 本文原载《组织人事报》2005年6月2日，作者署名为钟怡祖。

命、建设和改革的不同历史阶段是不断发展变化的，永远不会停止在一个水平上。因此，只有紧紧抓住与时俱进这个关键，不断地有所发现，有所发明，有所创造，有所前进，才能深刻理解“三个代表”，自觉当好“三个代表”。再深一层看，与时俱进既是人类社会的发展规律，也是马克思主义认识论的发展规律。马克思主义是与时俱进的科学理论，马克思主义创始人是与时俱进的光辉典范，与时俱进是马克思主义最可宝贵的理论品质。马克思主义的发展史和我们党的历史都表明，与时俱进的理论，才能万古长青；与时俱进的政党，才能永葆青春；与时俱进的事业，才能欣欣向荣。

党的指导思想的与时俱进，对于党的执政能力建设和先进性建设来说，具有归根到底的决定意义。这是因为，党的指导思想就是党的旗帜。早在中国共产党创立前夕，毛泽东同志就鲜明地主张，我们党应是“主义的结合”。他说，“主义譬如一面旗帜，旗帜立起来了，大家才有所指望，才知所趋赴。”我们党从诞生之日起，就把马克思列宁主义确立为自己的指导思想。在 80 多年的奋斗历程中，在把马克思主义普遍真理同中国实际相结合的进程中，我们党不断推进了马克思主义中国化，先后产生了三大理论成果，这就是毛泽东思想、邓小平理论和“三个代表”重要思想。党的十六大在七大和十五大的基础上，把“三个代表”重要思想同马克思列宁主义、毛泽东思想、邓小平理论一道确立为我们党的指导思想，表明我们党实现了指导思想的又一次与时俱进，我们党获得了加强和改进党的建设、推进我国社会主义自我完善和发展的强大思想武器。这对于统一全党和全国各族人民的思想，同心同德、艰苦奋斗，全面开创中国特色社会主义事业新局面，具有十分重大的意义。

党的指导思想是管总的，是决定党举什么旗、走什么路、实现什么目标的。党的指导思想在实现了与时俱进之后，党的各项具体的工作路线和工作方针必须同步同向地实现与时俱进。毛泽东同志在领导新民主主义革命时，曾经多次指出，党的具体的工作路线、工作方针必须同党的指导思想和总路线、总方针保持一致。邓小平同志在领导拨乱反正过程中，也深刻地阐述过各个具体领域、各项具体工作的拨乱反正必须保持同党的指导思想拨乱反正的一致性。江泽民同志反复强调，要把“三个代表”重要思想落实到现代化建设各个领域、体现在党的建设各个方面，其根本出发点，也是要使党的各项具体工作路线和工作方针同党的指导思想的与时俱进相配套、相适应。

党员和党的基层组织是党的肌体中的细胞。党的先进性要靠党员的先进性来体现，党的理论、路线、纲领和方针政策要靠党员的扎实工作来落实，党对于各项事业的领导要靠每一名党员发挥先锋模范作用来实现，党同人民群众的血肉联系要靠广大党员与群众同甘共苦的实践来加强，党在人民群众心目中的形象也要通过每一名党员的良好作风来体现。正因为这样，保持党的先进性，就必须保持全体党员的先进性，就必须引导他们同步同向地实现与党俱进。这次先进性教育活动强调“提高党员素质，加强基层组织”，很重要的一个方面，就是要通过用“三个代表”重要思想武装全党，使广大党员对“三个代表”重要思想真学、真懂、真信、真用，使党的各级基层组织真正成为贯彻“三个代表”重要思想的组织者、推动者和实践者。只有这样，才能把“三个代表”重要思想这一强大的精神力量转化为全面建设小康社会、加快推进社会主义现代化的巨大物质力量。

党的十六大以后，以胡锦涛同志为总书记的新一届中央领导集体“高举旗帜、与时俱进”，高度重视并认真抓了用“三个代表”重要思想武装全党的工作。十六大刚一闭幕，中央立即下发了关于认真学习贯彻十六大精神的通知，在全党迅速掀起学习“三个代表”重要思想和贯彻十六大精神的热潮。2003 年 6 月，中央下发在全党兴起学习贯彻“三个代表”重要思想新高潮的通知，印发《“三个代表”重要思想学习纲要》，随后又制定下发《关于把学习贯彻“三个代表”重要思想进一步引向深入的意见》。中央还举办高级干部学习贯彻“三个代表”重要思想专题研讨班，组织编写关于“三个代表”重要思想经济、科技、外交、统一战线、党的建设等方面的专题学习纲要，编辑出版《江泽民论加强和改进执政党建设（专题摘编）》。各地区各部门认真贯彻落实中央的部署和要求，切实抓好用“三个代表”重要思想武装党员干部的工作，取得了明显成效。

在此基础上中央决定，用一年多的时间，分三批在全党开展先进性教育活动，这是用“三个代表”重要思想武装全党的又一个重大举措。中央强调，集中一段时间和精力开展先进性教育活动，就是要努力解决党员队伍和基层党组织存在的同新形势新任务的要求不相适应、同“三个代表”重要思想和全面建设小康社会的要求不相符合的突出问题。解决“不适应”的问题，是要提高广大党员和基层党组织对党的历史方位和执政使命的适应力；克服“不符合”的问题，是要增强广大党员和基层党组织对各种消极腐败现象的免疫力。这是加强党的执政能力建设和先进性建设，全面推进党的建设新的伟大工程进而推进中国特色社会主义伟大事业的一项重大的基础性工程。

从第一批开展先进性教育活动单位的情况看，广大党员通过认真学习，进一步坚定了对“三个代表”重要思想的信仰，进一步坚定了走中国特色社会主义道路的信念，进一步坚定了为实现全面建设小康社会、实现中华民族伟大复兴而团结奋斗的信心。通过学习讨论，各部门、各单位的党员联系各自的实际，提出了具有时代特色、岗位特点的保持共产党员先进性的具体要求，使先进性标准由模糊变得清晰，由抽象变得具体；通过分析评议，认真查摆了问题，深刻剖析了根源，进一步明确了努力方向；通过边学边改、边议边改和整改提高阶段的工作，一些突出问题得到有效解决，促进了党群关系、干群关系的和谐，促进了经济社会的发展。

先进性教育活动为加强党的执政能力建设和先进性建设，积累了新鲜经验。实践证明，坚持用党的与时俱进的指导思想武装全党，是使全党同志与党俱进、使各项工作与时俱进的根本途径。我们只有坚持不懈地这样做，才能使党的各级基层组织进一步发挥战斗堡垒作用，才能使广大党员干部进一步发挥先锋模范作用，才能使我们党始终保持蓬勃朝气、昂扬锐气、浩然正气，从而使我们党在世界形势深刻变化的历史进程中始终走在时代前列，在应对国内外各种风险考验的历史进程中始终成为全国人民的主心骨，在建设有中国特色社会主义的历史进程中始终成为坚强的领导核心。

在实现又快又好的发展中体现党的先进性 *

——三论加强党的先进性建设

中央确定的保持共产党员先进性教育活动，有“四句话”的目标要求，就是，“提高党员素质，加强基层组织，服务人民群众，促进各项工作”。这“四句话”，体现了一种因果关系，前两句是因，后两句是果；前两句是手段，后两句是目的。开展先进性教育活动，最终目的是要服务人民群众、促进各项工作。对于各条战线的基层党组织来说，用先进性教育活动来推动各项工作，就是要推动经济建设、政治建设、文化建设与和谐社会建设全面发展。

我们党在中国这样一个经济文化落后的发展中大国领导人民进行现代化建设，又面对世界范围日趋激烈的综合国力的竞争，能不能解决好发展问题，直接关系人心向背、事业兴衰。改革开放20多年来，我们党的路线方针政策之所以得到广大人民群众的拥护，我国的综合实力和国际影响力之所以不断提高，我们党

* 本文原载《党建研究》2005年第8期，作者署名为钟怡祖。

之所以能经受住国际国内各种风浪的考验，都源于我们紧紧抓住了发展这个第一要务，始终聚精会神搞建设、一心一意谋发展。邓小平同志关于“发展才是硬道理”的精辟论述，深刻地揭示了这一点。

党的十六大已经明确了本世纪头20年的奋斗目标，就是紧紧抓住重要战略机遇期，全面建设惠及十几亿人口的更高水平的小康社会，到2020年实现国内生产总值比2000年翻两番，达到40000亿美元左右，人均国内生产总值达到3000美元左右，使经济更加发展、民主更加健全、科教更加进步、文化更加繁荣、社会更加和谐、人民生活更加殷实。中国有13亿人口，目前正处于并将长期处于社会主义初级阶段，要实现这个奋斗目标是很不容易的，需要我们继续进行长期的艰苦奋斗。

为了实现这个目标，我们党提出了以人为本、全面协调可持续发展的科学发展观，并强调，要用科学发展观统领经济社会发展全局。科学发展观强调，要围绕全面建设小康社会的宏伟目标，把“三个代表”重要思想贯彻到社会主义现代化建设的各个领域和各项工作之中，促进社会主义物质文明、政治文明、精神文明建设与和谐社会建设全面发展。科学发展观还强调，要促进调整经济结构和转变经济增长方式，提高经济增长的质量和效益，大力发展循环经济，建设资源节约型、环境友好型社会，走生产发展、生活富裕、生态良好的文明发展道路。科学发展观全面体现了“三个代表”重要思想关于发展的要求，体现了我们党立党为公、执政为民的本质。它既是对改革开放以来我国在发展问题上正反两方面经验的科学总结，也是在发展问题上对邓小平理论和“三个代表”重要思想的最好坚持和最好实践，同时也是对是否真正做到“三个代表”的最好检验。我们加强党的先进性建设，必须与落实科学发展观有机统一起来，把党的先进性落实到推动社会主义先进生产力、先进文化的发展上来，落实到实现好、维护好、发展好最广大人民的根本利益上来。一句话，就是要把党的执政能力建设和先进性建设落实到实现我国经济社会又快又好的发展上来。

在实现又快又好的发展中体现党的先进性，首先必须把树立和落实科学发展观同增强发展意识，树立和增强发展的紧迫感和责任感结合起来。要引导广大党员和党的基层组织紧紧抓住和用好战略机遇期，多思发展之忧、多谋发展之策、多出发展之力。同时，还要引导广大党员和党的基层组织理清发展思路，创新发展模式，破解发展难题，增强发展后劲，学会用发展的办法解决问题，坚持用发展的成效检验工作。

在实现又快又好的发展中体现党的先进性，还必须把树立和落实科学发展观同坚持正确的政绩观紧密结合起来。应当看到，科学发展观和正确的政绩观，都是为了解决为谁发展和怎样发展的问题。按照科学发展观去指导发展，使经济社会发展得更好，使我们党执政兴国的第一要务落实得更好，这本身就是最大的政绩。而违背科学发展观的所谓政绩，只能使发展陷入盲区和误区。

在这次先进性教育活动中，中央反复强调，要教育和引导广大党员特别是各级干部，按照科学发展观来谋划发展，坚持一切从实际出发，立足当前、着眼长远，尽力而为、量力而行。不搞主观臆断、违背客观规律的“拍脑袋”决策，不追求脱离实际的高指标，不搞形式主义、官僚主义，不搞哗众取宠、劳民伤财的“形象工程”“政绩工程”。要兢兢业业地干好工作，实实在在地创造业绩。这些要求，体现了落实科学发展观与坚持正确政绩观的有机结合和内在统一。我们要通过这次先进性教育活动，特别是通过整改提高，建立和完善体现科学发展观和正确政绩观要求的干部评价标准，建立正确的政绩导向和用人导向，引导广大党员和党的各级干部把干事创业同经得起实践检验、历史检验和人民群众检验结合起来，这就叫做“让党员受教育，使群众得利益”。

这次先进性教育活动给了我们一个重要启示：党的执政能力建设和先进性建设，一定要结合当代世界的发展大势和我们党的事业的发展大局来推进。具体来说，就是要通过先进性教育和先进性建设，进一步增强广大党员在科学发展观指导下，紧紧抓住和用好重要战略机遇期，坚持以经济建设为中心，切实抓好发展这个党执政兴国的第一要务，实现又快又好发展的责任感和使命感，推动经济持续快速协调健康发展；就是要通过先进性教育和先进性建设，进一步扩大党内民主，坚持以党内民主带动人民民主，健全民主制度，丰富民主形式，实现社会主义民主政治的制度化、规范化和程序化，推进社会主义政治文明的发展；就是要通过先进性教育和先进性建设，进一步发挥党员的先锋模范作用，带头弘扬社会新风，带头实践与社会主义市场经济相适应、与社会主义法律规范相协调、与中华民族传统美德相承接的思想道德，积极促进社会主义先进文化的发展；就是要通过先进性教育和先进性建设，把坚定理想信念同发扬求真务实精神统一起来，把坚持党的领导同坚持党的群众路线统一起来，把带领人民前进同向人民学习统一起来，始终谦虚谨慎、艰苦奋斗，始终真抓实干、清正廉洁，始终不脱离群众，坚持以党群关系、干群关系的和谐推动社会主义和谐社会的构建和发展。

按照这次先进性教育活动提供的新鲜经验，我们必须始终坚持把树立和落实科学发展观作为加强党的执政能力建设和先进性建设的着力点，在树立和落实科学发展观中进一步加强党的先进性建设，在实现又快又好的发展中进一步体现党的先进性。紧紧把握住这一点，就从根本上把握了人民的愿望，把握了党的先进性的真谛，就能更好地实践党的根本宗旨，更好地完成党的执政使命。

和谐的党群关系是构建和谐社会的基础 *

——四论加强党的先进性建设

当前正在全党深入开展的保持共产党员先进性教育活动，从指导思想到目标要求都体现了构建社会主义和谐社会所要求的党群关系的进一步和谐。正是从这个意义上，我们说，加强党的执政能力建设和先进性建设，同推进社会主义和谐社会建设是相辅相成的。也正是从这个意义上，我们说，和谐的党群关系是构建社会主义和谐社会的基础。

构建社会主义和谐社会，是我们党从全面建设小康社会、开创中国特色社会主义事业新局面的全局出发提出的一项重大战略任务。构建社会主义和谐社会，既是我们的一个治国理想，又是一种治国方略、治国机制，同时也是一种治国结果，实际上就是指政通人和、国泰民安。我们党作为在13亿人口大国长期执政的马克思主义政党，自觉提出构建社会主义和谐社会，表明党清醒地把握住

* 本文原载《组织人事报》2005年6月16日，作者署名为钟怡祉。

了我国社会所处的历史方位和党的历史方位，清醒地把握住了人民群众的根本利益和共同愿望，反映了我们党对中国特色社会主义事业发展规律的新认识，也反映了我们党对执政规律、执政方略、执政方式的新认识，这本身正是党保持和发展先进性的体现。同时还应当看到，提高构建社会主义和谐社会的能力，既是我们党在新世纪新阶段要着重提高的五个方面的执政能力之一，又是贯通其他几方面执政能力的一条红线。而促进党群关系的进一步和谐，正是党提高构建社会主义和谐社会能力的题中应有之义。

我们所要构建的社会主义和谐社会，应该是民主法制、公平正义、诚信友爱、充满活力、安定有序、人与自然和谐相处的社会。这六条基本特征，既包括社会关系的和谐，也包括人与自然关系的和谐，体现了民主与法治的统一、公平与效率的统一、活力与秩序的统一、科学与人文的统一、人与自然的统一。从社会层面讲，构建社会主义和谐社会涉及诸多关系，而作为执政的共产党同人民群众的关系，也就是我们经常说的党群关系，是其中最基本的关系。党群关系的和谐状况，是整个社会和谐程度的晴雨表和风向标。通过先进性教育活动和党的先进性建设实践，营造更加和谐的党群关系，是构建社会主义和谐社会的重要基础。

构建社会主义和谐社会，从根本上讲，就是要进一步实现生产关系与生产力、上层建筑与经济基础的和谐。生产力与生产关系、经济基础与上层建筑的矛盾，构成社会的基本矛盾。这个基本矛盾的运动，决定着社会性质的变化和社会经济、政治、文化的发展方向。无论什么样的生产关系和上层建筑，都要随着生产力的发展而发展。在我国社会主义制度已经建立起来的情况下，敏锐地把握社会生产力发展的趋势和要求，坚持以经济建设为中心，通过制定和实施正确的路线方针政策，采取切实的工作步骤，不断促进先进生产力的发展，这是我们党始终站在时代前列，保持先进性的根本体现和根本要求，同时，这也是我们党在长期执政条件下，不断促进党群关系的和谐，进而促进社会主义上层建筑与经济基础、生产关系与生产力的更加和谐，以构建社会主义和谐社会的重要基础。改革开放以来，我国社会生产力迅猛发展，生产关系发生了广泛而深刻的变革。这必然要求上层建筑包括党的领导、党的建设以及党群关系与之相适应、相协调。加强党的执政能力建设和先进性建设，最根本的就是要解决好这个问题。

开展保持共产党员先进性教育活动，说到底，也就是要解决好促进党群关系更加和谐的问题。中央在关于开展先进性教育活动的指导思想中明确提出，这次先进性教育活动要紧密联系改革发展稳定工作实际和党员队伍建设现状，通过学习实践“三个代表”重要思想和学习贯彻党章，引导广大党员坚定理想信念，坚持党的宗旨，增强党的观念，发扬优良传统，认真解决党员和党组织在思想、组织、作风以及工作方面存在的突出问题，促进影响本地区本部门本单位改革发展稳定、涉及群众切身利益的实际问题的解决，不断增强党员队伍和党组织的创造力、凝聚力、战斗力，为实现全面建设小康社会的宏伟目标提供坚强的政治保证和组织保证。归结起来，先进性教育活动要解决的突出问题，一个是“不适应”，一个是“不符合”。解决前一个问题，实质上是要增强党员队伍和党组织为民造福的本领；解决后一个问题，实质上是要不断减少乃至克服少数党员和有些干部中存在的与民争利的问题。而这两方面问题的有效解决，都有利于促进党群关系、干群关系的进一步和谐，从而为构建社会主义和谐社会奠定坚实的基础。

这次教育活动，为我们进一步密切党群关系，从而也为构建社会主义和谐社会创造了新鲜经验。广大党员通过自我教育和正面教育，进一步坚定了理想信念，进一步确立了立党为公、执政为民的理念，进一步增强了实践“三个代表”重要思想的本领，进一步提高了拒腐防变和抵御风险的能力。一些地方和部门还提出和实施深入基层、深入群众的“一线工作法”，民主决策、科学决策的“八步工作法”，创立信访工作的“零距离工程”，开展注重实效性和长效性的“四季如春”帮困活动。这些密切联系群众的创新举措，使党群关系得到了进一步改善。一些群众高兴地说，保持共产党员先进性教育活动好比“加油站”和“充电器”，我们的不少党员、干部在教育活动中，擦去了身上的灰尘，进一步焕发了活力，有效地转变了作风，进一步增强了本领。实践证明，加强党的先进性教育和先进性建设，有利于提高党员素质、加强基层组织，有利于服务人民群众、促进各项工作，有利于引导广大党员和各级党组织更好地把执政为民的理念转化为造福于民的实践，从而更好地保持党同人民群众的血肉联系。我们要把这次教育活动中的好经验好做法认真总结好，并运用到今后的工作中去，通过持之以恒地加强党的先进性教育和先进性建设，不断营造和谐的党群关系，不断把社会主义和谐社会建设推向前进。

把执政能力建设同先进性建设结合起来 *

——五论加强党的先进性建设

在深入开展保持共产党员先进性教育活动中，不时会听到一些基层党组织和党员同志提出一个多少带有普遍性的问题，这就是：现在，我们党一方面强调执政能力建设，一方面又强调先进性建设，两方面的建设究竟是一回事还是两回事，应当怎样从理论和实践的结合上把握好这两项建设的内在联系。对此，我们也曾从思辨的角度作过一番探讨，现在愿意把我们的一些肤浅认识贡献出来，供有兴趣研究这个问题的同志们参考。

加强党的执政能力建设和先进性建设，同为马克思主义政党自身建设的根本任务和永恒课题。两方面的建设相互联系、密不可分。一方面，党的先进性建设是党的执政能力建设的基础和前提。党的先进性体现为对共产党执政规律、社会主义建设规律和人类社会发展规律的深刻把握和科学运用。抓住了先进性建设，

* 本文原载《组织人事报》2005 年 6 月 23 日，作者署名为钟怡祖。

就抓住了党的建设的根本，抓住了加强党的执政能力建设、巩固党的执政地位、完成党的执政使命的关键。另一方面，党的执政能力又是党的先进性的现实体现。党的先进性的具体内涵，是随着形势和任务的变化而不断丰富和发展的，是同党所处的社会历史方位和党的历史方位相对应的。在长期执政的条件下，党的先进性最根本、最关键的就体现在党的领导水平和执政能力的不断提高和加强上。党的执政能力建设和先进性建设统一于全面贯彻“三个代表”重要思想的伟大实践，统一于建设中国特色社会主义的伟大事业，统一于党的建设新的伟大工程。我们应当从理论和实践的结合上，把握好这两方面建设的内在统一性，从而增强自觉性、克服盲目性、防止片面性。

首先，我们应当在全面贯彻“三个代表”重要思想的伟大实践中，把党的执政能力建设同先进性建设紧密结合起来。这次先进性教育活动强调以学习实践“三个代表”重要思想为主线。因为，“三个代表”重要思想是马克思主义中国化的最新成果，是当代中国发展着的马克思主义，是我们党和国家必须长期坚持的指导思想，也是加强党的执政能力建设和先进性建设的强大理论武器。始终代表中国先进生产力的发展要求、代表中国先进文化的前进方向、代表中国最广大人民的根本利益，既体现了我们党与时俱进、保持和发展先进性的伟大觉醒，又体现了我们党在新世纪新阶段对提高科学执政、民主执政、依法执政水平的高度自觉。

贯彻“三个代表”重要思想，加强党的执政能力建设和先进性建设，都要求我们紧紧联系党在推动历史前进中的作用来观察与判断党的先进性及先进性程度之大小。在新民主主义革命和社会主义革命时期，党的先进性体现在推翻旧制度，为先进生产力和先进文化的发展扫清道路，实现民族独立和人民解放上。在十一届三中全会开启的改革开放和现代化建设的历史新时期，党的先进性体现在改革传统体制，为先进生产力和先进文化的发展创造条件，实现国家富强和人民富裕上。在新世纪新阶段，党的先进性体现在完成三大历史任务，在中国特色社会主义道路上实现中华民族的伟大复兴上。从一定意义上说，学习和实践“三个代表”重要思想的过程，也就是加强党的执政能力建设和先进性建设的过程。我们在先进性教育和先进性建设中，要始终紧扣“三个代表”重要思想这条主线，既保持和发展党的先进性，又不断提高党的领导水平和执政能力。

其次，我们应当在全面推进中国特色社会主义伟大事业中，把党的执政能力建设同先进性建设紧密结合起来。党领导的伟大事业，从来都是同党的建设伟大工程紧密联系在一起的。伟大事业不断为伟大工程注入新的生机和活力，开辟广阔的前景，伟大工程紧紧围绕伟大事业来进行，确保其蓬勃发展。既促进伟大事业，又推进伟大工程，这是以江泽民同志为核心的第三代中央领导集体治党治国的一条根本经验，也是以胡锦涛同志为总书记的新一届中央领导集体始终坚持的一项根本方针。推进中国特色社会主义伟大事业，既体现和检验我们党的先进性，又体现和检验我们党的执政能力。

开展先进性教育活动，最终目的是要服务人民群众、促进各项工作。所以，中央要求各级党组织要通过这次先进性教育活动，全面落实党的十六大和十六届三中、四中全会精神，坚持以科学发展观统领经济社会发展全局，切实抓好发展这个党执政兴国的第一要务，扎扎实实推进社会主义经济建设、政治建设、文化建设与和谐社会建设，团结和带领全党全国各族人民继续开创中国特色社会主义事业新局面。由此可见，同属于党的建设新的伟大工程的执政能力建设和先进性建设，归根到底是服务于我们党领导的中国特色社会主义伟大事业的。只有把加强党的执政能力建设和先进性建设同推进中国特色社会主义伟大事业紧密结合起来，加强党的执政能力建设和先进性建设才有明确的方向，推进中国特色社会主义伟大事业才有坚强的保证。

此外，我们还应当在全面推进党的建设新的伟大工程中，把党的执政能力建设同先进性建设紧密结合起来。党通过十一届三中全会，确立了党领导的伟大事业以经济建设为中心，通过十六届四中全会，确立了党的建设新的伟大工程以执政能力建设为重点，接着又提出了加强党的先进性建设这个根本任务，这对于我们党和人民事业的兴旺发达和国家的长治久安，都是至关重要的。以提高党的执政能力为重点，以保持党的先进性为根本，全面推进党的建设新的伟大工程，这是新世纪新阶段我们党的建设的一条新路子，也是继续推进中国特色社会主义伟大事业和党的建设新的伟大工程的重要连接点。我们党作为马克思主义政党，党的各方面建设都必须围绕保持党的先进性、提高党的创造力凝聚力战斗力来进行；党的各方面建设成效最终都要体现到保持和发展党的先进性、提高党的执政能力上来。先进性教育活动的实践表明，紧紧围绕加强党的执政能力建设和先进性建设，全面推进思想建设、组织建设、作风建设和制度建设，及时解决党内存在的突出问题，就可以使我们党始终保持先进性，更好地提高执政能力、巩固执政地位、完成执政使命。

总之，党的执政能力建设和先进性建设的内在统一性，要求我们在推进党领导的伟大事业和党的建设新的伟大工程中，始终把这两方面建设贯通起来加以思考、统一起来加以部署、联系起来加以推进。只要我们坚持不懈地这样做，我们党的先进性程度和领导水平、执政水平就会不断提高，拒腐防变和抵御风险的能力就会不断增强，我们党就能够始终站在时代潮流的前头，团结和带领人民群众共同创造我们的幸福生活和美好未来。

把先进性教育活动办成“群众满意工程”*

——六论加强党的先进性建设

确保先进性教育活动真正成为群众满意工程，大力促进经济社会全面协调可持续发展，这是胡锦涛同志前不久在山东考察工作时提出来的。这一重要指示，集中体现了先进性教育活动的出发点和落脚点，集中体现了广大人民群众的根本利益和共同愿望，为深入开展先进性教育活动进一步指明了方向。

我们党坚持立党为公、执政为民，党的一切执政活动和自身建设，从来都是着眼于为人民服务、让人民满意的。正因为这样，我们按照邓小平同志的要求，始终把人民拥护不拥护、赞成不赞成、满意不满意、答应不答应作为各项工作的出发点和归宿。也正因为这样，我们党开展先进性教育活动，从主题、主线到“提高党员素质、加强基层组织、服务人民群众、促进各项工作”的目标要求，都体现了要“让党员受教育、使人民得利益”的精神。

---

* 本文原载《组织人事报》2005 年 6 月 30 日，作者署名为钟怡祖。

因此，人民群众是否满意是检验先进性教育活动是否真正取得成效的试金石。教育活动只有取得实效，群众才会满意；只有群众满意，才算真正取得实效。我们一定要把群众满意的要求贯穿于教育活动的各个阶段和各个环节，确保先进性教育活动真正成为群众满意工程。

把先进性教育活动办成“群众满意工程”，就是要让广大党员群众对这次先进性教育活动始终坚持正面教育、自我教育为主的原则感到满意。这次先进性教育活动，既不是整党，也不是审干，而是一次以实践“三个代表”重要思想为主要内容的、面向全体党员的普遍的马克思主义教育活动。实践表明，覆盖全党6800多万名党员的教育活动，只有坚持正面教育、自我教育才是最有效的。而且，任何教育也只有转化为自我教育才能真正达到教育的目的。在第一批先进性教育活动中，各级党组织坚持通过正面教育、自我教育，增强党员自重、自省、自警、自励的意识和自我提高的能力，特别是通过具有时代特色、岗位特点的共产党员先进性标准大讨论，激励党员更好地发挥先锋模范作用；坚持通过发扬党内民主，广泛听取党员的意见和建议，充分调动党员参加先进性教育活动的积极性和主动性，努力激发党员的自豪感、光荣感、责任感；坚持通过宣传先进典型，激发广大党员积极向上的内在动力，进而引导党员提高学习的自觉性，主动查找和切实解决自身存在的突出问题。从第一批先进性教育活动的情况看，各地各部门始终坚持正面教育、自我教育为主的原则，确保了先进性教育活动的正确方向。对此，广大党员群众是衷心拥护和深感满意的。

把先进性教育活动办成“群众满意工程”，就是要让广大群众对于吸收他们参与先进性教育活动全过程的做法感到满意。邓小平同志说过，“我们需要实行党的内部的监督，也需要来自人民群众和党外人士对于我们党的组织和党员的监督。”先进性教育活动是一次集中的党内学习教育活动，但不能搞成关门式教育、封闭式教育，而要坚持走群众路线，把吸收群众参与、接受群众监督贯穿教育活动的全过程。中央强调，要采取多种方式调动和激发群众参与教育活动的热情，争取群众支持；要广泛征求群众意见，认真查找和解决存在的突出问题；在整改提高阶段工作结束时，还要认真搞好群众满意度测评工作，测评结果要及时向群众通报，对于多数群众不满意的，要抓紧进行“补课”。把这些要求归结到一点，就是先进性教育活动要始终依靠广大群众的积极参与、始终依靠广大群众的全程监督，以取得群众满意的效果。各地各部门认真落实中央的要求，坚持开门搞教育，依靠群众的参与和监督搞教育，使先进性教育活动取得了实实在在的成效。对此，广大群众是满意的。

把先进性教育活动办成“群众满意工程”，就是要让广大党员和群众对这次先进性教育活动真正达到“四句话”的目标要求感到满意。中央确定的这次先进性教育活动“四句话”的目标要求是，“提高党员素质，加强基层组织，服务人民群众，促进各项工作”。提高党员素质，就是要增强党员学习实践“三个代表”重要思想的自觉性，坚定理想信念，强化党员意识和执政意识，充分发挥先锋模范作用；加强基层组织，就是要扩大党的工作覆盖面，增强党组织的创造力、凝聚力、战斗力，巩固党的执政基础；服务人民群众，就是要增强广大党员的宗旨意识，进一步密切党群关系、干群关系，切实提高思想、转变作风，真正做到为民、务实、清廉；促进各项工作，就是要围绕发展这个党执政兴国的第一要务，贯彻落实好党的路线方针政策，树立和落实好科学发展观和正确政绩观，明确改革发展思路，使各项工作取得新的进展。这“四句话”对党组织来说，就是既要坚持执政为民，又要不断造福于民；对广大党员来说，就是既要坚定为人民服务的意识，又要增强为人民服务的本领。只有实现了这个目的，群众才会对先进性教育活动感到满意。

把先进性教育活动办成“群众满意工程”，有大量工作要做，关键是要抓好两个重要环节：一是要以求真务实精神完成整改提高阶段的各项规定动作，包括切实搞好对先进性教育活动的“群众满意度测评”。应当看到，认真开展“群众满意度测评”，这是确保把先进性教育活动真正办成“群众满意工程”的又一个重要举措。各地各部门按照中央的要求，在满意度测评中基本做到了参加测评群众的代表性，测评工作体现了针对性、真实性、科学性和可操作性。对此，群众也是满意的。二是围绕实现“四句话”的目标要求，立足当前，着眼长远，着力解决党风、政风、行风方面的突出问题，解决影响本地区本部门本单位改革发展稳定的突出问题，解决涉及群众切身利益的突出问题，解决本地区本部门本单位存在的其他突出问题，使广大群众切身感受到先进性教育活动带来的新气象、新变化，不断增强对搞好这次活动的信心。同时，还要真正在“服务人民群众、促进各项工作”上狠下功夫。

所谓“促进各项工作”，既包括促进党领导的伟大事业方面的各项工作，也包括促进党的建设新的伟大工程方面的各项工作。就促进党领导的伟大事业来说，最重要的是要引导党的各级基层组织和广大党员，紧紧抓住重要战略机遇期，坚持以经济建设为重心，全面落实科学发展观，努力构建社会主义和谐社会，促进社会主义经济建设、政治建设、文化建设与和谐社会建设。就促进党的建设新的伟大工程来说，很重要的一条就是要通过完善制度、健全机制来巩固和扩大这次先进性教育活动的成果，毫不动摇地抓好基层党组织建设和不断提高党员素质。应当看到，提高党员素质、加强基层组织，这本身就是开展先进性教育活动的题中应有之义，而先进性教育活动又为提高党员素质、加强基层组织提供了非常有利的契机。

形成永葆共产党员先进性的长效机制 *

——七论加强党的先进性建设

在全国县以上党政领导机关开展的第一批保持共产党员先进性教育活动，在取得群众满意成果的基础上顺利结束了。广大群众非常关心教育活动结束后，党员、干部良好的精神状态能否保持下去，教育活动中的一些行之有效的举措能否坚持下去，教育活动取得的积极成果能否巩固下去。这些来自广大群众的重要关切，应当引起各级党组织的高度重视。早在先进性教育活动动员阶段，胡锦涛同志就提出，要“努力探索使广大党员长期受教育、永葆先进性的长效机制”。可以说，形成永葆共产党员先进性的长效机制，既是中央的明确要求，也是广大群众的殷切期盼。

党的先进性建设是马克思主义政党自身建设的根本任务和永恒课题。我们不能企求毕其功于一役，通过一次集中教育，就把党组织和党员队伍中的所有问题都解决了。党的先进性既不是与生俱来的，也不是一劳永逸的。不断保持和发展党的先进性既要

* 本文原载《组织人事报》2005 年 7 月 7 日，作者署名为钟怡祖。

靠思想教育，又要靠制度保证；既要靠个人自觉，又要靠严格管理；既要靠集中教育，又要靠常抓不懈。只有建立起使党员“长期受教育、永葆先进性”的长效机制，用完善的制度、健全的机制来巩固和扩大这次教育活动的成果，才能真正搞好这项“根本建设”，解决这个“永恒课题”。

需要指出的是，强调要形成永葆共产党员先进性的长效机制，并不意味着我们党在这方面是“机制空白”。作为一个有着80多年奋斗历史、50多年执政经验的马克思主义政党，我们在党的先进性建设方面是有成功经验的。特别是通过“三讲”集中教育和农村“三个代表”重要思想“学教”活动，我们党对于党员教育和干部教育的长效机制作了许多有益的探索，取得了积极的成果。当然，也应当承认，由于思想认识和具体工作上的原因，在提高党员素质、加强基层组织方面，还没有形成一套完整的、长期管用的制度和机制。现在，中央提出要建立永葆共产党员先进性的长效机制，就是要在总结历史经验和借鉴这次先进性教育活动新鲜经验的基础上，找到从制度和机制上保证落实党要管党、从严治党方针，实现科学执政、民主执政、依法执政的有效形式；就是要真正形成把党的先进性落实到发展先进生产力和先进文化、实现最广大人民根本利益上来的有效途径，从而使先进性教育活动取得的成效、创造的经验转化为经常之举，在党的先进性建设中长期发挥作用。

形成永葆共产党员先进性的长效机制，需要联系我们党的历史方位和党所处的社会历史方位，深入分析加强党的先进性建设面临的新情况新问题，坚持从世情、国情和党情出发，从党员的思想、工作和生活实际出发，努力在继承的基础上创新，在坚持的基础上发展，在已有的基础上完善。具体说来，可以考虑从建立健全以下五个方面的具体机制入手。

一是建立长效的学习机制。我们正处在一个需要长期学习、终身学习的新时代。我们党强调，在新形势下不进则退、不学则退。建立长效的学习机制，是以学习型政党建设带动学习型政府、学习型社会建设的制度保证。要把这次先进性教育活动中坚持集中学习同个人自学相结合，有效克服“学风不浓、玩风太盛”问题的做法长期坚持下去，建立和落实学习考核和激励机制，坚持用人类创造的全部知识财富和文明成果丰富广大党员和各级干部的头脑，在这个过程中，不断坚持和发展党的先进性。

二是建立长效的党员教育机制。毛泽东同志说过，掌握思想教育，是团结全党进行伟大政治斗争的中心环节。如果这个任务不解决，党的一切政治任务是不能完成的。江泽民同志强调，严重的问题在于教育干部。今天，我们还可以说，紧迫的问题在于教育党员。建立长效的党员教育机制，就要围绕增强执政意识、提高执政能力，不断创新教育方法、提高教育质量，努力提高干部和党员的素质，提高全党的理论思维和战略思维水平。

三是建立长效的党员管理机制。在当前我国社会“四个多样化”和加快推进信息化的新形势下，单位人向社会人的转变不断加快，党员分散性、流动性显著增强。要针对这些特点，加大对党员管理中新情况新问题的研究，创新基层党组织的设置，创新党员管理手段，因势利导地建立健全包括信息化手段在内的管理机制，实现对各类党员的分类管理、弹性管理、动态管理、科学管理、有效管理，实现党员管理的全覆盖。同时，要加强激励机制建设，给党员提供发挥作用的舞台，激发党员开拓进取、争创一流的内在动力。要加强自我纯洁机制建设，畅通不合格党员的出口，增强党的自我净化功能。

四是建立长效的党员联系群众机制。我们党的最大政治优势是密切联系群众，党执政后的最大危险是脱离群众。保持党的先进性的根本要求是始终保持同人民群众的血肉联系，做到在任何时候、任何情况下，与人民群众同呼吸、共命运的立场不能变，全心全意为人民服务的宗旨不能忘，坚信群众是真正英雄的唯物主义观点不能丢。在这次先进性教育活动中，各级党组织创造了一些密切联系群众特别是困难群众的新方法，受到广大群众的热烈欢迎。要把这些有效的做法变为长效的机制，使它们在联系群众、造福群众方面长期起作用。

五是建立长效的党内民主参与机制。党内民主是党的生命。党员对党内民主生活的积极参与是党永葆生机、充满活力的力量源泉。这次先进性教育活动，充分调动了广大党员参与党内民主建设的积极性、主动性，激发了党员作为党内生活主人翁的光荣感、责任感。要建立起让广大党员对党内民主生活长效的参与机制，使他们在受到严格的党内生活锻炼的同时，也为党内民主建设、为社会主义政治文明建设贡献智慧和力量。

形成永葆共产党员先进性的长效机制，是推进党的建设新的伟大工程的一项基础工程，是新形势下提高党员素质、加强基层组织的一个重要课题。各级党组织要发扬解放思想、实事求是，与时俱进、开拓创新的精神，从理论和实践的结合上进行探索，在凝聚领导、专家和党员群众智慧的基础上逐步完善。永葆共产党员先进性的长效机制贵在有长效、贵在能管用，切不可搞形式主义。我们要通过总结先进性教育活动的成功经验，来建立保持共产党员先进性的长效机制；又通过长效机制的建立来不断促进党的先进性建设，进而把中国特色社会主义伟大事业和党的建设新的伟大工程不断推向前进。

深刻认识贯彻实施公务员法的重大意义 *

——一论贯彻实施公务员法

《中华人民共和国公务员法》于2006年1月1日正式施行了。这是我国干部人事制度发展史上具有里程碑意义的一件大事。认真贯彻实施好这部重要法律，对于提高我国公务员队伍管理的法制化、科学化水平，建设一支善于治国理政的高素质公务员队伍，对于推进中国特色社会主义伟大事业，都具有十分重要的意义。

贯彻实施公务员法，是全面建设小康社会、努力建设创新型国家的重要保证。本世纪头二十年，是我国经济社会发展的重要战略机遇期，也是我国科技事业发展的重要战略机遇期。我们要按照党的十六大精神，全面建设惠及十几亿人口的更高水平的小康社会，同时又要通过走中国特色自主创新道路，建设创新型国家。完成党和国家在新世纪新阶段的这些奋斗目标，需要全党全国各族人民的共同努力，同时也要求进一步提高我国公务员队伍

* 本文原载《中国人事报》2006年3月20日，作者署名为钟怡祖。

的素质和能力，从而有力地保证科学发展观的贯彻落实，保证全面建设小康社会、建设创新型国家宏伟目标的顺利实现。公务员法的实施，为建设一支优秀人才密集、善于治国理政的高素质专业化公务员队伍，提供了法律保障。

贯彻实施公务员法，是发展社会主义民主政治、建设社会主义法治国家的重要步骤。党的十六大强调，发展社会主义民主政治，最根本的是要把坚持党的领导、人民当家作主和依法治国有机统一起来，公务员法全面体现了这些精神。首先，公务员法强调要贯彻党的干部路线和方针，坚持党管干部原则，改进党管干部方法，体现了坚持党对公务员队伍领导的要求。其次，公务员法强调公务员的管理要坚持公开、平等、竞争、择优的原则，公务员的任用要听取群众意见，公务员要接受群众监督等，体现了坚持人民当家作主的要求。此外，公务员法还以法律的形式规范了公务员管理的基本原则、基本制度和基本方法，为依法管理公务员提供了法律依据，体现了坚持依法治国的要求。贯彻实施好公务员法，必将有力地推进社会主义民主政治建设的进程。同时，公务员法在全面吸收作为政治体制改革一部分的我国干部人事制度改革成果的基础上，在完善公务员管理体制和机制方面进行了许多创新，特别是确立了新陈代谢机制、竞争择优机制、权益保障机制和监督约束机制，为我们进一步突破干部人事制度改革中的难点，从源头上进一步克服用人上的不正之风，进一步把各方面优秀人才集聚到党和国家的事业中来，提供了广阔空间和持久动力。贯彻实施好公务员法，必将进一步推进干部人事制度改革的深化，促进我国政治制度的自我完善和自我发展。

贯彻实施好公务员法，是构建社会主义和谐社会、营造和谐的党群干群关系的有力保障。构建社会主义和谐社会，适应了我国改革发展进入关键时期的客观要求，体现了广大人民群众的根本利益和共同愿望，也对广大公务员提出了新的更高的要求。一方面，公务员作为党的路线、方针、政策和国家法律法规的制定者、执行者，代表着党和政府的形象，对于建立和谐的党群干群关系负有重大责任。另一方面，公务员作为公共行政、公共管理和公共服务的主体，承担管理国家事务和社会公共事务的职能，对于整个国家机器的正常运转、社会秩序的维持、公民权益的维护，有着不可替代的重要作用。公务员法的颁布实施，既为公务员依法行政提供了法律保障，也为依法管理公务员提供了法律依据。因此，贯彻实施好公务员法，不仅对于建设一支立党为公、执政为民、依法行政的公务员队伍有着直接的意义，而且对于进一步密切党群干群关系，进一步提高公务员公共行政、公共管理和公共服务的水平，进一步促进社会和谐，都具有十分重要的作用。

贯彻实施好公务员法，是加强党的执政能力建设和先进性建设、解决好两大历史性课题的重大举措。党的执政能力建设和先进性建设，是我们党在执政条件下的两大根本性建设。公务员队伍是我们党执政的骨干力量。从一定意义上说，公务员队伍的能力和水平决定着党的执政能力和执政水平，公务员队伍的先进性也决定着党的先进性。公务员法明确了公务员的条件、义务、纪律和法律责任，也明确了公务员的权利和权益保障措施；既有倡导性要求，也有禁止性规范。这为公务员切实履行义务、正确行使权力，进一步创造了条件，也为促进公务员廉政、勤政、优政，不断提高工作水平和效能，提供了重要的法律保障。因此，贯彻实施好公务员法，就能够使广大公务员既开拓创新又清正廉洁，既保持先进性又维护纯洁性，既增强适应力又提高免疫力，从而保证把加强党的执政能力建设和先进性建设的各项要求落实到公务员队伍建设的各个方面，不断推动我国社会主义市场经济、民主政治、先进文化与和谐社会建设向前发展。

总之，党和国家制定和颁布《中华人民共和国公务员法》也好，贯彻落实好公务员法也好，其意义都十分重大。我们要在进一步深刻认识贯彻实施公务员法重大意义的基础上，把公务员法的贯彻落实工作做得更好。

全面把握现行公务员制度的中国特色 *

——二论贯彻实施公务员法

公务员法是我国第一部属于干部人事管理总章程性质的重要法律，它的颁布实施，标志着中国特色公务员制度已经成型。因此，全面认识和自觉把握我国公务员制度的中国特色，是从我国国情和各地各部门具体情况出发，贯彻实施好公务员法的重要前提。

我国的公务员制度，作为中国特色社会主义制度的一个组成部分，是随着我国经济体制改革和政治体制改革的不断深入而逐步建立起来的。它既借鉴了国外公务员制度中的有益经验，又坚持从我国的基本国情出发，充分体现了我国政治制度的基本特点；既继承发扬了我们党的干部人事工作中的优良传统，又整合吸纳了新时期以来干部人事制度改革的最新成果，具有鲜明的中国特色和时代特征。

我国公务员制度的特色，体现在对公务员队伍的领导上，就

* 本文原载《中国人事报》2006 年 3 月 24 日，作者署名为钟怡祖。

是贯彻党的干部路线和方针，坚持党管干部原则。与西方国家所谓的公务员“政治中立”截然不同，我国公务员法从我们党是一个已经执政并将长期执政的党这样的国情出发，强调公务员的选拔任用和管理监督要体现党的干部队伍“革命化、年轻化、知识化、专业化”的方针，体现群众公认、注重实绩这一党的干部选拔任用原则，体现从严治党、从严治“吏”的要求，体现惩前毖后、治病救人这一党的干部政策，而且还突出强调，公务员要自觉接受党的领导，贯彻社会主义初级阶段的基本路线。这是我国公务员制度最鲜明的特色。

我国公务员制度的特色，体现在对公务员范围的界定上，就是不仅包括行政机关的工作人员，而且也包括中国共产党机关、人大机关、政协机关、审判机关、检察机关和民主党派机关的工作人员。这充分体现了我国现行政治制度的基本特点。我国宪法明确规定了中国共产党在全国的领导地位，明确规定了人民代表大会的国家权力机关性质，明确规定了人民政协在国家政治生活的重要作用，明确规定了中国共产党领导的多党合作和政治协商制度将长期存在和发展。因此，中国共产党机关、人大机关、政协机关、各民主党派机关，同行政机关、审判机关、检察机关一样，都是我国政治制度中不可缺少的主体，其工作人员也都履行管理国家事务和社会公共事务的职能。把这些机关的工作人员纳入公务员管理是适当的、可行的，从保持机关工作人员的整体性和干部人事政策的统一性来考虑也是必要的。这一界定，与一些西方国家从“三权鼎立”的基本政治架构出发所规定的公务员范围，有着很大的不同。

我国公务员制度的特色，体现在对公务员队伍的宏观管理上，就是把分类管理和统一领导有机结合起来。分类管理是科学管理的必然要求。我国公务员制度的建立，本身是对干部队伍实行分类管理的结果，而公务员法又对公务员队伍实行了更加细化的分类，进一步把公务员划分为领导成员和非领导成员这两个组成部分，划分为综合管理、专业技术和行政执法这三个类别，划分为选任制、委任制和聘任制这三种任用方式。在坚持分类管理的同时，我国公务员法强调，要坚持党对公务员队伍的统一领导，而没有像一些西方国家那样，实行“两官分途”。这是因为，我国公务员无论职务高低，其工作性质都是一致的，都必须对人民负责、受人民监督；无论哪一类公务员，都是党的干部队伍的重要组成部分，都适用于干部管理的基本原则和方法；各类公务员之间可以通过调任、转任等方式有序流动，不存在什么障碍。坚持统一领导下的分类管理，是贯彻党的干部路线和方针、坚持党管干部原则的重要体现和有力保障，是我国公务员制度的又一个重要特色。

我国公务员制度的特色，体现在对公务员的选拔任用上，就是进一步强化了公开、平等、竞争、择优的机制。优秀人才难以脱颖而出和用人问题上的不正之风难以完全避免，这是我国干部人事工作中长期面临的两大难题。为解决这两大难题，公务员法把考试录用、公开选拔、竞争上岗和部分职位聘任等体现社会主义市场经济发展要求的改革措施用法律形式规范下来，特别是在对公务员实行委任制的同时，对部分职位实行聘任制，这是公务员队伍建设和管理引入市场机制的进一步深化，有利于发挥聘任制能够吸引多样化人才和用人开放灵活的长处，有利于改善公务员队伍的结构，提高公务员队伍的整体素质和专业化水平，达到增强活力、提高效率、降低成本、确保机关协调运行的目的。在坚持党管干部原则的前提下，改进党管干部方法，引入市场机制，也是我国公务员制度的一个重要特色。

我国公务员制度的特色，体现在对公务员的管理监督上，就是坚持实行监督约束和激励保障并重。长期以来，在我国干部人事管理中，监督约束不够与激励保障不足同时并存。公务员法针对这些问题，既规定了公务员的条件、义务和纪律，充分体现了对公务员的严格要求、严格管理和严格监督。同时，又强调要建立全国统一的职务与级别相结合的基本工资制度，建立公务员工资的正常增长机制，实施地区附加津贴制度、完善艰苦边远地区津贴制度和岗位津贴制度，强调任何机关不得违反规定擅自提高或者降低公务员工资、保险、福利待遇，不得扣减或者拖欠公务员工资。这些又都充分体现了我们党以人为本的执政理念，体现了“用事业留人、用感情留人、用适当的待遇留人”的要求，必将有力地调动广大公务员的积极性、主动性和创造性。

中国特色公务员制度的健全和完善，是一个长期的过程。1992 年，邓小平同志在视察南方谈话中指出：“恐怕再有三十年的时间，我们才会在各方面形成一整套更加成熟、更加定型的制度。”这也就是说，到 2020 年全面建成小康社会时，包括中国特色公务员制度在内的中国特色社会主义制度才能更加成熟、更加定型。在这个过程中，我们既要坚定不移地贯彻实施公务员法，始终坚持我国公务员制度的中国特色，又要及时总结实践中的新鲜经验，广泛借鉴国外的成功经验，为建成以邓小平理论和“三个代表”重要思想为指导，以加强和改善党的领导为保证，以建设优秀人才密集、善于治国理政的高素质专业化公务员队伍为目标，以制度创新为动力，充满生机与活力的科学化、民主化、制度化的中国特色公务员制度而不懈努力。

切实加强公务员队伍的能力建设 *

——三论贯彻实施公务员法

公务员队伍的能力建设，始终是一项根本性建设。其具体内容，就是要不断提高广大公务员推动改革、促进发展、维护稳定的本领，公共行政、公共管理、公共服务的本领，组织群众、宣传群众、服务群众的本领，依法执政、依法行政、依法办事的本领和善于学习、调查研究、自主创新的本领。可以说，这五个方面的本领，全面体现了公务员法关于提高我国公务员队伍素质和能力的要求，具有很强的现实针对性和长远指导性。

不断提高推动改革、促进发展、维护稳定的本领，就是要求广大公务员，无论从事何种工作，无论职位高低，都要牢固树立机遇意识、发展意识、大局意识、责任意识、忧患意识，始终把促进发展作为第一要务、把改革创新作为第一动力、把维护稳定作为第一责任，从而不断增强把握全局、服务全局的本领，不断提高贯彻科学发展观、构建社会主义和谐社会的能力。改革、发

* 本文原载《中国人事报》2006 年 3 月 27 日，作者署名为钟怡祖。

展、稳定是我国的大局。广大公务员自觉地把本职工作放到这个大局下来思考，坚持在这个大局下行动，就能把握发展方向，用好发展机遇，破解发展难题，推动经济社会又快又好地发展。

不断提高公共行政、公共管理、公共服务的本领，就是要求广大公务员，面对当前我国社会经济成分、组织形式、就业方式、利益关系和分配方式日益多样化的新形势，面对社会生活中出现的各种错综复杂的新矛盾，面对人民群众希望提供更多优质、高效公共服务的新要求，下大力气转变管理方式，提高管理效能，把公共资源更多地向社会管理和公共服务倾斜，把管理和服务的重点更多转向加强公共行政、公共管理、公共服务上来。必须看到，建设公共服务型政府，已成为当今世界各国的共同目标。我们要大胆探索、勇于实践，努力走出一条具有中国特色的加强公共行政管理的新路子，培养出更多熟悉并自觉实践公共行政、公共管理、公共服务的公务员。

不断提高组织群众、宣传群众、服务群众的本领，就是要求广大公务员，始终坚持马克思主义的群众观点和党的群众路线，深入研究和把握新形势下群众工作的特点和规律，不断增强组织群众、宣传群众、教育群众、服务群众，团结和激励群众共同前进的本领。事实证明，在面向社会公众的公共管理和服务中，不管现代交通工具多么发达，通信手段多么先进，都不能取代我们深入基层、深入群众的工作作风。各级公务员只有自觉摆正同人民群众的关系，永远视自己为人民的勤务员，深怀为民爱民安民富民之心，学会并善于综合运用说服教育、示范引导、提供服务等方法，有效协调利益、化解矛盾、排忧解难，才能赢得群众的拥护、信任和支持。

不断提高依法执政、依法行政、依法办事的本领，就是要求广大公务员，牢固树立法制观念，坚持在宪法和法律范围内活动，学会并善于运用法律手段来管理经济社会事务，妥善处理人民内部矛盾和其他社会矛盾，在法治轨道上推动各项工作的开展。依法治国、依法执政、依法行政是我们党和国家在新的历史条件下治国理政的一个基本方式，依法办事是对广大公务员的一个基本要求。广大公务员只有不断增强依法执政、依法行政、依法办事的自觉性，才能不断为建设社会主义法治国家和法治政府作出新的贡献。

不断提高善于学习、调查研究、自主创新的本领，就是要求广大公务员坚持与时俱进，不断提高管理国家事务和社会公共事务的水平。我们正处在一个需要终身学习和不断自主创新的新时代。党的十六大以来，以胡锦涛同志为总书记的党中央，通过理论创新推进制度创新、科技创新、文化创新以及其他各方面的创新，先后提出了树立和落实科学发展观、构建社会主义和谐社会、加强党的执政能力建设和先进性建设等一系列重大战略思想，特别是就建设学习型政党，走中国特色自主创新道路、致力于建设创新型国家等，作出了一系列重大部署。广大公务员要在投身建设学习型政党、学习型政府、学习型社会，推动建设创新型国家的伟大实践中走在前列、争当先锋、做出表率。

对于公务员队伍来说，这五个方面的本领，是一个有机的整体，它们互相联系、互相贯通，统一于科学执政、民主执政、依法执政的伟大实践。具体而言，不断提高推动改革、促进发展、维护稳定的本领和提高公共行政、公共管理、公共服务的本领，实质上是科学执政的要求在公务员队伍能力建设上的具体化；不断提高组织群众、宣传群众、服务群众的本领，实质上是民主执政的要求在公务员队伍能力建设上的具体化；不断提高依法执政、依法行政、依法办事的本领，实质上是依法执政的要求在公务员队伍能力建设上的具体化。而要不断提高科学、民主、依法执政的水平，关键在于不断提高广大公务员善于学习、调查研究、自主创新的本领。

不断提高公务员队伍这五个方面的本领，离不开大规模的学习培训，离不开持之以恒的实践锻炼。随着公务员法的颁布实施，新一轮大规模的公务员教育培训工作也将正式启动。公务员法对不同类别、不同职务的公务员的培训都作出了明确规定：对新录用的公务员要进行初任培训，对晋升领导职务的公务员要进行任职培训，对从事专项工作的公务员要进行专门业务培训，对全体公务员要进行在职培训等。这些要求和规定，都应充分体现到今后五年的公务员教育培训规划中，并通过坚持不懈地创新培训内容、改进培训方式、整合培训资源、优化培训队伍、提高培训质量，花大气力把新一轮公务员教育培训工作抓紧抓好抓出成效。同时，还应当有计划地把公务员选派到改革和建设的第一线去，到条件艰苦和困难较多的地方去，到基层和群众最需要的地方去经受锻炼和考验，增长本领和才干。

大力培育和弘扬公务员精神*

——四论贯彻实施公务员法

公务员精神是公务员政治素质、思想作风、职业素养、道德情操、精神风貌的集中反映。中央领导同志强调：“要把培育和弘扬公务员精神作为一项重要任务，贯穿到实施公务员法的全过程，贯穿到健全和完善公务员制度的全过程，贯穿到加强公务员队伍建设的全过程，使全体公务员始终保持昂扬向上的精神状态，自觉创造一流的工作业绩。”这为我们在贯彻落实好公务员法的实践中，培育具有时代特征、中国特色的公务员精神，着力建设一支政治坚定、业务精湛、作风过硬、人民满意的公务员队伍，进一步指明了方向。

人总是要有一点精神的。一个国家、一个民族也好，一个团队、一个集体也好，如果没有精气神，就等于没有灵魂，就会失去活力、效率和积极性。公务员作为国家的公仆、人民的勤务员，依法履行公职，承担着管理国家事务和社会公共事务

* 本文原载《中国人事报》2006年3月29日，作者署名为钟怡祖。

的职能，他们的政治素质如何，思想境界如何，精神状态如何，既关系到公务员队伍的形象，也关系到党和政府的形象。因此，在贯彻落实公务员法的过程中，一定要高度重视培育和弘扬公务员精神，引导广大公务员始终保持蓬勃朝气、昂扬锐气和浩然正气，始终保持良好的精神状态，以永远燃烧的革命激情和对党对人民的无限深情，去对待我们的事业、我们的祖国、我们的民族和人民。

中央领导同志在全国实施公务员法工作会议上的讲话中，深刻揭示了我国公务员精神的科学内涵，这就是：“热爱祖国、忠于人民，恪尽职守、廉洁奉公，求真务实、开拓创新，顾全大局、团结协作”。这“四句话、32 个字”，充分体现了以爱国主义为核心的民族精神和以改革创新为核心的时代精神的有机结合，充分体现了党中央对公务员队伍一贯的严格要求与公务员法对公务员队伍法规性要求；既是对长期以来广大优秀公务员崇高精神和优秀品德的创新概括，也是在新的历史条件下对公务员的新的要求，内涵十分丰富，必须深刻理解和准确把握。具体说，“热爱祖国、忠于人民”，就是作为公务员，要时时处处把国家和人民的利益放在大于一切、高于一切、重于一切的位置上，坚持以自己的全部工作为党分忧、为国建功、为民造福。“恪尽职守、廉洁奉公”，就是要以对党和国家事业极端负责的精神，忠于职守、勤勉尽责，努力提高适应本职工作需要的能力和水平，始终保持谦虚谨慎、艰苦奋斗的作风，树立清正廉洁、公道正派的良好形象。“求真务实、开拓创新”，就是要牢固树立科学的发展观和正确的政绩观，坚持解放思想、实事求是、与时俱进，坚持重实际、说实话、办实事、求实效，脚踏实地、埋头苦干，创造性地开展工作。“顾全大局、团结协作”，就是要增强全局观念，坚持以大局为重，正确处理好国家、集体和个人的利益关系，努力营造心齐气顺、团结奋进、干事创业的氛围，加强团结、大力协同、做好工作。

培育和弘扬公务员精神，就要加大对公务员精神的宣传力度。任何一种精神都不是自然生成的，都有一个从孕育、培养、传播到为大家所广泛接受并自觉实践的过程，需要持之以恒地进行“灌输”。培育和弘扬伟大的民族精神如此，培育和弘扬公务员精神也是如此。我们要通过多种有效形式，大力宣传公务员精神，并把学习公务员精神作为重要内容纳入公务员的培训计划之中，使广大公务员不仅对这“四句话、32 个字”都能耳熟能详、了然于胸，而且对公务员精神的本质要求和具体要求都能入脑入心、身体力行。

培育和弘扬公务员精神，就要继续深入开展做“人民满意的公务员”活动。“金杯银杯不如群众的口碑，金奖银奖不如群众的夸奖”。人民群众满意，是公务员精神的最本质要求，是对公务员的最高评价标准，也是对公务员的最高奖赏。1996 年以来，人事部会同有关部门在全国范围内开展了做“人民满意的公务员”活动，共推出了 130 名“人民满意的公务员”，吴天祥、任长霞、张云泉等，就是其中的杰出代表。对这项活动，党中央、国务院一直非常重视，中央领导同志多次接见“人民满意的公务员”代表，并对加强公务员队伍建设特别是思想道德建设，作出了一系列重要指示。这项活动的开展，对于引导广大公务员自觉学习和实践邓小平理论和“三个代表”重要思想，培育和弘扬公务员精神，提高为人民服务的水平，促进公务员队伍建设，都发挥了积极的作用。我们要在总结经验的基础上，深化活动的主题，创新活动的形式，让广大公务员都参加到这一活动中来，形成人人争做“人民满意的公务员”的良好氛围，使人人都成为人民满意的公务员。

培育和弘扬公务员精神，就要大力宣传优秀公务员的典型事迹。榜样的力量是无穷的。公务员精神是激励广大公务员奋勇前进的精神动力，公务员中的优秀代表则是体现和实践公务员精神的光辉榜样。我们要善于发现典型，大力培养典型，广泛宣传典型。近年来，无论是孔繁森、郑培民、牛玉儒这些领导干部的楷模，还是吴天祥、任长霞、张云泉这些基层干部的典范，他们的事迹不仅感动了广大公务员，而且感动了整个中国。他们身上体现出的为民、务实、清廉的崇高品德和高尚精神，正是我们所要倡导的新时期公务员精神的核心内涵。要在全社会大力宣传优秀公务员的先进事迹、优秀品质和高尚精神，激励广大公务员牢记自己的使命和责任，牢记人民的厚望和重托，解放思想、开拓进取，立足本职、扎实工作，自觉创造一流的工作业绩。

伟大的事业孕育伟大的精神，伟大的精神推动伟大的事业。公务员精神是与中国特色社会主义伟大事业相伴而生的。随着中国特色社会主义伟大事业的不断推进，公务员精神的内涵也应当不断丰富和发展。这就要求我们坚持与时俱进，坚持改革创新，适应党和国家事业发展以及人民群众的需要，结合新的实践和时代要求，不断充实、丰富和发展公务员精神的内涵，使公务员精神始终充满活力与生命力。在全国科学技术大会上，胡锦涛同志向全党全国发出了坚持走中国特色自主创新道路、为建设创新型国家而努力奋斗的号召。这就要求广大公务员在全面实践公务员精神的同时，必须着力培养创新精神，保持创新激情，既鼓励创新、支持创新，又引领创新、带头创新，努力做坚持走中国特色自主创新道路、建设创新型国家的表率。

关键是要把公务员法落到实处*

——五论贯彻实施公务员法

2006年是实施“十一五”规划的开局之年、起步之年，也是贯彻实施公务员法的第一年。切实抓好公务员法的贯彻落实，建设一支高素质的公务员队伍，对于开局之年开好局、起步之年起好步，全面推进中国特色社会主义伟大事业，都具有十分重要的意义。

“天下之事，不难于立法，而难于法之必行”。如果把法律条文束之高阁或仅仅挂在口头上而不落实在行动中，立法效果也就等于零，就会挫伤广大群众的积极性。我们一定要按照2005年9月召开的全国实施公务员法工作会议以及公务员法实施方案的部署和要求，花大气力认真抓好公务员法的落实工作。

抓好落实，就要在学好法律、吃透精神上狠下功夫。公务员法内涵十分丰富、规定十分具体，必须原原本本地学习，深入系统地钻研，决不能浅尝辄止，满足于一知半解。“以其昏昏，使人

* 本文原载《中国人事报》2006年4月10日，作者署名为钟怡祖。

昭昭”，是抓不好落实工作的。各级领导干部要成为学习公务员法的模范，以此带动和促进广大公务员的学习。组织人事部门的干部，要先学一步，学深一步，真正成为精通公务员法的行家里手。对不同层次、不同岗位的公务员，要开展培训和轮训，帮助他们全面把握实施公务员法的指导思想、总体要求和具体规定，全面把握中国特色公务员制度的鲜明特征，全面把握公务员队伍建设的主要任务和努力方向，进一步增强贯彻实施公务员法的自觉性和坚定性，进一步增强依法执政、依法行政、依法办事的意识和本领，进一步形成学习公务员法、遵守公务员法的浓厚氛围。

抓好落实，就要在加强领导、形成合力上狠下功夫。贯彻实施公务员法是一项系统工程，涉及面很广，需要自上而下加强组织领导、科学合理安排、积极稳妥推进。特别是要努力构建党委和政府统一领导，各级组织人事部门牵头抓总，有关部门各司其职、密切配合的贯彻实施工作格局，真正做到思想到位、组织到位、措施到位。各级党政“一把手”既是贯彻实施公务员法的重要组织者，又是公务员法规定的管理对象，必须带头学法用法、带头执法守法，在贯彻实施公务员法中切实发挥好领导和表率作用。同时，要组建由党政领导同志牵头的工作班子，负责实施公务员法的统筹规划和组织协调工作。各级组织人事部门作为公务员主管部门，必须在党委和政府的统一领导下，切实履行综合管理公务员事务的职责，加强组织协调，具体抓好公务员法的贯彻实施。

抓好落实，就要在掌握政策、解决问题上狠下功夫。既严格掌握政策、不折不扣地执行政策，又坚持具体问题具体对待、具体矛盾具体解决，是抓落实必须遵循的重要原则。一方面，法律是制度化的政策，公务员法中的许多制度性规定，都带有很强的政策性，我们必须严格按照中央制定的实施方案，做好公务员管理的入轨运行工作，特别是要做好公务员登记、认定职务级别、实行工资套改和规范参照管理的工作，坚决维护法律和政策的权威性、严肃性。另一方面，贯彻实施公务员法具体到不同的地区、不同的部门，肯定会遇到不同的情况和问题。我们要坚持解放思想、实事求是、与时俱进，在“上情”与“下情”之间找到结合点，在法律规范和实际操作之间找到一致性，创造性地开展工作，切实解决具体问题，努力打开工作局面。

抓好落实，就要在突出重点、统筹兼顾上狠下功夫。要着眼于确保公务员法的基本原则和基本制度在贯彻实施过程中得到全面充分的体现，围绕“进”“管”“出”这三个重点环节，努力形成能上能下、能进能出、有效激励、严格监督、竞争择优、充满活力的用人机制。要把实施公务员法同规范编制管理结合起来，进一步明确和规范各类编制的适用范围；同正在推进的司法体制改革结合起来，按照公务员法的要求，健全司法机关的人事管理制度；同推进乡镇机构改革试点工作结合起来，本着精简效能的原则，合理设置乡镇机关职位；同加快行政执法体制改革结合起来，建立健全权责明确、行为规范、监督有效、保障有力的行政执法体制；同事业单位的改革结合起来，严格控制参照公务员法管理的事业单位的数量与规模。

抓好落实，就要在建章立制、加强督查上狠下功夫。贯彻实施公务员法，必须建立责任明确、任务具体、奖惩严明的工作责任制，并坚持按规章制度办事，保证各项任务的落实。必须切实加强对公务员法贯彻落实情况的监督检查，做到有令必行、有禁必止。要把是否违规进人，是否严格按标准、条件、程序和职数限额选拔配备人员，是否严格执行工资制度等情况，作为监督检查的重点内容，特别要把监督的关口前移，把防止“入轨”过程中的不正之风作为监督检查的重中之重，通过开展经常性的督促检查，及时发现问题，及时解决问题，并依纪依法加大对各种不正之风查处力度。还要通过发挥人大政协、纪检监察、新闻媒体和人民群众的监督作用，建立“便利、安全、高效”的举报机制等措施，开通各种监督渠道，形成全党全社会关注和支持贯彻实施公务员法的良好环境，保证公务员法的贯彻落实。

扎实推进党的建设新的伟大工程 *

《江泽民文选》作为系统阐述“三个代表”重要思想科学体系的集大成之作，作为以江泽民同志为核心的党的第三代中央领导集体治国理政智慧和经验的经典之作，充分体现了推进中国特色社会主义伟大事业同推进党的建设新的伟大工程的统一。这里，着重围绕学习《江泽民文选》关于加强党的建设的一系列重要论述，谈些认识和体会。

一、关于“三个代表”重要思想

“三个代表”重要思想，是《江泽民文选》的华彩篇章，是江泽民同志治国理政的智慧结晶，也是他献给全党最可宝贵的精神财富。今天，联系党和国家工作大局，重温江泽民同志关于“三个代表”重要思想的一系列重要论述，有以下三点新认识：

第一，“三个代表”重要思想既是治党的理论，又是治国的理论，必须全面贯彻到治国理政的实践中。江泽民同志强调，提出

* 本文原载《求是》2006 年第 21 期，作者署名为钟怡祖。

“三个代表”重要思想，就是要在研究新情况、新实践的基础上，回答建设中国特色社会主义进程中提出的重大问题，把社会主义现代化建设和我们党的自身建设不断推向前进。在党的十六大报告中他进一步指出，要把“三个代表”重要思想贯彻到社会主义现代化建设的各个领域，体现在党的建设的各个方面。这就清楚地表明，“三个代表”重要思想首先是治党的理论，出发点是创造性地回答“建设一个什么样的党、怎样建设党”的问题；同时又是治国的理论，落脚点是进一步回答“什么是社会主义、怎样建设社会主义”的问题。十六大报告和十六大通过的新党章，把“三个代表”重要思想同马克思列宁主义、毛泽东思想、邓小平理论一道，确立为我们党必须长期坚持的指导思想，这对于全面建设小康社会、开创中国特色社会主义事业新局面，已经、正在并且必将继续产生极其重要的作用。贯彻“三个代表”重要思想，关键在坚持与时俱进，核心在坚持党的先进性，本质在坚持执政为民。在新世纪新阶段，我们要牢牢把握这个根本要求，不断增强贯彻“三个代表”重要思想、全面落实科学发展观的自觉性和坚定性，把“三个代表”重要思想全面贯彻到社会主义经济建设、政治建设、文化建设、社会建设和党的建设的伟大实践中去，促进科学发展与社会和谐。

第二，“三个代表”重要思想既要落实到基层，更要落实到领导层，关键是要落实到建设一支高素质的干部队伍中。江泽民同志指出，始终做到“三个代表”，是对党的各级组织和全体党员、干部提出的根本要求。他一方面强调，党的基层组织都应该成为贯彻“三个代表”重要思想的组织者、推动者和实践者，每一名共产党员都要身体力行和始终做到“三个代表”；另一方面又强调，党员干部特别是高中级干部要带头学习和实践“三个代表”重要思想，成为勤奋学习、善于思考的模范，解放思想、与时俱进的模范，勇于实践、锐意创新的模范。这就告诉我们，“三个代表”重要思想，既要落实到基层，更要落实在领导层。在全面建设小康社会、开创中国特色社会主义事业新局面的历史进程中，我们要始终坚持用“三个代表”重要思想武装头脑、指导实践、推动工作，始终注重建设一支能够担当重任、经得起风浪考验的高素质领导干部队伍，并通过领导机关和领导干部的表率作用，把“三个代表”重要思想落实到基层、落实到各项工作中去。

第三，“三个代表”重要思想既同邓小平理论相承接，又同科学发展观相连接，贯彻科学发展观同贯彻“三个代表”重要思想是内在统一、相辅相成的。江泽民同志创立的“三个代表”重要思想，继承和发展了马克思列宁主义、毛泽东思想、邓小平理论，是当代中国发展着的马克思主义。他强调，“三个代表”重要思想是发展的、前进的。实践没有止境，创新也没有止境。我们要突破前人，后人也必然会突破我们。这就为我们不断推进实践基础上的理论创新指明了方向。以胡锦涛同志为总书记的党中央关于树立和落实科学发展观、构建社会主义和谐社会等一系列重大战略思想，正是在继承邓小平理论和“三个代表”重要思想的基础上提出来的，是马克思主义中国化的最新成果。正是从这个意义上，可以说，“三个代表”重要思想既同邓小平理论相承接、又同树立和落实科学发展观、构建社会主义和谐社会等重大战略思想相连接。坚持用科学发展观武装全党、教育人民，齐心协力促进科学发展，同舟共济构建和谐社会，正是对邓小平理论和“三个代表”重要思想的继承和发展。

二、关于党的建设新的伟大工程

在《江泽民文选》中，有许多篇章是论述党的领导和党的建设新的伟大工程的。联系当前党建工作实际，重温这些重要论述，有以下四个方面的新体会：

第一，全面推进党的建设新的伟大工程，必须把保持和发展党的先进性作为出发点和着眼点。江泽民同志强调，当今世界和我们所处的时代，同过去相比发生了很多深刻的变化，如果因循守旧、停滞不前，我们就会落伍，我们党就有丧失先进性和领导资格的危险。他指出，贯彻“三个代表”重要思想，核心在坚持党的先进性。纵观《江泽民文选》对党的先进性的重要论述，我们体会到，党的先进性既体现在党领导的伟大事业中，又体现在党的自身建设新的伟大工程中。保持和发展党的先进性，就要在“三个代表”重要思想指导下，通过不断加强和改进党的建设，使我们党既不断开创事业新局面，又始终与时代发展同步伐、与人民群众共命运。所谓与时代发展同步伐，就是我们党必须坚定地站在时代潮流的前头，团结和带领全国各族人民，实现推进现代化建设、完成祖国统一、维护世界和平与促进共同发展这三大历史任务，在中国特色社会主义道路上实现中华民族伟大复兴。所谓与人民群众共命运，就是要坚持立党为公、执政为民，始终保持党同人民群众的血肉联系，实现好、维护好、发展好最广大人民的根本利益，把全国各族人民团结在党的周围，共同创造我们的幸福生活和美好未来。

第二，全面推进党的建设新的伟大工程，必须把科学判断党的历史方位和牢固树立执政党思维作为重要前提。江泽民同志深刻分析了党所处的历史方位：我们党已经从领导人民为夺取全国政权而奋斗的党，成为领导人民掌握全国政权并长期执政的党；已经从受到外部封锁和实行计划经济条件下领导国家建设的党，成为对外开放和发展社会主义市场经济条件下领导国家建设的党。党的历史方位的深刻变化，要求我们从理论到实践，从领导层到广大基层，都要牢固树立执政党思维。这就是，在发展社会生产力这个层面，要注意把党的先进性和社会主义优越性落实到发展先进生产力、发展先进文化、实现最广大人民根本利益上来，推动社会全面进步，促进人的全面发展；在完善生产关系这个层面，要注意认真研究我国社会生活的新变化和群众工作的新特点，把制定和贯彻党的方针政策的基本着眼点，放到既代表最广大人民的根本利益，又正确反映和兼顾不同方面群众的利益诉求上来，使全体人民朝着共同富裕的方向前进。

第三，全面推进党的建设新的伟大工程，必须始终把着力点放在解决好两大历史性课题上。江泽民同志创造性地向全党提出“两个提高”的要求，即提高党的领导水平和执政水平、提高拒腐防变和抵御风险能力，为党的建设新的伟大工程作了科学定位。我们体会，这两大历史性课题，前者讲的是党在执政以后如何改造客观世界的问题，后者讲的是党在长期执政条件下如何改造主观世界的问题。也可以理解为，前者主要是解决不适应新形势新任务需要的问题，以保持和发展党的先进性；后者主要是解决不符合“三个代表”重要思想和全面建设小康社会要求的问题，以不断维护党的纯洁性，从而使我们党既始终具有真理的力量，又不断增强人格的力量。解决好这两大历史性课题，是一项长期而艰巨的任务，需要全党同志结合新世纪新阶段的伟大任务，继续进行积极的探索和实践。

第四，全面推进党的建设新的伟大工程，必须以执政能力建设为重点，把思想建设、组织建设和作风建设有机结合起来，把制度建设贯穿其中。在改革开放和社会主义现代化建设的历史新时期，我们党的建设格局由思想建设、组织建设、作风建设“三大建设”，发展为包括制度建设在内的“四大建设”。江泽民同志又进一步提出“一个重点、四大建设”：以执政能力建设为重点，全面加强和改进党的思想建设、组织建设、作风建设和制度建设，把制度建设贯穿到党的建设的各个方面。这就为我们在继续坚持“四位一体”的党建格局过程中，坚持靠制度建党、按制度办事和用制度管人，通过制度创新来落实理论创新的成果，通过机制建设来落实党的建设的各项任务，形成保持和发展党的先进性的最可靠的制度保障指明了方向。

三、关于党的思想理论建设

同毛泽东、邓小平同志一样，江泽民同志高度重视党的思想理论建设，并提出了一系列重要思想。尤其值得我们重视的是，江泽民同志结合党的思想理论建设，提出了建设学习型政党的战略任务。可以说，抓住了学习型政党建设，就抓住了党的思想理论建设的关键。我们体会，在新形势下加强党的思想理论建设和学习型政党建设，要把握好以下三个重要问题：

第一，要通过持续不断的思想教育，引导广大党员干部毫不动摇地坚持党的基本理论、基本路线、基本纲领和基本经验。江泽民同志在党的十六大报告中强调，邓小平理论是我们的旗帜，党的基本路线和基本纲领是各项工作的根本指针。无论遇到什么困难和风险，都必须坚持党的基本理论、基本路线和基本纲领不动摇。十六大以后，胡锦涛同志进一步强调，要坚持党的基本理论、基本路线、基本纲领和基本经验不动摇。这“四个基本”是新时期以来我们党全部理论和实践的科学结晶，是我们处理纷繁复杂的国内外问题的主心骨。越是形势复杂，越是任务繁重，我们越是要始终坚持这“四个基本”不动摇。十六大以来，以胡锦涛同志为总书记的党中央，正是坚持这样做的，因而在全面建设小康社会、开创中国特色社会主义事业新局面的进程中，排除各种干扰，夺取了党和国家事业的新胜利。今后，我们要在党的思想理论建设和学习型政党建设中，把这“四个基本”学习得更好，坚持得更牢。

第二，要使全党始终保持与时俱进的精神状态，不断开拓马克思主义理论的新境界。从《江泽民文选》中可以看到，江泽民同志总是把开创党和国家工作的新局面同开拓马克思主义理论的新境界紧密结合起来。这是因为，实践基础上的理论创新，是社会发展和变革的先导。开创工作新局面，开拓理论新境界，都必须发扬马克思主义的理论勇气和政治勇气。在这方面，江泽民同志着重强调了两个“坚定不移、不能含糊”：坚持马克思主义的立场、观点、方法，坚持马克思主义的基本原理要坚定不移、不能含糊；贯彻解放思想、实事求是的思想路线，坚持勇于追求真理和探索真理的革命精神也要坚定不移、不能含糊。也就是说，坚持是发展的基础，发展是最好的坚持；继承是创新的前提，创新是最好的继承。十六大以来，以胡锦涛同志为总书记的党中央在新的实践中提出的一系列重大战略思想，正是这种理论勇气和政治勇气的生动体现，是坚持和发展、继承和创新的最佳结合。

第三，要大力弘扬理论联系实际的马克思主义学风，坚持学以致用。从《江泽民文选》中可以看到，江泽民同志对党的学风问题是反复强调、抓住不放的。他提出“一个中心、三个着眼于”，即：以我们正在做的事情为中心，着眼于马克思主义的运用，着眼于对实际问题的理论思考，着眼于新的实践和新的发展，是党的理论联系实际的学风在新的历史条件下的具体体现。强调“一个中心、三个着眼于”是因为，离开本国实际和时代发展来谈马克思主义，没有意义；静止地孤立地研究马克思主义，把马克思主义同它在现实生活中的生动发展割裂开来、对立起来，没有出路。当前，我国正处于改革的攻坚阶段、发展的关键时期，新情况新问题层出不穷。创造性地回答和解决这些问题，努力开创工作新局面、开拓理论新境界，要求我们大力弘扬马克思主义学风，坚持用发展着的马克思主义指导新的实践。这就要继续做到：老祖宗不能丢，又要说新话；马克思主义基本原理要坚持，又要谱写新篇章；革命传统要发扬，又要创造新办法。

四、关于领导班子和干部队伍建设

从《江泽民文选》中可以看到，江泽民同志对领导班子建设和干部队伍建设始终高度重视，提出了一系列重要思想。我们体会，在这方面要把握三个重要问题：

第一，确保各级领导核心由忠诚于马克思主义的人组成，是关系到党和国家盛衰兴亡的战略问题。江泽民同志指出，在这个问题上，要牢牢记取历史和现实的经验教训。国际共产主义运动中的历史教训，1989 年国内政治风波和苏联解体、东欧剧变的现实教训，都是非常深刻的。确保领导核心由忠诚于马克思主义的人组成，实质上是要解决干部队伍的革命化问题。他强调，全面贯彻党的干部队伍“四化”方针和德才兼备原则，既不能重德轻才，也不能重才轻德，选人、用人、育人都要以革命化为前提。这就告诉我们，贯彻“四化”方针，革命化是第一位的；贯彻德才兼备原则，必须坚持以德为先，总的来说就是要求政治上靠得住。当然，革命化的具体内涵在不同历史条件下是有所不同的，忠诚于马克思主义并不是死守教条，而是在坚持中发展、在继承中创新，是坚持发展着的马克思主义。

第二，要抓紧培养选拔一大批德才兼备的接班人，把老一辈革命家开创的事业不断推向前进。同邓小平同志一样，江泽民同志对培养接班人的问题想得很深很远，常常夜不能寐。他语重心长地说，作出了党和人民满意的工作业绩，培养了党和人民放心的接班人，我们才算完成了自己的历史使命。在这个问题上，他提出了许多重要观点。比如，坚持德才兼备而不求全责备，坚持干部标准而又不拘一格，注重台阶而不死抠台阶；对年轻干部要看大节、看主流、看发展；用人要扬长避短，用其所长等等。这些重要思想我们要坚持下去，这种辩证思维我们要继承下来，从而更好地把握年轻干部成长规律，促进一代又一代年轻干部茁壮成长，使我们的事业后继有人、兴旺发达。

第三，要深化干部人事制度改革，为建设高素质干部队伍提供有力的制度保证。不断增强干部队伍的活力、效率、积极性，为建设高素质干部队伍提供制度保证，是江泽民同志始终十分关注的一个重要问题。他在分析干部工作中存在的优秀人才难以脱颖而出、用人上的不正之风有禁不止的问题时深刻指出，这些问题的存在，根本的原因还是没有真正形成富有生机与活力的用人机制，缺乏严格的人事工作规则和强有力的监督制度。为此，他提出要以建立健全选拔任用和监督管理机制为重点，以干部工作的科学化、民主化、制度化为目标，进一步深化干部人事制度改革。在这“三化”中，江泽民同志讲得最多的是民主化问题，强调要扩大群众的民主参与，落实群众对干部选拔任用的知情权、参与权、选择权和监督权，有效防止考察失真、用人失误。这就启示我们，干部人事制度改革作为政治体制改革的重要内容，必须坚持以扩大民主为基本方向，把坚持党管干部原则同坚持干部工作走群众路线结合起来，把落实群众“四权”的要求贯穿于干部选拔的全过程，确保干部选得准、用得好、管得住。

五、关于干部教育培训和党校工作

江泽民同志在党的干部教育培训和党校工作方面提出的一系列重要思想观点，体现了高瞻远瞩的战略眼光和求真务实的科学态度。我们体会，在这方面要突出把握好以下三个重要问题：

第一，要进一步加深对严重的问题在于教育干部这一科学论断的认识。毛泽东同志说过，严重的问题在于教育农民；江泽民同志强调，严重的问题在于教育干部。之所以把对干部的教育培训提到如此重要的高度，是因为在新的历史时期，我们党肩负着光荣而艰巨的“三大历史任务”。建设一支高素质的干部队伍，是团结带领广大党员和人民群众完成这三大历史任务的关键所在。强调严重的问题在于教育干部，还因为在改革开放和社会主义市场经济条件下，广大干部的健康成长面临着诱惑很多、考验很大的复杂环境；而我们在干部工作中存在的重选拔、轻培养，重使用、轻教育的问题，使干部队伍中程度不同地存在一些“不适应”“不符合”的问题。江泽民同志强调，在干部工作中，只着眼于选人，忽视育人，是短视的、落后的。改革开放和现代化建设越深入，越要加强对干部的教育。这些年来，我们在干部队伍中先后开展的“三讲”集中教育、“三个代表”学教活动和保持共产党员先进性教育活动，以及十六大以来我们党提出的“放开视野看教育、集中力量抓培训”，大规模培训干部、大力度搞好干部教育、大幅度提高干部素质等等，对于不断提高干部队伍素质，推动党和国家的各项事业都起到了重要的保证作用。

第二，要进一步发挥好党校教育作为各级党政领导干部教育培训主渠道的作用。江泽民同志一贯倡导，育人要坚持两条腿走路。这就是既要靠实践中的选拔培养，又要靠包括到党校的教育培训。他强调，党校工作是党的事业的重要组成部分，是培养和提高干部的重要途径，是全国各级党政领导干部培训轮训的主渠道，应该也完全可以在建设高素质干部队伍中发挥重要作用。他要求，各级党委要加强对党校工作的领导；各级党校的同志要从国内外形势的发展和党的建设的实际要求出发，兢兢业业地做好工作，为干部教育培训工作做出更大的贡献。江泽民同志的这些重要论述，为我们充分认识和积极发挥党校在干部教育培训工作中的重要作用指明了方向。十六大以来，党的干部教育培训和党校工作之所以得到进一步重视和加强，同以胡锦涛同志为总书记的党中央认真学习和实践江泽民同志的这些重要思想是分不开的。

第三，要进一步深化党校教学改革以全面提高干部教育培训的质量和水平。在江泽民同志担任总书记期间，中央制定和颁发了《关于面向二十一世纪加强和改进党校工作的决定》。在落实这一《决定》的全国党校工作会议上，江泽民同志强调，各级党校的教学和科研工作，都要围绕中心、服务大局，为实现党和国家的战略任务、建设高素质干部队伍服务。他还强调，各级党校要深化教学改革，提高教学质量，建设好“三基本”“五当代”的教材体系，不断完善“一个中心”“四个方面”的党校教学新布局，从理论素养、世界眼光、战略思维、党性修养等方面，全面提高各级领导干部特别是中青年领导干部的思想政治素质和业务能力，完成好党赋予党校的光荣使命。江泽民同志的这些重要论述，对于我们进一步抓好干部教育培训和做好党校工作具有极为重要的指导意义。

六、关于党管人才和人才队伍建设

通观《江泽民文选》三卷，关于人才问题的论述比比皆是，一系列新思想新观点新论断贯穿其中。这些重要思想观点，丰富和发展了马克思主义人才观。我们体会，学习贯彻江泽民同志的这些重要思想，要继续在以下三个方面狠下功夫：

第一，要牢固树立人才资源是第一资源的思想，尽快实现我国由人口大国向人才资源强国的转化。江泽民同志关于“人才资源是第一资源”的重要思想，同邓小平同志关于“科学技术是第一生产力”的科学论断一道，构成了我们党制定和实施科教兴国战略和人才强国战略的理论基石。我国是人口大国而非人才资源强国，这一严峻现实告诉我们，进一步落实人才强国战略，推动我国尽快由人口大国转化为人才资源强国，是干部人事工作的当务之急。

第二，要始终坚持党管人才原则，努力把各方面优秀人才集聚到党和国家事业中来。江泽民同志强调，要在发挥市场配置人才资源基础性作用的同时，加强党和政府的宏观调控，加强党对人才工作的领导。他指出，作为一个在对外开放和发展社会主义市场经济条件下长期执政的党，一定要广纳贤才，知人善任，既重视有所成就的人才，也关注具有潜能的人才；既重视国内人才，也积极吸引海外人才；既重视国有企事业单位的人才，也要把民营科技企业、受聘于外资企业的专门人才纳入视野，努力把优秀人才集聚到党和国家的各项事业中来。正是按照江泽民同志的这些重要思想，我们党在2003年召开了全国人才工作会议，党中央、国务院作出了《关于进一步加强人才工作的决定》。我们要继续认真落实江泽民同志的这些重要思想和全国人才工作会议精神，为进一步把我们党建设成为优秀人才高度密集的执政党，把我们国家建设成为人才资源强国而不懈奋斗。

第三，要着力培养造就大批善于治党治国治军的优秀领导人才，为党和国家的长治久安提供坚强的人才保障。江泽民同志指出，党和人民的事业需要的人才是多方面的，政治、经济、文化、科技、外交、教育、法律、军事等工作的开展，都需要聚集和造就大批优秀人才。而培养讲政治、懂全局、善于治党治国治军的领导人才尤为重要。中国特色社会主义事业能不能巩固和发展下去，中国能不能在激烈的国际竞争中始终强盛不衰，关键就看我们能不能不断培养造就一大批高素质的领导人才。这些精辟论述，抓住了我国人才工作的核心和关键。要保证党和国家的事业兴旺发达、后继有人，必须始终高度重视培养造就善于治党治国治军的优秀领导人才，把各级领导班子建设成为坚持贯彻“三个代表”

重要思想、全面落实科学发展观的坚强领导集体。这项工作要长期坚持做下去。

七、关于基层党组织和党员队伍建设

《江泽民文选》对基层党组织和党员队伍建设有许多重要论述。我们体会，学习贯彻这些重要思想，要注意把握三个重点：

第一，要把握基层党组织的科学定位。在改革开放和社会主义现代化建设的历史新时期，党的基层组织的工作千头万绪，最根本的是要在服务人民群众的过程中，当好贯彻“三个代表”重要思想的组织者、推动者、实践者，不断增强党的创造力、凝聚力、战斗力。这里的“三个者”“三个力”有着紧密的内在联系，其聚焦点是代表人民群众、服务人民群众、造福人民群众。在农村“三个代表”重要思想学教活动中，强调“干部受教育、农民得实惠”；在建设农村党员干部现代远程教育工程中，强调“干部经常受教育、农民长期得实惠”；在保持共产党员先进性教育活动中，强调“党员受教育、群众得利益”，都是这一聚焦点的生动体现。如何在落实科学发展观、构建社会主义和谐社会和建设创新型国家的实践中，推动基层党组织进一步当好“三个者”，更加充分地发挥“三个力”，是一个亟待继续探索解决的重大课题。

第二，要扩大党的工作覆盖面和影响力。江泽民同志敏锐地把握我国社会“四个多样化”的阶段性特征，强调指出，党的领导如何更加切实有效地覆盖社会和市场发展的广泛领域，是一个必须认真研究解决的重大问题。他要求加大对非公有制经济组织、街道社区、社团和社会中介组织党的建设的工作力度，不断拓宽党的工作的覆盖面。扩大覆盖面，既包括组织覆盖，也包括工作覆盖，而组织覆盖是工作覆盖的基础和前提。强调组织覆盖同改革党组织的设置形式、活动内容和活动方式是相辅相成的。这些年来，一些农村基层组织建在产业链上、建在各种新型合作经济组织上，一些社区党组织建在高科技人员集中的商务楼宇内等，有效地扩大了基层党组织的覆盖面和影响力。我们党要长期执政、科学执政、民主执政，就必须不断探索扩大党的工作覆盖面和影响力的问题，使应建的党组织都能及时建起来，建起来的党组织都能正常开展活动、充分发挥作用。在壮大党的队伍最基本的组成部分和骨干力量的同时，把其他社会阶层的先进分子吸收到党内来，是扩大党的工作覆盖面和影响力的题中应有之义。要继续按政策、按程序、高要求、高质量地做好这项工作，不断增强党的阶级基础、扩大党的群众基础。

第三，要始终保持党员队伍的先进性。保持党员队伍先进性的问题，本质上是处理好数量和质量的关系问题。江泽民同志强调，党的力量和作用主要不在于党员的数量，而在于党员的素质。他还强调，广大党员干部既要不断增强为人民服务的意识，又要不断提高为人民服务的本领。对于党员队伍来说，质量就是先进性，质量就是生命力；只有不断提高党员素质，才能使我们党的先进性长在，生命力永存。我们要抓住素质建设这个党员队伍建设的核心，在加强教育培训和管理监督的过程中，不断提高广大党员的理论素养、政治素质和业务素质、工作本领，使每一名党员都真正无愧于共产党员的光荣称号。

八、关于党的作风建设

学习贯彻江泽民同志关于党的作风建设的思想，要把握好三个问题：

第一，加强党的作风建设是一项重大而紧迫的任务。江泽民同志强调，作风是一个党的性质、宗旨的外在体现，是一个党的创造力、凝聚力、战斗力的重要内容。实践表明，改革开放以来，党的理论、路线和方针政策不断增强了党对人民群众的凝聚力和感召力，而党的作风中存在的问题则造成了相当程度的离心力和破坏力。因此，作风建设关系党的形象，关系人心向背，关系党和国家的生死存亡。抓好党的作风建设，就抓住了提高党的领导水平和执政水平、提高拒腐防变和抵御风险能力的一个重要切入点。在新形势下，我们要始终把加强和改进党的作风建设，作为探索和解决“建设一个什么样的党、怎样建设党”的问题的一个重要组成部分，作为提高党的执政能力和增强党的先进性的题中应有之义，切实解决好党在作风方面种种“不适应”和“不符合”的问题。

第二，作风建设的核心是保持党同人民群众的血肉联系。江泽民同志反复强调，作风建设的核心是要保持党同人民群众的血肉联系。这一精辟论断，既总结了我们党80多年奋斗的基本经验，也反映了我们党对世界上其他政党兴衰规律的深刻思考；既是极为重要的政治观点，也是极为重要的政治要求。中央一再要求全党同志牢记“两个务必”，坚持为民、务实、清廉，坚持体察民情、了解民意、集中民智、珍惜民力，坚持权为民所用、情为民所系、利为民所谋，不断实现好、维护好、发展好最广大人民的根本利益，说到底也就是要始终保持党同人民群众的血肉联系。只有这样，才能不断促进党群关系、干群关系的和谐，从而促进整个社会的和谐，使我们党永远立于不败之地。

第三，作风建设的重点是反对形式主义和官僚主义。江泽民同志强调，要把反对形式主义和官僚主义作为加强党的作风建设的重点，这是具有很强现实针对性的。形式主义的要害是贪图虚名、不务实效、劳民伤财，官僚主义的要害是高高在上、凌驾于群众头上做官当老爷。官僚主义引发形式主义，形式主义助长官僚主义。形式主义、官僚主义都是同我们共产党人的根本宗旨格格不入的，是严重脱离群众、败坏党的形象、危害党的事业的。要克服形式主义和官僚主义，就必须在全党大力弘扬求真务实精神，教育引导广大党员干部坚持讲实话、出实招、办实事、务实效；牢固树立正确的政绩观，努力创造经得起历史检验、实践检验和群众检验的政绩，扎扎实实地把改革开放和现代化建设推向前进。

九、关于党风廉政建设和反腐败斗争

江泽民同志在担任党的总书记期间，始终抓住党风廉政建设和反腐败斗争不放，特别是在党的十五大以后，他每年都要在中央纪委全会上就党风廉政建设和反腐败斗争问题发表重要讲话，提出了一系列重要思想。这些重要思想，为党风廉政建设和反腐败斗争奠定了理论基础，提供了行动指南。联系当前实际，要着重抓住以下四个方面：

第一，要牢固树立治国必先治党、治党务必从严的观点。治党始终坚强有力，治国必会正确有效。正因为这样，江泽民同志一再强调，治国必先治党，治党务必从严。这是一个具有全局意义和长远意义的指导方针。贯彻落实好这一方针，要求我们始终坚持两手抓、两手都要硬，一手抓改革开放，一手抓惩治腐败，以保证中国特色社会主义沿着正确航向前进。要把从严治党落实到党的思想、组织、作风和制度建设的各个方面，体现在对各级党组织、广大党员和干部进行教育、管理、监督等各个环节，特别是要对各级领导干部严格要求、严格教育、严格管理、严格监督，坚决克服党内存在的消极腐败现象。

第二，要严格防止在党内形成既得利益集团。江泽民同志一再强调，所有党员干部必须真正代表人民掌好权、用好权，而绝不允许以权谋私，绝不允许形成既得利益集团。这是江泽民同志关于党风廉政建设和反腐败斗争一系列重要论述中，最值得我们重视的重要思想之一。在党长期执政条件下，党员干部是把权力用来为人民谋利益，还是用来为个人谋私利；在改革开放和社会主义市场经济条件下，是把权力用来谋发展，还是用来搞“寻租”，这是衡量党员干部权力观、地位观、利益观正确与否的分水岭。现在，人民群众最深恶痛绝的腐败现象之一，就是少数党员干部甚至领导干部搞权钱交易、以权谋私，就是滥用权力甚至通过部门立法来保护和巩固既得利益。在从严治党过程中，我们要从决策到执行等环节加强对权力的监督，保证把人民赋予的权力真正用来为人民谋利益，从而逐步铲除党内既得利益集团滋生的土壤和条件。

第三，要坚决防止和从严惩处吏治腐败。吏治腐败是危害最烈的腐败。在党管干部条件下，在市场经济环境中，惩治吏治腐败的问题，已越来越成为反腐败斗争中的一个重要领域。此起彼伏的吏治腐败现象表明，腐败现象已经危害到了我们的关键部位。针对这一问题，江泽民同志一再强调，要严格防止和从严惩处吏治腐败。他指出，选贤任能，事关重大。由于卖官鬻爵及其带来和助长的其他腐败现象，造成“人亡政息”、王朝覆灭的例子，在中外历史上都屡见不鲜。因此，对领导干部的选拔任用一定要严格把关，坚持任人唯贤，反对任人唯亲；坚持搞五湖四海，反对以人划线；坚持德才兼备，反对重才轻德。这些年来，我们在这方面作了许多探索和实践，也取得了初步成效，但这个问题依然存在。核心的问题，是要深化干部人事制度改革，推进党和国家领导制度改革，加强党内党外的民主建设和民主监督，不断探索靠教育、靠制度、靠监督遏制吏治腐败的有效途径。

第四，要坚持标本兼治，综合治理。江泽民同志指出，惩治腐败，要作为一个系统工程来抓，标本兼治，综合治理，持之以恒。他在强调严肃查处各种消极腐败现象和腐败分子的同时，强调要把查处案件、纠正不正之风同加强思想政治教育结合起来，同加强制度防范和管理监督结合起来，同体制创新结合起来，从思想上筑牢拒腐防变的堤防，从源头上预防和解决腐败的问题。要引导每个领导干部经常想一想："参加革命是为了什么？现在当干部应该做什么？将来身后应该留点什么？"坚持把党和人民的利益放在第一位，始终忠诚于党和人民的事业，从而时刻做到自重、自省、自警、自励。我们要深入研究在改革开放和发展社会主义市场经济条件下腐败现象产生的特点和规律，提出有效的办法和措施，推动反腐倡廉工作深入开展。

构建社会主义和谐社会：从点题到破题 *

（一）党的十六届六中全会是党的历史上第一个以研究社会主义社会建设为主题的中央全会。全会作出的《中共中央关于构建社会主义和谐社会若干重大问题的决定》（以下简称《决定》），是党执政以来第一个关于全面加强社会主义社会建设的纲领性文件。这次全会和这个《决定》，标志着我们党提出的构建社会主义和谐社会这一关系党和国家事业发展全局的重大战略任务，在亿万人民的伟大实践中，开始实现了由点题到进一步破题、由舆论和价值导向到比较系统完备的政策和制度导向的重大转变。这在中国特色社会主义建设史上是具有划时代意义的。

（二）中国共产党人以认识世界、改造世界为己任。我们党在革命、建设、改革的各个历史时期都把提出和实现自己的奋斗目标，同认识和改造中国社会紧紧联系在一起。《毛泽东选集》第一卷第一篇文章，就是《中国社会各阶级的分析》。在拨乱反正和全面改革的历史新时期，邓小平同志提出把党的工作重点由以阶级斗

* 本文原载《光明日报》2006 年 10 月 31 日，获第十七届中国新闻奖一等奖，作者署名为钟怡祖。

争为纲转到以经济建设为中心的轨道上来，也是从深刻分析和准确把握当时我国社会的主要矛盾及其发展变化入手的。江泽民同志提出“三个代表”重要思想，同样也是以认真研究和分析我国社会生活的新变化和群众工作的新特点为重要依据的。可见，重视对社会问题包括对社会改造、社会建设的研究，从来是我们党制定正确的理论、路线、纲领和方针政策的重要基础和必要前提。

社会和谐是我们党不懈追求和不断奋斗的目标。特别是新中国成立以来，党为促进社会和谐进行了艰辛探索，积累了正反两方面经验，取得了重要进展。党的十一届三中全会以来，党坚定不移地推进改革开放和社会主义现代化建设，积极推动经济发展和社会进步，为促进社会和谐进行了不懈努力。党的十六大以来，党根据国际国内形势发生的新变化，全面分析我国发展面临的机遇和挑战，不断深化了对社会和谐的认识，明确了构建社会主义和谐社会在中国特色社会主义事业总体布局中的地位，作出了一系列决策部署，推动和谐社会建设取得新的成效。经过长期努力，我们已经拥有了构建社会主义和谐社会的各种有利条件。

正是在这样的认识和实践的基础上，针对新世纪新阶段我国所面临的前所未有的发展机遇和前所未有的严峻挑战，党的十六届四中全会第一次明确提出了同这样一个发展阶段的阶段性特征相适应的构建社会主义和谐社会的重大战略任务。这一事关全局和长远的重大命题，如同党的十二大明确提出中国特色社会主义的命题一样，都是围绕什么是社会主义、怎样建设社会主义这样的理论和实践探索提出来的。从这个意义上不妨可以说，构建社会主义和谐社会的“点题”，是由党的十六届四中全会完成的。

也就是说，我们党关于不断追求和促进社会和谐的思想虽然早已有之，这方面的探索和实践虽然也一直在进行，但是，这同党围绕什么是社会主义、怎样建设社会主义这样首要的基本问题，从理论和实践层面上第一次明确提出构建社会主义和谐社会的重大战略任务，毕竟还不是一回事。

（三）党的十六届四中全会以后到十六届六中全会召开，以胡锦涛同志为总书记的党中央，团结带领全党全国各族人民，围绕构建社会主义和谐社会的一系列理论和实践问题，开展了广泛深入的研究和探索。在两年多的时间里，有几个重大的关节点对于我们党完成构建社会主义和谐社会从点题到进一步破题的重大转变是至关重要的。

——2004 年 12 月，在党的十六届四中全会闭幕以后不久召开的中央经济工作会议上，胡锦涛同志提出：“从当前来看，积极扩大就业，努力完善社会保障体系，逐步理顺分配关系，加快社会事业发展，是维护群众利益、促进社会公平、构建社会主义和谐社会的重要任务。”这就第一次明确提出了在现阶段构建社会主义和谐社会的四个重要着力点。

——在 2005 年 2 月举办的省部级主要领导干部提高构建社会主义和谐社会能力专题研讨班上，胡锦涛同志在阐述党的十六届四中全会提出构建社会主义和谐社会的重大任务时强调指出，随着我国经济社会的不断发展，中国特色社会主义事业的总体布局更加明确地由社会主义经济建设、政治建设、文化建设三位一体，发展为社会主义经济建设、政治建设、文化建设、社会建设四位一体。他在讲话中还提出，社会主义社会建设的理论，是马克思主义理论的重要组成部分。根据新世纪新阶段我国经济社会发展的新要求和我国社会出现的新趋势新特点，我们所要构建的社会主义和谐社会，应该是民主法治、公平正义、诚信友爱、充满活力、安定有序、人与自然和谐相处的社会。这就第一次明确提出了四位一体的中国特色社会主义事业的总体布局和社会主义社会建设的理论概念，以及构建社会主义和谐社会的总目标、总要求。

——2005 年 2 月 21 日，中央政治局围绕构建社会主义和谐社会开展了第 20 次集体学习。胡锦涛同志在主持学习时强调，要加强对构建社会主义和谐社会所涉及到的社会结构、社会利益关系和社会稳定等重大问题的调查研究，加强对我国历史上和国外关于社会建设问题及其积极成果的理论研究和借鉴。这就第一次明确提出了社会主义社会建设要注意研究和借鉴我国历史上和国外关于社会建设问题的积极成果。

——2005 年 10 月中旬，胡锦涛同志在党的十六届五中全会上的讲话中，突出强调了加强统筹协调、提高处理利益关系的能力。他指出，更好地协调各方面利益关系，促进社会和谐，对于我们抓住和用好战略机遇期，更广泛地调动广大人民群众的积极性，推进党和人民的事业不断发展，保证党和国家长治久安，都具有十分重要的意义；要从解决关系人民群众切身利益的现实问题入手，扎扎实实推进社会主义和谐社会建设。这就第一次明确了提高协调各方面利益关系的能力是加强党对构建社会主义和谐社会领导的一项重要内容。

——2005 年 10 月下旬，胡锦涛同志在朝鲜访问时的一次讲话中，在阐述我们党坚持独立自主、改革开放、与时俱进，不断完善社会主义制度，不断探索和发展中国特色社会主义事业的问题时强调指出：实践证明，中国特色社会主义道路，是引导中国走向富强民主文明和谐的正确道路，必须始终毫不动摇地坚持下去。这就第一次明确把和谐作为同富强、民主、文明并列的中国特色社会主义的奋斗目标。

——2006 年 3 月，胡锦涛同志在参加十届全国人大四次会议上海代表团讨论时，强调指出，要毫不动摇地坚持改革方向，进一步坚定改革的决心和信心，不断完善社会主义市场经济体制，在一些重要领域和关键环节，实现改革的新突破，同时注重提高改革决策的科学性，增强改革措施的协调性，使改革兼顾到各方面利益、照顾到各方面关切，真正得到广大人民群众的拥护和支持。这就第一次明确提出了注重提高改革决策的科学性、增强改革措施的协调性和兼顾各方面利益、照顾各方面关切对于构建社会主义和谐社会具有重要作用。

——2006 年 5 月中旬，胡锦涛同志在云南考察工作时强调，要树立共同理想，打牢共同思想基础，特别是要宣传和树立“八荣八耻”为主要内容的社会主义荣辱观，促进和谐文化建设，为构建社会主义和谐社会提供强大的思想道德力量。这就第一次明确提出了和谐文化建设的理论概念。

——2006年5月下旬，中央政治局召开会议，专题研究改革收入分配制度和规范收入分配秩序问题，胡锦涛同志在会上强调指出，要在经济发展的基础上，更加注重社会公平，合理调整国民收入分配格局，加大收入分配调节力度，使全体人民都能享受到改革开放和社会主义现代化建设的成果。要积极推进收入分配制度改革，进一步理顺分配关系，完善分配制度，着力提高低收入者收入水平，扩大中等收入者比重，有效调节过高收入，取缔非法收入，努力缓解地区之间和部分社会成员收入分配差距扩大的趋势，以促进社会主义和谐社会建设。这就第一次完整提出了我国现阶段收入分配政策调整的基本方针。

——2006年6月，在庆祝建党85周年暨保持共产党员先进性教育活动总结表彰大会上，胡锦涛同志强调，要努力让全体人民共享改革发展的成果，以促进社会和谐的成效体现党的先进性。在此后召开的全国统战工作会议上，他又从政党关系、民族关系、宗教关系、阶层关系、海内外同胞关系5个方面，深刻阐述了统一战线在和谐社会建设中的优势、作用和任务。这就第一次把促进社会和谐的成效同体现我们党的先进性联系起来；第一次把构建社会主义和谐社会同认识和把握我国各方面重大社会关系联系起来。

——2006年8月，在中央政治局集体学习时，胡锦涛同志强调，保证人民享有接受教育的机会，是党和政府义不容辞的职责，也是促进社会公平正义、构建社会主义和谐社会的客观要求。要统筹城乡、区域教育，统筹各级、各类教育，统筹教育发展的规模、结构、质量、效益，努力办好让人民群众满意的教育。这就第一次把让人民都有接受教育的机会摆到了促进社会公平正义、构建社会主义和谐社会的重要位置。

在此基础上，党的十六届六中全会在更高层次、更广领域全面研究了构建社会主义和谐社会的若干重大问题。全会通过的《决定》，明确提出了当前和今后一个时期构建社会主义和谐社会的指导思想、目标任务、工作原则和重大部署，科学界定了我们所要构建的社会主义和谐社会，是在中国特色社会主义道路上，中国共产党领导全体人民共同建设、共同享有的和谐社会。《决定》还强调，要切实抓好同树立和落实科学发展观相辅相成的社会建设，抓好保障社会公平正义的制度建设，抓好体现理想信念、道德规范和时代精神的和谐文化建设，抓好适应社会结构和利益格局变化的社会管理体制建设，抓好各级领导班子和领导干部领导构建社会主义和谐社会的能力建设。这个《决定》是指导我们全面构建社会主义和谐社会的纲领性文件。

正是从这个意义上，我们说，党的十六届六中全会和全会通过的《决定》，标志着构建社会主义和谐社会这个重大战略任务，开始实现从点题到进一步破题的重大转变。实现这一转变的过程，实质上就是我们党对于构建社会主义和谐社会在思想理论、目标任务、政策制度上不断深化认识的过程。这主要表现在以下六个方面。（指本文（四）（五）（六）（七）（八）（九）六个部分。——编者注。）

（四）构建社会主义和谐社会之所以能够进一步破题，首先是由于我们党在理论和实践的探索中，不断深化了对社会主义本质的认识。

新时期以来，我们党围绕什么是社会主义、怎样建设社会主义这一首要的基本理论问题，在总结正反两方面经验教训的基础上深刻揭示了：贫穷不是社会主义，发展太慢也不是社会主义；平均主义不是社会主义，两极分化也不是社会主义；僵化封闭不能发展社会主义，照搬外国也不能发展社会主义；没有民主就没有社会主义，没有法制也没有社会主义；不重视物质文明建设搞不好社会主义，不重视精神文明建设也搞不好社会主义。基于这样的反思和认识，我们党先后着重从经济、政治、文化方面明确界定过中国特色社会主义。这就是：中国特色社会主义应当是以经济建设为中心和改革开放、充满活力的社会主义；应当是在发展社会主义市场经济过程中解放和发展生产力的社会主义；应当是发展社会主义民主、健全社会主义法制的社会主义；应当是物质文明、政治文明、精神文明协调发展的社会主义；应当是消灭剥削、消除两极分化、最终实现共同富裕的社会主义；应当是维护世界和平、促进共同发展、永不称霸的社会主义。

在那个认识和实践的阶段上，我们对中国特色社会主义的本质属性和目标定位的认识是：在中国共产党领导下，发展社会主义市场经济、社会主义民主政治和社会主义先进文化，不断促进社会主义物质文明、政治文明和精神文明协调发展，实现中华民族伟大复兴。与这样的认识和实践相对应，党的基本路线确定的社会主义初级阶段的奋斗目标是建设富强、民主、文明的社会主义现代化国家。换言之，我们党把富强、民主、文明作为社会主义的本质属性。

随着时代的前进和实践的发展，党对社会主义本质的认识也在不断深化。在六中全会《决定》形成的过程中，我们党发扬民主、集思广益，在研究提出构建社会主义和谐社会一系列重大举措的同时，进一步提出了社会和谐是中国特色社会主义本质属性的重要论断。这是我们党半个多世纪以来在理论和实践上艰辛探索、不懈奋斗所形成的重大成果，是总结国内外社会主义建设特别是我国社会主义建设历史经验的重要结论，是构建社会主义和谐社会的理论基础，也是新世纪新阶段我们党治国理政的科学理念和富民兴邦的行动纲领。

应当看到，党的十六届六中全会关于社会和谐是中国特色社会主义本质属性这一新的重大论断，进一步发展和完善了邓小平理论和“三个代表”重要思想对社会主义本质的认识，有利于更全面地坚持科学社会主义原理，有利于更全面地体现党的奋斗目标和全国各族人民的共同理想，从而也有利于更好地建设中国特色社会主义，更好地解放和发展生产力，更好地繁荣社会主义先进文化，更好地实现最广大人民的根本利益。

（五）构建社会主义和谐社会之所以能够进一步破题，其次是由于我们党在理论和实践的探索中，不断深化了对社会主义社会建设理论的认识。

党在领导中国特色社会主义伟大事业方面提出的社会主义社会建设这个理论命题，同在党的建设新的伟大工程方面提出的党的先进性建设这个理论命题一样，都是对于马克思主义科学社会主义理论和党的建设理论的新发展。尽管马克思主义经典作家对社会主义社会建设曾经提出过一系列富有前瞻性的重要思想，马克思、恩格斯、列宁在关于未来社会的科学设想中，也在实际上指明了社会主义社会建设的前进方向；尽管我们党立足于中国这样的生产力很不发达、经济文化十分落后的半殖民地半封建社会的实际，在不断探索和发展具有中国特色的社会主义革命和建设道路的进程中，也在实际上提出了关于社会主义社会建设的不少正确思想，但是，所有这些，同明确地提出社会主义社会建设的理论命题，毕竟不是同一回事。

如同我们党在拨乱反正和全面改革的历史新时期，结合关于实践是检验真理的唯一标准的大讨论，结合关于社会主义生产目的的大讨论，结合关于社会主义初级阶段理论、社会主义市场经济理论的大讨论，对社会主义经济建设的理论在认识上越来越深化、在实践中越来越自觉一样，党的十六届四中全会以来，全党同志按照胡锦涛同志提出的要加强对社会建设理论的研究，深化对构建社会主义和谐社会的规律性认识，使我们关于新形势下构建社会主义和谐社会的理论更加完备、使我们推进社会主义和谐社会建设的工作更加富有成效的要求，在实践中进一步深化了对社会主义社会建设理论和社会建设规律的认识。

在此基础上，党的十六届六中全会向全党提出，必须坚持以经济建设为中心，把构建社会主义和谐社会摆到更加突出的地位；同时还提出，在实际工作中，我们既要从“大社会”着眼，把和谐社会建设落实到包括经济建设、政治建设、文化建设、社会建设和党的建设等在内的党和国家全部工作之中；又要从“小社会”着手，以解决人民群众最关心、最直接、最现实的利益问题为重点，着力发展社会事业、促进社会公平正义、建设和谐文化、完善社会管理、增强社会创造活力，走共同富裕道路，推动社会建设与经济建设、政治建设、文化建设协调发展。所有这些，都是我们党关于社会主义社会建设理论和实践探索的科学总结与经验结晶。

（六）构建社会主义和谐社会之所以能够进一步破题，第三是由于我们党在理论和实践的探索中，不断深化了对构建社会主义和谐社会同十六大以来以胡锦涛同志为总书记的党中央提出的一系列重大战略思想内在联系的认识。《决定》通篇体现了这种内在联系。比如：

——社会要和谐，发展是前提。发展必须是科学发展，即：坚持以人为本，坚持“五个统筹”，坚持体现转变增长方式、提高发展质量，坚持发展为了人民、发展依靠人民、发展成果由人民共享，促进人的全面发展。这就是构建社会主义和谐社会同全面落实科学发展观的内在联系。也就是说，落实科学发展观是从科学发展的角度促进社会和谐，而构建和谐社会则是从维护社会和谐的角度促进科学发展。

——社会要和谐，农村是基础。构建社会主义和谐社会，必须扎实推进社会主义新农村建设、促进城乡协调发展，坚持工业反哺农业、城市支持农村和多予少取放活的方针，加快建立有利于改变城乡二元结构的体制机制。这就是构建社会主义和谐社会同建设社会主义新农村的内在联系。

——社会要和谐，创新是动力。要通过构建社会主义和谐社会，把坚持创新精神贯穿到治国理政的各个环节，从而使全社会创造活力显著增强，创造能量充分释放，创新成果不断涌现，创业活动蓬勃开展，形成万众一心共创伟业的生动局面，实现到2020年基本建成创新型国家的奋斗目标。这就是构建社会主义和谐社会同建设创新型国家的内在联系。

——社会要和谐，文化是灵魂。树立社会主义荣辱观，培育文明道德风尚，则是建设和谐文化与社会主义核心价值体系的重要内容。要坚持以社会主义核心价值体系与和谐文化引领社会思潮，尊重差异、包容多样，才能最大限度地形成促进社会更加和谐的思想共识，才能形成全民族奋发向上的精神力量和团结和睦的精神纽带。这就是构建社会主义和谐社会同树立社会主义荣辱观的内在联系。

——社会要和谐，和平的外部环境是条件。我们对内致力于构建社会主义和谐社会，对外致力于推动建设持久和平、共同繁荣的和谐世界，从而把推动对外和平发展、开放发展、合作发展同推动国内和谐发展结合起来，把对外的和平宣示与承诺同对内的自我约束与规范结合起来。这就是构建社会主义和谐社会同推动建设和谐世界的内在联系。

——社会要和谐，党的领导是关键。必须以党的执政能力建设和先进性建设推动社会主义和谐社会建设，为构建社会主义和谐社会提供坚强有力的政治保证，同时把构建社会主义和谐社会的实际成效作为检验党的执政能力和先进性的重要标准。这就是构建社会主义和谐社会同加强党的执政能力建设和先进性建设的内在联系。

（七）构建社会主义和谐社会之所以能够进一步破题，第四是由于我们党在理论和实践的探索中，逐步深化了对构建社会主义和谐社会目标任务的认识。

在党的十六届六中全会召开之前，尽管我们党已经提出了构建社会主义和谐社会的总目标、总要求，但是，由于和谐社会建设的中近期目标尚未明确，相应的方针政策措施也还不够系统和贯通，因而在实际操作上还没有形成明晰的行动纲领。在党的十六届六中全会《决定》形成的过程中，我们党通过总结社会主义社会建设的历史经验和近年来各地区各部门促进社会和谐的新鲜经验，在坚持突出重点与兼顾全面相结合、立足当前与着眼长远相结合、阐述理论与推动实践相结合的基础上，提出了到2020年构建社会主义和谐社会的八大目标和主要任务。由于这个目标和任务突出强调了“人民的权益得到切实尊重和保障”“家庭财产普遍增加，人民过上更加富足的生活”“社会就业比较充分”“基本公共服务体系更加完备”“良好道德风尚、和谐人际关系进一步形成”“社会管理体系更加完善”等更具定量性和可操作性的内容，因而就为社会主义和谐社会建设的进一步破题奠定了重要基础。

应当看到，这八大目标任务的设计，既把构建社会主义和谐社会作为长期历史任务来谋划，又作为重大现实课题来部署；既与民主法治、公平正义、诚信友爱、充满活力、安定有序、人与自然和谐相处这“六句话”的总目标相一致，又与党的十六大提出的全面建设小康社会“六个更加”的具体目标相衔接，同时还与建设创新型国家“五个方面”的战略目标相匹配。显然，这样的和谐社会目标导向，既是有利于建设惠及十几亿人口的更高水平的小康社会的，又是有利于促进社会更加和谐的，同时也是有利于实现到2020年使我国跻身于世界创新型国家行列的。

还应当看到，这八大目标任务的设计，既充分体现了我国发展和改革的阶段性特征，又准确反映了当前我国社会发展的新趋势。在新世纪新阶段，我国发展和改革所面临的阶段性特征，对内主要是在“四个多样化”的社会环境中和加快推进工业化、城镇化进程中出现的“发展机遇期”与“矛盾凸显期”的并存；对外主要是在经济全球化环境中特别是我国加入世界贸易组织新形势下出现的同国际社会的“深度依存期”与“摩擦高发期”的并存。党的十六届六中全会《决定》把这样的阶段性特征概括为“两个前所未有”，这就是：“新世纪新阶段，我们面临的发展机遇前所未有，面对的挑战也前所未有。”

我们党既不回避当前影响我国社会和谐的突出矛盾和问题，又对解决这些矛盾和问题给出了明确的政策和目标导向；既高度重视人民群众的利益关切，也不吊高群众的胃口。全会《决定》提出的八大目标任务，包括完善民主法制、促进共同富裕、保障民生之本、强化公共服务、增强全民素质、激发社会活力、维护社会稳定和保护生态环境等，都是根据我国发展的阶段性特征，针对发展不平衡、部分群众生活困难、收入差距拉大、消极腐败现象滋长等突出矛盾和问题提出的，是同现阶段我国人民群众最关心、最直接、最现实的利益问题紧紧联系在一起的。提出这样的目标和任务，既代表了中国最广大人民的根本利益，又正确反映和兼顾了不同地区、不同方面群众的特殊利益，具有很强的现实针对性和可操作性。毫无疑问，在现阶段，实现了这些目标和任务，我们党就一定能够最大限度地增加和谐因素，最大限度地减少不和谐因素，不断促进社会和谐。

（八）构建社会主义和谐社会之所以能够进一步破题，第五是由于我们党在实践中逐步实现了和谐社会建设从舆论价值导向到比较系统的政策导向的转变。

党的十六届六中全会召开之前，处在点题阶段的社会主义和谐社会建设主要体现为舆论和价值导向，但同时从中央到地方各级党委、政府针对影响社会和谐的各种矛盾和问题，特别是人民群众最关心、最直接、最现实的利益问题，也在深入调查研究的基础上，提出了一系列应对之策。因此，点题阶段的和谐社会建设并非没有政策导向，只是那个阶段上出台的有关政策，大多是属于单项的应对之策，还不够系统，也不完全配套。

党的十六届六中全会《决定》认真总结了这些年来各地区各部门关于加强社会建设、解决影响社会和谐的突出矛盾和问题的实践探索，提出了一系列政策措施或政策思路，初步搭建了从现在起到 2020 年、较为全面和更加系统的加强和谐社会建设的政策框架，从而为构建社会主义和谐社会提供了有力的政策保障。这些政策措施或政策导向主要有三个鲜明特点：

一是体现了更加关注民生，集中解决部分群众就业难、上学难、住房难、看病难等方面突出问题的政策导向。比如，《决定》强调，要实现经济发展与扩大就业的良性互动，逐步形成城乡统一的人才市场和劳动力市场，健全再就业援助制度，着力帮助零就业家庭和就业困难人员就业；要推动公共教育协调发展，保障人民享有接受良好教育的机会，保障农民工子女接受义务教育，加快发展城乡职业教育和培训网络，努力使劳动者人人有知识、个个有技能；要加快廉租房建设，规范和加强经济适用房建设，逐步解决城镇低收入家庭住房困难；要坚持公共医疗卫生的公益性质，建立覆盖城乡居民的基本卫生保障制度，为群众提供安全、有效、方便、价廉的公共卫生和基本医疗服务，加强食品、药品、餐饮卫生安全，保障人民身体健康安全等。

二是体现了更加注重促进城乡利益相协调、区域利益相协调、经济社会相协调、人与自然相协调的政策导向。比如，各级政府要把基础设施建设和社会事业发展的重点转向农村，逐步加大政府土地出让金用于农村的比重，整合城乡医疗卫生资源，建立城乡医院对口支援制度，加强农村医疗卫生人才培养，提高农村师资水平，突出抓好农村广播电视“村村通”工程，以及维护劳动者特别是农民工合法权益；要形成分工合理、特色鲜明、优势互补的区域产业结构，推动各地区共同发展，加大对欠发达地区和困难地区的扶持，加大对革命老区、民族地区、边疆地区、贫困地区以及粮食主产区、矿产资源开发地区、生态保护任务较重地区的财政转移支付；要以解决危害群众健康和影响可持续发展的环境问题为重点，加快建设资源节约型、环境友好型社会，实施重大生态建设和环境整治工程，有效遏制生态环境恶化趋势等。

三是体现了更加注重务实性与前瞻性相统一的政策导向，对凡是经过努力能够解决的问题提出了具体的政策措施，而对需要在实践中进一步探索的问题则提出了政策取向的基本思路。比如，要加快建立有利于改变城乡二元结构的体制机制，探索确保农民现实利益和长期稳定收入的有效办法，解决好被征地农民的就业和社会保障；要逐步缩小地区间基本公共服务差距；要建立健全资源开发有偿使用制度和补偿制度，对资源衰退和枯竭的困难地区经济转型实行扶持措施；要完善有利于环境保护的产业政策、财税政策、价格政策，建立生态环境评价体系和补偿机制等。所有这些，都是需要按照六中全会《决定》提出的思路和方向，在今后的和谐社会建设实践中不断探索并逐步形成具体政策措施的。

（九）构建社会主义和谐社会之所以能够进一步破题，第六是由于我们党在实践中逐步实现了和谐社会建设从舆论和价值导向到比较完备的制度导向的转变。

完善的体制机制和制度体系，是促进社会和谐的根本保证。党的十六届六中全会《决定》围绕保障社会公平正义，从政治、经济、文化、社会等各个方面提出了一系列相互衔接、相互配套的制度规定，朝着邓小平同志在1992年视察南方谈话中提出的“恐怕再有三十年的时间，我们才会在各方面形成一整套更加成熟、更加定型的制度”的目标，迈出了实质性步伐。

邓小平同志关于“社会主义的本质，是解放生产力，发展生产力，消灭剥削，消除两极分化，最终达到共同富裕”的重要思想告诉我们，巩固和发展社会主义，必须认识和把握好两大任务：一是解放和发展生产力，极大地增加全社会的物质财富；二是逐步实现社会公平正义，极大地激发全社会的创造活力和促进社会和谐。这两大任务是相互联系、相互促进的统一整体，而又贯穿于整个社会主义历史时期一系列不同发展阶段的长过程之中。没有生产力的持久大发展，就不可能最终实现社会主义本质所要求的社会公平正义；不随着生产力的发展而相应地逐步推进社会公平正义，就不可能愈益充分地调动全社会的积极性和创造活力，因而也就不可能持久地实现生产力的大发展。这个重要思想，对于构建社会主义和谐社会是具有现实和长远指导作用的。

我们理解，这就是党的十六届六中全会《决定》之所以着眼于保障社会公平正义来设计促进社会和谐的制度体系的一个重要原因。深入分析一下《决定》提出的完善民主权利保障制度、法律制度、司法体制机制、公共财政制度、收入分配制度、社会保障制度六大制度，不难看出，我们党围绕保障社会公平正义已经形成了比较完整的制度体系。

从这六个方面的制度规定中，还可以看到，我们党是把促进社会和谐的各项制度建设，放到社会主义经济建设、政治建设、文化建设、社会建设四位一体的总体布局中统盘考虑的，并且是把制度建设同经济体制、政治体制、文化体制、社会体制的改革和创新结合起来整体设计的。这是因为，落实好促进社会和谐的各项制度，归根到底要靠深化改革。《决定》要求全党，把实现好、维护好、发展好最广大人民的根本利益作为改革的出发点和落脚点，注意兼顾各方面利益，照顾各方面关切，提高改革决策的科学性、改革措施的协调性，努力使各项改革取得更大成效。这就要求我们从各地区各部门的实际出发，更加积极主动地加强促进社会和谐的各项制度建设，为“在各方面形成一整套更加成熟、更加定型的制度”奠定基础。

（十）党的十六届六中全会《决定》的制定和颁布，标志着我们已经站在了以科学发展观为统领，构建社会主义和谐社会新的历史起点上。

在这个新起点上全方位推进社会主义和谐社会建设，既是一项前无古人的伟大建设任务，又是一项涉及十几亿中国人的国民素质、中国社会治理方式以及人与自然关系的伟大而深刻的改造任务。这对我们党的领导水平和执政水平是一场新考验。我们每一个党组织和每一位共产党员都要认真思考：如何交出一份让党和人民满意的答卷？

（十一）党的十六届六中全会《决定》强调，要充分发挥党的领导核心作用，有重点分步骤地持续推进社会主义和谐社会建设。这就要求全党同志以高度的自觉，切实把和谐社会建设摆上重要议事日程，努力使思想观念、工作部署、工作方式、工作作风更加适应构建社会主义和谐社会的要求。

构建社会主义和谐社会是摆在全党面前的一个新的时代课题。我们不了解不熟悉的东西很多，必须加强学习和实践。这就要求我们自觉加强社会建设理论和社会政策的学习研究和教育培训，探索和把握新形势下和谐社会建设的特点和规律，不断提高各级领导班子和领导干部管理社会事务、协调利益关系、开展群众工作、激发社会创造活力、处理人民内部矛盾、维护社会稳定的本领。

构建社会主义和谐社会的重心在基层。这就要求我们切实加强党的基层组织和基层政权建设，充分发挥基层党组织凝聚人心、推动发展、促进和谐的作用；增强基层政权的社会服务功能，提高基层政权的社会管理、依法办事能力。要认真研究和把握新形势下党的群众工作的特点和规律，千方百计把群众工作做深做细做实，始终保持党同人民群众的血肉联系。

构建社会主义和谐社会必须坚持以党内和谐带动社会和谐。党的十六届六中全会《决定》强调，党风正则干群和，干群和则社会稳。这就要求我们坚持党要管党、从严治党，严格党内生活，严肃党的纪律，增进党的团结统一，深入开展党风廉政建设和反腐败斗争，以优良的党风促政风带民风，营造和谐的党群干群关系。

构建社会主义和谐社会急需一大批社会工作各类专门人才。这就要求我们按照造就一支结构合理、素质优良、规模宏大的社会人才工作队伍的要求，制定人才培养规划，加强专业培训，不断提高他们的素质和能力，努力使公共服务和社会管理部门都能配备社会工作专门人员，以提高专业化社会服务水平。

构建社会主义和谐社会是人民群众自己的事业。促进和谐人人有责、和谐社会人人共享。这就要求我们尊重人民群众的主体地位和首创精神，团结一切可以团结的力量，调动一切积极因素，汇集起促进社会和谐的强大合力。

（十二）放眼神州大地，在我们党的领导下，在中国特色社会主义道路上，一幅全体人民共同建设、共同享有的和谐社会的生动画卷正在全方位展开。我们坚信，有以胡锦涛同志为总书记的党中央的坚强领导，有党的十六届六中全会精神的正确指引，有全党全国各族人民的共同奋斗，我们一定能够在推进中国特色社会主义事业的伟大征程中，在中华大地上谱写出万众一心共创社会主义和谐社会伟业的历史新篇章。

后　记

2015 年春，我在北京莲花池公园晨练时，拟定了未来 5—10 年的写作计划，也就是写作、整理并出版《党建十论》《阅历十章》等三部书名都带“十”字的集子。《阅历十章》主要讲述我这个平凡人的平凡事，亦即阅人阅事。其中，第五章《笔耕之乐》简要回顾我从武汉大学到中共中央办公厅 30 多年的写作历程，包括一些代表性文章写作的背景、过程、主要观点及感悟。当然，不含领导文稿和公文的起草。在写作此章的过程中，我花费不少功夫，收集了 30 多年零星散落在一些报刊上的文章，共 70 多篇，大部分是我独立写作完成的，也有我主持或参与写作完成的。因时间跨度大、检索困难等，还有一些文章没能找到。在此基础上，我按写作时间、完成方式等进行了简单编排，分为《江之韵文集》《柯缇祖文集》《钟怡祖文集》等“三集”，且在每一集前，作了一段文字说明。这样做，一是为《笔耕之乐》的写作，二是为留存。虽为旧作，闲来无事，也可以翻一翻，自得其乐。

2018 年春，当拙著《党建十论——从十八大到十九大》付梓之时，我拟出版“三集”，当时暂定名为《学思三集》，也就是党的十八大之前我30多年学习与思考的点滴收获。后来考虑有些文章并非我独立完成，虽然定位为“编著”，并作了详细说明，但也有贪荣慕利之嫌。冥思苦想，一直没有找到解决的办法。

2019年秋，出版社将稿子的清样寄给我，并提出了几点意见和建议，我照单全收。其中就有一直困惑我的问题，我突然想到，可以将《笔耕之乐》扩展为《笔耕拾零》，作为这本书的主干，而将“三集”作为附件。所谓“笔耕”，指的是勤奋写作，我虽不才，但也算得上勤奋之人，特别在写作方面；所谓“拾零”，指的是收集零碎的材料。这也合乎我的初衷。如读者阅读《笔耕拾零》，对其中涉及的文章感兴趣的话，可以翻一翻“三集”。当然，如果想了解党的十八大之后我发表的文章，还可以看一看《党建十论——从十八大到十九大》《党建实导——从认识论到方法论》和《新时代国有企业党的建设十六讲》。

《笔耕拾零》是自己送给自己的一份礼物，也是向组织、向社会、向家庭交上的一份答卷。在这里，我要感谢一直以来关心、支持和帮助过我的所有人，特别是要感谢指导、帮助过我写作的领导、老师、同学、同事，感谢曾经为我和我们的文章发表付出心血的各位编辑老师，感谢为《笔耕拾零》出版而辛勤工作的党建读物出版社的领导和同志，感谢近40年来为我写作提供坚强后盾、有力支持的我的亲人！

作 者

2019年11月

图书在版编目（CIP）数据

笔耕拾零：从珞珈山到北京城 / 史正江编著. — 北京：党建读物出版社, 2020.1
ISBN 978-7-5099-1029-0

Ⅰ. ①笔… Ⅱ. ①史… Ⅲ. ①中国共产党—党的建设—文集 Ⅳ. ①D26-53

中国版本图书馆CIP数据核字（2018）第139187号

笔耕拾零
BI GENG SHI LING
从珞珈山到北京城
史正江　编著

责任编辑：郭一止
责任校对：张学民
装帧设计：刘伟
出版发行：党建读物出版社
地　　址：北京市西城区西长安街 80 号南楼（邮编：100815）
网　　址：http://www.djcb71.com
电　　话：010-58587122 / 7166
经　　销：新华书店
印　　刷：北京中科印刷有限公司
2020 年 1 月第 1 版　2020 年 1 月第 1 次印刷
710 毫米 ×1000 毫米　16 开本　44.25 印张　451 千字
ISBN　978 – 7 – 5099 – 1029 – 0　定价：88.00 元
